손 안에 갇힌 사람들

화면 중독의 시대,

나를 지키는

심리적 면역력 되찾기

니컬러스 카다라스 지음

정미진 옮김

Digital Madness
by Nicholas Kardaras

어머니와 아버지를 기억하며,
그리고 아내 러즈, 아들 아리와 알렉시에게
이 책을 바친다.

심각하게 병든 사회에 적응하는 것이 건강의 기준이 될 순 없다.

- 크리슈나무르티(Krishnamurti)

때는 코로나19가 유행하기 전, 2019년 7월 말이었다.

2020년 초 코로나19 대유행병이 마치 바이러스 핵폭탄처럼 뉴욕을 덮치기 바로 몇 달 전, 나는 뉴욕 퀸스 우드사이드에서 아버지와 식탁에 앉아 이야기를 나누고 있었다. 아버지는 암으로 서서히, 그리고 아주 고통스럽게 세상과 이별하는 중이셨다. 남은 시간이 몇 달 되지 않았기 때문에, 아버지는 앞으로 가장 믿기지 않는 시간이 될 몇 년 동안 코로나가 우리 세상에 가져올 변화를 목격하지 못할 것이었다.

그러나 아버지는 코로나로 더 나빠지기만 할, 어지럽고 해로운 사회에 대한 선견지명을 갖고 계셨다. 죽어 가던 나의 그리스인 아버지는 다른 시간과 장소에 속한 분이었지만, 우리가 사는 방식이 뭔가 심각하게 잘못되었음을 직감하셨다.

아버지가 살아 계시던 마지막 몇 달 동안, 나는 내가 운영하는 정신 건강 클리닉과 집이 있는 텍사스 오스틴에서 매주 비행기를 타고 뉴욕으로 향했다. 우리는 모두 최선을 다해 우리에게 남은 마지막 시간을 함께 즐겼다. 한때 힘세고 기운 넘쳤던 아버지는 암이 뼈로 전이되면서 카테터와 휠체어에 의지해야 할 정도로 약해지셨다. 아버지는 아무리 작게 움직여도 통증으로 얼굴을 찡그리고 낮은 고통의 신음을 내셨다.

십 대였을 때 아버지는 그리스 북부, 아버지의 고향을 침략한 나치에게서 살아남았다. 그리고 그리스 내전이라는 유혈 사태에서도 살아남은 아버지는 1960년대에 대서양 횡단에 성공해 미국 뉴욕의 워싱턴 하이츠로 이주했다. 아버지는 수십 년 동안 일주일 내내 세 개의 일을 하셨다. 가족을 부양하고, 형과 나를 대학에 보내 우리가 더 나은 삶을 살길 바라는 마음에서였다. 하지만 아버지는 무자비한 암의 공격만은 당해낼 수 없었다.

아버지의 병세가 악화하는 모습을 보는 것은 가슴 아픈 일이었다. 몸속모든 기관이 빠르게 쇠약해졌지만, 88세에도 정신만은 아주 말짱했다—어쩌면 너무 말짱했던 것 같다. 아버지는 상황에 대한 특유의 통찰과 명료한 시각으로 나를 자주 놀라게 했다. 우리는 정치, 시사, 과학 발전, 사이가안 좋은 친척 등… 정말로 무슨 이야기든 했다.

킴 카다시안을 연상케 하는 실없고 무의미한 트윗이 판치는 세상에서,아버지는 사람들이 마음에 있는 말을 가식 없이 그대로 말했던 시절의 사람이었다. 아버지의 생각은 명료했고, 시대의 유행으로 흔들리지 않는 도덕적·지적 확신이 있었다.

하지만 아버지는 언젠가부터 점점 더 낯설어져만 가는 나라의 이방인처럼 자신이 시대착오적인 사람이 된 듯한 기분을 느끼기 시작했다. 우리가 함께 앉아 급변하는 세상에서 나를 흥분시키는 것들—AI에서 소셜 미디어, 정체성의 진화하는 본질에 이르기까지—에 관해 이야기할 때, 아버지는 알겠다는 듯한 미소를 지으며 이렇게 말씀하시곤 했다. "아, 니코…
네가 설명하는 세상을 볼 수 있을 만큼 오래 살지 못해서 다행이구나."

아버지는 기술에 의존하는 세상, 즉 사람들이 서로의 눈을 보지 않고 몇
시간 동안 화면만 바라보면서 상실감과 공허함을 느끼는 세상을 이해하
지 못했다. 아버지는 우리가 기술에 집착한다고 생각했고 그러한 기술 강
박을 아주 싫어했다. 평생을 정원사로 헌신했고 사랑의 표현으로 모두를
위해 요리하는 것을 좋아했던 아버지는 내가 함께 있는 동안 계속해서 휴
대폰으로 일과 관련된 메시지를 확인하자 나를 이렇게 꾸짖으셨다. "니코,
그 멍텅구리 물건 좀 그만 들여다보고 여기 있을 거면 **여기** 있어라." 아버
지는 잘 알려진 **마음 챙김**mindfulness이라는 단어를 들어본 적도, 영성 지도
자 람 다스Ram Dass의 『지금 여기에 있으라Be Here Now』를 읽어본 적도 없지
만 그러한 것들을 잘 알고 있었다. 대부분의 사람보다 더 잘 알고 있었다.

언젠가는 내가 그리스가 세계에서 노인들이 장수하기로 유명한 지역인
'블루존Blue Zones'이라고, 의사들의 말과 달리 아버지도, 90세까지 건강하
게 사셨던 할아버지처럼 더 오래 사실 수 있을 거라고 말했더니 아버지는
웃으며 말씀하셨다. "니코, 나는 블루존이 뭐고 레드존이 뭔지 몰라. 그런
데 지금 내가 **여기** 살고 있다는 건 안다. 아버지 시절에는 사람들이 좀 더
단순하게 살았다는 것도 알고. 좀 더 인간적인 삶이었어. 지금의 이 모든
건 정말 말도 안 돼… 사람은 그런 식으론 살 수 없게 돼 있다."

아버지는 1930년대와 1940년대에 그리스 북부에 있는 아주 작은 외딴
산골 마을에서 자랐다. 전기도, 수도 시설도 없는 곳이었다. 사람들은 검소
한 생활을 했다. 아버지는 어린 시절을 평화와 기쁨, 자연에 대한 깊은 사
랑이 있었던 특별한 시기(적어도 나치의 침략이 있기 전까지는)로 말씀하시곤

했다. 어렸을 때 아버지가 마을에 심은 나무는 자연과 사람의 공생 관계를 보여주는 살아 있는 본보기로 지금도 그곳에 우뚝 서 있다. 사람은 자연을 보살폈고 자연은 사람을 보살폈다. 사람들은 바쁘게 일했지만, 그곳에는 현대의 도시 생활이 내는 정신없고 소란스러운 소음 대신, 목적 있는 속도가 있었다. 그리고 중요하게 여기는 가치 역시 달랐다. 그때는 돈이나 좋은 차보다 진실한 관계가 더 중요했다.

인간이 과거의 삶을 이상적으로 생각하는 경향이 있다고는 하지만, 아버지의 말을 들으니 과거에 진짜로 어떤 가치가 있는 것이 아닐까 하는 생각을 했다. 나는 지난 십 년 동안 작가와 심리학자로 활동하며 현대 사회가 정신 건강에 끼치는 악영향에 관해 글을 썼고, 날마다 나빠지는 것처럼 보이는 정신적 문제와 중독을 치료하는 클리닉을 운영했다. 그리고 특히 지난 몇 년 동안 한 가지 수수께끼를 푸는 데 매달렸다. 기술은 날로 발전하는데 우리의 정신 건강은 왜 더욱 나빠지는 것일까? 아버지가 돌아가신 후, 나는 아버지의 삶이 내가 궁금해했던 '현대의' 문제들에 대한 해답이 될지도 모른다는 것을 깨닫기 시작했다. 왜 우리는 병들고 더욱 병들어 가는가.

틀림없이 이 사회는 아주, 아주 많이 병든 사회가 되었다.

모바일 게임 '캔디 크러시', 인스타그램, 유튜브라는 '디지털 자위'에 빠져 지내는 동안, 우리는 기록적인 숫자로 죽어 가고 있다. 코로나 유행 전 2019년 미국에서 20만 명 이상(대부분 청소년)이 '절망사deaths of despair'▼로

▼　2015년 노벨경제학상 수상자 앵거스 디턴(Angus Deaton)이 제시한 개념으로, 자살과 약물 과다 복용, 알코올 중독으로 인한 사망을 뜻한다.

사망했다. 여기에 사람들이 토로하는 외로움, 불안, 우울증이나 극단주의, 정치적 불안, 총기 난사 사건의 잦은 발생까지, 우리 사회가 벼랑 끝에 서 있다는 징후는 명확하다.

코로나 발생 이후, 이러한 통계와 사회적 불안정성은 훨씬 더 나빠지기만 했다. 무슨 일이 벌어지고 있는 걸까?

답은 간단하다. 인간은 유전적으로 21세기라는 기술 중심 시대를 살아가게끔 설계되지 않았다. 우리는 의미를 잃고 앉아서 화면만 들여다보는, 원자화된 존재로 살 운명이 아니다. 문제는 현대의 생활이 수렵·채집인의 심리적 욕구에 상반된다는 것이다. 우리는 본래 몸을 움직이고 의미를 추구하며 공동체로 단단히 연결되어 얼굴을 맞대고 살아가게끔 설계되었다.

하지만 디지털 시대는 '크립토나이트'▼로 작용해 사람들이 본래의 바른 정신을 유지하는 능력을 제한한다. 우리는 모두 과로하고, 적게 자고, 칸막이에 가로막혀 지내고, 감각에 과부하가 걸리고, 외로움을 느끼고, 삶의 의미를 모르고, 과중한 스트레스를 받는 사람들이 벌이는 디지털 생존 경쟁으로 미쳐버린, 비상식적인 세상에 살고 있다. 사람들은 끊임없이 '켜져 있고' 연결되어 있지만, 이들에게는 재충전되어 완전한 인간이 되는 것은 허용되지 않는다.

그리고 마크 저커버그가 앞으로 우리 모두가 살기를 바란다고 말한 메타버스라는 디지털 성배가 있다. 그가 꿈꾸는 우리의 미래는 우리 모두가 '체화된 인터넷embodied internet', 즉 가상 세계 속 홀로그램으로 만들어진 몰

▼　DC 코믹스 '슈퍼맨' 시리즈에 나오는 가상 물질로 슈퍼맨의 능력을 제한한다.

입형 증강 '공유 현실'에서 사는 것이다. 저커버그는 「매트릭스」를 제대로 이해하지 못한 것 같지만… 저커버그의 메타버스에 대해서는 나중에 좀 더 살펴보자.

문제는 진화적 관점에서 이중 **어느 것도** 인간이 살도록 설계된 방식이 아니라는 것이다. 기술이 우리의 생물학적 발전을 능가하면서, 전자 기기들에 열중할 때 기술은 말 그대로 우리를 미치게 만든다. 심지어 기기들 자체가 우리를 미치게 만든다. 우리는 우리를 둘러싼 멋진 기술에 낚이고 매료되어 심리적으로 **그리고** 육체적으로 병들어 간다.

코로나19 대유행병은 사회 전체적으로 기술 몰입의 불길에 부채질을 했다. 디지털 연결에 크게 기댈 수밖에 없었던 사회적 거리 두기라는 새로운 현실을 맞닥뜨리자 거대 기술기업(빅테크)들은 "위기를 헛되이 흘려보내지 말라"라는 오랜 격언을 실천했다. 물론 이미 오래전에 우리는 너무 긴 화면 시청 시간(스크린 타임)과 비정상적으로 과도한 기술 의존이라는 루비콘강을 건넜지만 말이다.

코로나19로 인해 원격 수업, 원격 근무, 원격 친구, 원격 **생활**이 새로운 일상이 되었다. 바비큐 파티, 진짜 교실, 악수, 쇼핑몰 등 우리가 알던 삶은 사라졌다. 대신 우리를 맞이한 것은 언제 어디서든 연결되는 화면을 통해 진정한 홈 멀티플렉스가 실현되는, 밀폐된 공간에서의 새로운 생활이었다. 우리는 넷플릭스 시리즈를 몰아 보고, 페이스북에 빠지고, 할머니와 화상 통화를 하고, 아마존에 절대적으로 의존해 역병에서 자신을 보호했다. 그러면서 우리는 더욱더 외로워졌고, 공허함과 고립감을 느꼈고, 우울해졌다.

2016년 내가 쓴 『화면에 중독된 아이들Glow Kids』이라는 책은 당시 기술 **중독**을 다룬 선구적 서적이었다. 디지털 기기가 습관을 형성—내가 '디지털 헤로인'이라 부른 것—한다는 나의 주장은 큰 논란을 일으켰다. 많은 언론이 반문했다. "정말입니까? 디지털 마약이라고요?" CNN, NPR, 폭스, 「굿모닝 아메리카GMA」가 내게 질문을 해 왔다. 이 책은 사람들의 예민한 곳을 건드렸고, 「뉴욕포스트」에 실린 나의 논평 '디지털 헤로인'은 7백만이 넘는 조회 수를 기록하며 2016년 그 신문에서 가장 많이 읽힌 기사가 되었다.

현재로 돌아와서, 디지털 화면이 우울증, 불안, ADHD(주의력 결핍 및 과잉 행동 장애), 자해에 대한 생각을 부추길 수 있다고 주장하는 많은 연구가 보여주듯이, 디지털 화면이 습관을 형성할 수 **있고** 잠재적으로 정신 건강에 해로울 수 있다는 생각은 이제 의료 업계뿐 아니라 일반 대중에게도 널리 받아들여진다. 「소셜 딜레마」 같은 다큐멘터리에서도 기술기업의 전직 경영자들이 회사가 사용자들의 **중독**을 의도했음을 털어놓는다.

페이스북의 내부 이메일에 따르면 사내에서도 이미 유해 알고리즘 수정에 대한 논의가 있었다. 하지만 의사 결정권자들은 이를 완강히 거부했다. 그들의 제품이 십 대들을 죽이고 있음을 보여주는 데이터가 나오자 페이스북은 어떻게 반응했을까? 사업에는 대가가 따른다. 페이스북의 전 직원이자 내부 고발자인 프랜시스 하우건Frances Haugen이 의회에서 증언한 바에 따르면, 페이스북은 유해 알고리즘이 사용자의 자기 혐오와 자살 경향성을 높인다는 사실에도 불구하고 알고리즘을 수정하는 것이 수익에 좋지 않다고 판단했다. 알고리즘이 페이스북 사용을 유도했기 때문이다. 페이스북은 터무니없는 수익 추구 과정에서 일부 십 대 소녀들이 죽거나 부수적 피해를 볼 수도 있다는 사실을 기꺼이 받아들인 것으로 보인다.

페이스북의 이 내부 문서는 그 옛날 거대 담배 회사들이 제품에 발암 물질이 있다는 것을 알고도 **어쨌든** 아이들에게 담배를 팔기로 결정했다는 사실을 보여준 결정적 증거에 상응하는 것이었다. 실제로 하우건이 의회에서 증언하는 동안, 코네티컷주 상원의원 리처드 블루먼솔Richard Blumenthal은 "페이스북과 거대 기술기업은 거대 담배 회사들이 맞닥뜨렸던 심판의 순간에 직면해 있다."라고 말했다.

다국적 대형 제약사와 미국의 제약회사 퍼듀 파마Purdue Pharmaceuticals의 경우와도 비슷하다. 내부 이메일에 따르면, 이들 회사는 신통세인 옥시콘틴의 중독 가능성을 공개적으로 부인했지만, 표면상으로 무해한 이 약의 중독성이 매우 심각하다는 사실을 알고 있었다. 그리고 그 원죄로부터 수만 명의 목숨을 앗아 갈 마약성 진통제 오피오이드가 널리 퍼져 나갔다.

사람들이 거대 기술기업에 대해 오랫동안 의심해 왔던 사실이 있다. 그들의 제품과 플랫폼이 사용자의 참여도를 높여 그에 따른 수익을 올리기 위해 중독성이 있도록 **설계되었다**는 사실이다. 이제 우리는 모두가 아는 그 피해—하지만 사회적으로 용인된 피해—가 그들 제품에 대한 의도적 중독의 **결과**라는 증거를 확보하게 되었다.

실제로 여러 연구는 거대 기술기업이 만들어낸 공허한, 좌식 중심의, 중독적이고 고립적이고 자기 혐오적인 생활 방식이 우울감과 절망감을 자극한다는 사실을 보여준다. 그러나 우울하고 공허하다고 느낄수록, 우리는 이런 문제를 일으킨 더 많은 '디지털 마약'으로 그러한 감정에서 탈출하려 한다. 그야말로 딜레마에 빠지는 것이다. 우리가 디지털 세계로 돌아가 현실 도피를 할 때마다 거대 기술기업은 주머니를 채우고 우리는 또 계속 돌고 돈다.

이 난감한 상황을 어떻게 해결해야 할까? 앞으로 이 책에서 이야기하겠지만, 답은 거대 기술기업에 콘텐츠에 대한 면책을 허용하는 미국 통신 품위법 230조의 폐지나 거대 기술기업 해체를 위한 독점금지법 제정처럼 간단하지 않을 것이다. 독점 금지법 제정과 통신 품위법 230조의 폐지가 모두 실현된다 해도, 거대 기술기업 문제와 그들이 내뿜는 소셜 미디어 독소를 완전히 해결하진 못한다. 더 많은 정부 규제와 감독도 답이 될 순 없다. 많은 법학자가 지적했듯이 이는 미국 수정 헌법 제1조인 표현의 자유 문제와 내용 검열 문제로 이어질 수 있기 때문이다. 설령 규제와 감독을 강화한다 해도, 어떤 내용이 문제의 소지가 있는지 '역정보disinformation'인지를 누가 결정할 것인가? 마크 저커버그? 잭 도시? 일론 머스크? 이러한 문제는 해결하기 복잡하며 쉬운 해결책은 없다.

그러나 잘못된 정보misinformation와 그 사촌인 역정보의 맹공격에 맞설 수 있는 간단한 해답이 있다. 바로 비판적 사고라는 검이다. 그런데 언론과 정치인들은 잘못된 정보의 공급을 비판하는 데만 모든 에너지와 노력을 집중하는 것 같다(부정확하거나 오해의 소지가 있는 뉴스와 정보의 부정적 영향에 대해 병적으로 반응한다). 그들은 수요 쪽, 그러니까 어떤 내용이 문제가 되는지를 판단하는 시청자와 청취자, 독자의 식별 능력에는 거의 관심을 기울이지 않는다.

사람들이 이성적이고 비판적인 사고를 할 수 있다면, 그것이 잘못된 정보든 아니든 끝없이 밀려드는 정보의 흐름에 면역력을 갖추게 될 것이다. 합리적 사고의 힘으로 무장한 사람은 사실과 허구를 구분할 수 있다. 하지만 이보다 더 큰 문제는 안타깝게도 아이들이 학교에서 논리적·비판적 사고에 대해 배운 적이 없다거나, 있다 해도 사람들의 사고 능력이 소셜 미디어에 지속적으로 노출되며 봄날의 눈처럼 녹아버렸다는 것이다.

불면증에 시달리던 젊은 시절, 내가 죄책감을 느끼면서도 즐겼던 오락 거리 중 하나는 방송인 아트 벨Art Bell의 밤샘 라디오 토크쇼를 듣는 것이었다. 아트 벨은 마음을 진정시키는 훌륭한 목소리를 지녔고 그의 라디오에는 온갖 다양한 손님들이 출연했다. 어떤 밤에는 물리학자 브라이언 그린Brian Greene이 나와 끈 이론에 대해 논했고, 어떤 밤에는 시간 여행 중인 빅풋Big Foot▾ 사냥꾼이 나오기도 했다. 어떤 쇼는 아주 유익했지만, 어떤 쇼는 재미있는 허튼소리에 불과했다. 하지만 아트 벨은 청취자에게 올바른 판단 능력이 있다고 믿었기 때문에, 그의 쇼에서 검열되거나 출연이 금지되는 사람은 없었다.

콘텐츠 검열과 잘못된 정보에 대한 논쟁이 치열한 오늘날, 나는 사람들이 이성을 활용하고 비판적으로 생각하는 타고난 능력을 회복하도록 돕는데 집중하는 것이 중요하다고 생각한다. 사람은 그들의 통제하에 있는 것, 즉 자신만 바꿀 수 있다는 옛말이 있다. 이에 따라 이 책의 뒷부분에서 논하겠지만 나는 거대 기술기업·소셜 미디어 문제에 대한 해결책의 일부로 고대 사상의 수용을 제시하고자 한다. 지금과 같은 격변의 시대에 어두운 디지털 바다를 헤쳐 나갈 때 명확하고 분석적으로 생각하는 우리 개개인의 능력을 최대치로 끌어올리자는 의미에서다.

그렇다고 해서 **알면서도** 사용자에게 해를 입히는 거대 기술기업을 막는 규제와 법적 장치가 필요 없다는 뜻은 아니다. 앞서 말한 것처럼 우리는

▾   미국과 캐나다의 태평양 연안 산중에 나타난다는 원시 인류.

우리의 정신 건강을 위기로 내모는 거대 기술기업과 우리를 좀먹는 소셜 미디어 문제를 해결해야 한다. 단순히 위에서 말한 기술 중독과 그에 따른 공허감과 우울 때문만이 아니라, 기술기업의 플랫폼이 분명하게 생각할 수 있는 우리의 사고 능력을 **약하게 하기** 때문이다.

생각을 양극화하는 소셜 미디어 플랫폼에 대한 끊임없는 몰입은 본질적으로 병적이고 유해하다. 이는 이성적 사고의 가능성을 약화시켜 우리의 뇌 구조와 정보 처리 방식을 바꿔놓았다. 실제로 소셜 미디어가 세상을 집어삼키면서 우리는 섬세한 비판적 사고와 정반대되는, 일종의 사회적 이분법적 흑백 사고를 발전시켰다. 결국 140개의 제한된 글자 안에서든▼ 끝없이 양극화되는 '반향실echo chamber'▼▼에서든 사고의 섬세함을 찾기란 어려워졌다.

불행히도 이런 양극화된 이분법적 사고는 문화적 충돌과 정치적 분열을 가속화했다. 이에 관해 트위터·페이스북·인스타그램·틱톡은 **임상적**으로 중요한 의미를 지니는데, '회색 영역'을 보지 못하고 이분법적 사고를 하는 사람은 더 반응적이고 덜 탄력적이며, 충동성과 취약성—많은 정신 건강 장애의 구성 요소이자 증상이다—이 높아질 수 있다.

페이스북 자체는 처음에 '멋진가 아닌가Hot or Not'라는 이분법적 선택의 장으로서 탄생했다. 그것은 지금 '좋아요'와 '싫어요'가 되었는데, 플랫폼의 게놈에는 이러한 이분법적 선택과, 다른 형태의 극단적으로 양극화된

▼　트위터는 한 번에 쓸 수 있는 글자 수를 영문 기준 140자로 제한했었고, 2017년에 280자로 늘렸다.
▼▼　비슷한 성향의 사람들과 소통하며 자신의 견해를 강화하게 되는 소셜 미디어 환경을 뜻한다.

콘텐츠가 불가분하게 포함되어 있다. 사실 이른바 '**극단화** 고리extremification loop'에서 **모든** 소셜 미디어 플랫폼은 본질적으로 이분화된, 자체적으로 강화되는 정렬 메커니즘으로 작동한다. 이들은 알고리즘의 도움으로 더욱더 강도가 심해지는 콘텐츠, 즉 인식된 선호도를 바탕으로 원시 도마뱀의 뇌 lizard brain▼를 자극하도록 설계된 콘텐츠를 사용자에게 보낸다. 사용자가 왼쪽으로 기울면 알고리즘으로 강화된 반향실은 사용자에게 왼쪽으로 기울어진 콘텐츠를 점점 더 많이 보내고, 오른쪽으로 기울면 오른쪽으로 기울어진 콘텐츠를 더 많이 보내기 때문에 양극단의 간격은 더 벌어지고 골은 더 깊어진다.

소셜 미디어 유기체의 이 프로그래밍 **기본 지침**은 더 많은 사용자가 참여하게, 또는 '붙어 있게' 하기 위해 개인이 이미 품은 믿음을 더 확장하고 강화하는 궁극적인 확증 편향 시스템으로 진화했다. 그것이 소셜 미디어 플랫폼이 돈을 버는 방식이기 때문이다. 그러나 안타까운 사실은 이 이분법적인 **극단화** 고리가 많은 사용자에게 정신 건강의 독으로 작용한다는 것이다.

『화면에 중독된 아이들』을 쓰고 얼마 지나지 않아 나는 이러한 극단화 고리가 사람들의 정신 건강에 끼치는 해로운 영향을 직접 목격하기 시작했다. 내가 운영하는 정신 건강 진료소에서 나는 점점 더 많은 젊은 환자들이 상황을 절대적인 관점으로 보고 삶의 일상적인 스트레스 요인에도 잘 대처하지 못한다는 사실을 알게 되었다. 많은 사람이 아주 민감하게 반

▼   우리 뇌에 실제 존재하는 부분으로, 위험을 감지하여 인간의 생존을 확보하는 기능을 지닌다.

응하고, 화를 내고, 외로워하고, 공허함을 느끼고, 핵심 정체성을 상실하고, 쉽게 조종되고, 혼란스러워하고, 형편없는 자기 이미지에 고통 받고, 우울해하고, 평범하게 잘 사는 데 어려움을 겪는 듯했다.

이 모든 문제의 공통점은 거의 모든 사람이 상황을 흑백 논리로 본다는 것이다. 실제로 나는 점점 더 많은 젊은이가 성격 장애—경직되고 병적인 사고, 기능, 행동 패턴이 특징인 정신 장애의 한 유형—로 고통 받는 모습을 보게 되었다. 병원에 방문한 환자들뿐만 아니라, 우리 사회 전반에서 전례 없는 수준의 양극화가 진행되고 있었다.

이러한 상황은 1960년대, 캐나다의 문명비평가 마셜 매클루언이 남긴 "매체가 곧 메시지다"라는 유명한 말을 반영하는 듯했다. 이제 매체(디지털, 이분법적 소셜 미디어)는 곧 메시지일 뿐만 아니라, 메시지를 받는 사람들의 뇌를 **스펙트럼 사고**spectrum thinking에서 관용과 복잡성이 **빠진**, 제한적이고 **이분법적인 사고**를 하는 뇌로 **만든다**. 불행히도 이 흑백 논리의 이분법적 사고는 경계선 성격 장애borderline personality disorder, BPD의 진단적 특징이기도 하다.

경계선 성격 장애는 어떠한 상황으로 이어질까? 단언할 수는 없지만, 치료받지 않는 BPD 환자(또는 BPD 사회)의 예후는 극히 좋지 않다. 코로나는 이런 상황을 더욱 악화시키기만 했다. 맹렬하게 타오르는 불에 기름을 부은 것처럼 모든 격리와 사회적 거리 두기, 가상 현실에서의 생활은 약물 과다 복용과 자살의 기록적인 급증과 더불어 사람들의 스크린 타임을 두 배로, 우울증을 세 배로 늘렸다.

아버지가 옳았다. 이것은 인간이 본래 사는 방식이 아니다.

화면을 응시하는 최첨단 생활 방식과 신체적 움직임의 명백한 부족은 정신 건강에 해로울 뿐만 아니라 기록적인 비율의 암, 심장 질환, 비만, 당뇨—건강하지 않은 좌식 사회의 명백한 징후—발병으로 직접 이어진다. 물론 우리에게 멋진 전자 제품과 매우 똑똑한 기기들이 있는지는 모르지만, 영화 「뜨거운 오후」에서 배우 알 파치노가 했던 말을 빌리자면, "우리는 이곳에서 죽어 가고 있다!" 육체적으로, 정신적으로, 감정적으로, 우리는 총에 맞았다.

슬픈 현실은 우리 대부분이 전자 기기에 너무 **빠지거나** 정신이 팔려—**중독**이라고 말해도 될까?—우리의 정신적·육체적 악화를 눈치채지 못한다는 것이다. 록 밴드 핑크 플로이드의 말을 빌리자면, 우리는 모두 너무 **편안하게 무감각해져서**comfortably numb▼ 변화를 알아차리지도 신경 쓰지도 못한다. 아직 메타버스에 있는 것도 아닌데 말이다!

누가 이 현대의 악몽을 조종하고 통제하는가? 은행가, 정치인, 기업가는 잊자. 21세기의 권력은 소수의 기술 억만장자들에게 있다. 실제로 부를 물려받은 자들은—계산자를 가진—온유한 자들▼▼이었고, 후에 제프 베이조스, 빌 게이츠, 마크 저커버그와 같은 이름의 과대망상증 환자가 되는 기술 괴짜들tech geeks이었다. 거대 기술기업이 낳은 이 신新테크노크라시technocracy▼▼▼는 세상을 지배할 뿐만 아니라 우리 생활에서 데이터를 채굴하

▼ 「Comfortably Numb」는 1979년 발표된 핑크 플로이드의 싱글로, 핑크 플로이드의 명곡 중 하나로 꼽힌다.

▼▼ 성경 마태복음 5장 5절 "온유한 자는 복이 있나니 그들이 땅을 기업으로 받을 것이요(Blessed are the meek, for they shall inherit the earth)"를 인용한 표현.

▼▼▼ 기술(technology)과 관료(bureaucracy)의 합성어로, 전문 지식이나 과학 기술에 의한 지배를 뜻한다. 테크노크라시에 영향력을 행사하는 기술관료층은 테크노크라트라 부른다.

고, 우리가 보는 것, 우리의 사고방식, 투표 방식, 사는 방법, 심지어 죽는 방법까지 통제한다.

이러한 기술에 의한 통제는 단순히 탐욕에서 비롯된 것일까 아니면 그 이상일까? 이 책을 쓰기 위해 조사하는 과정에서 나는 거대 기술기업 집 권층에게 동기 부여가 될 만한 것에 관한 단서를 발견했다. 탐욕과 권력을 향한 뻔한 굶주림 말고도, 그들에게는 또 다른 더 흥미로운 동기가 있었다. 역사상 가장 강력한 힘을 지닌 사람들에게 걸맞은 것, 거창한 신 콤플렉스 God Complex를 발전시킨 사람들에게 걸맞은 것 말이다. 자세한 이야기는 책 의 뒷부분에서 설명하겠다.

우리는 전 구글의 디자인 윤리학자design ethicist 트리스탄 해리스Tristan Harris나 특히 전 페이스북 부사장 차마스 팔리하피티야Chamath Palihapitiya 같 은 고위급 전문가를 통해 거대 기술기업의 계획에 대해 알게 되었다. 기업 들은 사용자의 참여를 유지하고 수익을 끌어내기 위해 알고리즘을 기반으 로 습관 형성 플랫폼과 장치들을 만든다. 그리고 도마뱀 뇌를 크게 활성화 하는 콘텐츠(정치적 분노, 폭력적 게임)를 이용해 참여를 극대화하고 습관을 형성한다. 그런 다음 하버드대학교 교수 쇼샤나 주보프Shoshana Zuboff가 설 명하듯 데이터를 채굴하여 수익을 창출하는 '감시 경제surveillance economy'를 만든다. 그리고 이 과정을 반복한다. 정신 건강에 끼치는 중독적이고 부 정적인 영향 외에도 디지털 시대가 만들어낸 또 다른 곤란한 문제가 있다. 거대 기술기업 집권층의 변덕에 따라, 알고리즘은 사람들이 제품에 반응 하는 것 이상의 행동을 이끌 수 있다. 알고리즘은 투표 습관, 이데올로기 와, 규범적·비규범적 행동에 대한 인식을 포함해 사람들의 행동을 왜곡할 수 있는 콘텐츠 주도의 집단 사고 효과groupthink effect를 만들 수 있다.

정신 건강을 해치는 기술 중독은 디지털 세뇌와 행동 수정으로도 이어진다. 사람들을 물리적으로 감금하거나 두려움을 자극해 권력에 순응하도록 강제할 수 있었을 **뿐인** 이전의 독재 정권들과 달리, 이제는 소수의 사람들이 한때 자유 사회의 성역으로 여겨졌던 인간의 **사고**를 통제할 수 있게 되었다. 구소련의 굴라크에서 나치 강제 수용소에 이르기까지 전체주의적 탄압이 가장 심했던 때에도 독재자들은 죄수들의 몸은 망가뜨릴 수 있어도 마음까지 지배할 순 없었다. 지금은 그렇지 않다. 오늘날, 마음은 **전쟁터**이고 거대 기술기업은 이 전쟁터를 완전히 지배하기를 원한다.

또 다른 속보가 있다. 우리는 중독되고 세뇌되는 디지털 새장에 갇힌 데다, 스톡홀름 증후군처럼 새장을 만들고 우리를 가둔 납치범들과 사랑에 빠졌다.

기계 세계에 오신 것을 환영합니다. 아니면 매트릭스, 아니면 플라톤의 동굴▼, 아니면 디지털 꿈에 들어오신 것을. 뭐라 부르든, 미끼를 이용해 바퀴벌레를 잡는 덫처럼 한 번 들어가면 절대 나올 수 없다.

당신이라면 나올 수 있겠는가?

내가 생각하기엔, 가능하다. 나는 매트릭스에서 벗어날 방법을 발견했다. 영화 「매트릭스」의 주인공 네오처럼, 현대의 이 디지털 광기에서 개인과 집단이 온전한 정신을 되찾기 위해 먹을 수 있는 빨간 약이 있다.

해결책은?

현대의 최첨단 생활에 대한 치료법은 과거에 있다. 사실 현대에 대한 해

▼　플라톤의 동굴 비유에서 인간은 지하 동굴에 갇혀 있다. 진짜 빛을 보지 못한 채, 횃불로 인해 동굴 벽에 드리워진 그림자를 실재로 착각하고 살아간다.

결책은 아주 오래되고 **오래된** 것이다. 책에서 설명하겠지만, 우리에게는 정신적 안녕과 명료함이 깃든 건강한 삶을 위한 고대의 청사진이 있다. 이 청사진은 우리가 더 건강하고, 더 분별 있고, 더 균형 잡힌 생활로 돌아갈 수 있도록 도울 것이다. 우리는 다시 우리의 인간성을 되찾고 본래 사람이 살도록 유전적으로 설계되고 진화한 방식으로 살 수 있다.

가혹한 현실은 하나의 종으로서 우리가 균형을 잃었다는 것이다. 기술은 훌륭한 도구가 될 수 있지만, 헨리 데이비드 소로가 말한 것처럼 "우리는 우리 도구의 도구가 되었다." 여기에 덧붙이자면, 오늘날 우리는 우리 도구의 도구일 뿐만 아니라, 우리 도구를 만드는 사람들의 **쇠약한** 도구가 되었다.

더 이상은 안 된다. 이제 악몽 같은 꿈에서 깨어날 시간이다. 지금은 꿀이 잔뜩 발린 디지털 새장을 떠나 다시 한번 완전히 사람들과 연결되고 실재하는 인간으로 살 때이다.

우리에게는 그 어느 때보다 **지금** 고대의 치료법이 필요하다.

1부
진단병: 진단 디지털 괌기

II

1장
매트릭스에 중독된 세상

가상 현실에 갇힌 소

그것은 소의 사진이었다.

그렇다. 사진 한 장에는 천 마디 말의 가치가 있을 수 있다. 하지만 이 사진은 너무 기이했고 보는 순간 바로 신경을 건드려서 나는 뭔가 끔찍하게 잘못되었다는 생각밖에 할 수 없었다. 그것은 단순히 늙은 소의 사진이 아니었다. 사진 속 소는 가상 현실Virtual Reality, VR 헤드셋을 쓰고 있었다.

실제 소. VR 헤드셋. 선택적 현실.

친숙하지만 이상하게 당황스러운 살바도르 달리의 시계처럼, 과학 소설과 초현실적인 것이 혼합된 이미지는 우리가 험난한 길에 올랐으며 더 나은 손잡이가 필요하다는 것, 그리고 **빨리** 정신을 차리는 것이 좋다는 사실을 분명히 보여주었다. 나는 2019년 12월 3일 비 오는 어둑한 오후의 샌프란시스코에서 소 덕분에 이러한 깨달음을 얻었다. 아버지가 바로 몇 달

전에 돌아가셨기 때문에, 베이 지역의 날씨는 내 기분을 반영하는 듯했다. 나는 미국 전체에서 가장 오래된 공공 문제 포럼이며 유서 깊고 건실한 학회인 코먼웰스 클럽Commonwealth Club의 발표자로 초청된 참이었다. 이 포럼은 세상을 움직이는 혁신적 사상가와 세계 지도자들을 초청하는데, 이곳에서 루스벨트가 상징적인 뉴딜 연설을 했으며, 아이젠하워, 니키타 흐루쇼프, 힐러리 클린턴, 앨 고어, 그리고 여러 노벨상 수상자가 무대를 빛냈다.

날씨와는 상관없이 이곳은 연설하기에 특별한 장소이다.

새로운 기술이 우리 종에 어떠한 영향을 끼치는지 연구하는 심리학자이자 교수이자 작가로서, 나는 발표와 함께 '기로에 선 인류: 기술이 인간과 지구에 끼치는 위험에 대한 새로운 통찰'이라는 불길한 제목의 토론에 패널로 참여해 달라는 요청을 받았다.

그 주제는 나의 전문 분야였다.

아직 아버지의 죽음을 애도하고 있었지만, 그 행사는 매우 중요했고 전세계에서 연사들이 오는 것까지 몇 달 전부터 계획된 것이었다. 숙고한 끝에 일정을 취소하지 않기로 했다. 행사에 참석하는 것이 아버지를 기리고 그를 자랑스럽게 하는 좋은 방법이 될지 모른다고 생각했다.

과학자와 전문가로 이루어진 패널들은 강당에 모여 우리에게 닥친 절망적 현실에 대해 이야기했다. 공통 주제는 기술에 도취한 우리가 스스로 불러온 인간과 행성의 파괴였다. 저명한 패널들은 5G와 암 유발에 관한 무서운 연구 결과, 지각력은 있지만 비도덕적인 AI에 대한 논문, 그리고 우리가 '밝게 빛나는 작은 기기'에 집착한 결과로 생겨난 신경학적·임상적 장애를 발표했다.

인정하건대 다소 우울한 상황이었다. 무대 뒤 커다란 스크린에 비현실적인 소의 사진이 튀어나오기 전까지는 말이다. 청중들은 그 우스꽝스러운 사진을 처음에는 재미있어했지만, 사진에 담긴 불길한 의미를 이해하면서 점차 조용해졌다. 네덜란드의 한 존경받는 과학자에 따르면, VR 헤드셋을 쓴 소들은 자신들이 더 푸르고 좋은 초원에 있다고 속아 더 많은 우유를 생산하게 될 것이었다.

"아내가 행복하면 삶이 행복하다"라는 격언은 잊어라. "소가 행복하면 더 많은 우유가 나온다"가 자연적인 방법을 쓰지 않아도 되고 이루기도 더 쉬우니까. 현실에서 차단된 그 소는 매트릭스 속에 있었고, 네오와 마찬가지로 세상이 얼마나 환상에 불과한지 전혀 알지 못했다. 강당에 있던 모든 사람이 느끼기 시작한 불안감은 만약 우리가 소에 VR 헤드셋을 씌워 환상을 진짜라고 믿게 만들면 다음은 무엇이, 누가 이 대상이 될까? 라는 자각으로 이어졌다.

더 나쁜 것은 마치 숨어 있는 오류를 악용해 속임수를 쓰는 프로그램처럼 우리가 이미 디지털 방식으로 선택되고 조작된 환상 속에 살고 있다는 것이다. 그 환상은 우리의 정체성, 인식, 정치관, 가치관, 자유 의식, 그리고 우리의 존재 자체를 왜곡한다.

내가 가상 현실 속 소 친구들에 대한 글을 막 끝낸 지금 시점에, 마크 저커버그는 페이스북을 메타^{Meta}로 재탄생시키고 우리의 '그다지 멋지지 않은 신세계'▼에 대한 그의 새로운 메타버스 비전을 발표했다. 2부에서 자세

▼ 원문은 "not-so-Brave New World". 올더스 헉슬리의 소설 『멋진 신세계(Brave New World)』에서 따 온 표현이다.

한 내용을 설명하겠지만, 내가 최첨단의 환상적 세계에 대한 은유로 사용한 VR 헤드셋을 쓴 소 이야기는 은유에 그치지 않을 수도 있다. 저커버그가 메타 세계를 위한 그의 새로운 대계획을 실행한다면, 우리는 모두 VR 헤드셋을 쓰고 그가 통제하는 공간 인터넷spatial internet과 환상에 불과한 가상의 공유 현실shared reality 세계에 살게 될지 모른다.[1]

저커버그의 측근들에 따르면, 그는 우리 모두가 어떤 식으로 살아야 하는지 그리고 모두를 위한 새로운 현실을 어떻게 만들지에 대한 메시아적 비전을 세우는 데 온 힘을 쏟고 있다고 한다. 그런데 이미 많은 사람이 분명히 과학 소설에서 읽지 않았는가? 우리는 아무 일도 없는 것처럼 조용히 디지털의 밤으로 들어갈 수 없다. 미래학자들과 과학 소설 작가들(조지 오웰부터 올더스 헉슬리, 허버트 조지 웰스부터 로버트 하인라인에 이르기까지)은 기술이 주도하는 미래의 어두운 양상을 이미 오래전에 예측했다. 「매트릭스」 「터미네이터」 「2001 스페이스 오디세이」 같은 영화들도 모두 기술이 초래할 수 있는 디스토피아, 인간이 노예가 되고 지각 능력을 갖춘 기계가 세상을 장악하는 디스토피아를 경고했다.

분명히 우리는 기술 진보의 결과로 놀라운 혜택을 누려 왔고 지난 100년 동안 삶이 급격히 변화하는 모습을 보아 왔다. 하지만 경이로운 혁신에는 늘 대가가 따랐다. 모르핀은 전쟁의 부상병들에게 도움이 되었지만, 모르핀 중독이 확산되었다. 우리는 원자의 신비를 발견하고 풍부한 에너지를 얻었지만, 이는 파괴적인 핵폭탄 발명으로도 이어졌다. 불의 발견으로 초기 인류는 살아남을 수 있었지만, 불은 상당한 파괴를 불러오기도 했다.

일부 이론가들은 이렇게 위험이 따르는 과학적 혁신을 **가능성과 위험**

성을 동시에 가진 난제라 부르는데, 이는 과학자들이 **사전 예방의 원칙** Precautionary Principle2이라 부르는 것의 토대가 된다. 사전 예방의 원칙은 특정 행동이나 발명이 너무 위험하거나 심각하게 나쁜 결과를 불러올 수 있다면 연구를 계속 진행하지 않는 것을 최선으로 한다. 불행히도 이 원칙은 좀처럼 적용되지 않는다. 미래학자와 과학 소설 작가들이 상상했던 많은 것들이 종이와 스크린에서 일상 속 현실로 바뀌어 왔다. 그리고 그 과정에서 일부 의도하지 않은 **위험한** 결과들도 생겨났다.

스마트폰 덕분에 지구상의 어떤 사람과도 이야기할 수 있게 되었고 손끝만 움직여 끝없는 정보에 접근할 수 있게 되었지만, 스마트폰의 중독적인 특성 때문에 우리는 진정으로 '연결되지 않은 상태'에 있지 못하게 되었다. 완전히 자동화된 공장은 인간을 쓸모없게 만든다.[3] 운전자 없는 자동차는 오류를 범하거나 해킹당할 수 있다.[4] 전 세계적으로 연결된 대화형 소셜 미디어는 의제 중심의 이야기를 증폭시키며 끊임없이 우리를 추적하고 생활 속 데이터를 캐낸다.[5] 인간의 목소리를 내는 AI 기반 '스마트' 홈 비서는 우리의 필요를 예측하여 서비스를 제공하게 설계되었지만, 우리가 하는 이야기를 엿듣고 우리의 신체적·정신적 기능을 약화시킨다.[6] 과학과 의학의 발전은 오랫동안 인간을 괴롭힌 끔찍한 질병들을 치료해주었지만, 윤리적으로 의심스럽고 무모한 연구의 부산물로 이상한 새로운 바이러스, 질병, 생물학적 위험을 야기하고 잠재적 행성 파괴를 일으키기도 한다.[7]

어떤 사람들은 "괜찮아요. 좋은 게 있으면 나쁜 것도 있는 법이죠. 우린 새로운 과학 기술을 받아들일 거예요."라고 말할지도 모르겠다. 어쨌든 거대 기술기업이 이끄는 21세기의 삶이 전보다 훨씬 편한 것은 사실 아닌가? 스마트홈은 생활을 편리하게 해준다. 그리고 스마트폰은 우리 모두를 연결해주고 정보를 제공한다. 대부분의 사람은 이렇게 말할 것이다. "신기술이란 좋은 일이죠. 전 아이폰, 알렉사, 언제든 볼 수 있는 넷플릭스가 좋은데… 뭐가 문제죠?"

알렉사, 음악 좀 틀어줘. 그리고 마티니에 얼음 두 조각!

실제로 많은 사람이 우리가 마법을 부린 것 같은 쉽고 편리한 시대에 살고 있다고 느낀다. 확실히 우리 중 누구도 총을 쏴대고 인류를 파괴하는 "나는 돌아올 것이다I'll be back"의 형태—「터미네이터」의 아널드 슈워제네거—로 AI의 실존적 위협과 마주할 필요는 없었다. 그래서 분위기는 이런 식으로 흘러갔다. "자, 모두 심각하게 받아들이지 말고 새로운 기술이 만든 현실을 즐깁시다. 어떻게 만들어졌든, 누가 왜 만들었든 너무 걱정하지 말고 맛있는 디지털 식사를 듭시다."

그리고 2020년 코로나19 대유행병이 발생했다. (아주 명확한 위험 신호가 있긴 했어도) 기술 덕분에 편해졌다고 느꼈던 세상이 점점 더 기술에 **의존**하는 세상처럼 느껴지기 시작했다. 점심에 마티니 두 잔을 마시다 이제 하루를 견디기 위해 보드카 다섯 잔이 필요해진 사람처럼 기술에 대한 우리의 내성과 욕구는 급상승했다.[8] 여느 중독과 마찬가지로 우리는 그것이 **정말로** 필요했다. 그리고 기술이라는 '주사'가 주입되자, 화면을 보는 습관은 확실히 고치기 어려워졌다.

일부 추정에 따르면, 코로나가 유행하는 동안 사람들의 스크린 타임은 두 배로 증가했다(우연찮게도 우울증 발병률은 세 배로 증가했다). 2020년 3월 21일, 기술 신중론자인 전 「뉴욕타임스」 기자 넬리 볼스Nellie Bowles가 쓴 기사의 헤드라인은 다음과 같았다. "코로나 바이러스가 스크린 타임에 대한 논쟁을 끝냈다. 화면이 이겼다."

볼스는 글에서 코로나가 유행하기 전 너무 긴 스크린 타임이 걱정돼 다양한 "디지털 디톡스"를 시도했지만, 늘 예전 습관으로 돌아가 "부드럽고 빛나는 유리(화면)에 다시 올라타곤" 했다고 아쉬워했다. 격리와 사회적 거리 두기의 시대가 된 지금, 볼스는 달리 어쩔 수 없어 보이는 상황에 굴복했다. "나는 화면을 보면서 느꼈던 죄책감의 족쇄를 벗어 던졌다. 나의 TV는 켜져 있고, 컴퓨터도 작동 중이다. 전화기는 잠금 해제되어 빛나고 있다. 나는 화면으로 둘러싸이고 싶다. 주변에 VR 헤드셋이 있다면 바로 쓸 것이다."

압승이다. 스크린이 이겼다.

하지만 스크린이 이겼다면 누가 졌을까?

우리가 졌다.

우리는 모두 뱀의 눈snake eye▼을 굴렸다. 음, 적어도 우리 종의 대부분은 졌다. 선택된 소수만이 디지털 카지노 같은 것을 운영하면서 게임을 조작해 역겨운 방법으로 이기고 있다. 우리가 넷플릭스 다큐멘터리 「타이거 킹」을 정주행하고, 레딧Reddit에 탐닉하고, 소셜 미디어의 사소한 것들에 집착하고, 현실 도피를 위해 비디오 게임의 늪에 빠질 때, 우리는 매우 조작적이고 절망적이며 부자연스러운 곳, 기분을 좋게 만드는 도파민을 급증시켜 우리의 습관을 형성하는 디지털 기기에 갇히게 된다.

중독 문제 말고도 나는 또한 우리가 VR 헤드셋을 쓴 소들처럼 기술이 일으킨 집단 망상을 발전시키고 있다고, 우리 모두가 디지털 꿈이라는 따

▼　　두 개의 주사위를 던졌을 때 모두 1이 나오는 것을 뜻한다.

뜻한 욕조에 너무 편하게 빠져들고 있다고 의심하기 시작했다. 그 꿈에 더욱 빠져들수록 우리는 점점 더 약해지고, 더 병들고, 더 기술에 의존하게 되었다. 그리고 더 많은 기술 의존으로 우리는 더욱더 취약해졌다.

분명히 코로나 이전에도 상황은 그렇게 좋지 않았다. 우리는 어느 정도 물질적 부를 누렸지만, 기록적인 수준의 우울증, 비만, 외로움, 약물 과다 복용, 중독, 자살, 암과 심장병 발병을 겪었다. 하지만 코로나 이후 이러한 지표는 훨씬 더 악화되었다.[9] 앞서 언급한 것처럼, 안타까운 사실은 우리의 수렵·채집인 유전자가 기술 중심의 21세기 생활에 맞게 설계되지 않았다는 것이다. 우리는 실내에 갇혀 앉아서 화면을 바라보는 존재로, 의미가 결여된 원자화된 존재로, 기술에 의존하는 노예로 살게 설계되어 있지 않다.

기술이 발전하는 동안 인류가 퇴보한 이유는 바로 이 때문이다. 예전의 담배 광고와 달리, 우리는 많이 성장하지 **않았다!** 우리는 기기에 연결되고 주위와 차단된다. 자기 성찰보다 자신에게만 몰두하고, 화면을 밝히지만 눈에는 총기가 없으며, 첨단 기술을 즐기지만 건강은 형편없다. 우리를 미치게 하고 더 약하고 아프게 만들고 결국 죽이는 것은 우리의 기술과 기술 중심의 생활 방식이다. 많은 사람이 이를 의식하지 못한다.

의식하지 못하는 개구리처럼

다음의 개구리 이야기를 떠올린다면 우리가 스스로 행하는 무의식적 자기 파괴가 더 잘 이해될 듯하다. 개구리가 따뜻한 물이 담긴 냄비에 앉아 있다. 서서히, 아주 서서히 물의 온도가 올라간다. 개구리는 움직이지 않는다. 불길이 강해지면서 물은 매우 뜨거워지고 끓어오르게 된다. 개구리는 여전히 움직이지 않는다. 서서히 진행되는 과정에 안심한 개구리는 산 채로 익으면서 죽지만 자신을 구하려고 발버둥 치지 않는다. 그러나 만약 이미 끓고 있는 물에 빠진다면, 개구리는 살기 위해 밖으로 뛰쳐나간다.

말해 두자면, 이 이야기가 퍼지는 동안 실제 개구리가 다치는 일은 없었다. 이야기의 사실 여부는 뜨거운—말장난하려는 건 아니다—논쟁거리였지만, 이야기 자체는 위험이 점점 다가오고 있는데도 그것을 의식하지 못하는 사람들의 무능함—또는 비자발성—에 대한 훌륭한 비유로 남아 있다.

우리가 눈 깜짝할 사이에 동굴 벽화에서 인스타그램으로 옮겨간 것처럼, 디지털 시대에 우리가 몸 담근 물은 매우 빠른 속도로 따뜻해졌다. 그러나 물이 아주 빨리 끓어오르는데도 왜 우리는 물에서 뛰쳐나오지 않을까? 왜 우리는 우리가 산 채로 끓어오르도록 놔두는 걸까? 특히 이제는 우리의 기술 집착이 우리 자신에게 **해를 끼친다**는 것을 더 잘 알게 되었는데도 말이다.

음, 처음에 물은 서서히 따뜻해졌다. 우리는 거의 3백만 년 전에 원시적인 도구들을 만들었고,[10] 1백만 년 전쯤에 불을 발견했으며,[11] 이어 부족과 '문명'을 형성했다. 농경이 발달했고 여기저기에서 전쟁이 일어났다. 그리고 수천 년이 지났지만 우리는 여전히 본질적으로 같은 종이었다. 부족 생활을 했고, 수렵·채집에서 농사로 옮겨 갔으며, 전쟁을 좋아했다. 그러다 팡! 산업혁명이 일어났고… 눈 깜짝할 사이에 컴퓨터가 등장하고 정보화 시대가 되었고 트위터가 생겨났다.

비유에 따르자면 물은 차갑고 차갑고 또 차갑다가 갑자기 끓어올랐다! 동굴 벽화에서 인스타그램에 이르기까지 아주 오랜 시간이 걸렸지만, 증기 엔진에서 검색 엔진까지 인류 발전의 마지막 부분은 숨이 막힐 정도로 빠르게 진행되었다.

실제로 세계는 1974년에 최초의 개인용 컴퓨터(알테어Altair), 1984년에 상업적으로 성공한 최초의 PC(애플의 매킨토시), 2007년에 시장 판도를 바꾼 스티브 잡스의 아이폰, 2010년 아이패드가 등장하는 등 엄청난 변화를 겪었다.

2000년 이후에 태어난 대부분의 사람에게는 고도로 디지털화된 세상이 그저 당연할 뿐이다. 이들에게 PC와 스마트폰이 있기 전의 삶을 이해할 수 있는 기준은 없다. 태어날 때부터 디지털 환경에서 자라난 이들은 마치 태어날 때부터 물이 있었고 그들이 아는 유일한 것이기 때문에 물 같은 것이 있다는 것을 깨닫지 못하는 물고기와 같다. 대부분의 젊은 밀레니얼 세대와 Z세대는 기술에 대한 몰입을 당연한 일로 여긴다.

그런데 지금의 스크린에 기반한 기술 세상이 진화적 기준으로 보면 극히 빠르게 온 것일지 몰라도, 30세 이상의 사람들이 자기 생애를 기준으로 **개인적으로** 본다면, 전자 기기에 대한 이 자기 파괴적 몰입은 지난 수십 년 동안 서서히 진행된 것이다.

내 생활을 예로 들어보겠다(이 글을 쓰는 지금 나는 57세로, 베이비붐 세대의 끝자락에 걸쳤고 X세대이다). 내 일생에서 스크린과 기술의 발전은 이랬다. 1970년대 뉴욕 퀸스의 우리 집 거실에서 정신적 지주 역할을 한 것은 전체가 합판으로 덮여 거대한 가구 같았지만 화면은 작고 해상도도 좋지 못했던 컬러 TV였다. TV가 낡으면서 우리는 채널을 바꾸려면 펜치를 써야 했고 그런 식으로 다섯 개뿐인 채널을 즐겼다.

그 거대한 일체형 TV는 1980년대 들어 소니에서 출시한 더 매끈한 트리니트론Trinitron에 자리를 내주었다. 그 후 20여 년 동안 내 삶과 스크린은 꽤 안정적으로 관계를 맺었다. 고등학교 시절 나는 전자식 타자기로만 글을 썼다. 그런 다음 결국 대학에서는 워드 프로세서라는 것을 쓰게 되었다. 20대가 되었을 때, 다소 투박한 개인용 컴퓨터가 등장했다. 나는 자제심을 발휘했지만, 브롱크스 과학고등학교와 코넬대학교의 괴짜 친구들은 하나씩을 구매했다. 그리고 비슷한 시기에 동네의 한 부잣집 아이는 갖고 다니기 힘들어 보이는 덩치 큰 휴대폰을 샀다.

십 년이 지나고⋯ 물은 점점 더 따뜻해져 갔다⋯. 친구에게 플립형 휴대폰이 하나 생겼는데, 생김새가 마치 어렸을 때 내가 가장 좋아했던 TV 프로그램 '스타 트렉'에서 곧바로 튀어나온 것처럼 보였다. TV는 다이어트를 해 점점 날씬해졌다⋯ 그리고 마침내 평면이 되었다! 그리고 그때쯤 내 친구는 인터넷에 접속할 수 있는 아이폰이라는 것을 얻었다.

결국 나는 30대 후반에 다른 사람들처럼 스마트폰을 사들였고, 지구상에 축적된 모든 정보에 접근할 수 있는 입구를 손에 쥐고 있다는 사실에 홀딱 반해버렸다. 알렉산드리아 도서관은 잊어라. 내게는 삼성 갤럭시가 있으니까! 나는 사랑에 빠졌다.

하지만 기술과 애정 행각을 벌이는 동안 재미있는 일이 벌어졌다. 내 TV는 점점 더 납작해지는데, 내 배는 점점 더 불러 왔다. 나는 작은 기기에 집착하기 시작했다. 그러니까, 정말로 기기와 붙어 있었다. 잠을 잘 이루지 못했고, 집중력이 약해졌으며, 점점 침울해졌다. 사람들은 스마트폰이 사람을 멍청하게 만든다고 말한다. 하지만 내 경우에는 밝게 빛을 내는 이 전화기가 나를 어둡고 우울한 사람으로 만드는 것 같았다.

내가 퇴보하는 것 같을 때, 전화기는 진화를 반복하며 계속 앞으로 나아가는 것처럼 보였다. 누가 그 작은 악마의 진화를 따라잡을 수 있을까? 아무도 없다. 기술은 점점 더 도파민을 자극하고, 우리가 더 많은 것을, 늘 더 많은 것을 갈망하도록 설계되었다. 그래서 우리는 우리를 오르가슴 같은 더 강렬한 디지털 황홀경으로 이끌 것이라고 약속하는 최신 버전의 멋진 기기들을 갈망한다.

다른 중독과 마찬가지로 디지털 중독에 충분한 것은 없다. 사람들이 격분해서 "이제 이런 건 쓰지 않을 거야!"라고 소리치지 않는 두 번째 이유이다. 이는 간단한 중독 역학과 관련이 있다. 다시 말해, 왜 어떤 중독자도 주류 업계나 담배 업계나 대형 제약사나 동네 마약상에게 소리치고 불평하지 않을까? 그들에게 그 중독 대상이 **필요하기** 때문이다.

적어도 디지털 시대는 **중독**과 이제 삶에 필수가 된 기기들에 대한 우리의 **필요**에 관한 것이다. 이용자의 '참여engagement'(디지털 습관을 만들기 위한, 다른 말로 중독으로 이끌기 위한 마케팅 용어)를 이끌도록 설계된 알고리즘 기반의 플랫폼과 도파민을 솟게 하는 보상("사진에 '좋아요'가 많아!")은 이 기기들을 우리 삶에 필수적인 것으로 만들었다. 한 개를 사면 한 개를 더 주는 '해피 아워'는 잊어라. 이것은 완전히 다른 차원의 마케팅이며, 영리한 사람들과 심지어 더 똑똑한 AI 기반 시스템이 개발한 정교한 행동 수정behavior modification이다. 평범한 사람은 당해낼 수가 없다. 아이들은 더욱 그렇다.

그리고 그 모든 정보! 우리의 정신이 다루는 것에는 한계가 있다. 끝을 모르고 계속되는 트윗, 알림, 깜박임, 화면 스크롤, 유튜브, 텍스트, 인스타그램, 뉴스 피드로 우리가 미쳐 가고 있는 것이 과연 놀라운 일인가?

정보 과부하information overload라는 용어로는 부족하다.

온갖 흐릿한 이미지와 정보로 머리가 띵해진 상태에서 컴퓨터 화면을 보고 또 보고 있으면 때로 하늘을 향해 이렇게 소리치고 싶다. "단 한 시간 만이라도 나무 한 그루를 바라보며 그 잎과 가지에, 방금 거기에 내려앉은 아름다운 파랑새에 감탄할 순 없는 건가요? 제발, 세르게이 브린의 머릿 속에 있는, 모든 것을 아는 알고리즘의 신이시여, 제발, **제발 부탁드리건대**, 제 삶을 되돌려주시겠습니까?"

아시죠, **진짜** 삶을 말이에요.

하지만 스크린은 그저 다 안다는 듯 나를 유혹적으로 바라보며 내가 원할 법한 중독적 콘텐츠로 나를 만족시킨다. 21세기 미국에 사는 대부분의 사람처럼 나는 기기의 포로가 되어 갇힌 기분을 느낀다. 그리고 이러한 의문을 품는다. 우리의 새로운 가상 감옥을 통제하는 교도소장은 누구일까?

신테크노크라트

우리 모두 그들이 누구인지 안다. 기술의 제왕인 소수의 억만장자들… 제프 베이조스, 빌 게이츠, 스티브 잡스, 마크 저커버그라는 이름의 과대망상 증 환자이다.

이 신테크노크라트는 세계를 지배할 뿐만 아니라(그걸로는 충분하지 않은지 이제 서로 우주를 정복하겠다고 경쟁한다), 우리가 보는 것과 우리가 어떻게 생활하고 생각하고 투표하는지를 통제하면서 삶에 관한 데이터를 캐내고 있다. 디지털 지배자들에게 우리는 그들의 알고리즘을 위한 수많은 데이터일 뿐이며 다수 제품과 플랫폼의 소비자일 뿐이다. 아니, 정정하겠다. 기술 업계를 떠난 많은 전문가들이 밝힌 것처럼 그들이 수익을 내는 제품은 바로 **우리** 자체다. 우리의 데이터, 우리의 관심, 우리의 행동이다. 전자 기기는 제품이 아니다. 전자 기기는 그들이 우리(그리고 우리의 데이터)를 잡기 위해 사용하는 미끼에 불과하다.[12]

한때 이상주의적이었고 뛰어났던 이 소수의 이기적인 기술 괴짜들은 자라서 우리 우주의 주인이 될 것이다. 차고에서 회로판을 만지작거리던 아이들은 역사상 가장 부유하고 강력한 힘을 지니게 될 것이다.

하지만 혁신적인 기술 회사를 성장시키는 과정에서 그들은 처음의 이상주의를 잃을 뿐 아니라 세상에 강력한 짐승을 풀어놓게 된다. 그 짐승은 변화하고 변신하고 자신의 창조자를 떠난다…. '디지털식' 프랑켄슈타인의 괴물이다.

소셜 미디어의 마음 성형

창조자를 떠난 현대판 괴물은 다름 아닌 지금의 고삐 풀린 소셜 미디어이다.

우리 인간처럼 사회적으로 강하게 엮인 종에게 소셜 미디어는 마치 초콜릿과 땅콩버터처럼 하늘에서 맺어준 짝이었다. 여기에 무슨 문제가 있겠는가? 하지만 소셜 미디어가 출현한 지 십 년이 훨씬 지난 지금, 소셜 미디어는 우리의 가장 강렬하고 신랄한 감정―쿼티 키보드의 작은 글자로 쓰인 우리의 원시적 본질—으로 힘을 얻는, 마치 지각이 있는 살아 숨 쉬는 유기체로 변모한 것 같다.

우리가 그 짐승에게 먹이를 주면, 다음에는 짐승이 우리에게 먹이를 준다. 이러한 소셜 미디어 공간은 양극성을 띤 해로운 반향실이라고 할 수 있다.

그러나 우리는 우리 자신의 상像으로 자신이 살아가는 디지털 생태계가 만들어지는 확증 편향▼의 강화—**극단화** 고리—속에서, 자신의 신념, 관심, 생각이 지속적으로 반향될 때 어떤 성격이나 사고방식이 형성되는지 스스로에게 물을 필요가 있다. 다른 이름으로는 나르시시즘이다. 디지털 세계의 주민들은 세상이 자신을 중심으로 돈다고 생각하지 **않지만**, 사실은 돌고 **있다**.

데이터 마이닝과 예측 알고리즘 덕분에 특정 정치 이데올로기를 믿는 사람은 이제 그 이데올로기가 종교가 되는 디지털 현실에 살고 있다. 같은 사람이 구글에서 운동화를 검색하면, 기적적으로 데이터 영역의 모든 방향에서 운동화 광고가 쏟아져 들어온다. 신처럼, 우리는 무언가를 생각하고 그 생각이 분명해지면 자기만의 디지털 세계를 형성할 수 있다. 결과적으로 이는 과장된 확증 편향으로 우리가 원래 지닌 믿음을 더욱 강화할 뿐만 아니라, 나르시시즘으로 매우 쉽게 변모할 수 있는 자기중심적 우주를 형성한다.

1970년대의 베이비붐 세대는 자아실현에 대한 자기 성찰적 욕구를 지

▼   자신의 가치관, 신념, 판단에 부합하는 정보에만 주목하고 다른 정보는 의도적으로 외면하는 사고방식.

닌다 하여 '미 제너레이션Me Generation'으로 불렸다. 「타임」지가 2013년 5월 표지 기사에서 '나르시시즘적' 밀레니얼 세대를 '미 미 미 제너레이션 Me Me Me Generation'으로 부른 것처럼, 디지털 시대에 '자기 성찰'은 소셜 미디어의 프리즘을 통해 자신에만 열중하는 '자기 몰입'으로 왜곡되었다. 십년이 지난 지금 상황은 더욱 나빠졌다. 이제 우리는 처음부터 알고리즘으로 조정된 나 중심의 세계에서 태어나고 자란 세대를 만나게 되었다.

자기중심성과 양극화된 이분법적 사고를 낳는 소셜 미디어의 임상적 악영향은 계속해서 확산되고 있다. 실제로 우리는 숙주의 몸 전체를 병들게 하는 이 침습성 디지털 바이러스로 인해 사회 전반과 시민들이 모두 병들어 가는 모습을 목격하고 있다. 병든 사회는 병든 사람을 낳고, 잔혹한 문화는 폭력적인 사람들을 낳으며, 억압적인 문화는 실의에 빠진 활기 없는 시민을 낳는다. 양극화된 소셜 미디어 반향실에서 우리 사회는 기술 중독적이고, 충동적이고, 과민하고, 자기중심적이 되고, 순간적 만족만을 추구하게 되었고, 여기서 분노하고, 너그럽지 못하며, 자기도취에 빠지고, 경계선에 선 불안한 사람들이 나왔다.

지금의 정치적·사회적 환경에서 관찰되는 극단적 양극화는 소셜 미디어라는 짐승의 고유한 DNA와 그 짐승을 만들어낸 디지털 시대의 피할 수 없는 반영일지도 모른다. 사실 이는 '디지털'의 정의를 은유적으로 그리고 문자 그대로 반영한다. 디지털 세계에서 0과 1이라는 이원성은 우리의 문화적·심리적 풍경을 미묘함이라곤 없고 흑백의 극단만 있을 뿐인 풍경으로 바꿨다. 우리가 '0'이나 '1'이 될 수밖에 없는 세상에서, 파편들, 혹은 양극단 사이의 미묘한 회색 영역을 위한 공간은 없다.

대문자로만 쓰인 신경질적인 트윗과 스펙트럼의 양쪽 끝에 서 있는 정치적 극단주의가 합리적인 비판적 사고와 시민들의 담론을 대체한 지금, 우리의 문화를 진단하자면 진단명은 경계선 성격 장애—이것 아니면 저것 인 극단적 사고가 대표적인 특징—다.

기술 중독. 정신 질환. 양극화. 벼랑 끝에 선 사회. 많은 기술 전문가들이 애초 계획은 이런 것이 아니었다고 후회하고 한탄한다. 페이스북에서 사용자 증가 담당 부사장을 지낸 차마스 팔리하피티야는 그들이 만든 것에 대해 '엄청난 죄책감'을 표했다. 그에 따르면 소셜 미디어는 "사회의 작동 방식을 둘러싼 사회적 구조를 갈가리 찢는 도구"이며, 여기에는 "시민들의 담론도 협동도 없으며 잘못된 정보와 오해"가 있을 뿐이다.[13] 전 트위터 경영자 제프 지버트Jeff Seibert는 이 모든 상황이 의도한 것은 아니었다고 말한다. "저는 진심으로 아무도 이러한 결과를 의도한 적이 없다고 믿습니다."[14]

하지만 새로운 기술을 세상에 내놓는 것은 예측할 수 없는 게임이다. 혁신적인 연구자는 페니실린 같은 훌륭한 물질을 발견할 수도 있지만, 실험실 전체를 날려버릴 수도 있다. 신기술의 잠재적 이점과 단점 사이를 오가는 이 어려운 묘기는 때로 가능성 대 위험성으로 표현된다. 하지만 실험실을 날리지 않는다 해도, 의도치 않은 결과를 예측하는 것은 대체로 불가능하다. 인스타그램의 초기 경영자인 베일리 리처드슨Bailey Richardson은 알고리즘이 지닌 예측 불가능성에 대해 이렇게 설명한다. "알고리즘은 그 자체로 마음을 갖고 있어요. 그래서 누군가 일종의 기계를 만드는 식으로 알고리즘을 운영한다 해도, 그 기계는 스스로 모습을 바꿉니다."[15] 램프에서 나온 지니 같은 얘기다.

영화 「소셜 네트워크」에서 저스틴 팀버레이크가 화려하게 연기한 페이스북의 초대 대표인 숀 파커Sean Parker는 다른 그림을 그린다. 이제 소셜 미디어의 '양심적 반대자'가 된 파커는 기술 중독, 도파민을 급증시키고 도마뱀 뇌를 자극하며 '고객 수 전쟁'을 유발하는 콘텐츠 등 이 모든 결과가 **실제로** 의도되고 계획된 것이라고 주장했다.

"인간 심리의 취약성을 이용하는 것인데, 정확히 저 같은 해커가 생각해낼 수 있는 것이었죠." 파커가 말했다. "발명자들과 창조자들, 그러니까 저와 마크 저커버그, 인스타그램의 케빈 시스트롬Kevin Systrom, 이들 모두 문제를 인식하고 있었어요. 그렇지만 어쨌든 우리는 진행했습니다."[16]

의도가 뭐였든 결과는 같다. 우리의 사회문화적 풍경에 원자 폭탄이 떨어졌다. 기술 발전으로 우리는 할머니와 화상 통화를 할 수 있게 되었지만, 앞으로 보게 되듯 예상치 못한 수많은 피해가 발생했다. 숀 파커는 고급 행동 수정 기술로 사람들의 소셜 미디어 참여를 늘리려 했을지 모르지만, 소셜 미디어라는 괴물은 단순한 기술 중독을 넘어 사회를 근본적으로 변화시키고 우리의 정신 건강을 위태롭게 하며 기록적인 수준으로 자살을 늘리는 정신 이상 유발 플랫폼으로 성장했다.[17]

실리콘밸리에 입성한 초창기에 신테크노크라트의 동기는 건전했을 것이다. 실리콘밸리는 어린 시절의 과학적 호기심이 "우리가 세상을 바꿀 수 있다"라는 청년들의 패기로 전환된 곳이었다. 하지만 그 패기는 필연적으로 더 많은 돈과 권력을 향한 채울 수 없는 갈증으로 변했다. 또한 기술 괴짜들은 많은 발명가와 과학자들이 흔히 그렇듯 근시안적인 신 콤플렉스에 끌려갔다. 안타깝게도 그들은 IT 실험실의 괴물이 태어날 때 어떤 일이 벌어질지 윤리적 관점에서 충분히 숙고하지 않았다.

아니면, 말도 안 될 만큼의 많은 돈 때문에 신경 쓰기를 그만둔 것일 수도 있다.

구글을 떠올려보라. 스탠포드 대학원생으로 순진한 낙관으로 가득했던 구글의 창업자 래리 페이지와 세르게이 브린은 "사악해지지 말자Don't Be Evil"를 회사 모토로 삼고 검색 엔진으로 절대 수익을 창출하지 않겠다고 약속했다.[18] **지금은** 어떻게 되었는지 보라.

그들이 홍보처가 간절한 회사들에 (어수선한 광고 공간을 판매하는 대신) 키워드를 판매함으로써 검색 엔진 자체로 돈을 버는 것이 얼마나 쉬운지를 깨닫고 나자 게임은 시작되었다! 모든 고결하고 고귀한 이상은 도중에 버려졌다. 그들은 많은 구매 대기자에 대비해야 했다. 환희에 찬 세르게이와 래리는 당시 그들의 웹사이트에 "악을 행하지 않고도 돈을 벌 수 있다"라고 신나게 선언했다.

하지만 수천억 달러 상당의 이익, 직원과 사용자 **모두**를 감시한다는 비난, 업계 지배와 명백한 독점 플레이를 위한 200개 이상의 회사 잠식, **또** 특유의 편견과 의제로 검색을 조작한다는 비난이 있고 난 뒤, 구글은 이제 더는 의미가 없어진 '사악해지지 말자' 모토를 버리기로 했다. 이 모토는 2018년에 구글의 기업 행동 강령에서 완전히 사라졌다.[19] 이제 악이 허용되었다. **당연히** 그랬다.

어떤 사람은 이를 두고 성장과 권력을 위해 어쩔 수 없는 선택이라고 주장할 수도 있다. 액턴 경John Dalberg-Acton, 1834~1902이 남긴 유명한 말이 있다. "권력은 부패하며 절대 권력은 절대적으로 부패한다." 이 말은 왜 기술 산업과 그것을 만든 사람들에게는 적용되지 않을까? 지금 우리는 어떤 인간이 가졌던 것보다 더 많은 부와 실질적 권력을 이야기하고 있지 않은가. 그렇다면 우리가 품어야 할 의문은 신테크노크라트의 관점—심지어 그들의 인간성 자체까지—이 그러한 강력한 힘에 의해 어떻게 왜곡되는가 하는 것이다.

분명히 말하지만, 이중 어느 것도 나의 원래 관심사가 아니었다. 정신 건강 및 중독 전문 심리학자로서 지난 십 년 동안 나의 모든 관심은 '화면 (스크린) 중독'에 있었지, 더 큰 맥락에서 그 문제의 문화적·경제적 양상에 있지 않았다. 하지만 스크린 타임 문제가 점점 더 부정적인 임상적 영향을 만들어내는 것을 직접 목격하면서 나는 이 마법 같은 새로운 기기들이 사람들에게, 특히 어린 아이들에게 얼마나 빨리 심각한 문제를 일으키는지에 경악하게 되었다.

나는 화면의 '침범'이 우리 사회에 끼치는 영향과 그에 예외 없이 동반되는 '기술 중독'에 대해 쓰고, 조사하고, 임상적으로 치료하며 이 문제에 대해 사람들의 인식을 높이기 시작했다. 전 세계적으로 확산 중인 전염병에 대처하기 위한 치료 프로그램과 프로토콜을 개발하면서도, 나의 온 초점은 **기술 중독**에 맞춰져 있었다.

나는 비디오 게임 중독을 평가하고 치료하는 방법에 관해 국방부의 정신 보건 기관을 교육하는 계약을 미군과 맺기도 했다. 군인들의 게임 중독은 너무 심해서 아버지가 장시간에 걸쳐 비디오 게임을 하며 아이를 방치해 아이가 유아용 침대에서 사망하는 등 여러 충격적인 사례가 있을 정도였다. 문제가 심각해지자 국방부는 유아 사망 진단서에 "전자 기기 관련 주의 태만으로 인한 사망"이라는 새로운 사망 원인을 만들어야 했다.[20]

나는 비디오 게임에 빠진 부주의한 군인 아버지들처럼 우리 모두가 어느 정도는 '전자적으로 주의가 산만하다'라는 것을 실감하기 시작했다. 우리는 우리 삶뿐만 아니라 더 큰 그림에서 다른 곳으로 주의를 빼앗기고 있었다. 그렇다, 기술 중독은 나쁘다. 하지만 VR 헤드셋을 쓴 소 이미지를 본 후 나는 더 큰 차원에서 지금의 사회적 상황을 이해하거나 다루지 않고 화면 시청 시간이 너무 긴 것만을 **최악의** 문제로 보고 거기에 집중함으로써 심리 치료에서 헛수고를 하고 있음을 깨달았다.

문제는 '조니와 수지가 화면을 너무 많이 들여다본다'보다 훨씬 더 복잡했다. 중요한 사회적 변화가 일어나고 있었다. 기술 중독에 따른 정신적·의학적 변화가 있었고, 사회정치적·경제적 의미가 생성됐다. 가장 중요한 것은 우리 종이 점점 더 약해지고 죽어 가고 있다는 것이었다.

역사상 가장 큰 힘을 지니게 된 사람들, 신테크노크라트의 행동의 동기가 탐욕이든 그 이상이든 우리가 의논할 문제는 분명히 단순한 기술 중독 이상이다. 지배 수단으로서의 중독은 모든 시대에 걸쳐 권력의 역학과 소수 독재 정치에 항상 존재해 왔던 필연적인 요소이다. 왜냐하면, 중독은 사람을 함정에 빠뜨리기 때문이다. 중독은 사람들의 자유 의지를 짓밟고 개인을 충동의 노예로 만든다. 합리적인 선택은 사라지고, 무엇에 중독되든 남는 것은 온통 마음을 다 빼앗는, 더 많은 것에 대한 갈망 혹은 욕구뿐이다. 예를 들어, 당에 대한 극심한 갈망이 있는 당뇨병 환자는 당뇨 혼수상태가 올 수 있는데도 아이스크림 한 통을 다 비울 것이다. 또 폐암과 폐기종을 앓으면서도 도저히 말보로를 포기할 수 없는 흡연자도 있을 것이다.

도파민 새장에 갇히다

중독은 당혹스러운 것으로 보일 수 있다. 이성적인 사람이 왜 그렇게 비합리적으로 중독되고 그 대상을 갈망하고 추구하는 것일까? 그러나 신경생리학적 차원에서 보면 중독은 꽤 이해하기 쉽다. 이 이야기는 기분을 좋게하는 신경 전달 물질인 도파민과 도파민이 뇌의 보상 체계에 어떤 영향을 끼치는지에서 시작된다.

우리가 기분을 좋게 하는 도파민 작용성 활동dopaminergic activities(성관계, 마약, 인스타그램을 생각해보라)을 하면, 뇌의 **쾌락 중추**로도 알려진, 쾌락 및 보상과 관련된 대뇌 반구 아래의 신경 세포 군집인 측좌핵nucleus accumbens으로 도파민이 분비된다.[21] 그러면 재미가 시작된다. 도파민 작용성 활동을 하면 도파민 수치가 증가해 도파민 보상 경로가 활성화된다. 이 경로는 기분을 좋게 하는 뉴로피드백neurofeedback 보상 루프(**중간변연 도파민 보상 루프**mesolimbic dopamine reward loop로도 알려져 있다)로, 전과 동일한 도파민 보상을 얻기 위해 방금 한 일을 반복하도록 지시한다. 해당 물질이나 행동이 얼마나 도파민을 활성화하는지 그 정도에 따라 해당 물질이나 행동의 중독 가능성이 결정된다.

이렇게 물을 수도 있다. 우리 뇌가 그렇게 작용한다면, 왜 모두가 즐거움을 주는 도파민 작용성 경험을 **계속해서** 추구하지 않는 걸까? 왜 우리 모두가 무언가에 강박적으로 중독되지 않을까? 음, 어떤 의미에서 보면 실은 우리 중 많은 사람이 중독 상태에 있다고 답할 수 있다. 많은 사람이 스스로 제어하기 쉽지 않은 강박적인 은밀한 재밋거리를 갖고 있다.

질문에 더 분명히 답하자면, 우리 뇌에는 제동 장치 또한 있기 때문이다. 중독이 우리의 원시 도마뱀 뇌와 연결된 가속 페달이라면, 결과를 생각할 수 있게 해주는 전두엽은 뇌의 제동 시스템이다. 그렇다. 우리가 도파민에 의한 충동을 느낄 순 있지만, 그때 전두엽은 우리가 '만약 그렇게 한다면' 식의 생각을 할 수 있게 한다. 가령 '당뇨병 환자인 내가 **만약** 저 아이스크림을 다 **먹으면** 당뇨 혼수상태에 빠질 수 있어'라고 생각하게끔 한다. 또는 누군가는 성적 충동을 느낄 수도 있지만, 평범한 사람이라면 신경 제동 시스템을 통해 그 충동적인 행동에 따를 결과를 생각할 수 있다.

이러한 신경생물학적 구조를 프로이트식 용어로 말한다면, 중독적인 충동은 우리의 이드id 중 일부이며, 우리 머릿속의 목소리가 말하는 '잠깐, 기다려'는 초자아super ego라고 말할 수 있을 것이다. 초자아는 우리 사회나 부모님, 그리고 다른 영향력 있는 사람들로부터 내면화한 규범인 **양심**이라고도 불린다. 따라서 만약 책상을 걷어차고 싶고, 벌거벗고 사무실을 뛰어다니고 싶고, 상사의 머리에 뜨거운 커피를 쏟아붓고 싶고, 더는 이 일을 안 하겠다고 말하고 싶은 충동이 생긴다면, 제대로 된 전두엽·초자아는 이렇게 말할 것이다. "흠, 지금은 참아. 좋은 생각이 아닐 수도 있어. 집세도 내야 하고 먹여 살릴 가족도 있잖아. **옳은** 일이 아닐 거야."

좋다. 그렇다면 중독성 장애로 고생하는 사람의 뇌는 왜 그냥 브레이크를 밟지 않는 걸까? 말하자면, 왜 충동적인 중독 행동을 계속하는 걸까? 중독된 사람은 여러 가지 이유로 제동 시스템의 '합리적' 사용 능력을 잃었거나 그것이 손상되었기 때문이다.

이를 이해하기 위해 우리는 먼저 도파민 보상 루프가 본래는 중요한 진화적 기능을 지닌다는 것을 이해해야 한다(도파민이 늘 코카인과 인스타그램에 관한 것만은 아니다). 도파민 보상 반응의 본래 기능은 생명과 종을 유지하는 두 가지 중요한 생물학적 기능, 즉 **먹는 행위**와 **번식**을 장려하는 것이다. 먹는 행위와 성관계는 도파민 분비를 촉진해 우리의 기분을 좋게 하므로, 우리는 기분을 좋게 하는 도파민을 얻기 위해 그리고 결과적으로 종으로서 살아남기 위해 그러한 활동들을 추구한다.

간단하다. 하지만 생식을 위한 성관계와 생존을 위한 식사와 같이 자연적 도파민 작용성 활동들은 일반적으로 어느 정도의 노력 후에, 비교적 짧은 시간 동안 실현된다. 예외가 있긴 해도 일반적으로 우리는 폭식을 하거나 장시간의 성관계를 맺지 않는다. 도파민에 대한 갈망이 충족되면 우리는 행동을 멈추는 경향이 있기 때문이다.

하지만 중독에 취약한 사람들에게 기분을 좋게 하는 행동을 적당히 하는 것은 불가능한 것으로 느껴진다. 다양한 병인학적 이유로, 중독된 사람은 일단 도화선에 불이 붙으면 쉽게 멈추지 못한다. 중독성 약물과 코카인, 도박, 또는 디지털 범죄 같은 도파민 작용성 행동들은 도파민 도화선에 불을 붙인다. 실제로 도파민 작용성 약물이나 디지털 플랫폼은 **한 번에 몇 시간, 심지어 며칠 동안** 반복적으로 사용 혹은 의존할 수 있는 도파민 보상 시스템의 지름길을 제공한다. 반복적으로 오랫동안 계속되는 중독적 물질의 사용이나 중독 경험에 참여하는 것은 오랜 시간 동안 너무 많은 도파민이 분비되어 측좌핵을 범람시킬 뿐, 필수적인 생물학적 기능은 수행하지 않는다.

불행히도 진화는 이 도파민의 맹공격에 대한 방어 수단을 제공하지 않았다. 그래서 사람들은 중독이 되면 최소한 중독으로 압도된 수용체 세포를 **어느 정도** 완화하기 위한 도파민 감소 또는 차단을 경험한다. 이렇게 자연적으로 도파민을 분비하는 능력이 감소하기 때문에, 중독된 사람은 자신의 도파민 기준선을 유지하기 위해 더 많은 중독성 물질을 섭취하거나 더 많은 중독적 행동—예를 들면 소셜 미디어에 더욱더 많은 시간을 쓰게 된다—을 해야 한다.

전형적인 중독 딜레마에 빠져 중독성 물질이나 행동에 만성적으로 노출되면 전두엽의 회백질—충동 제어와 관련된 뇌의 의사 결정 '제동 시스템'—이 감소하게 되고, 그 결과 중독성 물질이나 행동을 **자제**하려는 개인의 능력은 약해진다.

본질적으로 중독은 우리의 제동 장치를 망가뜨린다.[22] 중독자가 결코 끝나지 않는 도파민 갈망을 계속해서 만족시키려 하는 동안 중독의 회전목마는 계속 돌아가고, 중독자는 악순환을 멈출 충동 제어 능력을 잃는다.

디지털 시대에 추가된 중독 문제는 (중독 물질이 아닌) 편재성ubiquity이다. 우리 주변에는 계속해서 도파민을 급증시키고 도파민 수용체를 넘치게 해 끊임없이 우리의 기분을 좋게 해주는 디지털 콘텐츠가 넘쳐난다.

스탠퍼드대학교 의과대학 교수이자 『도파민네이션』의 저자인 애나 렘키Anna Lembke 박사는 현대인이 빠진 이 중독 함정에 대해 이렇게 썼다. "우리에게는 너무 많은 선택지와 너무 많은 자극제가 있고, 그에 따라 우리의 도파민은 급증한다. 그러면 도파민 작용성 활동에 대한 내성이 증가해 일상적인 활동이나 상황을 지루해하게 된다."[23] 주변에 있는 수많은 젊은이의 얼굴만 봐도 알 수 있다. 삶을 너무나 지루해하고 삶에 완전히 무관심해 보이는 그들은 초현실적인 몰입형 판타지 게임, 지속적으로 도파민을 제공하는 소셜 미디어, 점점 더 노골적이고 극단적이 되어 가는 포르노 등 자극적인 디지털 플랫폼 안에서만 감각을 찾는다. 그들에게 책을 읽거나 공원을 산책하거나 로맨틱한 키스를 하는 것은 더 이상 통하지 않는다.

중독의 원인 중 뇌에 관한 부분은 여기까지다. 많은 임상의와 연구자에게 중독을 진정으로 이해하는 것은 수수께끼 안에 신비하게 싸인 또 다른 수수께끼와 같다. 심지어 많은 사람이 중독을 분류하는 것조차 어려워한다. 중독은 나쁜 습관인가, 의지력의 부재인가, 질병인가, 정신병인가, 부적응적 학습 반응인가, 도덕적 실패인가, 유전적 상태인가, 심리적 상태인가? 사회 학습 이론에서부터 애착 이론, 유전 이론, 트라우마 기반 이론 등 병인론이 제시하는 원인은 아주 다양하다.

연구에 따르면 중독에 취약한 사람들은 엔돌핀과 노르에피네프린과 같은 다른 신경 전달 물질뿐만 아니라 도파민에 대한 기준선도 낮다. 따라서 신경 전달 물질에 대한 정상적인 기준선을 지닌 사람들보다 뇌가 도파민을 더 갈망하기 때문에 도파민을 분비시키는 어떤 물질이나 행동에 더 중독되기 쉽다.

이 때문에 중독 문제가 있는 많은 사람이 동반이환, 즉 다른 정신 건강 질환을 함께 앓기도 한다. 실제로 정식으로 진단을 받았든 안 받았든 중독으로 고생하는 사람 중 대다수—8.5퍼센트 이상—가 다른 정신 건강 문제를 겪는다. 두 가지 큰 문제는 우울증과 불안이다. 문제는 중독과 정신 건강 질환이 서로 시너지 효과를 내고 힘을 증폭시키며 '양방향'으로 작용한다는 것이다.

한 예로 우울한 사람이 우울한 기분을 피하기 위해 과도하게 술을 마시기 시작한다고 가정해보자. 알코올은 진정제 역할을 하기 때문에 일시적으로 우울한 감정을 누를 순 있지만, 궁극적으로 세로토닌 수치를 낮춰 우울감을 심화한다. 기술도 마찬가지다. 내가 치료하는 대부분의 환자는 "글쎄요, 제가 게임이나 소셜 미디어에 과하게 빠지는 이유는 그것이 두려움이나 우울증에서 탈출하는 방법이기 때문이에요."라고 말하곤 한다. 다시 말하지만, 문제는 여러분이 앉아서 더 오래 화면을 보면 볼수록, 우울증 완화에 도움이 될 수 있는 운동이나 단체 활동과 같은 일을 안 하면 안 할 수록 우울감이 더 깊어진다는 것이다.

도파민 분비에 다른 것들보다 더 많은 영향을 끼치는(더 중독적인 것으로 여겨질 수 있는) 특정 물질이나 행동이 있다. 이를테면 뇌 영상 연구에 따르면 먹는 행위는 도파민 수치를 50퍼센트까지 상승시키며, 성관계는 100퍼센트까지 상승시킬 수 있다. 그리고 코카인은 350퍼센트까지, 메스암페타민은 무려 1200퍼센트까지 상승시킨다.[24] 그래서 우리는 메스암페타민을 앞서 언급한 물질 중 도파민 작용성 효과가 가장 크고, 가장 중독 가능성이 높은 물질이라고 말한다.

그렇다면 가상 경험은 어떨까? 위에서 말한 뇌 영상 연구에 따르면, 비디오 게임은 도파민의 분비를 성관계만큼, 그러니까 약 100퍼센트 증가시켰다. 기본적으로 비디오 게임을 하는 사람은 그때마다 뇌의 오르가슴에 해당하는 것을 경험하는 셈이다. 사람들이 이처럼 전자 기기에 빠져 지내는 것도 이해가 된다.

전 사회가 기술 문화에 크게 몰입하며, 정도는 다르지만 거의 모든 사람이 전자 기기에 지나치게 의존하는 삶을 살고 있다. 그 의존성은 기기와 플랫폼을 만든 사람들에게 엄청난 힘과 통제력을 선사한다. 중독은 통치자가 오랫동안 대중을 진정시키고 힘을 유지하는 유용한 도구였기 때문이다.

디지털 아편

중독 외에도 분명히 대중을 길들이는 다른 방법은 있다. 역사책을 보면 다양한 기술로 사람들을 통제하고 억압하는 강력한 지배층의 이야기들이 가득하다. 소수가 다수를 어떻게 통제하느냐에 대한 이야기는 기록된 역사만큼이나 길다. 카를 마르크스는 종교를 "인민의 아편", 즉 대중을 진정시켜 반항하지 않게 하는 공유된 신념 체계로 설명했다.

또 대부분의 독재 정권에서 보듯이, 전형적인 군사적 무력에 의한 지배도 있다. 군부, 대령, 총통, 최고 지도자, 총사령관 등 화려한 제복을 입은 사람들이 정권을 장악하면, 그때는 대개 출구를 향해 도망가야 할 때이다. 그렇지 않으면 다음 몇 년 혹은 수십 년 동안 '위대한 지도자 만세!'를 외쳐야 할지도 모른다.

하지만 종교와 군사적 무력 이상으로 중독은 대중을 계속해서 순종적으로 만드는 효과적인 방법이다. 중독자들은 결국 그들이 만병통치약으로 여기는 것을 추구하는 동안에는 타인이 다루기 쉬운 집단이다. 정신적으로, 육체적으로, 감정적으로, 경제적으로, 실존적으로 자신이 갇혔다고 느끼는 모든 생물은 중독적이고 감각을 마비시키는 탈출구를 찾을 가능성이 훨씬 높다. 1950년대의 한 중독 실험에 이용된 불쌍한 쥐들처럼 말이다. 실험 쥐들은 스키너의 상자▼에 홀로 갇혀 음식보다 더 황홀한 행복감을 주는 모르핀을 얻기 위해 필사적으로 계속 지렛대를 눌렀고, 급기야 상시적

▼ 행동심리학자인 B. F. 스키너가 선택적 보상으로 특정 행동을 강화하거나 약화하는 '조작적 조건화'를 실험하기 위해 고안한 장치.

모르핀 과다 복용 상태가 되었다.

견딜 수 없는 현실에서 벗어나고자 하는 마음이 중독의 주요 동인 중 하나라는 사실도 잘 알려져 있다. 캐나다의 교수이자 연구자인 브루스 알렉산더Bruce Alexander 박사는 1970년대에 유명한 쥐 공원Rat Park 실험[25]을 통해 중독을 유발하는 것은 견딜 수 없는 현실이나 환경이지 꼭 중독성 있는 물질이 **아님**을 증명했다. 1950년대에 진행했던 초기 스키너의 상자 실험에서 연구자들은 중독성 약물의 힘을 증명했다고 생각했다. 즉, 약물이 **너무** 유혹적이고 중독적이어서 어리석은 쥐가 먹이보다 약물을 선택했고 빠르게 과다 복용 상태가 되었다는 것이다.

하지만 알렉산더 박사는 그 실험들이 약물의 중독성을 평가한 것이 아니라, 고립되고 갇힌 환경이 사회적 생물—쥐와 인간 모두 해당—에 끼치는 영향을 평가한 것이라고 보았다. 그는 자신의 가설을 검증하기 위해 '쥐 공원'을 생각해냈다. 그곳은 쥐들이 자유롭게 돌아다니고, 즐겁게 뛰놀고, 다른 쥐들과 어울릴 수 있는 진정한 쥐 유토피아였다. 쥐들은 갖고 놀고 운동할 수 있는 바퀴, 먹을 치즈, 짝짓기 할 파트너를 갖게 되었다. 또한 쥐들은 약이 섞인 물, 즉 상자에 홀로 있던 통제 그룹의 쥐들이 먹었던 것과 같은 자극적인 물에도 자유롭게 제한 없이 접근할 수 있었다.

어떤 일이 벌어졌을까?

쥐 공원에 있던 어떤 쥐도 약이 섞인 물에 중독되지 않았고 죽지도 않았다. 사실 일부 쥐는 약이 섞인 물을 맛보기도 했지만 별로 좋아하지 않았고 이후에는 그 물에 접근하지 않았다. 어느 쥐가 약 섞인 물이 필요했겠는가? 쥐들에게는 놀 수 있는 친구들과 열린 공간이 있었다. 그야말로 쥐들의 지상 낙원이었다. 상자에 갇힌 외로운 쥐들은 어땠을까? 그들은 모두 약물 과다 복용으로 죽었다. 알렉산더 박사가 끌어낸 아주 중요한 결론은 **도피성 중독**이 물질 자체보다 고립과 공동체의 부재를 포함해 유독한 환경에서 더 많이 발생한다는 것이었다.

이러한 결론이 인간에게도 적용될까? 알렉산더 박사에 따르면 "사람들이 중독되기 위해 꼭 어딘가에 갇혀야 하는 것은 아니다. 하지만 중독된 사람들은 실제로 '갇힌' 기분을 느끼지 않는가?" 실제로 내가 진료하며 만난 모든 중독자는 어떤 식이 됐든, 자신의 중독을 새장에 갇힌 것으로, 혹은 일종의 중독성 물질이나 행동의 노예가 된 것으로 설명했다.

하지만 중독되기 **전에도** 갇히고 고립된 기분을 느낄 수 있지 않나? 그러한 기분이 도피성 중독의 동인 중 하나가 될 수 있지 않을까? 비록 육체적으로 자유롭다 해도, 인간이 어떤 이유로 여전히 심리적으로 새장에 갇힌 기분을 느끼는지는 누구나 안다. 가령 일이 싫지만 경제적 이유로 일을 그만둘 수 없는 사람, 불행한 결혼 생활에 갇혀 지내는 사람, 일자리나 주택 마련의 기회가 없는 사람, 쇠약한 신체적 상태나 심리적 상태로 고통 받는 사람을 보면 그 마음을 짐작할 수 있다. 그리고 앞으로 보게 되겠지만, 매일 몇 시간 동안 빛나는 모니터 화면 앞에 있는 것 또한 갇힌 환경이다.

알렉산더 박사는 쥐 실험 결과가 실제로 사람들에게도 적용되는지 확인하고 싶었다. 윤리적인 이유로 인간을 위한 '쥐 공원'을 만드는 것은 불가능했지만, 박사는 자연적으로 진행됐던 실험, 즉 원주민을 상대로 한 식민화와 보호구역 감금에 대한 역사적 기록을 확인했고 캐나다와 미국의 원주민들이 그들만의 스키너 상자, 즉 원주민들의 전통적인 문화적 고리, 관습, 사회적 유대를 차단하는 보호구역에 갇혀 있었다는 사실을 알게 되었다. 알렉산더 박사가 발견한 것은 쥐 공원 실험 결과를 반영했다. 아메리카 원주민이 식민화(감금)되기 이전에는 중독에 대한 기록이 거의 없었다. 하지만 이들이 보호구역으로 들어간 후에는 어땠을까? 알렉산더에 따르면, "일단 원주민들이 식민화되자, 알코올 중독은 보편적인 상태에 가까워졌다. 모든 십 대와 성인이 알코올 중독이거나 약물 중독이거나 '금주' 중인 보호구역들이 있었다."

알코올을 섭취할 수 있고 원주민 문화가 어느 정도 보존된 구역(대체로 캐나다 보호구역)에서 원주민은 중독적이지 않은 방식으로 알코올을 섭취할 수 있었다. 반면 원주민 문화가 박탈된 보호구역(대체로 미국 보호구역)에서는 약물 남용과 알코올 중독이 만연했다.

쥐 공원과 원주민의 식민화는 신체적, 정신적, 문화적으로 고립된—말하자면 새장에 갇힌— 사회적 존재가 행동 중독을 비롯한 중독에 더 취약하다는 사실을 보여준다.

알렉산더 박사는 이렇게 말한다. "쥐 공원 실험에서 볼 수 있듯이 오늘날 중독이 확산되는 이유는 과하게 개인주의적이고, 과하게 경쟁적이며, 광적으로 동요하고, 위기에 시달리는 사회가 대부분의 사람들을 사회적·문화적으로 고립되었다고 느끼게 하기 때문이다. 그들은 약물 중독을 비롯해 다른 수천 가지 습관에서 일시적인 위안을 찾는다. 중독이 그들을 감정에서 벗어날 수 있게 하고, 감각을 둔하게 하며, 충만한 삶의 대체재로서 중독적 생활을 경험할 수 있게 하기 때문이다."[26]

알렉산더 박사의 말과 관련해 질문하자면, 지금의 첨단 기술 세계가 알렉산더가 중독의 동인이라고 말하는 "과하게 개인주의적이고, 과하게 경쟁적이며, 광적으로 동요하고, 위기에 시달리는 사회"를 **낳는** 걸까?

나는 합리적인 사람이라면 누구든 이 질문에 '**그렇다**'라고 대답해야 한다고 생각한다.

강한 문화적 정체성이나 공동체 의식이 없고 갇힌 기분을 느끼는 외로운 사람들은 높은 수준의 도파민 작용성 물질이나 경험에 노출되어 중독적 도피에 빠져들 수 있다. 스키너 상자 속 쥐들처럼 인생에서 갇혔다고 느끼는 사람들은 모르핀 레버를 누를 가능성이 더 높고, 그 결과 갇힌 기분과 중독으로 인한 무기력함을 영속적으로 느끼게 된다.

앞서 말했듯이 카를 마르크스는 종교를 인민의 아편이라고 불렀다. 영적인 사후 세계로의 약속이 전체주의 국가에서 시민들이 매일의 고단함과 고통을 더 견딜 수 있게 하고(말하자면 더 견딜 수 있는 새장처럼 만들고) 속세의 운명을 받아들이고 반란을 일으키지 않게 한다고 썼다.

오늘날 우리에게는 은유적인 아편 대신 펜타닐 같은 문자 그대로의 대중의 **아편**이 있다. 또 사회적 통제력을 행사해 사람들을 디지털 꿈의 세계에 빠뜨리고 감각을 마비시키는 '디지털 헤로인'이라는 **최신 아편**도 갖고 있다.

모두 같은 목적을 지닌 이 아편들은 대중의 순응을 위한 일종의 사회적 진정제로 기능한다. 하느님을 두려워하는 신도들은 대개 반란을 선동하지 않으며, 약물에 중독된 십 대들은 직업이나 사회적 지위를 놓고 경쟁할 수 없으며, 가상 세계에 빠진 게이머들은 대체로 부모의 품을 떠나지 않는다.

디지털 시대에 우리는 모두 어느 정도 혹은 완전히 기술에 의존하게 되었다. 중독적 갈망은 결코 충족될 수 **없는** 것이기에 이러한 기술 의존은 우리를 온갖 종류의 중독에 노출시켰고, 우리를 약하고 병들고 중독된 **배고픈 귀신**, 즉 게걸스레 먹지만 만족할 줄 모르는 불교 신화의 가엾은 존재로 바꿔놓았다.

디지털에 취한 탐욕스러운 사회에서 우리는 바닥이 안 보이는 구멍을 자꾸만 메우고 다음 아이폰, 더 좋은 차, 더 큰 집, 더 매력적인 파트너를 찾도록 길들여졌다. 안타깝게도, 그것들은 모두 빛 좋은 개살구에 불과하다. 다음 모델이 나오면 지금의 아이폰은 결코 만족스럽지 않을 것이고, 공허함을 느껴 그 공허함을 외부의 보상이나 인정으로 채우려 한다면 집은 충분히 크지 않을 것이며, 곁에 있는 파트너도 충분히 매력적이지 않을 것이다. 감각에 먹이를 주는 것은 결코 실존적 공허함의 해결책이 될 수 **없다.**

설상가상으로 우리는 공허함을 채워주는 디지털 습관을 필요로 하고 사랑하도록 속았을 뿐만 아니라, 실제로 디지털 새장과 사랑에 빠져 우리가 그 안에 갇혀 있다는 것도 깨닫지 못하는 지경에 이르렀다. 적어도 중독 실험에서의 쥐들은 자신들이 상자에 갇혀 있다는 것을 **알았다.** 하지만 우리는 우리를 중독시키고 노예화할 뿐만 아니라, 감시하고 세뇌할 수 있으며 우리의 성장과 번영을 막을 수 있는, 세계적으로 연결된 작은 스크린 감옥들에 갇혔다는 개념이 없다.

기술 집착에 눈이 멀어 우리는 기술에 의존하는 지금의 무력한 상태가 바로 문제의 핵심이라는 것을 알아채지 못한다.

메타버스, 혹은 환각

그러나 우리가 최대한의 통제를 하기에 화면은 너무 제한적이다. 이러한 화면들은 결국 **이차원**의 새장일 뿐이다. 이제 홀로그램으로 된 완전한 몰입형 VR 새장이 나타났는데 왜 그러한 화면에 만족하는가? 흠, VR 헤드셋으로 불쌍한 소들이 처한 실제 현실을 가리고 우유를 더 얻을 수 있다면, 인간에게도 같은 속임수를 쓰는 건 어떻겠는가? 아니 그보다, VR 안경으로 접근할 수 있는 **메타버스**라는 완전히 변형된 '공유 현실' 가상 세계를 만드는 것은 어떤가?

2019년 샌프란시스코에서 열린 코먼웰스 클럽 콘퍼런스에 참석해 VR 기기를 쓴 소들의 사진을 봤을 때만 해도, 나는 마크 저커버그가 2년 후에 무엇을 발표할지 알지 못했다. 내가 아는 건 속이 별로 좋지 않다는 것뿐이었다. 그 모습이 꼭 **우리의 미래처럼** 보였기 때문이다. 저커버그와 새롭고 멋진 레이밴 스타일의 VR 안경이라. 저커버그는 VR 안경이 우리 모두를 **자신의** 메타버스로 이끌어 현실의 절벽에서 벗어나게 만들길 바랐다.

그러니까 모든 일은 2021년 9월 저커버그가 페이스북의 신제품으로 레이밴 '스마트 안경'을 알리면서 시작되었다. 스마트 안경은 예전에 저커버그가 '메타버스 회사' 구축을 위해 추진하는 사업의 일부로 발표했던 것이었다.

"다음에 출시할 제품은 에실로룩소티카EssilorLuxottica와 협업한 최초의 레이밴 스마트 안경이 될 것입니다."[27] 저커버그가 그해 실적 발표 자리에서 페이스북 투자자들에게 말했다. "레이밴 스마트 안경은 전통적 형식에 따른 폼 팩터form factor를 지녔고, 이를 통해 사용자는 꽤 멋진 경험을 하게 될 것입니다… 이러한 노력은 우리가 품은 훨씬 더 큰 목표의 일부이기도 합니다. 메타버스 구축을 돕기 위한 일이죠." 저커버그가 특유의 로봇 같은 톤으로 단조롭게 말했다.

불길한 조짐이 느껴진다.

"앞으로 수년 내에 사람들은 저희를 주로 소셜 미디어 회사보다는 메타버스 회사로 보게 될 것입니다."[28]

처음에 거대 기술기업은 다양한 행동 수정 기술을 통해 우리를 그들의 플랫폼에 중독되게 만들었다. 이제 그들의 목표는 훨씬 더 야심 차다. 그들이 메타버스를 만들고 통제하고 구성하면, 우리는 우리의 마음이 경험하게 될 현실, 즉 매트릭스에 있게 될 것이다. "메타버스는 단순히 보는 인터넷이 아닌, 사용자가 그 안에 있는 체화된 인터넷embodied internet입니다." 2021년 7월 저커버그가 투자자들에게 과시하듯 말했다.

'체화된 인터넷?'

그는 계속 말했다. "메타버스의 본질적 의미는 **실재감**의 질로 결정되는데, 이 실재감은 여러분이 실제로 다른 사람과 함께 있는 것 같은 느낌 혹은 다른 장소에 있는 것 같은 느낌입니다. … 이는 완전히 새로운 경험과" (기대하시라) "경제적 기회로 이어질 것입니다."

재미있는 것은 실제로 거기에 있지 **않은데도** 그렇게 느낄 수 있다는 것, 즉 저커버그가 말하는 '실재감'이다. 글쎄, 대학원에서 나는 그것을 **환각**으로 부르도록 배웠다. 하지만 내가 너무 의미 자체에 연연하는 것일 터이다.

저커버그의 이 환상, 그러니까 **메타버스**에 대해 좀 더 들어보자. "삶에서 얼마나 많은 것들이 실제로 물리적일 필요가 없는지, 그리고 그것이 안경을 쓴 세상에서 디지털 홀로그램으로 얼마나 쉽게 대체될 수 있는지 생각해보세요." 저커버그가 2021년 프랑스 파리에서 열린 비바테크VivaTech 콘퍼런스에서 한 말이다. 저커버그가 계속해서 가상 홀로그램으로 구현될 수 있는 예술, 의류, 미디어 같은 것들을 죽 늘어놓는 소리를 듣고 있자면, 이 사회성 없는 페이스북 CEO가 말하고 싶은 것이 사실은 가상의 사람 역시 만들 수 있다는 것인가 하는 생각을 떨칠 수가 없다.(하지만 그런 말은 하지 않았다.)

그러나 그가 자신의 새로운 창조 능력으로 만들어내리라고 상상한 것을 반복해서 말할 때, 그는 내면의 신 콤플렉스를 드러낸다. "손가락만 튕기면 홀로그램이 나타날 것입니다." 37세의 기술 거물이 말했다. "그 힘은 믿을 수 없을 정도로 강력할 것입니다."

믿어 의심치 않는다.

저커버그에 대해서는 잘 모르지만, 나는 아무래도 좀 구식인 것 같다. 나는 현실을 똑바로 보는 것이 좋다. 나는 나와 **현실** 세계의 내 감각 지각 sensory perception 사이에 다른 사람이나 다른 사람의 기기가 끼어드는 것을 원하지 않는다. 내가 말하는 현실 세계란 우리에게서 테이터를 사고 우리의 개인 정보를 팔며 우울증과 자살 급증을 주도하는 페이스북의 친절한 개발 팀에 의해 구성되지 **않은** 세계를 말한다. 사양하겠다. 나는 결코 그들이 현실에 대한 나의 지각을 걸러내길 원하지 않는다. 물론 젊었을 때 가끔은 나도 상황에 따라 감각이 변했을지 모른다. 하지만 그러한 감각은 거대 기술기업이 통제하는 '공유 현실'에서 비롯된 것이 아니었다.

손님을 끌기 위해 무료 샘플을 제공하는 친절한 마약상처럼, 저커버그는 심지어 "광범위한 이용을 장려하여" 메타버스에 몰입하게 하기 위해 VR 안경을 기꺼이 무료로 제공한다.

하지만 우리는 우리 문화에 엄청난 변화—더 나은 방향으로의 변화는 아니었다—를 일으킨 사람들의 '공유 현실'에 **저항해야** 한다. 그런데 우리는 저항을 부르짖기는커녕 정신을 잃은 채 기술 지배자들이 우리를 그들의 길로 이끌게 허락하며 일종의 '사회적 스톡홀름 증후군'으로 고통 받는다. 우리는 스티브 잡스와 같은 사람들을 문화적 아이콘으로 만들고, 일론 머스크와 같은 별난 기술 거물들을 숭배하며, 빌 게이츠 같은 겉보기에 선해 보이는 사람들을 신격화한다. 그들의 알고리즘이 우리도 모르는 사이에 우리를 그들의 노예로 만들었는데도 말이다. 대다수 사람은 트위터와 인스타그램을 하면서 복되게도 그 사실을 모르고 산다.

악마(그런 존재가 있다면)의 최고 속임수는 악마가 존재하지 않는다고 믿게 하는 것이라고 한다. 현대의 디스토피아에서 진짜 속임수는 중독되고 노예화된 주민들에게 그들이 실제로는 자유롭고(디스토피아에 필요한 환상), 그들의 삶이 진짜 목적도 없는 채로 끝없이 회전하는 쳇바퀴 속 쥐의 삶처럼 헛된 게 아니라고 믿게 하는 것이다.

중국과 같은 전체주의 국가에서는 속박이 유혹적이거나 달콤할 필요가 없다. 번거롭게 왜 그러겠는가? 중국 사회에서 노예화되고 억압받는 사람들은 자신들의 족쇄를 풀 수 있는 실질적인 수단이 없다. 억압받는 이들 수십만 노동자들은 지옥과도 같은 선전의 폭스콘 공장에서 고군분투하고 있다(더 자세한 내용은 2부에서 살펴볼 것이다). 전체주의 국가는 노동자들의 기분을 좋게 하려고 VR 헤드셋이나 디지털 소마▼를 제공할 필요가 없다. 통치자는 신경 쓰지 않는다. 반란을 두려워하지 않기 때문이다.

미국과 같은 '자유' 국가에서는 매트릭스 환상이 유지되어야 하고 그렇지 않으면 반란이 일어날 수 있다. 조지 오웰이 올더스 헉슬리를 만난 격이다. 약간의 소마가 가미된 기술 전체주의는 사람들의 모든 불편한 감정

▼   올더스 헉슬리의 『멋진 신세계』에서 사람들은 스트레스를 풀기 위해 환각 작용을 일으키는 소마라는 약을 먹는다.

을 없애고 기분을 좋게 한다. 우리는 VR 헤드셋을 쓴 소들과 다를 바 없다. 우리는 자유롭다고 생각하지만 실제로는 디지털 봉쇄 상태에 있다. 그리고 페이스북이 계획대로 한다면, 우리는 VR 헤드셋도 쓰게 될 것이다. 아마 소들과 우리 인간은 모두 평화롭고 경치 좋은 목초지에서 한가로이 함께 풀을 뜯으며 '현실을 공유'할 수 있을지도 모른다.

그 환상은 우리를 더 기분 좋고 더 행복한 노동자로 만들 뿐만 아니라 우리가 울타리를 부수고 도망치지 못하게 한다. 실제로 미래의 이상적인 노동자는 기계를 유지 보수할 만큼 충분히 똑똑하지만, 자신이 노예화되는 큰 그림을 볼 만큼 똑똑하거나 깨어 있진 못할 것이라고 한다. 이 시대의 '빅 브라더'는 맥주가 계속 흐르게 하고 비디오 게임이 계속 재생되도록 할 것이다…. 다만 무엇을 하든, 깨어나진 **말 것!** 우리의 불쌍한 소 친구들처럼 가상의 꿈나라에서 계속 살 것.

하지만 VR 헤드셋을 쓴 소들과 달리, 우리가 해야 할 일은 우리에게 주어진 매혹적이고 현실을 바꾸는 은유적 안경(또는 페이스북의 실제 VR 안경)을 벗어 던지고, 눈을 떠 악몽과도 같은 꿈에서 깨어나는 것이다. 우리는 인간이기 때문에 우리의 인간성을 위해 싸워야지 가상의 밤으로 조용히 들어가선 안 된다.

거대 기술기업 외에 우리를 더 취약하고 더 병들게 하는 다른 사회적 영향들도 있다. 예를 들면, 사람들을 의학적으로 또는 심리적으로 비정상이라 특징지어 더 약하고 더 의존적으로 만드는 연간 1000억 달러 규모의 치료 산업 복합체, 아이들 주위를 맴돌며 아이들에게서 회복력을 발달시킬 기회와 삶의 요구에 대처하고 살아가는 법을 배우는 데 필요한 심리적 도구들을 박탈하는 헬리콥터 육아, 세계적인 대유행병과 대규모 총기 난사와 매일같이 쏟아지는 나쁜 소식과 양극화된 갈등 같은 진짜 위기들, 물질주의적이고 공허한 쾌락을 추구하는 엑스박스 세계에 머무는 동안의 진정한 목적과 의미 상실… 기술 시대의 이 모든 현상은 우리 종의 약화와 예속에 중요한 역할을 했다.

하지만 **정확히 어떻게** 기술에 의존하는 현실이 정신 건강과 관련한 대유행병을 이끄는 것일까?

2장
몰입할수록, 단절된다

디지털 시대의 환자에 대한 상념

아버지가 돌아가시고 얼마 되지 않은 어느 날 밤, 나는 집에 앉아 여러 우울한 뉴스들을 훑어보고 있었다.

2020년 코로나 대유행병이 덮치기 바로 전이었다.

집은 조용했고, 아이들은 자고 있었으며, 서재는 어두웠다. 화면의 차가운 파란 빛을 제외하고. 나에게는 몇 년 동안 시원하게 긁지 못한 가려운 데가 있었다. 사실 그것은 가려움이라기보다는 두려움이었다.

무언가가 심각하게, 아주 심각하게 잘못되었다는 생각이 끊임없이 들었다.

심리학자로서 나는 지난 20년 동안 어린이에서부터 십 대 청소년, 밀레니얼 세대, 중년의 성인에 이르기까지 2000명 이상의 환자를 임상적으로 연구해 왔다. 대학 교수로서는 1000명이 넘는 대학원생을 가르쳤고 통달

한 교육자가 되기 위해 정신 건강 면에서 변화의 흐름을 부단히 따라잡았다. 그리고 사회학자와 취재 기자의 역할을 맡아 기술이 인간에게 끼치는 영향을 조사하고 작가로서 글을 썼다.

그 시간을 거치면서 나는 환자들이 매우 아파하고 점점 더 병들어 간다는 것을 느리지만 분명히 알게 되었다. 그 환자는 집단적 형태의 **호모 사피엔스**로 알려진 육안적 생물macroorganism이다. 이 환자를 21세기 버전으로 호모 사피엔Homo Sapien이라고 하겠다. 변화의 단서들은 사실 잘 보이는 곳에 숨겨져 있었다. 나와 많은 동료는 지난 10년에서 15년 동안의 임상 사례들을 통해 환자들의 정신 건강이 미묘하게 변화해 왔다는 것을 확인했다.

늦은 밤 서재에서 여러 연구 저널과 뉴스, 오늘의 기사를 읽는 지금, 환자의 증상들과 어쩌면 환자를 병들게 한 근본 원인일지도 모르는 것에 대한 생각이 더욱 분명해진다. 고통 받는 환자를 건강하게 회복시킬 희망이 조금이라도 있다면 오늘날의 현실을 이해하는 것은 필수적이다.

내 말을 그냥 받아들이지 말길. 찾아보고 둘러보라. 감이 좋은 사람이라면 무언가가 몹시 잘못되었다는 것을 알 수 있다. 추악하고 격렬한 정치 분열을 넘어, 지금 이곳에는 지난 수십 년을 훨씬 능가하는 문화적·사회적 긴장이 가속화되고 있다.

두려움과 걷잡을 수 없는 불안이 감돈다. 사람들은 불안해하고 안전하지 않다고 느낀다. 홈 시큐리티 시스템과 아동 위치 추적 장치는 빠르게 퍼지고 있고, 우울증 환자와 진통제 처방도 늘었다. 확인할 수 있는 모든 정신적·육체적 건강 지표는 하나의 사회로서 우리가 점점 더 병들고 있음을 말해준다. 우울증, 불안, 자살, 약물 과다 복용, 중독, 심장 질환, 비만,

암 발병률이 치솟고 있고 그 수치는 사상 최고 수준이다.[1]

정신 건강도 사상 최악의 수준이지만, 신체적 건강 역시 그에 못지않다. 몸이 비대해지면서 우리는 막힌 동맥과 인슐린 결핍성 당뇨병으로 고통받게 되었다.[2] 또 전립선암과 유방암 같은 상대적으로 흔한 '호르몬성' 암에서부터 희귀 암인 뇌 신경교종에 이르기까지 암 발병률은 점점 더 높아지고 있다.[3]

우리는 그저 앉아서 화면만 바라보는 목적 없는 존재로 살게 되어 있지 않다. 하지만 우리의 유전자가 현대의 식습관을 따라잡지 못한다는 것을 알기 때문에 구석기식 식단을 고수하는 사람들처럼, 이제 우리는 우리의 유전자가 현대의 디지털 생활 방식 역시 따라잡지 못한다는 것을 알기 시작했다.

그리고 **호모 사피엔스**에게 해로운 이 움직임 부족—기술에 의존해 살아가며 화면을 응시한 채 지나치게 오래 앉아 있는 상태—은 고통을 겪는 병든 사회의 모든 징후, 즉 암, 심장 질환, 비만, 당뇨병의 급속한 확산으로 직접 이어진다.[4]

손가락만 움직이는 사람들

미국 질병관리센터CDC에 따르면, 지난 30년 동안 비만은 성인의 경우 70퍼센트, 어린이의 경우 무려 85퍼센트나 증가했다.[5] 비만의 치명적 사촌인 당뇨병도 급증했다. 지난 20년 동안 당뇨병은 성인의 경우 거의 두 배로 증가했고, 20세 미만 십 대와 어린이의 경우 2002년에서 2012년 사

이에 제1형 당뇨병(더 치명적인 종류)이 매년 평균 2퍼센트씩 증가했다.[6]

무슨 일이 벌어지고 있는지 이해하기 위해 로켓 과학자까지 필요하진 않을 것이다. 앉아서 화면에 몰입하는 아이들과 인스턴트 식품의 조합은 좋지 않다. 그런데 아이들은 수십 년 동안 패스트푸드와 단 음료를 먹어 왔다. 달라진 점은 아이들의 스크린 타임이 엄청나게 늘어났고 그에 따라 신체 활동이 줄었다는 것이다. 이는 아이들의 비만과 당뇨병 발병의 새로운 변수가 되었다. 아주 오래전 일처럼 느껴지지만, 예전에는 아이들이 **실제로** 밖에 나가 놀았다. 그때의 아이들은 엑스박스나 아이패드를 몰랐다.

e스포츠 시대인 지금 우리는 하루 평균 11시간 동안 화면을 응시하는 좀비화된 아이들로 구성된 세대를 갖게 되었다. 이들은 대부분 정신을 멍하게 하는 비디오 게임이나 무의미한 문자나 소셜 미디어 게시물을 본다.[7] 또는 별나게도 다른 이들이 게임하는 유튜브와, 유튜브를 보는 유튜브를 끝도 없이 지겹도록 본다.

아동 비만의 유행을 주로 이끈 것은 이른바 e스포츠의 폭발이었다. 아이러니한 이름의 e스포츠는 미국에서 가장 빠르게 성장하는 시청자 '스포츠'일 뿐만 아니라 가장 많은 사람이 참여하는 스포츠이기도 하다. 볼링 선수와 당구 애호가들이 진정한 스포츠로 그들의 경기를 옹호하던 시대는 지났다. 지금은 아이들이 며칠을 리클라이너 소파에 파묻혀 지내며 에너지 음료를 들이켜 대고, 엄마에게 화면에서 물러서라고 말하는 시대—어쨌든 그들은 '훈련' 중이다—다. 그러는 동안 아이들의 인슐린이 사라지고 체중이 솟구치듯 올라간다.

넷플릭스는 현재 「이것이 e스포츠다!This Is e-Sports!」라는 7부작 시리즈를 제작 중이다. 나는 이 새로운 현상의 어두운 면을 조명하는 한 에피소드에 참여해 달라는 요청을 받았다. 그리고 컴퓨터 게임을 '스포츠'로 부름으로써 아이들과 부모가 이 건전치 못한 오락 활동을 실제 신체 스포츠로 믿게 한 광기에 대해 제작진과 이야기를 나누었다.

이 모든 화면 시청의 결과는? 새로이 출현한 '앉은 버전의 호모 사피엔 Homo Can't-Get-Off-the-Couch'은 갓 구운 머핀의 팽창된 윗부분처럼 부드럽고 푹신한 뱃살을 갖게 되었다. 스크린은 더 납작해졌지만 말이다.

과거에는 굶주림이 수백만의 목숨을 앗아갔지만, 이제 굶주림보다 더 많은 생명을 앗아가는 것은 반대로 비만과 그에 따른 심장마비, 당뇨병, 고혈압이다. 우리에게 스파르타의 전사와 시스티나 성당을 선사하고, 우리가 달에 발을 내디디고 우주와 아원자subatomic 우주를 모두 탐험할 수 있도록 과학적 혁신을 선사한 그 종은 이제 허약하고, 둔하고, 뚱뚱하고, 자세가 나쁘고, 눈을 마주치지 않고, 오랫동안 앉아서 TV만 보는 종이 되어 카다시안 가족의 고품격 일상에 주의를 기울일 뿐이다.

실제로 여러 연구가 좌식 생활과 기술을 이용하는 생활 방식이 우리의 기억력, 인지력, 신체 건강과 체력을 어떻게 더 나빠지게 하는지 보여준다. 비만과 당뇨병 외에 심장 질환 발병률도 치솟고 있다. 역시 좌식 생활과 건강하지 못한 식습관 때문이다. 전 세계적으로 2016년에 1860만 명이 심장 질환으로 사망했는데, 2030년에는 그 수가 2360만 명이 될 것으로 예상된다.[8]

건강하지 않은 생활 방식도 암 발병 요인이다. 유독성의 가정용 화학 물질, 오염 물질, 식품 첨가물, 전자파와 같은 현대의 환경 요인은 내분비계를 교란해 암을 유발할 수 있다. 이에 더해 스트레스를 받고, 앉아서 생활하고, 코르티솔이 급증하고, 비만을 초래하는 현대의 최첨단 생활 방식도 암을 유발할 수 있다.

분명히 말하자면 암 통계는 다소 오해의 소지가 있을 수 있고 해석하기 복잡할 수 있다. 암으로 인한 **사망률**은 2010년 10만 명당 171명에서 2020년 10만 명당 151명으로 줄었지만, 더 많은 사람이 암에 걸리고 있다. 즉, 더 많은 치료로 치사율을 낮추긴 했어도, 더 많은 사람이 암에 걸리면서 **전반적인** 암 사망자 수는 계속해서 증가하고 있다. CDC에 따르면, 2010년 미국에서 암으로 인한 사망자 수는 57만 5000명이었다. 그리고 2020년 그 수는 63만 명으로 크게 높아졌다.[9] 어떤 사람들은 암 발병률과 사망자 수의 증가 원인을 인구 고령화로 보지만, 이는 잘못 짚은 것이다. 젊은 층도 전보다 더 많은 이들이 암에 걸리고 있을 뿐만 아니라 전반적으로 더 많이 사망하고 있기 때문이다. 암이 아닌 경우, 그 죽음은 보통 21세기 현대식 삶의 생활 방식 및 정신 건강과 관련이 있다.

실제로 젊은이들의 사망 원인 중 많은 것이 절망사, 즉 약물 과다 복용, 자살, 만성 알코올 중독 같은 것이었다. CDC에 따르면 2019년 코로나가 발생하기 전에는 20만 명 이상이 절망사로 사망했다.[10]

젊은이들은 디지털 시대의 놀랍고 새로운 탈산업화 사회에 압도된 것처럼 보인다. 사실 2017년에서 2019년 사이에 너무 많은 젊은이가 사망하면서 미국의 평균 수명은 100년 만에 처음으로 감소했다. 1918년 스페인 독감이 대유행한 이후에도 미국에서 평균 수명이 감소하지는 않았다.

절망사는 매우 '현대적인' 현상으로, 그 절망의 일부는 경제적인 절망이고 의미 있는 고용의 부족에서 비롯된 절망이다. 하지만 밀레니얼 세대가 외로움 증후군loneliness epidemic을 앓고 있고(밀레니얼 세대 다섯 명 중 한 명은 친구가 없다) 상실감과 공허함을 호소한다는 통계가 보여주듯이, 그 원인은

단순히 경제적 상황 이상인 것 같다.[11]

치솟는 도파민과 우울한 일상

내가 환자로 만났던 많은 젊은이가 극심한 피로와 지루함을 호소한다. 애나 렘키 박사가 (저서 『도파민네이션』에서) 이론화한 바에 따르면, 도파민을 솟게 하는 강력한 스크린 경험은 젊은이들을 길들여 그들이 동일한 수준의 도파민을 얻기 위해 자꾸만 더 높은 강도의 자극을 찾게 한다. 그들은 도파민에 내성이 생겨 무언가를, 즉 **무엇이든** 느끼기 위해 점점 더 많은 도파민을 필요로 한다.

하지만 **현실** 세계는 뜻대로 돌아가지 않는다. 소셜 미디어와 게임, 도파민을 솟게 하는 다른 디지털 플랫폼의 끊임없는 흐름에 계속 과도하게 자극받고 취한 사람에게 단조로운 현실 세계는 극도로 지루해 보인다. 문제는 도파민을 솟게 하는 화면 경험과 관련되지 않은 일들(예를 들면 교실에 앉아 있기, 예전에 즐기던 취미, 다른 사람과 얼굴 맞대기, 자연 산책 등)을 할 때인데, 이때 그들은 자극을 받지 못한다고 느끼면서 필연적으로 도파민 추락, 즉 기쁨을 경험하는 것이 불가능하게 느껴질 수 있는 우울증, 따분함, 공허함, 쾌감 상실을 경험한다.

본질적으로 우리는 고대 그리스인들이 **아케디아**acedia로 불렀던 것, 즉 일종의 무관심—영적이고 정신적인 게으름—으로 정의되는 것과 싸우는 젊은 세대를 만들었다. 아케디아는 무기력한 상태를 묘사하기 위한 단어였다. 고대 그리스에서 아케디아는 문자 그대로 '고통이나 관심이 없는 무기력한 상태'를 의미했지만, 현대 학계에서 이는 우울증의 한 형태로 기술된다. 아케디아라는 개념은 멍하고, 심드렁하며, 활기와 열정이라곤 찾아볼 수 없는, 도파민에 둔감해진 현대의 디지털 시민을 완벽하게 설명한다.

무관심과 따분함 외에, 이 책의 뒷부분에서 이야기하겠지만 즉각적인 만족감을 주는 디지털 시대는 젊은이들에게서 인내의 기술을 발달시킬 수 있는 기회 또한 빼앗았다. 이 기술을 발달시키지 못하는 것은 한 개인에게 극히 해롭다. 충동성이 약물 중독과 같은 미래의 부정적인 결과와 높은 상관관계가 있기 때문만이 아니라, 인간에게 가장 심오한 목적의식과 의미를 부여하는 것은 대개 획득하거나 달성하는 데 시간이 걸리기 때문이다. 만약 어떤 사람이 충동성이 높고 늘 조바심을 낸다면(연구에 따르면 매우 자극적인 콘텐츠를 보는 사람들),[12] 그들은 보람 있고, 특별하며, 잠재적으로 삶을 정의하는 의미 있는 성취 또한 놓치게 된다. 학문, 스포츠, 예술, 음악, 인간관계를 생각해보라.

이 시대의 많은 젊은이에게 이 모든 일은 즉각적인 보상은 없고 너무 많은 시간과 노력이 드는 일일 뿐이다. 젊은이들이 왜 그처럼 기록적인 수준(2019년 자살은 4만 7000건 이상, 자살 시도는 138만 건 이상이 발생했다[13])으로 자살하고 있는지를 더 잘 이해하고 싶다면, 많은 젊은이의 정서적·심리적·신경학적 맥락을 모두 잘 따져봐야 한다.

사실, 앉아 있는 것 자체가 우울증의 중요한 동인이라는 것은 증명된 사실이다. 심리학자들은 수십 년 동안 최고의 비약물성 항우울제가 산책, 자전거 타기, 조깅, 운동과 같은 신체 활동이라고 이야기해 왔다. 몸을 움직이는 어떤 행동이든 세로토닌 수치를 증가시키고 뇌에 산소가 공급되도록 돕는다.

하지만 디지털 시대에 신체적 움직임은 어떻게 되었는가? 캔자스대학의 신경과학자이자 우울증 연구자인 스티븐 일라디Stephen Ilardi 박사가 말했다. "앉는 것은 새로운 흡연이 되었다." 치솟는 우울증 발병률에 관해서는 이렇게 말했다. "우리는 앉아 있고, 실내에서 생활하고, 수면 부족에 시달리며, 사회적으로 고립되어, 패스트푸드로 배를 채우고, 정신없이 바쁘게 돌아가는 현대 생활에 맞게 설계되지 않았다."**14** 실제로 생활 방식의 영향으로 생기는 질병인 우울증을 포함해 이러한 '절망의 병'은 비非산업 사회와 토착 사회에는 기본적으로 존재하지 않는다.

우울증은 신경생리학적 요소를 지니지만 생활 방식에서 비롯된 질병이다. 우울증에 관한 과학적 연구 결과를 살펴보면, 우리가 첨단 기술, 좌식 생활, 고립된 생활, 화면에 의존하는 생활에 급격히 몰두하게 된 지난 20년간 정신 건강 지표는 분명히 모두 크게 악화했다. 그리고 그동안 죽 우리는 약을 늘려 문제에 대처했다. 항우울제 처방은 세 배, 오피오이드 처방은 네 배, 항불안제 처방은 두 배로 증가했지만, 우리는 여전히 더 우울해하고, 불안해하며, 자살 충동을 느낀다.

만약 정신 질환이 뇌 화학 물질의 불균형에서 온다는 이론을 **완전히** 받아들인다면, 우리의 신경화학을 다루는 약들은 문제를 반드시 **해결**해야 된다. 실제로는 그렇지 않다. 내인성(생물학적 요인 기반) 우울증과 정신 질환 이론은 현재 우리의 정신 건강 위기를 전부 설명하지 못한다.

사실, 내인성 우울증과 반응성 우울증reactive depression, 즉 일종의 외상성 사건 이후 발생하는 우울증의 차이를 구별하는 데 중추적 역할을 한 연구자가 하나 있는데, 그의 이야기가 아마도 지금의 우울증 확산을 가장 잘 설명할 수 있을 것 같다.

우울증의 뿌리

제2차 세계대전 중, 영국 런던 빈민가에 살던 조지 브라운George W. Brown이라는 한 십 대 소년이 귓병에 걸렸다. 상태가 좋지 않았지만 전쟁 때문에 항생제나 의학적 도움을 받을 수 없었다. 다행히도 이웃에 사는 간호사가 그를 돌봐주었고 심지어 항생제까지 구해주었다.

조지는 그녀가 아니었다면 살아남지 못했을 거라고 확신했다. 그래서 전쟁이 끝난 지 불과 며칠 만에 그 친절했던 간호사가 그랜드 유니언 운하에서 자살했다는 소식을 듣고 큰 충격을 받았다.

그녀를 머릿속에서 지울 수 없었던 조지는 무엇이 이 너그럽고 자상한 사람이 스스로 삶을 끝내게 했는지 궁금했다. 대체 숨겨진 절망의 깊이가 얼마나 깊으면 그토록 사랑스럽고, 다정하고, 행복해 보이던 여인이 결국 스스로 생을 마감한 것일까?

조지는 결국 사회학 학위를 받고 『우울증의 사회적 기원Social Origins of Depression』을 쓰면서 우울증의 원인을 밝히는 가장 중요한 연구 중 하나를 수행하여 선구적 우울증 연구자이자 이론가가 되었다.

1970년대 후반 조지 브라운이 우울증을 연구할 당시, 정신 건강 학계는 우울증의 원인을 뇌 모델의 '화학적 불균형'으로 보는 쪽(내인성 우울증)과 '외상성 사건'으로 보는 쪽(반응성 우울증)으로 나뉘었다.

하지만 양쪽 모두 경험적 데이터는 많지 않았다.

그래서 조지 브라운은 어떤 설명이 증거로 가장 잘 뒷받침되는지 알아내기 위해 실험을 하기로 하고 연구 팀과 함께 런던에서 두 그룹의 여성 피험자를 선별했다. 첫 번째 그룹은 정신과 의사로부터 우울증 진단을 받은 지역 정신의학 프로그램의 여성 114명으로 구성되었다. 연구 팀은 각 여성과 심층 인터뷰를 진행했는데 주요 질문 중 하나는 우울증에 걸리기 전해에 어떤 중대한 일(심각한 상실이나 나쁜 일)이 있었느냐였다.

다른 그룹은 첫 번째 그룹과 동일한 소득 그룹, 지리적으로 비슷한 교외 지역에서 선택되었지만, 우울증 진단을 받지 **않은** 여성 344명으로 구성되었다. 이들 역시 전해에 어떤 중대한 나쁜 일이 있었는지를 포함해 첫 번째 그룹과 같은 질문들을 받았다. 내인성 이론이 사실이고 우울증이 화학적 불균형의 결과일 뿐이라면, 전년도에 나쁜 일을 얼마나 겪었던 두 그룹 사이에 차이가 없어야 했다.

브라운과 연구 팀은 두 그룹의 여성들과 개별적으로 인터뷰를 진행하면서 엄청난 양의 데이터를 체계적으로 수집했다.[15] 그들은 기준 이하의 주택 거주나 불행한 결혼 생활과 같은 만성적 상황, 즉 그들이 '어려움difficulties'이라고 부르는 것에 관한 데이터도 수집했다. '어려움' 외에도 여성의 삶에 긍정적으로 작용하는 '안정제stabilizers', 즉 '지지자'라는 요소, 예를 들어 가깝게 지내는 친구의 수나 힘이 되는 가족이 있고 건강한 결혼 생활을 하고 있는지에 대한 데이터도 수집했다.

결과는 다음과 같았다. "우울증 진단을 받지 **않은** 여성의 20퍼센트가 전년도에 상당히 나쁜 일을 겪었다. 하지만 우울증 진단을 받은 여성 그룹의 경우 무려 68퍼센트가 전년도에 상당히 나쁜 일을 겪었다." 두 그룹 간 48퍼센트의 차이는 통계적으로 상당히 유의미한 수치였다.

데이터는 삶에서 스트레스를 주는 특정 경험이 우울증을 유발할 수 있다는 사실을 명확히 보여주었다. 따라서 이 데이터는 우울증의 주요 동인으로 생물학보다는 '반응성 우울증' 모델을 뒷받침했다. 하지만 다른 중요한 차이도 있었다.

삶에서 장기적이고 만성적인 어려움을 경험한 여성은 만성적 스트레스 요인을 경험하지 않은 여성보다 전년도에 심각하게 안 좋은 일이 발생했을 때 우울증 진단을 받을 가능성이 세 배 더 높았다. 만성적 스트레스 요인은 땅을 효과적으로 갈아 우울증에 매우 적합한 조건을 만듦으로써 전년도에 일어난 단 한 번의 나쁜 일로도 우울증을 **촉발**하거나 활성화할 수 있는 것으로 보였다.

이런 식으로 조지 브라운은 일반적으로 우울증을 유발하는 것이 단지 **하나의** 나쁜 일은 아니라는 사실을 발견했다. 우울증은 하나의 심각한 일이 발생해 그것이 시작점으로 **작용하기까지** 오랜 시간 동안 만성적 스트레스를 겪으며 산 사람에게서 발병할 가능성이 훨씬 더 높았다.

그리고 또 다른 놀라운 결과는 전년도에 만성적인 장기 스트레스와 나쁜 일을 겪었다 해도, 삶에서 좀 더 긍정적인 '안정화' 요소를 지닌 여성일수록 우울증 진단을 받을 가능성이 더 낮았다는 것이다. 기본적으로 나를 지지하는 친구, 가까운 가족, 또는 힘이 되는 배우자와 같은 안정화 요소가 풍부한 건강하고 따뜻한 환경은 모두 우울증을 막는 효과가 있었다.

조지 브라운의 의미 있는 연구를 짧게 정리해보자면, 스트레스가 많은 만성적으로 힘든 삶이 우리를 우울증으로 이끌긴 하지만, 넘칠 만큼 건강한 지지는 힘든 삶의 부정적 영향을 이긴다는 것이었다. 환경은 중요하다, 아주 많이.

브라운의 연구에서 가장 예상치 못한 발견은 누적 효과cumulative effect였다. 예를 들어, 한 여성이 만성적인 장기 스트레스를 겪고 있는데 친구나 힘이 되는 사람**도 없을 때** 어떤 나쁜 일이 발생한다면, 그가 우울증을 진단

받을 가능성은 75퍼센트 더 높았다. 지지 요인이 없는 상태에서 안 좋은 일이 하나씩 발생하면, 그것들은 모두 **누적**되어 임상적 우울증에 걸릴 가능성을 높였다.

브라운은 "우울증은 뇌의 비합리적 반응이 아닌 역경에 대한 정상적인 반응"이라고 말하면서 우울증을 뇌의 신경학적 불균형이 아닌 한 인간의 삶에서 심각하게 잘못된 무언가의 결과로 이해하기 시작했다. 평생에 걸친 장기적 스트레스 요인은 사람을 지치게 했고 "절망의 일반화"를 일으켰다. 다시 말해, 우울증의 원인은 일반적으로 신경화학적 불균형이 아닌 장기간의 유독한 생활 방식이다. 그렇다. 우울증을 유발할 정도로 만성적인 스트레스는 실제로 사람의 뇌 화학 물질을 변화시키지만, 그런 신경화학적 불균형을 일으키는 것은 유해한 생활 방식이다.

그렇다면 양극화된 소셜 미디어의 끝없는 흐름에 의해 소비되는 현대의 이 공허하고 지루한 생활 방식을 뭐라 말할 수 있을까? 우울증과 자기혐오를 증가시키는 이 생활 방식을 유독하고 만성적인 것이라 말해도 될까?

그렇다. 나는 그렇게 생각한다.

스크린 타임과 소셜 미디어가 생산하는 것들이 실제로 우울증을 늘릴까?

간단히 대답하자면 그렇다. 다음 장에서 그 역학을 더 자세히 살펴볼 것이다.

일곱 가지 유형의 단절

1978년 조지 브라운의 연구 이래 수년간 우울증의 원인에 관한 많은 연구가 추가로 진행되었다. 이 중 많은 연구가 다양한 유형의 유해 생활 방식이라는 발병 요인에 초점을 맞춰 우울증을 살펴본다. 더 구체적으로 말하자면, 다양한 형태의 **단절**에 대한 반응으로서 우울증을 살펴본다.

분명히 말하지만 환경은 생물에 영향을 끼친다. 즉, 트라우마 같은 것은 우리의 신경화학을 바꿀 수 있다. 따라서 우울증 발병이 뇌의 신경화학적 불균형 때문이 아니라면, 이는 근본 원인이 이후 신경화학적 불균형으로 나타나는, 사실상 환경적이거나 심리적인 것이라는 의미이다.

요한 하리Johann Hari를 비롯한 연구자와 작가들은 우울증을 일으킬 수 있는 일곱 가지 유형의 인간 **단절**을 발견했다.[16]

- **의미 있는 일과의 단절**. 만약 당신이 싫어하고, 목적의식이나 열정을 거의 느끼지 못하고, 통제권이나 자율성도 거의 없는 발전 가능성이 없는 일을 하고 있다면, 바로 그것이 문제다.
- **사람들과의 단절**. 다른 사람들과 의미 있는 경험을 공유하지 않는 외로움 증후군을 반영한다. 고양이와의 관계는 여기서 빼겠다.
- **의미 있는 가치와의 단절**. 이른바 인플루언서들과 대중문화가 우리 사회의 가치를 형성하도록 둠으로써 사람들은 고유한 가치보다 물질주의와 외적 보상에 중심을 두게 된다.
- **어린 시절의 트라우마로 인한 단절**. 트라우마는 정신 건강 문제를 일으킨다. 브라운 박사의 연구가 보여주듯이 어린 시절에 겪는 충격적 경험은 나

중에 우울증 진단을 받을 가능성을 크게 높인다.

- **존중과의 단절.** 비인간적이고 억압적인 시스템에서 손상된 자아상과 자존감은 우울증으로 이어질 수 있다.

- **자연과의 단절.** 이후에 더 자세히 논하겠지만, 우리는 필히 자연과의 연결이 필요하며 자연과 멀어지면 몸 상태가 매우 나빠진다. 실제로 아메리카 원주민들은 보호구역에 강제로 감금되어 자연과 단절되었을 때, 동물원의 동물들이 감금 상태에서 앞뒤로 몸을 흔들고 심한 경우 자해까지 하는 '주코시스Zoochosis'라는 증상을 겪으며 말 그대로 미쳐버렸다.

- **더 나은 미래에 대한 희망의 상실에서 비롯된 단절.** 삶에서 앞으로의 희망을 명확하게 볼 수 없을 때, 학습된 절망감과 무력감, 우울감을 느낄 수 있다.

원시인은 왜 우울해하지 않을까

다시 환경과 생활 방식이라는 '외부 세계'로 돌아가자. 앞서 말했듯이 인간은 유전적으로 우울증의 거의 모든 '원인'에 부정적인 영향을 끼치는 21세기의 삶에 맞게 설계되지 않았다.

생각해보라. 진화적 관점에서 눈 깜짝할 사이에 우리는 수렵·채집인에서 벗어나 농경인으로 빠르게 전환했고 산업화 시대를 뛰어넘어 디지털 시대에 들어섰다. 그러나 우리의 DNA와 심리적, 사회적, 정서적 필요는 유전적으로 여전히 원시 상태에 머물러 있다. 우리에게는 공동체, 연결, 신체 활동, 목적, 자연, 희망이 필요하다(하지만 이 모든 것은 거대 기술기업과 현대의 생활 방식으로 인해 약화됐거나 어떤 사람들에게는 파괴되었다).

그래서 전 세계적으로 널리 알려진 장수 지역 '블루존'은 확실히 덜 현대화된, 디지털 시대 이전의 생활 방식을 공유하는 사회에서 많이 나타난다. 『블루존』의 작가 댄 뷰트너Dan Buettner는 의학 저널 「실험 노인학Experimental Gerontology」에 실린 잔니 페스Gianni Pes와 미셸 풀랭Michel Poulain의 인구통계학적 연구를 확장해 사람들이 대체로 더 오래 살고 100세 이상 노인이 현저히 많은 사회의 공통된 특징을 몇 가지 발견했다.[17]

건강에 좋고 실제로 수명 연장에 영향이 있는 것으로 보이는 특징에는 규칙적인 신체 활동, 삶에 대한 목적의식, 적은 스트레스, 적당한 열량 섭취, 정신적 수행, 가족 간의 강한 유대와 사회생활 참여가 있었다.

이제 자신에게 물어보자. 애플, 마이크로소프트, 페이스북, 트위터, 아마존, 구글의 친구들이 만든 제품과 플랫폼이 이런 특징들을 강화하거나 약화할 수 있을까? 당연하게도, 건강하고 장수하는 사람이 많은 블루존에는 초현대적인 첨단 실리콘밸리나 도시 스타일의 공동체가 없었다.

스트레스가 많은 도시 환경에 살거나 의미 있는 공동체 없이 앉아서 화면만 바라보는 생활 방식은 확실히 '100세 이상 클럽'의 구성 요소가 아니다. 100세 이상 인구가 많은 사회에 대해 어떠한 신학적 판단도 없이 말하는데, 흥미롭게도 모두 심오한 정신적 공동체 또는 신앙에 기반한 공동체가 있었다.

이와 비슷하게 앞서 언급한 캔자스대학의 심리학자이자 연구자 스티븐 일라디 박사는 또 다른 연구에서 비기술적인 토착민이 정신 건강의 관점에서 기술 문명에 가까운 사람들보다 훨씬 더 건강하다는 사실을 발견했다. 실제로 그는 파푸아뉴기니의 칼룰리Kaluli족과 같이 우울증이 전혀 없는 이른바 원시 문화들이 있다는 사실을 발견했다. 상상해보라. 그들에게 아이폰은 없었다. 하지만 2천 명이 넘는 현지인 연구 대상자 중 단 한 명도 임상적 우울증의 징후를 보이지 않았다.[18]

이러한 현상이 어떻게 가능할까? 우리는 모두 기본적으로 같은 유전학적·신경학적 성질을 지니는데, 어떻게 이 '원시인'들은 현대의 우울증에 면역이 있는 것 같을까? 세계보건기구WHO에 따르면 우울증은 이 세상에서 가장 만성적이고 사람을 쇠약하게 하는 정신 건강 장애이다. 그런데도 칼룰리족은 한 명도 우울하지 않다고?

칼룰리 부족민은 매일 생존을 위해 싸우며 어렵고 힘든 삶을 산다. 반면 우리 '현대인'은 그들보다 비교적 편안하게 살고 있는데도 지난 30년 동안 항우울제 처방은 거의 400퍼센트나 늘었다.[19]

일라디 박사에 따르면, (불안이나 중독과 같은 다른 정신 건강 문제는 말할 것도 없고) 우울증의 증가는 현대화되고 산업화되고 도시화된 생활 방식의 부산물이다. "인간은 활동을 하며 살도록 설계되어 있다. 하지만 우리가 야외에서 밝은 빛에 노출되는 시간은 점점 줄어들고 있다. 보통 성인은 하루에 6시간 30분을 조금 넘게 잔다. 예전에는 9시간이었다. 고립과 분열, 공동체의 침식도 늘고 있다." 일라디는 이렇게 말한다. "우리는 끊임없이 스트레스를 받는다. 그리고 우울증에 대해 신경학상으로 더 잘 알게 될수록, 우리는 우울증이 뇌의 격렬한 스트레스 반응을 나타낸다는 것을 알게 된다."

실제로 일라디 박사에 따르면, "미국인은 60년 전보다 우울증에 걸릴 확률이 10배 더 높아졌다. … 그리고 최근 연구에 의하면 우울증 비율은 단 십 년 만에 두 배 이상 증가했다."

미국의 경우가 아니더라도 우울증은 세계적인 대유행병이 되었다. 2020년 세계보건기구에 따르면 전 세계적으로 거의 3억 명이 우울증을 앓고 있다.[20] 코로나는 우울증 증가세를 가속화했다.

일라디 박사는 미국의 아미시Amish 공동체처럼 기술 수준이 낮은 사회에서도 우울증이 거의 발병하지 않는다는 사실을 발견했다. 그는 이러한 '우울증이 없는' 사회의 공통점을 더 조사할수록 특정 공통 변수들을 더 찾아낼 수 있었고, 이를 생활 개선 요법Therapeutic Lifestyle Change, TLC 프로젝트라는 획기적 연구에 포함시켰다. 그리고서 임상적으로 우울한 피실험자들에게 몇 주 동안 이러한 생활 개선 요법 중 몇 가지를 생활에 적용하도록 했다.

그렇다면 TLC(다른 이들은 이를 '원시인 치료법Caveman Therapy'으로 부른다)로 알려진 이 마법 같은 생활 개선 요법은 무엇일까? 방법은 매일 규칙적으로 운동하기, 관계가 형성되는 일정 형태의 사회적 활동에 참여하기, 오메가3가 풍부한 음식 먹기, 자연에서 충분히 햇볕 쬐기, 매일 밤 충분히 자기, 부정적 생각을 할 시간이 거의 없도록 의미 있는 일에 참여하기, 이렇게 여섯 가지였다. 모두 우리 조상들이 많이 하던 것이다.

일라디 박사는 임상적으로 심각하게 우울한 수백 명의 참가자가 우울증이라곤 모르는 뉴기니의 TLC를 받아들이는 연구를 수행하면서 좀 더 '원시적인' 생활 방식의 이점을 증명했다. 우울증에 걸린 사람을 좀 더 기본적인 생활 방식으로 살게 하니 우울증이 사라진 것이다.

항우울 TLC 계획의 세 가지 주요 요소는 신체 활동, 공동체 의식, 의미있는 과업이었다. 여기서 무엇이 '의미 있는' 일일까?

음, 우선은 생존이다. 칼룰리족은 인스타그램용 사진을 꾸미거나 레딧에 빠져 시간을 보내지 않았다. 대신 그들은 그저 살아남기 위해 사냥하고 싸워야 했다. 그들은 가진 자의 지루함을 느낄 시간이 없었다.

실제로 칼룰리족의 회복력과 힘은 치열한 투쟁에서 나오는 것으로 보인다. 우리 아버지가 내게 가르쳐주신 것, 회복력 연구가 지적하는 것, 그리고 정신과 의사이자 우리에게 매우 중요한 책 『죽음의 수용소에서』의 저자인 빅터 프랭클이 아우슈비츠 강제 수용소에서 발견한 것이 바로 이것이다. 생존을 위한 투쟁은 제정신을 유지하는 **목적의식**(인간으로서 우리에게 필요한 것)을 연마하고 날카롭게 할 수 있다. 투쟁이 없으면 우리는 바다를 떠다니는 많은 부유물처럼 표류한다. 프랭클과 삶의 의미에 대해서는 3부 후반부에서 더 자세히 살펴볼 것이다.

2014년 오스트리아 인스부르크대학의 사회심리학자 크리스티나 자기오글루Christina Sagioglou와 토비아스 그라이트마이어Tobias Greitemeyer가 수행한 흥미로운 연구는 우리 삶에서 의미가 얼마나 중요한지를 잘 보여준다.[21] 그들은 사람들이 페이스북 같은 소셜 미디어를 이용한 후에 우울해지는 주된 이유 중 하나가 자신들이 보낸 시간이 **의미** 없다고 느끼기 때문이라는 것을 발견했다. 방금 언급했듯이, 우리의 삶에서 진짜, 진정한, 진실한 의미를 지니는 것은 정말로 중요하다. 하지만 그 모든 겉치레와 독설, 진정한 관계의 부재를 겪으며 엄청나게 많은 시간을 허비하게 만드는 소셜 미디어는 의미 있는 삶과는 정반대된다.

일라디 박사의 연구는 더 단순하고 더 자연스러운 생활 방식이 우울증에 면역력을 갖게 한다는 사실을 보여주었다. 이외에도 최적의 정신 건강을 유지하는 데 자연이 얼마나 중요한지를 보여주는 연구는 아주 많다. 예를 들어, 하버드대학 에드워드 윌슨Edward O. Wilson의 연구와 그의 생명 사랑 운동biophilia movement22, 그리고 인간은 본래 자연과 진정한 관계를 맺게 되어 있다며 자연 결핍 장애nature deficit disorder라는 용어를 만든 리처드 루브Richard Louv를 통해 이를 확인할 수 있다. 루브에 따르면 걷잡을 수 없는 감정적, 심리적 문제들은 모두 자연과의 연결이 끊어지는 것과 관련이 있는데, 이 단절은 대부분 디지털 세계로의 몰입 때문이다.23

2020년 1월 코넬대학교의 한 학제 간 연구 팀은 자연환경에서 보내는 단 **10분**이 대학생들을 더 행복하게 하고 육체적·정신적 스트레스의 영향을 줄이는 데 도움이 될 수 있다고 발표했다. "긍정적인 효과가 나타나기까지는 많은 시간이 걸리지 않습니다. 우리는 자연을 만날 수 있는 바깥에서 10분간 이야기를 나누죠." 공중보건 석사 프로그램의 부책임자인 젠 메러디스Gen Meredith가 말했다.

코넬의 네이처 Rx Nature Rx 프로그램 책임자인 도널드 라코Donald Rakow 박사가 다시금 분명히 설명했다. "최근 많은 증거들이 자연에서의 활동이나 쉼, 아니면 그저 자연이 담긴 사진을 보는 것만으로도 전반적인 건강에 도움을 받는다는 사실을 보여줍니다."24 라코 박사는 이러한 활동이 특히 코로나 시기에 필요하다고 생각한다. "코로나가 시작된 후 우리는 모두 기술에 더 의존하게 되었고, 자연에서 보내는 시간은 뒷전으로 밀려났죠." 그가 말했다. 자연 연구가의 생각은 분명하다. "자연에서 보내는 시간은 모든 사람에게 이롭습니다." 그가 강조했다. "반복하지만, '모든' 사람입니다." 그는 자연과 가까이하는 것에 스트레스·불안·우울감 완화 같은 심리적인 이점이 있으며, 생리적인 이점으로 집중력과 인지 기능 향상, 통증 억제, 빠른 상처 회복이 있다고 덧붙였다. 라코우는 심리적·생리적 이점 외에도 더 큰 행복, 삶에 대한 만족감, 공격성 감소, 더 나은 사회적 관계와 같은 '태도'와 관련된 이점도 있다고 말했다.

일라디 박사의 연구, 블루존과 더불어 뷰트너와 풀랭과 페스의 연구, 유독한 환경의 악영향에 관한 브라운 박사의 연구, 코넬대 라코 박사의 자연 연구, 그리고 인간의 '관계' 결핍에 대한 요한 하리의 통찰 사이에는 연결점이 있다. 이들은 모두 우리가 겪는 정신 건강 위기의 범인으로 유독한 현대 문명을 지목한다.

불편한 진실은 우리가 단순히 앉아 있고, 과도하게 자극받고, 더 고립되어 원자화되고, 사람들과 덜 어울리고, 자연과 단절되고, 의미를 잃고, 여유 없고, 수면 부족에 시달리고, 과한 스트레스를 받는 21세기의 삶을 살게 설계되어 있지 않다는 것이다.

그리고 다음 장에서 보겠지만, 소셜 미디어로 넘쳐나는 첨단 기술 세계는 또 다른 방식으로 우리를 미치게 만들고 있다. 사회과학자들은 수년 전에 **사회적 요인에 의해 발생하는** 효과, 즉 **사회적 전염**social contagion 효과—소셜 네트워크나 집단에 의해 어떤 행동이나 감정, 장애가 퍼지는 것—를 확인했다. 이는 '보는 대로 따라 한다monkey see, monkey do'는 기본적인 '사회 학습 이론'이 적용된 것으로 볼 수 있다.

가령 친구들이 담배를 피워서 담배를 피운다거나, 내슈빌로 이사해 새로운 친구들이 생기면서 갑자기 컨트리 음악을 듣고 자동차 경주를 보러 간다거나, 영화가 특별히 재밌지도 않은데 사람들이 다 웃으니까 따라 웃으면서 재밌다고 느끼기 시작하거나, 친구들이 모두 알몸으로 물에 뛰어드니까 자신도 덩달아 알몸으로 뛰어드는 행동 같은 것이다. 이러한 행동은 모두 모델링, 또래 압력, 집단 사고가 하나로 합쳐진 꽤 무해한 사회적 전염 효과의 예이다.

하지만 사회적 전염은 단순히 친구들과 알몸으로 물에 뛰어드는 것보다 더 극악한 형태로 나타날 수도 있다. 그 예로 나치 집단이 있다. 또 사이비 종교 집단과 폭력 집단이 있다. 그리고 디지털 시대에 새로 등장한 이른바 소셜 미디어가 있다. 오늘날 더 강력해지고, 더 확장되고, 보편화되고, 더 멀리 도달하는 소셜 미디어와 함께 사회적 전염 효과는 완전히 새롭고 골치 아프고 때로 치명적인 의미까지 지니게 되었다.

3장
소셜 미디어 팬데믹

재능 없는 인플루언서와 우울한 팔로워들

HBO는 2021년 「페이크 페이머스Fake Famous」라는 흥미로우면서도 계몽적인 다큐멘터리를 선보였다. 다큐멘터리는 이른바 인플루언서라는 사람들에 대한 우리의 집착을 깊이 있게 파헤칠 뿐만 아니라, 인위적으로 꾸며지고 화려하게 연출되지만 공허하고, 메마른, 자신의 삶을 알아주길 바라며 필사적으로 관심을 갈구하는 사람들의 실체 또한 보여준다. 소셜 미디어 왕국의 화폐나 다름없는 **팔로워**를 게걸스럽게 끌어모으는 인플루언서들의 끝없는 욕구를 보는 것은 꽤 재미있으면서도 역겹다.

다큐멘터리는 하나의 사회적 실험이기도 했다. 제작자들은 평범한 세 사람을 뽑아 소셜 미디어 조작을 통해 그들의 인스타그램 계정을 유명하게 만들면 무슨 일이 생기는지 알아보았다. 「페이크 페이머스」는 이른바 **인플루언서**가 소셜 미디어에서 스타가 되고자 하는 욕구로 인해 떠안게 되는 신체적, 정신적 대가—그렇다. 몸이 고장 나고 눈물도 났다—에 초점을 맞췄다.

그런데 이 모든 말도 안 되는 일이 수백만 명의 **팔로워**에게는 어떤 영향을 끼칠까? 인플루언서들은 됐고, **영향을 받는 사람들** 말이다. 유튜브나 틱톡 계정의 전체 팔로워 수와 조회 수로 한 사람의 가치가 정해지는 세상을 보게 된, 그래서 겉만 번지르르한 인플루언서들의 화려하게 꾸며진 삶에 여지없이 끌리게 된 팔로워들은 자존감에 어떤 영향을 받을까?

문화적 아이콘이자 시각 예술가였던 앤디 워홀은 "미래에는 모든 사람이 15분 동안 유명해질 것이다"라고 말한 적이 있다. 앤디 워홀의 그 말이 정말로 살아 있는 예언이 된 사회에서 우리는 짧은 명성에 굶주린 문화의 사회적·심리적 의미를 살펴봐야 한다.

그런데 앤디 워홀의 말은 사실일까? 모든 사람이 15분 동안 혹은 다른 식으로 유명해지고 싶어 할까? 그렇다면, **왜?**

일선 학교의 수많은 경력 있는 진로상담사들이 지난 20년 동안 학생들의 진로 목표가 어떻게 바뀌었는지를 두고 한탄한다. 한때 학생들은 의사, 운동선수, 배우, 음악가, 우주비행사가 되기를 꿈꾸었다. 그중 일부는 해당 직업을 선택한 결과로 명성을 얻었을지 모른다. 하지만 명성에 대한 기대가 일반적으로 직업을 선택하는 **주된** 이유는 아니었다. 오늘날 "고등학교를 졸업하면 무엇을 하고 싶은가요?"라는 질문에 대한 가장 흔한 대답은 "저는 유명한 사람(여기에는 인플루언서, 유튜버, 틱톡 스타가 들어갈 수 있다)이 되고 싶어요" 같은 것이 되었다. 이제 명성은 목표의 부산물이 아닌 목표 자체가 되었다.

실제로 2019년 미국의 여론 조사 기관 해리스 폴Harris Poll에서 미국, 영국, 중국에서 온 어린이 3천 명을 대상으로 나중에 무엇이 되고 싶은지를 물어본 결과, 영국과 미국 어린이들이 가장 되고 싶어 한 것은 유튜브 스타였다. 그렇다면 중국 어린이들에게 최고의 직업은 무엇이었을까? 바로 우주비행사였다.[1] 아이러니하게도 이 설문 조사는 아폴로 11호 우주비행사들의 최초 유인 달 착륙 50주년을 기념해 실시된 것이었다. 아이들은 우주비행사, 음악가, 프로 운동선수, 교사, 블로거·유튜버 이렇게 5가지 직업 중 하나를 선택할 수 있었다. 중국 어린이의 경우 56퍼센트가 우주비행사가 되고 싶다고 응답했지만, 명성을 공로나 업적보다 중요하게 여기는 듯한 미국 아이들에게 우주비행사는 가장 피하고 싶은 선택이었다. 유튜버인 디스톰 파워DeStorm Power가 인터넷 뉴스 「비즈니스 인사이더」와의 인터뷰에서 말했다. "학교에 갈 때마다 아이들의 90퍼센트는 '유튜버가 되고 싶어요'라고 말합니다. 가장 많이 듣는 말이죠. 아이들은 소셜 미디어 스타가 되고 싶어 해요."

그렇다면, 문제는 무엇인가? 이런 문장을 쓰는 순간 "그만, 꼰대 아저씨!"라는 말이 들리는 듯하다. **제발, 박사님… 그렇게 고리타분하게 굴지 말아요… 유명해지고, 주목받고, 팔로워가 수백만 명인 게 뭐가 문제인가요?**

알겠다. 하지만 문제는 팔로워를 모으는 것 자체가 목표가 될 때, 그 목표로 인해 우리 자신과 삶의 다른 모든 것에 대한 가치관이 변한다는 것이다. 지금 우리의 가치관은 근본적으로 피상적이고 공허하다. 현 시대의 소비문화는 부인할 여지없이 물질주의 사회의 '물건'에 집착한다. 온갖 화려한 겉치레와 생각 없는 행동이 인플루언서 세계를 끊임없이 돌아가게 하고 수십억 달러 규모의 생태계를 만든다.

물론 어느 시대나 사회적 **인플루언서**는 있었다. 그 용어를 얼마나 광범위하게 정의할 것이냐에 따라 다르겠지만, 예를 들어 메리엄웹스터 사전을 따라 **인플루언서**를 '다른 사람의 행동에 영향을 끼치거나 행동을 이끄는 사람'으로 정의한다면 마틴 루서 킹, 간디, 클레오파트라, 예수 그리스도 같은 사람을 그들이 살던 시대와 그 이후의 사람들에게까지 지대한 영향을 끼친 인플루언서라고 부를 수 있다.

인플루언서라는 용어를 대중문화 부문으로 한정하자면, 지난 세기의 상징적인 스타들을 인플루언서라 할 수 있을 것이다. 가령 야구선수 조 디마지오, 배우 메이 웨스트, 무하마드 알리, 마릴린 먼로, 엘비스 프레슬리, 재키 케네디 같은 이들 말이다. 이들 대부분은 재능이나 카리스마, 혹은 성적 매력이 있었다.

범위를 좀 더 좁혀 인플루언서를 현재의 소셜 미디어 부문에서 정의해보자. 「포브스」에 따르면 "소셜 미디어 인플루언서는 자신의 소셜 미디어 계정을 팔로우하는 사람이 많은 사람이며, 이를 이용해 팔로워들이 특정 제품이나 서비스를 구매하도록 영향을 끼치거나 설득하는 사람이다." 모델 카일리 제너와 그의 인스타그램 팔로워 2억 7800만 명, 순 자산 7억 달러를 생각해보라.(2019년 「포브스」는 그의 순 자산이 10억 달러를 잠깐 넘기기도 했다고 보도했지만, 이후 오류를 인정하고 카일리 제너가 가진 자산의 가치를 '단' 7억 달러로 낮췄다.)[2]

그런데 정확히 카일리 제너는 무엇으로 유명한가? 그리고 그 모든 재산은 어디에서 온 건가? 간단히 말하자면 카일리는 유명한 것으로 유명하다. 재능이나 업적은 그다음이다. 카일리는 악명 높은 인플루언서인 카다시안 가문 출신으로, 이들 가족은 과시적인 소비를 하고 여행을 많이 다니는 부자들의 화려한 삶을 소개하면서 명성을 얻기 시작했다. 그 외에 별다른 것은 없었다. 그들은 외부의 영향을 쉽게 받는 청소년 수백만 명이 모방하고 싶어 하는 '유형의' 삶을 퍼뜨리며 문화적인 악동이 되었다. 그리고 그 과정에서 연예인 숭배의 개념을 완전히 다른 수준으로 바꿔놓았다.

카일리는 십 대임에도 자신의 소셜 미디어 명성을 수익화해 엄청난 부자가 되었다. 그는 많은 혐오와 사랑을 동시에 받았던 리얼리티 쇼 「4차원 가족 카다시안 따라잡기」에 가족과 함께 출연해 3천만 달러를 벌었지만, 대부분의 수입은 카일리의 무분별한 소비를 모방하고 싶어 하는 수백만 명의 열렬한 팬들이 만들어준 명성을 의류 사업과 화장품 사업에 약삭빠르게 이용한 결과였다.

명성을 상업적으로 이용하는 것이 새로운 일은 아니었다. 마이클 조던은 팬들에게 게토레이부터 값비싼 에어 조던 운동화까지 모든 것을 사라고 부추기는 "마이클 조던처럼Be Like Mike" "그냥 해버려Just Do It"라는 광고를 기반으로 완전한 제국을 건설했다. 미국 광고계가 유명인을 가능한 한 최대로 활용해 얻은 흥미로운 변화였다. 물론 왕년의 영화배우들도 담배 광고를 통해 팬들이 자신들처럼 가볍게 담배를 즐기도록 권장했다. 배우 스펜서 트레이시는 러키 스트라이크 담배를 선전하는 지면 광고를 촬영했고, 가수 빙 크로즈비, 배우 앤 셰리든, 방송 진행자 에드 설리번, 심지어 로널드 레이건까지 '편안한 휴식을 주는' 체스터필드 담배 광고에 출연했다.

그러나 TV라는 새로운 시각 매체의 영향력이 커지고 광고회사도 더 정교하게 발전하면서 광고 흐름은 유명인을 앞세운 간헐적 홍보에서 유명인 '브랜드'를 만드는 것으로 바뀌었다. 마이클 조던은 아이들이 '마이클 조던처럼' 되기 위해서라면 무엇이든 기를 쓰고 하게 만드는 브랜딩의 힘과 마케팅의 가능성을 완벽하게 보여준 최초의 인물 중 한 명이 되었다. 이것이 제한된 자본을 가진 가난한 아이들이 '마이클 조던처럼' 100달러짜리 에어 조던 운동화를 신는다는 상징적 지위를 얻으려면 무엇이든 해야 한다는 것을 의미한다 해도, 어쩔 수 없는 일이었다.

오늘날의 부풀려진 신발 산업 기준으로 볼 때 100달러짜리 운동화는 우스울 정도로 저렴해 보일 수 있지만, 100달러는 당시 운동화로는 엄청나게 비싼 가격이었다. 참고로 1985년에 출시된 에어 조던 1의 가격은 65달러였고, 1990년에 출시된 에어 조던 5의 가격은 125달러였다. 비교하자면, 에어 조던이 나오기 전에 유명인이 추천한 최고의 운동화는 농구팀 뉴욕 닉스의 전설적 인물인 월트 프레이저의 별명을 따 명명된 푸마 클라이드Puma Clydes였다. 프레이저의 별명 '클라이드'는 그가 영화 「보니 앤 클라이드」의 주인공 클라이드와 비슷한 패션을 추구하기 시작하면서 미디어가 그에게 붙여준 것이었다.

파란 스웨이드 재질의 푸마 클라이드는 당시 약 12달러에 판매되던 기본 컨버스화인 '컨버스 척 테일러 올스타'를 뛰어넘는 혁신적인 제품이었다. 하지만 그 멋진 푸마 클라이드를 사려면 25달러라는 거금이 필요했다. 1970년대 운동화치곤 매우 비쌌다. 그런데도 가격과 상관없이 많은 아이들이 클라이드를 사려고 돈을 모았다. 월트 프레이저도 인정했다. "우리는 푸마 클라이드가 정말 특별한 물건인 것처럼 출혈을 감당해야 했어요. 클라이드 한 켤레를 갖고 있다면, 그 신발을 사기 위해 그동안 모았던 돈을 꺼냈다는 뜻이었죠."[3] 브롱크스에서 고등학교에 다니던 시절 나 역시 그 비싼 푸마 클라이드를 갖고 싶어서 아르바이트를 해 돈을 모았던 아이 중 하나였다. 당시 나한테는 신발로 얻는 상징적 지위보다 내가 닉스와 월트

'클라이드' 프레이저를 사랑하고 그가 신은 신발을 사고 싶다는 사실이 더 중요했다.

에어 조던이 출시되면서 엄청난 변화가 생겼다. 아이들은 그 신발을 가져야만 했다. 마치 그들의 삶이나 그들에 대한 인정이 에어 조던에 달린 듯했다. 심지어 어떤 이들은 에어 조던 때문에 살해당하기도 했다. 십 대들은 자신에게 지위를 부여하는 값비싼 신발을 얻기 위해서라면 무슨 짓이든 필사적으로 했고, 그러면서 1980년대와 1990년대에 에어 조던 절도 사건이 급증했다. 1990년 「스포츠 일러스트레이티드」지는 가난한 아이들이 그저―원조 인플루언서 격인―"마이클 조던처럼" 되겠다고 범죄, 심지어 살인까지 저지르게 한 이 마케팅 착취가 매우 "비상식적"이라고 기사에서 꼬집었다.[4]

에어 조던 살인 사건의 담당 검사는 기자 릭 텔런더에게 말했다. "운동 용품에 대한 사치스러운 이미지를 만들고 그 때문에 사람들이 죽는 것은 끔찍한 일입니다."

실제로 마이클 조던도 눈물을 글썽거리며 난처한 듯 말했다. "저는 제가 다른 사람들을 돕고 있고 모든 것이 긍정적으로 작용할 거라고 생각했습니다. 사람들이 제가 하는 좋은 일들을 따라 하고 더 나은 것을 이루기 위해 노력할 것 같았어요. 나쁜 의도는 없었죠. 저는 신발이나 어떤 제품에 대한 저의 지지 때문에 사람들이 서로를 해할 거라곤 전혀 생각하지 못했습니다. 누구나 남들이 우러러보는 사람이 되고 싶어 합니다. 하지만 그게 아이들이 실제로 서로를 죽이는 일로 이어진다면, 우리는 이 상황을 다시 생각해봐야 합니다."

분명히 마이클 조던은 사람들의 유명인 신격화가 이처럼 극단으로 치닿게 될 것이라고는 예상하지 못했다. 텔런더는 정곡을 찌르는 기사를 썼다. "경제적·도덕적 망각에 빠진 하위 계층underclass, 때때로 사람의 목숨보다 신발 끈으로 묶은 고무와 플라스틱 조각들이 더 가치 있는 하위 계층을 만드는 사회는 무언가 단단히 잘못되었다. 신발회사는 이런 사회를 만드는 데 직접적인 역할을 했다. 그들은 백만 달러짜리 광고, 슈퍼스타 모델, 그리고 외부의 영향을 쉽게 받는 젊은이들을 겨냥한, 과하게 꾸며진 고가의 제품으로 자존감에 굶주린 사람들을 만족시키기 위해 감쪽같이 지위를 만들고 있다."

자존감에 굶주린 사람들을 만족시키기 위해 감쪽같이 지위를 만들고 있다.

이 글은 30년도 더 전에 쓰였지만, 오히려 오늘날의 소셜 미디어 인플루언서 집착 현상에 더 잘 들어맞는다. 1990년 이후 유명인 숭배, 제품 홍보, 그리고 유명 롤 모델을 모방하여 지위를 추구하는 공허하고 길 잃은 젊은이들이 만나자 핵무기와 같은 폭발력이 생겨났다―바이러스처럼 퍼졌다고 해야 하나?―고 말해도 과언은 아닐 것이다. 이 모든 일은 사용자의 참여를 이끌어 제품 판매를 늘리기 위해 젊은이들과 그들의 불안감을 표적으로 삼는 오늘날의 정교한 알고리즘에 의해 더욱 부채질되었다.

오늘날 대부분의 인플루언서와 달리, 적어도 마이클 조던에게는 팬들이 숭배하는 천재적 재능이 있었다. 인플루언서이자 유명인으로서 많은 사랑을 받았던 이전의 다른 소셜 미디어 스타들도 역시 재능이 있었다. 이들은 팬들이 그들의 창의적, 직업적, 운동선수로서의 성공을 본보기 삼도록 팬들에게 자주 영감을 주었다.

안타깝게도 재능이 모자란 오늘날 대다수의 소셜 미디어 인플루언서들은 공허하고 길 잃은 젊은이들의 사치와 지위―알맹이는 거의 찾아볼 수 없는 종류의—에 대한 집착을 먹잇감으로 삼는다. 가치 체계가 엉망이 되었다. 성취는 무언가를 따라 한다고 얻을 수 있는 것이 아니다. 하지만 그럴 자격이 있든 없든 사람들은 사치스러운 생활 방식을 모방한다. 카일리 제너의 팬들은 그처럼 전용 비행기를 타고 싶어 한다. 하지만 그 꿈이 어떻게 실현될 수 있을까? 음, 소셜 미디어에서 배운 바에 따르면, 카일리처럼 수백만 명의 팔로워를 모으면 된다!

무엇이 예상되는가? 공허하고 무감각한 기분, 즉 앞서 언급한 '아케디아'와 무력감을 느끼는 사람들은 자신을 그들만의 모임에 끼워주는—하지만 운동화, 화장품, 의류, 향수 등 뭐가 됐든 그들의 물건을 살 때만 낄 수 있다—'미디어 아이돌'에게 필연적으로 끌릴 것이다.

펜실베이니아대학의 사회학자 일라이자 앤더슨Elijah Anderson은 이러한 현상의 동인으로 인종과 불평등 문제를 제기했다. "도심지 빈민 지역의 아이들은 기회가 없다고 느낀다. 아이들은 시스템이 그들에게 닫혀 있다고 생각한다. 그렇지만 이들은 백인 중산층이 받는 것과 똑같은 문화적 장치의 공격을 받는다. 아이들은 자신들이 본 것들을 얻을 방법이 없지만, 중산층과 같은 욕망을 품는다. 그래서 그들은 이러한 '상징', 이른바 성공의 상징을 소중히 여긴다."

마이클 조던과 나이키를 둘러싸고 논란이 계속되는 동안, 나이키 광고 일부를 감독하고 조던과 함께 광고에 출연하기도 했던 영화감독 스파이크 리는 그가 흑인 아이들을 대상으로 한 착취, 그리고 유명인이 홍보하는 운동화에 대한 집착 때문에 생긴 폭력 사태에 책임이 있다며 지역의 한 칼럼니스트로부터 맹비난을 받았다.

화가 난 리가 「더 내셔널」 뉴스에 밝혔다. "나이키 광고와 관련해 마이클 조던과 저는 아무도 죽인 적이 없습니다. ··· 우리는 아이들이 신발 한 켤레와 멋진 재킷에 더 큰 중요성을 부여하게 하는 조건을 효과적으로 다루려 했을 뿐이에요. 아이들이 다른 선택의 여지나 가능성이 없다고 느끼도록 말이죠."

어느 정도 일리 있는 말이다. 결국 진짜 문제는 '물건' 자체가 아니라 너무나 많은 젊은이가 이러한 물질주의적 성공의 '상징'을 통한 외부의 인정을 좇게 만드는 근본적인 요인들이다. 나는 현대의 과열된 소셜 미디어 인플루언서 문화 역시 "아이들이 신발 한 켤레와 멋진 재킷에 더 큰 중요성을 부여하게 하는 조건"—왜곡된 가치관—또는 인플루언서가 퍼뜨리는 다른 상징적 지위를 만들어내는 데 일조하고 있다고 생각한다.

인플루언서들이 영향력을 행사하기 위해 꼭 물건을 팔 필요는 없다. 다시 말하지만, 사회적 학습 이론에서 알 수 있듯이 인플루언서들은 그저 남들에게 본보기가 되는 자신의 행동을 통해 사람들이 행동하고 입고 생각하는 방식, 또는 사람들이 자신과 그들의 궤도 안에 있는 다른 사람들의 가치를 평가하는 방식을 만들어낼 수 있다. 제니퍼 애니스턴은 시트콤 「프렌즈」에 출연하던 시절 자신의 머리 모양을 하나의 사회적 현상으로 만들었다. 빌리 아일리시는 몸매를 평가받는 것이 싫어 옷을 헐렁하게 입기 시작했는데 그의 스타일을 모방하는 팔로워 부대가 생겼다. 또 해리 스타일스의 화려하고 중성적인 스타일도 많은 팔로워의 패션 감각에 영향을 끼쳤다.

아마도 이 세대의 가장 영향력 있는 소셜 미디어 인플루언서는 미국의 45대 대통령일 것이다. 소셜 미디어에서 아무런 제한도 받지 않고 걸러지지도 않는 이 주홍빛 얼굴의 인물은 정치뿐만 아니라 그의 팔로워들의 행동과 전체 미디어·뉴스 지형에 긍정적이든 부정적이든 이전의 어떤 공인보다 (아마도 되돌릴 수 없는) 막대한 영향을 끼쳤다. 도널드 트럼프는 엄청난 수의 소셜 미디어 팔로워를 가진 카리스마적인 사람이 얼마나 많은 영향을 끼칠 수 있는지에 대한 분명한 본보기로 남아 있다.

이 모든 소셜 미디어 인플루언서의 역학은 어디에서 시작되었을까? 돌이켜 보면 아마도 현대의 인플루언서 동향—소셜 미디어 스타는 오로지 유명한 것으로 유명한, 현 시대의 새로운 록 스타다—을 이끈 제1인자는 패리스 힐튼일 것이다. 패리스의 '스타덤'은 그의 가장 친한 친구이자 나중에 패리스를 이어 인플루언서가 된 킴 카다시안과 마찬가지로 2001년 그 악명 높은 '섹스 비디오 유출'에서 시작됐다. 그의 스타덤은 이후 인플루언서 친구인 니콜 리치와 함께 출연한 리얼리티 TV 쇼 「심플 라이프」로 이어졌다.

리얼리티 프로그램은 소셜 미디어의 베타 테스트 버전 같은 것이었다. 말하자면 나르시시즘적이고, 자기애가 강하며, 재능이 부족한 사람들은 리얼리티 프로그램에서 그들의 자아를 채워주는 시청자들을 발견했다. 오늘날 최고의 인플루언서들이 소셜 미디어에서의 영향력을 키우기 위해 대개 자신의 리얼리티 쇼를 갖고 있는 것처럼(그 반대의 경우도 가능하다) 리얼리티 프로그램과 소셜 미디어 인플루언서는 거의 상호 교환된다. 리얼리티 프로그램과 소셜 미디어, 이 모든 것들로 우리가 점점 더 바보가 될수록 우리는 사회적으로도 손상된다.

하지만 우리는 늘 의미 없는 오락 프로그램을 즐겨 오지 않았나요? 누군가는 이렇게 물을 수도 있겠다. "새로운 세대의 틱톡이나 익살 넘치는 유튜브가 그 옛날 「바보 삼총사Three Stooges」 시리즈의 슬랩스틱 코미디언

과 다를 게 뭐가 있나요? 그들도 이 사회를 바보로 만들지 않았나요?" 그
럴듯한 질문인 것 같지만, 문제는 수십억 회의 조회 수에서도 볼 수 있듯
이 현대 미디어의 힘이 이전보다 더 문화 구석구석 스며들며 강력한 방식
으로 메시지를 증폭하고 있다는 점이다. 그것이 차이점이다. 그래서 그들
의 의미 없는 영상을 매시간, 매일같이, 매달 반복해서 보는 동안 우리는
정말로 둔해져 간다.

가장 인기 있는 유튜버인 퓨디파이PewDiePie의 구독자는 1억 1000만 명
이며, 가장 있기 있는 십 대 틱톡 스타인 찰리 디아멜리오Charli D'Amelio의
팔로워는 1억 2600만 명에 이른다. 이들이 올리는 게시물은 우리가 상상
할 수 있는 가장 무의미하면서도 헛된 내용으로 가득하다. 모두가 고급 예
술을 즐겨야 하는 건 아니지만, 너무 많은 젊은이가 정신을 마비시키는 콘
텐츠를 너무 반복적으로 탐욕스럽게 소비하고 있다. 이러한 콘텐츠들은
가끔 보았던 「바보 삼총사」보다 더 영향력이 크며 그렇기에 소비자들의
모습을 형성하고 바보처럼 만들 수 있다. 바보 삼총사에겐 적어도 희극적
재능이 있었다.

보는 이를 킬킬 웃게도, 민망하게도 만드는 찰리 디아멜리오는 눈에 띄
는 특별한 재능이 없다. 나는 그의 재능을 찾아보려 애썼다. 하지만 디아
멜리오의 틱톡 영상은 삶에서 가장 평범한 모습을 담은, 순전히 사람을 멍
하게 만들고 염탐꾼으로 만드는 식의 토막 영상들일 뿐이었다. 「사인필드」▼
가 아무 생각 없는 쇼라고 생각했는가? 사랑니를 뽑는 디아멜리오의 모습

▼   코미디언 제리 사인필드가 자신의 삶을 무대로 연기한 미국의 인기 드라마.

이 담긴 너무나 지루하고 고통스러운 11분짜리 틱톡 영상—억지로 봤다—의 조회 수는 이 글을 쓰는 지금 무려 400만 회를 넘겼다.

많은 인기를 누렸지만 혐오스럽기도 했던 「저지 쇼어Jersey Shore」▼ 같은 프로그램은 엉망진창이긴 해도 볼 만은 했고 매력도 있었다. 하지만 나는 솔직히 찰리 디아멜리오의 틱톡 영상을 보느니 비영리 공공방송 씨스팬 C-SPAN에서 내보내는 장시간의 필리버스터나 코네티컷주의 풀밭 영상을 보겠다. 최소한 풀은 다채롭기라도 하다. 그러나 나는 디아멜리오가 미국 대통령과 페미니스트 저널리스트 글로리아 스타이넘과 전 대법관 루스 베이더 긴즈버그를 합친 것보다 십 대 소녀들에게 더 많은 영향을 끼친다고 합리적으로 주장할 수 있다.

400만 조회 수를 달성한 찰리 디아멜리오의 치과 영상에 뒤질세라 인스타그램의 유명한 '달걀 사진'(말 그대로 밝은 갈색의 달걀 사진 하나가 전부다)은 카일리 제너가 이전에 세운 1800만 개의 '좋아요' 기록을 깨고 현재까지 무려 '좋아요' 3000만 개를 받으며 바이러스처럼 퍼지고 있다.

무엇이 언제 바이러스처럼 퍼질지는 예측하기 어렵다. 마치 바람에 번지는 산불처럼 이러한 것들은 예상보다 빠르게 퍼진다. 내가 쓴 한 신문 칼럼도 700만 이상의 조회 수와 공유 수를 기록하며 널리 퍼진 적이 있다. 확실히 조금은 신나는 일이었다고 인정한다.[5] 그리고서 그 모든 부조리가 시작되었다. 왜 특정 기사는 불이 붙고 다른 기사들은 그러지 않는 걸까?

이 현상의 두 가지 큰 요인은 운과 타이밍이다. 디아멜리오는 대체로 우

▼   이탈리아계 미국인 남녀 8명의 사랑과 질투, 갈등을 담은 리얼리티 프로그램.

연히 틱톡 스타덤에 오른 것으로 여겨진다. 2019년, 틱톡 초창기에 그는 자기 방에서 춤추는 영상을 올리기 시작했다. 그 영상들은 인터넷을 뜨겁게 달구었고 급기야 디아멜리오를 최고의 인플루언서 자리에 올려놓았다. 영상들 덕분에 디아멜리오는 광고 계약도 하고, 자신만의 제품 라인도 갖게 되었으며, 돈도 잘 번다.

인플루언서들이 그들의 팔로워—실제 팔로워라기보다는 총 팔로워 수—와 얼마나 감정적으로 연결되어 있는지를 보는 것은 흥미롭다. 타율로 평가받는 야구선수나 심사위원들이 주는 점수에 죽고 사는 피겨 스케이트 선수처럼 인플루언서와 그들의 전체적 가치는 전적으로 팔로워 수에 의해 정의된다.

찰리 디아멜리오가 백만 명의 팔로워를 잃었다는 사실을 알았을 때, 그는 카메라 앞에서 마치 할머니가 돌아가신 것처럼 슬퍼했다. 걱정하지 마시길. 디아멜리오의 팔로워는 여전히 1억 명이 훨씬 넘으니까. 하지만 그의 고통은 분명히 실재하는 것이었다. 팔로워는 디아멜리오를 정의하고 틱톡이 아니면 평범했을 삶을 인정하는 존재였기 때문이다.

앞서 말한 것처럼 유명인에 대한 숭배는 언제나 기만적인 일이었다. 하지만 최소한 우리의 음악가들과 운동선수들은 각자의 분야에서 탁월했다. 야구선수 베이브 루스는 많은 홈런을 쳐냈다. 적어도 행크 에런이 나타나기 전까지는 최고로 훌륭했다. 최고의 음악가, 작가, 배우들도 모두 마찬가지다. 그들은 각자 세계 최고의 실력을 갖추고 있었다.

반면 오늘날의 가장 유명한 인플루언서들—그래요, 거기, 카다시안 가족—은 명성을 쌓는 일 외에는 별다른 재능이 없어 보인다. 그런데 이제 영상을 올릴 수 있는 아이들은 모두 이 재능 없는 선수들의 올림픽에 참가

하고 싶어 한다. 커브볼을 치거나 「호두까기 인형」 춤을 추진 못해도 얼빠진 틱톡 영상 하나쯤은 정말 잘 올릴 수 있다는 식이다.

이 만연한 공허함은 우리를 변화시킨다. 나의 아이들을 예로 들어보겠다. 14살 된 우리 쌍둥이 소년들은 꽤 안정된 어린 시절을 보냈다. 아이들은 운동과 음악을 했고, 꽤 잘했다. 그러다 코로나19가 터지면서 상황이 엉망이 되자 아이들은 모두 감정적으로나 교육적으로나 큰 영향을 받았다. 다행히 어려움을 잘 견뎠지만, 코로나가 유행하는 동안 둘 다 유튜브와 친해져 유튜버 미스터 비스트Mr. Beast와 그의 '놀라운 기부 활동', 과학 유튜버 마크 로버Mark Rober의 영상에 몰두하게 되었다.

나는 마크 로버는 적어도 전 나사NASA 로켓 과학자라고, 대중 과학과 DIY 도구에 초점을 맞춘 그의 영상은 창의적이고 독창적이라며 아이들의 유튜브 시청을 합리화했다. 로버의 영상을 찾는 시청자는 하루 58만 명에 달했다. 닐슨 시청률에 따르면, CNN의 야간 시청자가 마크 로버 시청자의 절반도 안 되는 약 22만 4000명이라고 내가 얘기했던가? 갈색 달걀 영상은 언급도 말자.

다시 돌아가서, 아이들은 일부 유튜버에 빠져들기 시작했다. 그리고 정말 당황스럽게도 유튜브 영상만이 아니라 모든 것을 조회 수로 판단하기 시작했다. 예를 들어 유튜브로 옛날 영화를 보려 하면 아이들은 으레 "조회 수가 얼마나 돼요?"라고 물었다. 조회 수가 20만이 안 되면 아이들은 실망하며 투덜댔고, 1000만이 넘으면 기쁨의 탄성을 내질렀다.

아이들에게 물었다. "만약 정말 훌륭한 영화(「시민 케인」이나 「어벤져스: 엔드게임」, 세대에 따른 선택이다)가 있는데, 조회 수가 겨우 3회뿐이라면 영화가 별로일 것 같니?" 아이들의 솔직한 대답은 뭐였을까? 아들 하나가 말했다. "네, 조회 수 때문에 보기도 전에 흥미를 잃을 것 같아요." 반대로 사상 최악의 영화를 수백만 명이 봤다면, 그 영화는 아주 훌륭한 영화로 인식될 것이다. 문제는 여기에 있다. 이 인플루언서 집단 사고 패러다임은 질이 아니라 인기를 주요 가치로 만든다.

이를 선종에서의 선문답 식으로 이야기하자면 이렇다. 만약 숲에서 나무가 쓰러졌는데 아무도 본 사람이 없다면('좋아요'도 없고 소식이 공유도 안 됐다면), 나무 때문에 큰 소리가 난다 한들 누가 신경이나 쓰겠는가? 소리가 나는 것은 중요하지 않다. 그것은 수백만 명의 사람이 나무가 쓰러지는 모습을 보거나 소리를 들을 때에만 중요하거나 가치가 있다. 공허함은 공허함을 영속시킨다. 우리가 이 습관성의, 아무 알맹이 없는 내용을 밖으로 퍼뜨릴수록 우리는 더 많은 공허함을 만들어낸다. 그리고 그 과정은 계속 반복된다.

소셜 미디어가 등장하기 수십 년 전, 길을 잃고 공허함을 느낀 사람들은 소속감과 목적의식을 찾기 위해 사이비 종교 집단에 발을 들이기도 했다. 하지만 그 시절의 이 공허하고 길 잃은 영혼들은 상대적으로 적은 수에 불과했다. 지금은 거의 모든 사람이 공허한 기분을 느낀다.(미국인의 61퍼센트가 외로움을 느낀다고 말하며, 거의 절반이 '배제된' 기분을 느낀다고 말한다. 가장 외로움을 느끼는 세대는 Z세대다. 그들 중 68퍼센트는 "자신을 정말로 아는 사람이 아무도 없는" 것 같다고 말한다.6) 우리 사이에 만연한 이 외로움과 공허함은 문화적으로 그리고 디지털식으로 증폭되었고 우리를 현대의 광신적 집단인 '거대 기술기업 교회'로 이끌었다. 지금 우리가 겪는 문제들을 만든 바로 그 사람들에게로 말이다. 그리고 이제 우리는 그들의 충성스럽고 헌신적인 추종자가 되었다.

우리는 지금 거대 기술기업 대사제들과 인플루언서들을 무작정 믿고 그들을 따라 나락—아니면 클라우드?—으로 빠져들 준비가 완전히 되어 있다. 더 나쁜 것은 이 '사제들'이 정확히 자신들이 무엇을 파는지 알고 있다는 것, 그리고 우리를 낚기 위해서라면 무엇이든 할 것이라는 점이다.

인스타그램 속 자살, 거식증, 그리고 내부 고발자

사람들은 한동안 페이스북의 전 직원인 프랜시스 하우건에게 주목했다. 하우건이 페이스북의 혐의를 입증하는 것으로 보이는 '페이스북 파일'을 넘겨 이것이 2021년 9월 2주 동안 「월스트리트 저널」에 대대적으로 보도되었기 때문이다.[7] 그는 시사 프로그램 「60분60 Minutes」에 출연해 수백만 명이 시청하는 가운데 진행자 스콧 펠리Scott Pelley와 인터뷰를 했다. 또 미국 상원 재무위원회에서 페이스북의 위험성을 증언하고 페이스북이 '도덕적 파산'을 선언해야 한다고도 말했다.[8] 그리고 포르투갈 리스본에서 열린 연례 웹 서밋Web Summit—기술 업계의 슈퍼볼 같은 것—에 특별 연사로 참석해 전 고용주를 상대로 일인 초토화 작전을 펼쳤다.[9]

하우건은 페이스북에 내재한 모순을 설명했다. 페이스북에 좋은 것은 사회에 좋은 것이 아니었고 그 반대의 경우도 마찬가지였다. 그는 남몰래 복사한 수천 개의 내부 이메일과 문서를 근거로 하여 인스타그램과 인스타그램의 모회사인 페이스북을 고발했다.

그런데 페이스북의 내부 연구가 문제를 일으킨 것은 이번이 처음이 아니었다. 2012년 페이스북 연구원들은 거의 70만 명에 이르는 페이스북 사용자를 마치 기니피그처럼 이용했다. 사용자에게 즐겁거나 슬픈 게시물을 보낸 후 소셜 미디어에서 감정이 전염되는지 실험한 것이다. 결과는? 그렇다. 소셜 미디어를 통해 공유된 감정은 실제로 사회적 전염 효과가 있었다.

연구 결과가 미국 국립과학원 회보에 실렸을 때, 그 후폭풍은 매우 크게, 즉각적으로 일어났다. 사회과학자들은 당사자도 모르게 앱 사용자를 피실험자로 이용했다고 비판했고, 페이스북 사용자들도 이 '연구'에 이용당한 기분을 느꼈다. 페이스북의 연구원 중 한 명은 "지나고 나서 보니, 그러한 연구로 얻는 이익이 이 모든 불안을 정당화할 순 없는 것 같다"[10]라고 사과를 표하며 '사후 반성'이라는 또 다른 선례를 만들었다.

학계에서는 방법론, 동의, 윤리 등 연구의 모든 면을 꼼꼼히 검토하는 임상 연구 심의 위원회Institutional Review Board, IRB의 엄격한 심사를 거치지 않고서는 인간 대상 연구를 수행할 수 없다. 하지만 거대 기술기업은 그러지 않았다. 사용자를 기반으로 한 실험에서 그들은 사생활 보호와 동의라는 기본적 윤리 원칙을 반복해 위반했다.

페이스북 내부 고발자 프랜시스 하우건은 페이스북의 도덕성에 대해 여러 가지 문제를 제기했다.

우선, 회사는 내부 연구를 통해 인스타그램이 자살 사고를 늘리고 섭식장애를 자극해 십 대 소녀들에게 해를 끼치고 있음을 알게 되었지만, 해로운 생각을 일으키는 알고리즘을 수정하지 않았다. 알고리즘을 수정하면 사용자의 인스타그램 참여도가 낮아질 것으로 생각했기 때문이다.

하우건이 폭로한 두 번째 문제는 페이스북이 유명인, 정치인, 언론인 등 '엑스체크xCheck' 고객으로 알려진 유명인들에게 선별적으로 면책권을 제공해 페이스북의 콘텐츠 정책을 위반하는 게시물, 즉 괴롭힘이나 폭력을 조장할 수 있는 게시물을 올릴 수 있게 허용한다는 사실이었다. 2020년 현재 엑스체크 사용자로 지정된 사용자는 580만 명이다.

셋째, 페이스북은 2018년 사용자들 사이에 분노를 끌어올릴 알고리즘을 사용하기로 결정했다. 분노가 사용자의 플랫폼 참여를 늘려 수익을 낸다는 사실을 알았기 때문이다.

마지막으로 페이스북은 대간첩 정보 운영진과 대테러 팀의 인원을 보강하지 않음으로써 국가 안보 위협으로 여겨지는 위험인물과 외국의 위험단체들이 페이스북 플랫폼에 접근하도록 허용했다. 2019년 6월부터 2021년 5월까지 하우건은 페이스북의 대간첩 팀에서 일하면서 중국이 페이스북을 이용해 위구르의 반체제 인사들을 감시하고 이란이 스파이 행위를 하는 것을 목격했다.

하우건은 많은 사람이 오랫동안 의심해 온 사실을 확인해주었다. 페이스북은 겉으로는 '사람들을 연결'하는 것이 목표인 자비로운 회사로 보일 수 있지만, 그들이 실제로 중요하게 여긴 것은 사용자를 희생시키면서까지 얻는 사용자 참여와 수익이었다.

자신들의 플랫폼이 십 대 소녀들에게 악영향을 끼친다는 결과를 보여준 인스타그램의 연구는 특히 문제가 되었다. 학계가 이미 증명한 것처럼 소셜 미디어는 '사회적 비교' 효과를 통해 사람들을 더 우울하게 만들 수 있다. 페이스북은 하우건의 '페이스북 파일'을 공개적으로 부인했지만, 이 파일은 그들이 소셜 미디어의 해로운 영향을 알고 있었음에도 아무것도 하지 않는 쪽을 택했음을 확인시켜준다.

페이스북 파일에 따르면 페이스북은 지난 3년 동안 인스타그램이 수백만 명의 어린 사용자에게 어떤 영향을 끼치는지를 자체적으로 연구했다.

하우건이 찾아낸 이메일과 보고서는 페이스북의 잘못을 여실히 드러낸다. 2020년 3월 「월스트리트 저널」이 확인한 페이스북의 내부 게시판에 올라온 발표 자료에 따르면, 연구원들은 이렇게 밝혔다. "십 대 소녀의 32퍼센트가 자신의 몸이 맘에 안 든다고 느낄 때, 인스타그램은 그 기분을 더 나쁘게 만들었다고 말했다. 인스타그램에서 겪는 비교는 젊은 여성들이 자신을 보고 묘사하는 방식을 바꿀 수 있다."

2019년에 작성된 다른 발표 자료에는 이런 내용도 있었다. "우리는 십 대 소녀 3명 중 1명의 신체상 문제를 악화시킨다. 십 대들은 불안과 우울감이 커지는 이유가 인스타그램 때문이라 생각한다. 이러한 반응은 모든 그룹에서 자발적으로 일관되게 나타났다."

다른 발표 자료에서 확인된 내용인데, 아마도 가장 충격적인 것은 자살 생각을 한 십 대들 중 영국 사용자의 13퍼센트와 미국 사용자의 6퍼센트가 자살 충동의 계기로 인스타그램을 지목했는데도, 인스타그램 측이 여전히 유독한 알고리즘을 수정할 생각이 없었다는 사실일 것이다.

취약한 사용자를 대상으로 한 이들의 비열한 착취에 관해 말해보자면, 인스타그램은 신경성 식욕 부진, 즉 거식증 등 섭식 장애가 있는 십 대 소녀들에게 영양실조에 걸린 소녀들의 사진과 동영상을 집중적으로 보여주어 거식증의 이미지를 '재정비'한다. 전문가들에 따르면 이러한 인스타그램의 교묘한 전략은 해로운 충동을 유발하여 섭식 장애를 악화시킨다.

그들은 사업에 좋다는 이유로 아무 생각 없이 이러한 일을 했다. 그렇다면 섭식 장애로 인한 사망률이 다른 정신 질환의 사망률보다 높다는 것은 어떻게 생각하는가? 실제로 거식증과 관련된 사망률은 15세에서 24세 사이 여성의 **모든** 사망 원인의 사망률보다 12배 더 높다. 국립 신경성 식욕 부진 및 연관 장애 학회의 연구에 따르면, 거식증 환자의 5~10퍼센트 가 발병 후 10년 이내에 사망하고, 18~20퍼센트가 20년 후에 사망하며, 30~40퍼센트만이 완전히 회복한다.

수익을 늘리기 위해 고의로 질병 증가의 원인을 제공하는 거대 기술기 업의 순전한 탐욕과 비인간성을 생각해보라. 복구된 페이스북 파일에 따 르면, 올해 초 인스타그램의 연구원들은 #깡마른skinny과 #여윈thin 해시태 그, 다이어트와 마름에 집착하는 인스타그램 계정을 팔로우하는 테스트 사용자를 만들었다. 그러자 인스타그램의 알고리즘은 한층 더 많은 섭식 장애 관련 콘텐츠를 추천했다. 이들의 충격적인 내부 연구에 따르면 여기 에는 극도로 마른 여성의 신체 이미지와 '피부와 뼈skinandbones', 이른바 '사 과 뼈 거식증applecoreanorexic' 같은 이름의 계정이 포함되어 있었다.

섭식 장애 전문가에 따르면, 십 대들은 이미 신체상 문제가 있는데도 도 저히 불가능할 정도로 마를 수 있도록 "영감을 주는" 신스포thinspo 이미지▼ 를 함께 나눈다. 하지만 정말로 놀라운 것은 위험에 처한 십 대들에게 이러 한 이미지들을 보내는 알고리즘을 바꾸자는 의견에 전적인 반대가 있었다 는 것이다.

경쟁 소셜 미디어 사이트인 틱톡의 상황은 더 나빠 보인다. 「월스트리 트 저널」의 또 다른 조사 보고서에 따르면, 저널은 틱톡에 12개의 가짜 자 동화 계정(봇)을 만들고 13세 소녀로 등록했다. 가입한 지 몇 주 만에 틱톡 의 알고리즘은 12명의 '13살'짜리 아이들에게 체중 감량 영상 수만 개를

▼　　**신스피레이션(thinspiration)** 날씬하거나 마른 몸에 대한 선망을 자극하는 콘텐츠를 가리키는 신조어.

전송했다. 어떤 영상에는 하루에 약 300칼로리를 섭취하는 제한 식단에 관한 정보가, 어떤 영상에는 오로지 물이나 변비약만 먹을 것을 추천하는 내용이 담겨 있었다. 또 어떤 영상에는 뼈가 튀어나온 앙상한 소녀들의 모습이 담겨 있었는데, 이러한 극단적 다이어트를 거부하는 사람들에게 수치심을 주려는 '역겹다. 정말 창피하다'와 같은 조롱 조의 댓글이 달려 있기도 했다.[11]

「월스트리트 저널」의 보도에 대해 틱톡은 규정을 위반한 영상을 지속적으로 삭제하겠다고 답했다. 하지만 삭제보다는 마치 열 추적 미사일처럼 이러한 소녀들의 취약점을 공격하기 위해 설계된 유독한 알고리즘을 먼저 수정하는 것은 어떨까? 사후 영상 삭제라는 조치는 플랫폼이 사용자의 감정을 건드리고 저항하기 어려운 영상을 보내도록 **설계**되었다는 핵심을 놓친다.

페이스북은 십 대들의 참여도를 떨어뜨리는 일은 아무것도 하지 않으려는 것 같다. 안 그래도 꾸준히 사용자를 잃고 있어서 젊은 사용자를 늘릴 방법을 찾고 있기 때문이다. 그래서 젊은 층을 겨냥하는 인스타그램의 성공은 페이스북에 매우 중요하다. 어린이용 인스타그램인 '인스타그램 키즈'를 만들 계획을 세웠던 이유도 여기에 있다. 그들은 아주 어린 소비자를 육성해 무너지는 페이스북의 기반을 보완하고자 했다.

수완 좋은 마약상처럼 페이스북 또한 사용자가 어릴 때 그들을 사로잡아야 한다는 개념에 빠삭하다. 인스타그램은 십 대들이 선호하는 앱이다. 「월스트리트 저널」이 검토한 자료에 따르면, 인스타그램 사용자의 40퍼센트 이상이 22세 이하이며 미국에서 매일 약 2200만 명의 십 대가 인스타그램에 접속한다. 반면 십 년 내내 젊은 사용자가 줄고 있는 페이스북의 십 대 접속자 수는 500만 명에 불과하다.

그리고 미국의 십 대들은 페이스북보다 인스타그램에서 50퍼센트 더 많은 시간을 보낸다. 페이스북 내부 게시판에 올라온 연구 자료에 따르면, "인스타그램은 젊은이들에게 반향을 일으키고 그들의 마음을 사로잡을 수 있는 좋은 위치에 있다." 또 다른 자료는 이렇게 말한다. "인스타그램이 그들의 궤적을 계속 따라갈 수 있다면 성장의 길은 있다."

다행히도 새로운 내부 고발자가 제기한 혐의와 그러한 혐의를 둘러싼 부정적 시각 덕분에 인스타그램 대표 애덤 모세리Adam Mosseri는 인스타그램 키즈 출시 계획을 "잠시 중단"하고 더 나은 부모 관리 도구 구축에 힘쓰겠다고 발표했다. 좋다, 부모라. 하지만 유해한 알고리즘은 어쩌고?

2021년 9월 27일, '잠시 중단'을 발표한 보도 자료에서 모세리는 인스타그램 키즈 개발의 중요성을 재차 역설했다. 인스타그램 키즈가 중요한 이유는, 알다시피 아이들은 어쨌든 '온라인' 상태가 될 것이기 때문이었다. 그는 「월스트리트 저널」의 폭로와 인스타그램의 악영향에 관한 내부 연구를 인정했다. "연구 결과는 … 부정적 신체상과 같은 문제에 인스타그램이 영향을 끼쳤다는 사실을 보여준다. 우리는 **지난주**(특히 강조)에 두 가지 새로운 아이디어를 검토 중이라고 발표했다. 하나는 사용자가 부정적인 사회적 비교의 원인이 될 수 있는 콘텐츠에 너무 빠지면 다른 주제로 관심을 돌릴 수 있게 하는 기능이다. 그리고 다른 하나는 사람들이 계정을 잠시 중지하고 자신이 의미 있는 시간을 보내고 있는지 생각해볼 수 있는 기능, 잠정적으로 '휴식 취하기Take a Break'라고 불리는 기능이다."

지난주 말인가요, 애덤? 정말로요? 당신은 회사의 알고리즘이 취약한 십 대들을 더 병들게 하고 자살로 이끌 수도 있는 유해한 콘텐츠로 그들을 겨냥했다는 사실을 이미 3년 전에 알고 있었습니다. 그리고서 우연히도 「월스트리트 저널」이 당신 제품의 유해성을 세상에 폭로한 **직후에**, 사람들이 "부정적인 사회적 비교의 원인이 될 수 있는 콘텐츠에 너무 **빠지면**" 다른 주제로 관심을 돌릴 수 있게 하는 새로운 아이디어를 '검토'하기로 한 건가요?

하지만 부정적인 콘텐츠에 '빠져들도록' 장려한 것은 **전적으로** 플랫폼 참여를 늘리게 하려는 당신들의 비즈니스 모델이었습니다! **이제** 당신은 회사가 처음에 유도했던 것, 즉 사람들이 부정적 콘텐츠에 빠져들면, 다른 주제를 살피도록 장려하는 것을 '검토'하겠다는 거군요. 그리고 이 더 책임감 있는 뜻밖의 일은 우연히도 「월스트리트 저널」과 프랜시스 하우건이 팀을 이루어 여러분의 탐욕스럽고 해로운 전술을 폭로한 **후에야** 일어나는 거고요?

당신을 들키고 나서 이제 다신 바람피우지 않겠다고 맹세하는 연쇄 바람둥이 취급하는 것처럼 느껴졌다면 미안합니다. 하지만 이 새로운 '계획'은 시기상 약간의 신뢰성 문제가 있습니다. 그나저나 정확히 어떻게 사람들이 더 건전한 콘텐츠를 보도록 '장려'하겠다는 건가요?

나중에 밝혀진 사실이지만, 흥미롭게도 인스타그램 키즈 출시 계획을 철회하지 말자고 주장한 사람은 저커버그였다. 회사 내의 많은 관계자가 모든 부정적 시각을 고려해 계획을 철회하자고 주장했고, 심지어 40명의 미국 주 법무장관들도 인스타그램 키즈 계획을 철회해 달라고 요구한 마당에 말이다. 하지만 저커버그는 단호하게 직원인 모세리가 대중에게 밝히는 공식 용어는 앞서 언급한 '잠시 중단'이 되어야 한다고 주장했다. 상황이 좀 잠잠해지면 그다음에는 전력을 다해 아이들, 십 대, 젊은이들에게 악영향을 주도록 하세요. 저커버그에게 완전히 새로운 취약 계층이자 성장 가능성이 매우 큰 시장—아이들—을 금전적으로 이용하고 싶은 유혹은 그야말로 너무나 컸다.

마크 저커버그는 자신의 원래 목표가 페이스북 사용자들 사이의 유대를 강화하고 친구와 가족 간의 소통을 활발하게 함으로써 행복을 증진하는 것이라고 분명히 말한 바 있다. 기념할 만한 말이다. 하지만 하우건이 폭로한 그 문제의 페이스북 파일은 회사 내 직원들이 페이스북의 변화가 **정반대의** 효과를 내고 있음을 이미 경고했다는 사실을 보여주었다. 하지만 저커버그는 사람들이 페이스북과 **덜** 소통할 것을 우려해 팀이 제안한 해결책을 수용하지 않았다. 그 해결책은 페이스북에 좋지 않았다. 사람들이 화가 나야 페이스북에 이로웠기 때문이다. 정확히 여기에 모순이 있다. 페이스북은 우리가 아파야만 잘된다. 모두가 감정적으로 흥분하여 하루 24시간 동안 화면만 들여다보는 것이 결론적으로 페이스북의 수익에는 최고로 좋을 것이다. 하지만 알다시피, 인류에는 그렇게 좋지 않을 것이다.

페이스북이 자체 연구를 진행하는 동안, 학계 역시 스크린 타임과 소셜 미디어가 우울증과 정신 건강에 끼치는 영향을 오랫동안 연구해 왔다. 한 연구는 스크린 타임이 하루에 다섯 시간 이상인 십 대가 한 시간 미만인 십 대보다 "자살 사고와 실행"을 할 가능성이 20퍼센트 더 높다는 것을 보여주었다. 통계적으로 보면 자해는 엄청나게 늘었다.[12] 하지만 이유가 뭘까? 화면을 보는 것이 왜 젊은이들의 자살 사고를 자극하는 걸까? 콘텐츠 때문에? 아니면 화면 자체에 문제가 있어서? 오래 앉아 있어서? 화면이 사람들을 실내에 붙들어놓고 '얼굴을 맞댈 시간face time'을 빼앗아서? 자신을 이상화된 삶을 사는 다른 사람들과 비교하면서 자기혐오에 빠졌기 때문에? 그렇다. 위에 언급한 이유 모두 맞다.

다른 연구도 있다. 2017년 「미국 역학 저널American Journal of Epidemiology」에 실린 페이스북에 관한 대규모 연구에 따르면, 5000명 이상의 페이스북 사용자를 3년 동안 추적한 결과, 응답자들은 페이스북을 더 많이 사용했을 때 신체 건강, 정신 건강, 삶의 만족도가 악화했다는 상관관계를 이야기했다.[13]

또 다른 대규모 연구로 2010년 케이스웨스턴리저브대학교 의과대학이 실시한 연구가 있다. 이들은 4000명 이상의 고등학생을 대상으로 소셜 미디어 습관을 관찰하면서 이 중 '초네트워커hypernetworkers'—평일 하루 3시간 이상 소셜 미디어를 사용하는 학생들을 가리킨다—에 주목했다. 그 결과 초네트워커 학생의 11.5퍼센트가 우울증, 약물 남용, 수면 부족, 스트레스, 성적 부진, 자살 비율이 다른 학생들보다 훨씬 더 높은 것으로 나타났다.

해당 연구의 수석 연구원이자 유행병 전문가인 스콧 프랭크Scott Frank는 보도 자료를 통해 "이번 연구 결과는 부모에게 경종을 울리는 계기가 될 것이다"라고 밝혔다. 그는 부모들이 "일반적으로 휴대폰이나 소셜 웹사이트의 과도한 사용"을 말려야 한다고 경고했다.[14]

하지만 모두 알다시피 스크린 타임은 늘어나기만 했을 뿐이다. 시장 조사 기관인 글로벌웹인덱스에 따르면, 오늘날 대부분의 십 대들은 초네트워커인 것으로 보인다. 이들의 평균 일일 소셜 미디어 사용 시간은 지난

10년 동안 두 배 이상 증가했다.

페이스북을 들여다보는 것이 왜 사람을 더 우울하게 만드는지 한 가지 이유를 살펴보자.

휴스턴대학의 마이리 스티어스Mai-Ly Steers와 동료들은 2014년 한 연구를 통해 페이스북 사용자들 사이에서 유사하게 나타나는 우울감을 발견했다. 대학생들은 페이스북에서 보내는 시간이 많을수록 우울 증상을 경험할 가능성이 더 컸다.[15] 연구 팀은 '페이스북 우울증'이 사회적 비교 효과로 알려진 심리적 현상 때문에 발생할 수 있다고 가정했다. 끊임없이 이어지는 '나의 삶은 멋져'라는 메시지에 자신을 비교하는 것은 사람을 '아, 어쩌면 내 인생은 그렇게 멋지지 않을 수 있어'라고 느끼게 했다. 이것이 이른바 인플루언서가 사람들이 자기 자신에 대해 나쁘게 느끼도록 영향을 끼친 이유이고, 인스타그램이 자살 사고와 자기혐오를 부추긴 이유이다.

정체성이 약하고 진정한 사회적 지지도 받지 못하는 가난하고 길 잃은 십 대가 종일 킴 카다시안의 화려한 인스타그램 사진을 들여다본다고 상상해보라. 혹은 최근에 이혼한 후 혼자 페이스북을 보는데 가족과 함께 행복한 시간을 보내는 친구들의 사진이 끝도 없이 올라온다고 상상해보라. 두 경우 모두에서 우리는 사회적 비교 효과가 어떻게 공허함과 절망감을 악화시키는지 알 수 있다. 내 삶은 실패로구나.

그렇게 우리는 앉아서… 더 고립된 채… 무기력한 상태로… 끊임없이 자신을 다른 사람들의 이상화된 이미지와 비교한다. 이는 현대의 광기를 구성하며, 이 광기는 우리를 기록적인 수준의 정신 건강 악화로 이끈다.

자살과 거식증을 부추기는 문제 외에도 소셜 미디어는 여러 다른 정신과적 또는 병적 '사회적 전염'의 매개체가 될 수 있다.

틱톡 투레트 증후군

틱톡 투레트 증후군TikTok Tourette's Syndrome. 꽤 귀에 감기는 말이다. 하지만 이것은 새로운 시엠송이나 어느 시적인 아이의 말놀이가 아니라, 코로나가 유행하던 2020년 전 세계의 소아청소년과 의사들이 처음 주목하게 된 이상하고 새로운 현상이다. 그러니까, 틱톡을 이용하는 십 대 소녀들—이들은 틱 장애▼가 담긴 영상을 만든 아주 인기 있는 특정 틱톡 인플루언서들을 팔로우했다—이 투레트 증후군과 일치하는 행동을 보이기 시작한 것이다.16

틱톡이라는 이름의 소셜 미디어 플랫폼이 틱 장애와 관련이 있다는 것은 다소 아이러니였다. 투레트 증후군은 사람들이 반복적으로 자기도 모르게 움직이거나 소리를 내는 신경계 질환으로, 보통 여자아이보다 남자아이에게서 더 흔하게 나타나며(1:3 비율), 어릴 때 진단되는 경향이 있다. 투레트 증후군의 원인이나 인과 관계가 완전히 밝혀진 것은 아니지만, 이 병은 움직임의 제어를 돕는 **기저핵**을 포함해 뇌의 다양한 부분과 연관이 있는 것으로 보이며, 유전적 또는 세습적 요인도 있는 것으로 보인다.

투레트 증후군의 병인 이론에는 도파민 이론도 있다. 연구자들은 투레트 증후군이 있는 사람의 뇌에서 자극적인 도파민이 너무 많이 분비되거나 도파민을 처리하는 뇌 수용체가 도파민에 지나치게 민감할지 모른다는

▼ 틱 장애(tic disorders)는 아이들이 특별한 이유 없이 자신도 모르게 얼굴이나 신체 일부분을 아주 빠르게 반복적으로 움직이거나(운동 틱) 이상한 소리를 내는 것(음성 틱)을 말한다. 이 두 가지 틱 증상이 1년 이상 나타날 때 투레트 증후군으로 진단한다.

증거를 발견했다.[17] 정확한 원인은 아직 명확히 밝혀지지 않았지만, 분명한 것은 이 장애의 가장 흔한 특징인 특정 성별 특유의 경향성(언급한 것처럼 여성보다 남성에게서 훨씬 더 많이 발생한다)과 명확한 행동 지표와 더불어 특정한 신경생리학적 요소가 관여한다는 것이다.

특이하게도 미국, 캐나다, 영국, 호주의 소아청소년과로 밀려드는 새로운 환자들은 남자아이가 아닌 대부분 십 대 소녀들였고, 비교적 얼굴에 흔하게 나타나는 틱 장애 대신 대부분 손과 팔의 과장된 움직임과 반복적이고 비자발적으로 외설적인 말을 내뱉는 **강박적 외설증**coprolalia을 보였다. 투레트 증후군 환자 사이에서는 상당히 드문 징후였다.

어쨌든 환자들은 계속 밀려들었다. 텍사스 아동병원에서는 틱 장애 환자 수가 2020년 3월 이후 수십 배로 증가했으며, 존스홉킨스 투레트 증후군 센터에서는 틱 장애 징후를 보이는 소아 환자가 코로나 전 2~3퍼센트에서 이후 10~20퍼센트까지 증가했다. 그리고 시카고의 러시대학 의료센터에서는 틱 장애 환자로 보고되는 비율이 2020년 이후 무려 두 배로 증가했는데, 새로운 투레트 증후군 환자의 대다수는 여성이었다.

모든 새로운 사례에서 공통분모를 발견하기 전까지 연구자들과 소아청소년과 의사들은 당황해서 어쩔 줄을 몰라했다. 「운동 장애 저널Journal of Movement Disorders」에 게재된 '틱톡 틱: 대유행병 내의 대유행병TikTok Tics: A Pandemic Within a Pandemic'을 포함한 몇몇 의학 논문에 따르면, 의사들은 청소년기에 투레트 증후군이 시작된 이 소녀들이 모두 자신에게 투레트 증후군이 있다고 주장하는 틱톡 인플루언서들의 영상을 보고 있었다는 사실을 발견했다.

투레트 증후군이 있는 이 이른바 '인플루언서'들은 틱톡에서 엄청난 인기를 누렸는데—조회 수가 50억 회 이상이었다!—의사들은 많은 십 대 소녀들에게서 실제로 (좀 과장돼 보이는) 투레트 증후군 비슷한 증상이 급격히 증가한 원인이 바로 이 영상들 때문이라고 여기게 되었다. 실제로 일부 아이들은 틱톡 투레트 증후군이 있는 인플루언서 중 한 명을 따라 영국식 억양으로 말하기 시작하거나 틱톡에서 인플루언서를 통해 들은 말을 크게 외치기도 했다. 예를 들어 **콩**bean이라는 단어는 틱톡 투레트 증후군이 있는 인플루언서 중 한 명이 처음 말한 이후, 많은 젊은 여성 팔로워들이 반복해 따라 하면서 음성 틱이 되었다.

이러한 현상은 분명히 사회 발생적 확산sociogenic spread이나 사회적 전염 효과의 예로 보였고 사회 학습 이론의 기본 원리인 '보는 대로 따라 한다'를 반영하는 것이었다. 하지만 상황이 복잡했다. 의사들은 틱톡 영상 속 투레트 증후군이 있는 인플루언서들과 청소년기에 이 증후군이 시작된 소녀들을 모두 정량적으로 연구한 결과, **각 그룹**이 정말로 투레트 증후군을 지녔는지 의심스럽다는 결론에 도달할 수 있었다. 그러나 여전히 불분명한 것은 소녀들이 외견상 틱 장애를 흉내 내고 있다는 것을 **의식적으로** 인지하고 있는지 여부였다.

'온라인 뮌하우젠 증후군Munchausen by Internet'이라는 용어가 있다.[18] 인위성 장애Factitious Disorder라고도 하는 뮌하우젠 증후군은 어떤 사람이 관심이나 의학적 치료를 받기 위해 정신 질환이나 의학적 질환의 여러 증상을 의식적으로 꾸며 말하는 장애이다. '디지털 인위성 장애Digital Factitious Disorder, DFD'로도 불리는 온라인 뮌하우젠 증후군에 관해 현재 연구된 바는 많지 않지만, 모든 정신과 진료 의뢰 중 최대 1퍼센트가 꾀병으로, 약 25세에 처음 발병하는 것으로 여겨진다.[19]

적어도 내가 분석한 범위 내에서 불분명한 것은 이러한 사회 발생적 정신 질환이 의식적으로 모방(또는 가장)되는 것인지, 아니면 무의식적으로 그들의 사회적 모델(인플루언서)로부터 흡수되어 진짜 정신의학적 현상으로 나타나는 것인지 여부이다.

의식적이든 아니든, 꾀병 발병의 예측 변수에는 불안, 우울, 크게 스트레스를 주는 현재의 일들, 과거 어린 시절의 주요 트라우마가 포함된다. 아니나 다를까, 틱톡 투레트 증후군 현상의 연구자들은 아이들에게 이전부터 존재했던 정신의학적 공통분모를 발견했다. 대부분의 십 대에게 우울, 불안 등 어느 정도의 정신의학적 병력이 있었는데, 흥미롭게도 투레트 증후군이 있는 인플루언서들은 의료 전문가들이 진짜 틱 장애의 징후로 판단할 만한 종류의 틱을 보이지 않았다. 인플루언서는 꾀병을 부리면서 연기나 역할을 하는 것 같았지만, 어쨌든 그들의 영상은 시청자의 행동을 형성했다. 하지만 이런 일이 가능할까? 틱 장애를 보이는 사람의 영상을 반복적으로 보면, 보는 사람이 실제로 틱 장애가 있는 것처럼 행동할 수 있을까?

앞서 이미 본 것처럼, 확실히 가능하다. 거짓 경계성 인격 장애pseudo-borderline personality disorder(다음 장에서 논의할 예정이다)나 가성 발작pseudo-seizures을 앓는 사람들에게서 보듯이 특정 장애는 잠재의식적으로 모방될 수 있다. 사회적 전염 효과의 사회 발생적 부산물이든 아니든, 모방하는 사람들은 그러한 장애를 확실히 **진짜**인 것으로 느낀다.

틱톡 투레트 장애 환자들을 연구한 의사들은 이들 십 대 대다수가 코로나로 생기거나 악화된 불안증, 우울증 진단을 받은 적이 있으며, 이러한 상황 때문에 그들이 투레트 증후군―혹은 그들이 목격한 또다른 유형의 장애—같은 것을 더 모방하게 된 것으로 보인다고 말한다.

소아 운동 장애 전문가인 신시내티 어린이병원의 신경과 의사인 도널드 길버트Donald Gilbert 박사에 따르면, 실제로 심리적 스트레스의 신체적 증상은 흔히 환자가 전에 다른 사람들에게서 본 적이 있는 방식으로 나타난다. 길버트 박사는 특히 심인성 비뇌전증성 발작psychogenic non-epileptic seizures(앞서 언급한 **가성 발작**)을 경험한 환자들을 언급했는데, 이들 대부분이 뇌전증을 앓았던 친척의 발작을 직접 목격한 적이 있었다.

의료 전문가들은 또한 자해 같은 부적응적인 정신과적 행동도 사회적 전염 효과를 일으킬 수 있는데, 정신적으로 취약한 어린 환자들이 이를 광범위하게 모방할 수 있다고 이야기한다.

그렇다면 환자의 행동을 틱톡 같은 영상에서 간접적으로 봐도 장애에 대해 사회적 모방이 가능할까?

과거에 ADHD와 불안 장애를 진단받은 적이 있는 텍사스주 슈거랜드 출신의 17살 케일라 존슨Kayla Johnson에게 틱 장애가 찾아왔다. 케일라가 「월스트리트 저널」에 말한 것처럼, 케일라는 자신에게 새로 나타난 행동을 해결하기 위해 텍사스 아동병원으로 가게 되었고 그곳에서 운동 장애 전문가를 만나 소셜 미디어 사용에 관한 질문을 받았다.

케일라는 의사에게 코로나 때문에 원격 수업을 하는 동안 규칙적인 생활을 꾸리는 데 어려움을 겪다가 ADHD가 있는 다른 학생들의 원격 수업, 스크린 타임, 관심사를 확인하기 위해 그들의 영상을 찾아 유튜브를 보기 시작했다고 말했다. 그러다 그는 ADHD나 불안 장애와 함께 틱 장애가 있는 십 대들의 틱톡 영상을 보게 되었다. 역시나 곧 틱 장애를 갖게 된 케일라는 여기에서 소셜 미디어가 했을지 모를 역할에 대해 이렇게 말했다. "제 틱은 이 영상들에서 시작된 것 같아요. 그리고 걷잡을 수 없게 되었죠."

의사들은 이제 이 전염병의 전파자로 곧장 소셜 미디어를 지목한다. 텍사스 아동병원의 소아 운동 장애 전문가이자 소아 신경과 전문의인 메리엄 헐Mariam Hull과 메러드 파르네스Mered Parnes의 최근 논문에 따르면, 소셜 미디어는 심리적 장애가 전 세계로 빠르게 퍼질 수 있는 새로운 방법을 제공하는 것으로 보인다.[20]

소셜 미디어 플랫폼이 성장하면 할수록 사회적 전염 효과를 통해 온갖 다양한 정신 장애가 퍼질 가능성도 커진다. 틱톡은 확실히 성장하고 있다. 영상 기반 소셜 미디어 플랫폼으로서 틱톡은 2018년 이후 기하급수적으로 성장했다. 가령 틱톡의 월간 실사용자 수는 2018년 1월에서 2020년 8월까지 800퍼센트 증가해 미국에서 총 1억 명, 전 세계적으로 7억 명이 되었다.

소셜 미디어 짐승이 커지면서 디지털 투레트 증후군의 전염도 더 확산되었다. 2021년 3월 3주까지 '#투레트'와 '#틱' 해시태그가 포함된 영상은 58억 회라는 믿기 힘든 조회 수를 기록했다. 거의 지구상에 있는 인구만큼이나 큰 수다.

디지털 소셜 미디어가 이끄는 전염이 새로운 현상이긴 하지만, 과거에도 사회적 전염 효과는 존재했고 수 년, 심지어 수 세기 전의 당황스러운 사례도 잘 기록되어 있다. 앞으로 보게 되겠지만, 여기에는 갑작스러운 집단 자살에서부터 통제할 수 없는 1518년 집단 춤 사례 등이 포함된다. 무의식적이었던 것으로 보이는 이 집단 춤 사태는 그 정도가 격심하고 강렬해서 몇몇 사람은 춤 열풍이 부는 동안 탈진으로 사망하기까지 했다고 한다.

집단 춤 현상은 틱톡 시대 이전, 인터넷 이전, 그러니까 전자 매체가 나타나기 이전부터 우리가 겪었던 사회적 전염의 한 예이다. 지금부터 하려는 이야기는 구텐베르크의 인쇄술이 발명된 직후에 있었던 대규모 사회적 전염에 관한 이야기이지만, 인간의 특정 행동이 본질적으로 사회적인 종에서 얼마나 강력하게 전염될 수 있는지를 보여주는 꽤 설득력 있는 사례로 남아 있다.

1518년의 춤추는 전염병

1518년 7월 어느 날 아침, 프라우 트루페아Frau Troffea라는 한 여성이 알자스(지금의 프랑스에 있는 지방) 스트라스부르의 어느 거리 한가운데로 걸어나와 조용히 몸을 비틀고, 돌리고, 흔들기 시작했다. 그녀가 그렇게 미친 듯이 춤을 춘 지 일주일쯤 되었을 때, 30여 명의 다른 사람들이 같이 나와 춤을 추기 시작했다. 대부분 여성이었다. 그리고 8월이 되자 이처럼 이해할 수 없을 정도로 빙빙 돌며 춤을 추는 사람은 400여 명으로 늘어났다.[21]

이 집단 히스테리적인 춤의 사회적 전염 현상은 당시 의사의 메모, 현지 연대기, 심지어 스트라스부르시 의회의 문서에까지 기록되었다. 설명할 수 없는 춤이 너무 오래 지속되자 결국 의사들은 춤추는 사람 일부를 지역 병원에 입원시켰다.

일부 의사들은 '춤추는 열병'이 '뜨거운 피' 탓이라며 고통 받는 사람들이 춤을 추고 빙빙 돌면 열이 떨어질 것이라고 권고했다. 치료를 위해 무대가 만들어졌고, **더 많이** 춤추게 하기 위해 전문 춤꾼들이 밴드와 함께 무대에 올랐다. 어쨌든 이 시기는 의학이 거머리와 피 뽑기에 의존했던 때였다.

광적인 춤이 계속되자 안타깝게도 많은 사람이 탈진으로 쓰러졌고, 일부는 뇌졸중과 심장마비로 사망하기까지 했다. 이 기이한 사태는 춤이 시작된 지 거의 두 달 만인 9월 초가 되어서야 끝이 났다.

사람들은 무엇 때문에 그렇게 죽을 때까지 춤을 추었을까? 일부 역사학자들은 당시 유럽과 스트라스부르를 황폐하게 만들었던 질병과 기근을 두고 사람들이 압박감과 공포를 느꼈고 스트레스로 인해 히스테리를 겪으며 기이한 춤 사태가 발생했다고 생각한다. 어떤 사람들은 그것이 광신적 종교 집단—언제나 탓하기에 좋다—의 행위였을 수도 있다는 이론을 제시하기도 한다.

어느 정도 납득이 가는 마지막 이론은 춤추던 사람들이 맥각을 우연히 섭취했을 것이라는 이론이다. 맥각은 축축하거나 곰팡이가 핀 호밀에서 자라는, 경련과 환각을 일으키는 독성 곰팡이이다. 흥미롭게도 환각제인 LSD는 맥각 알칼로이드ergot alkaloid에서 만들어진다.

1518년의 '춤추는 열병' 사건이 정말로 사회적 전염 효과 때문에 생긴 일인지 맥각 때문에 생긴 일인지는 분명하지 않다. 만약 사회적 전염 효과 때문이라면, 이는 분명히 사회적 전염 효과의 또 다른 유력한 예가 될 것이다.

언급했듯이 춤추는 전염병, 소셜 미디어 틱 장애, 인플루언서의 해로운 가치관 외에도 사회적 전염은 흔히 치명적인 변종이 되어 나타날 수 있다. 다음 장에서 이 중 몇 가지를 더 자세히 살펴보겠다.

4장
번져 가는 폭력

21세기의 베르테르 효과

2007년 1월 웨일스의 도시 브리젠드에서 젊은 사람들이 잇따라 목을 매는 이상한 일이 일어나기 시작했다. 2008년 12월까지 전통적인 웨일스 공동체에서 스스로 목숨을 끊은 사람은 총 26명—대부분 십 대—에 달했다. 이러한 자살 유행의 원인이 무엇일지 사람들 사이에 추측이 난무했다. 인터넷의 영향을 받은 자살 숭배 때문일까? 아니면 그저 음울하고 경제적으로 침체된 옛 광산 마을에서 우울하고 갇힌 기분을 느낀 십 대들이 벌인 일일까?

드물기는 하지만 '집단' 자살은 전례 없는 일이 아니며 전형적인 사회적 전염 효과로 여겨진다. 자살의 사회적 전염은 괴테의 소설 『젊은 베르테르의 슬픔』에서 이름을 따 '베르테르 효과'라고도 불린다.[1] 1774년에 발표된 괴테의 소설은 베르테르라는 젊고 예민하고 열정적인 예술가에 관한 이야기다. 베르테르는 샤를로테라는 여성을 사랑하게 되는데, 샤를로테는 알베르트라는 나이 든 남자와 약혼한 상태였고 결국 결혼도 한다. 샤를로테 역시 베르테르에게 잠시 강한 감정을 느끼지만, 그들의 관계가 앞으로 나아갈 수 없다는 것을 알고 베르테르에게 이제 자신을 찾아오지 말라고 부탁한다. 베르테르는 샤를로테에 대한 일방향 사랑으로 고통 받고 잠시 몸 담았던 상류 사회에서도 조롱당하고 거절당한다. 이 삼각관계에서 할 수 있는 유일한 선택은 세 사람 중 하나의 죽음뿐이라고 확신한 그는 결국 자신이 스스로 목숨을 끊어야 한다는 사실을 깨닫는다. 살인은 그에게 받아들이기 쉽지 않은 것이었기 때문이다. 그래서 베르테르는 경쟁 상대인 알베르트에게서 권총 두 자루를 빌린 후, 자신의 머리에 총을 쏜다.

소설은 출간 즉시 선풍적인 인기를 끌었고 24살의 괴테를 문학적 천재의 반열에 올려놓았다. 하지만 소설은 또 다른 큰―치명적인―영향을 끼쳤다. 유럽 전역의 젊은이들이 베르테르처럼 옷을 입기 시작하고 '베르테르 열병Werther fever'으로 불리게 된 현상 속에서 스스로 목숨을 끊는 일이 흔해진 것이다. 베르테르의 고통과 소외감에 크게 공감한 것이 분명한 젊은이들은 이 가상의 인물에게서 영감을 받고 용기를 얻어 스스로 목숨을 끊었다. 문제가 너무 심각해지자 이탈리아와 덴마크는 이 도발적인 책이 일으킨 것으로 보이는 자살의 확산을 막기 위해 책을 금서로 지정하기에 이른다.

베르테르 열병은 전형적인 사회적 전염 효과를 보여준다. 자살의 경우, 사고는 이런 식으로 흘러간다. 일단 한 사람이 극단적 행동을 하면, 그 행동은 문턱을 낮춰서 다음 사람이 그 행동을 해도 되는 것으로 생각하게 만든다. 다음 사람도, 그다음 사람도 마찬가지다. 자살이 잇따라 일어날 때마다 다음 사람의 자살은 더 규범적이고 수용 가능한 것이 된다. 전에 말했던 친구를 따라 알몸으로 물에 뛰어드는 행동을 생각해보라. 옷을 벗고 물에 뛰어드는 것이 가장 어려운 사람은 첫 번째로 시도하는 사람이다. 열 번째쯤 되면 이제 그 행동은 그룹의 평범한 관행이 되고, 또래 압력의 힘이 행동을 이끌게 된다.

베르테르 열병을 앓던 젊은이들은 책의 영향을 받아, 고작 가상의 인물을 따라 스스로 생을 마감했다. 그리고 소셜 미디어와 현실 속 자살 **인플루언서**의 힘을 상상해보라. 이제는 그게 바로 '디지털 광기digital madness'다.

브리젠드Bridgend(공교롭게도 이 마을의 이름은 '다리의 끝Bridge's End'을 뜻하는 옛 웨일스어에서 유래했다)에서 일어난 여러 자살의 원인은 명확하게 밝혀지지 않은 채로 남아 있다. 어떤 사람들은 대중 매체의 보도가 이 명백한 모방 효과에 책임이 있다고 말한다. 그런데 자살을 시도한 십 대 여성 중 스스로 목을 맨 경우가 많았다. 총을 이용한 자살과 마찬가지로 목을 매는 것은 전통적으로 남성이 쓰는 방법이고, 여성은 대체로 약물을 과다 복용하거나 손목을 긋는다. 일부 심리학자들은 많은 남성이 총을 이용하거나 목을 매는 폭력적 방법에 끌리는 반면, 여성은 기질적으로 덜 폭력적인 방법을 택하는 경향이 있다며 성별에 따른 자살 방법의 차이를 설명한다.

앞서 언급한 것처럼 인터넷상의 자살 숭배에 대한 추측도 있었다. 몇 사람이 목을 매어 자살하자, 친구들은 비보Bebo라는 인기 소셜 사이트에 사망자를 위한 추모 페이지를 만들었다. 하지만 몇 건의 글이 올라오고 얼마 뒤, 사이트에 추도문을 쓴 친구들이 목을 매 숨진 채 발견되었고, 이로 인해 부득이 추모 페이지는 삭제되었다.

실제로 인터넷의 영향을 받은 자살 숭배자들의 사례가 있다. 구체적으로 일본에서는 자동차나 옷장 같은 밀폐된 공간에서 가정용 화학 물질—대체로 황화수소—로 만든 가스를 마셔 자살하는 방법이 유행한 적이 있다. 2009년에서 2011년까지 2년 동안 2천 명 이상의 일본인이 '세제 자살'로도 알려진 방법을 통해 스스로 생을 마감했는데, 이들을 부추긴 것은 화학 혼합물 제조법과 사용법에 대한 자세한 지침을 제공하는 웹사이트였다.[2] 하지만 웨일스에서 일어난 집단 자살은 이러한 범주에 속하지 않는 것 같다. 이들 자살의 원인은 처음 몇 번의 자살 사건의 요인인 지루함, 쾌감 상실, 황량하고 우중충한 마을에 갇힌 기분과 같은 일상적인 요인에서 시작된 사회적 전염 효과였을 수 있다. 브리젠드의 한 소녀는 「텔레그래프」에 이렇게 말했다. "자살은 여기 사람들이 다른 할 일이 없어서 그냥 하는 거예요." 또 다른 사람이 말했다. "저는 가끔 이곳을 절대 벗어나지 못할 거란 생각이 들어요."

『집단 자살Suicide Clusters』의 작가인 로렌 콜먼Loren Coleman은 브리젠드의 자살 사건에 대해 이렇게 썼다. "자살은 모방 효과에 따라 진행된 것으로 보인다. 브리젠드는 긴 겨울 내내 습한 안개에 둘러싸여 있는데, 쇠퇴하는 경제로 더욱 암울한 분위기가 되었다. 그리고 이곳의 충동적이고, 행동 중심적이며, 절망에 빠진 젊은이들 앞에 모방 효과라는 자살 모델이 놓였다. 절망의 어둠은 깊을 수 있다. 자살 숭배, 비디오 게임, 인터넷, 심지어 언론도 탓할 필요가 없다. 그 어둠은 브리젠드의 밤을 둘러싼 안개와 같으며, 많은 사람에게 과거의 자살 모방은 웨일스의 밤들에서 비롯된 것이었다."[3]

갇힌 기분을 느끼게 하는 절망적인 곳에 있으면 때로 자살하고 싶은 충동을 느낄 수 있다. 하지만 그해 브리젠드에서 여러 건의 자살이 발생한 것은 특히 이례적인 일이었다. 총 26건의 자살은 습한 안개와 긴 겨울, 그리고 이따금 발생하는 자살 사건 이상을 의미한다. 그것은 사회적 전염으로 서로에게 영향을 끼치고 상상하기 힘든 행동의 실천을 정당화할 수 있는, 사회적 집단의 힘을 말한다.

디지털 소셜 미디어 시대에 우리는 이제 전염의 근원으로 18세기의 책에 국한되지 않는, 베르테르 효과의 새로운 변종을 갖게 되었다. 이러한 새로운 디지털 변종은 특히 악랄하고 치명적이어서 젊고 길 잃은 사람들이 소셜 미디어에서 영감을 받은 목표를 달성하기 위해서라면 끔찍한 행동도 마다하지 않을 만큼 그들에게 잘못된 목적의식과 공동체 의식을 심어줄 수 있다.

사랑스럽지만 연애에 서툴렀던 영혼들

인셀Incel 집단은 처음에 연대와 지지를 찾는 외로운 사람들로 구성된 순수한 집단이 디지털 미디어의 증폭과 **극단화**를 통해 뒤틀리고 왜곡되었을 때 어떤 일이 생길 수 있는지에 대한 완벽한 사례 연구 대상이다.

나는 앞서 소셜 미디어가 마치 지각이 있는 유기체로 변모해 우리의 원시적 본질을 먹이 삼고, 그다음에는 '공동체'라는 정상 상태normalcy—**다른 사람들도 다 똑같이 생각한다고요!** 같은—에 의해 은폐되고 강화되어 그 저급한 충동들을 해로운 형태로 우리에게 돌려준다고 언급했다. 오늘날 이른바 다크 웹에는 한때 사회적으로 소외되었던 사람들을 위한 모든 종류의 커뮤니티가 있다. 이 가상 커뮤니티들에는 신체 결박 애호가에서부터 식인 행위 집단, 페도필리아 집단, 모든 종류의 페티시 집단, 성 도착증 집단에 이르기까지 온갖 집단이 포함된다.

누군가는 이렇게 말할 수도 있겠다. "이봐요, 특정 페티시 애호가들이 그들의 수치심, 고립감, 마음속 가장 깊숙한 곳에 있는 사회적으로 용납될 수 없는 충동을 털어놓고 자신과 같은 생각을 하는 사람들과 어울리는 것은 그렇게 나쁜 일이 아니에요. 생각이 비슷한 집단을 찾으려는 욕구는 인간의 심리적 DNA에 새겨져 있는 거라고요." 맞는 말이기도 하다. 실제로 많은 페티시 집단이 타인에게 해를 끼치지 않는다. 그리고 자유방임주의 사회의 가치에 따르면, 우리는 '자기 방식대로 사는 거지 뭐, 아무 문제 없으면 괜찮아' 식의 접근을 **받아들여야** 한다.

문제는 일부 페티시 집단이 '아무 문제 없으면 괜찮아'의 선을 넘어 전면적인 불법이나 폭력을 저지를 수 있다는 점이다. 페티시 사이트와 관련해 상황을 더욱 어렵게 만드는 것은 환상과 현실의 구분이다. 이를테면 식인 행위와 관련한 온라인 채팅 그룹의 일원이었던 한 뉴욕 경찰관이 다름 아닌 살인 음모로 체포된, 악명 높은 '식인 경찰' 사건에서, 변호사는 의뢰인의 끔찍한 인터넷 활동(실제 사람들을 대상으로 하는 특유의 요리법에 대한 설명을 포함하는)이 개인의 환상, 그리고 수정 헌법 제1조의 보호를 받는 '표현의 자유'의 범주에 속한다고 (성공적으로) 주장했다.[4] 이 사건의 경우, 이름을 더럽힌 경찰관과 그의 채팅방 친구들은 실세로 그냥 환상—충격적이고 변태적인 인터넷 식인 코스프레의 한 형태—에 빠져 있는 것처럼 보였다. 하지만 많은 경우, 다양한 채팅 사이트에서 공유되는 추악한 인터넷 환상은 실제로 현실—유괴에서 식인으로—이 되어 치명적인 결과를 초래하기도 한다. 불행히도 현대의 디지털 환경에서는 훈련된 정신 건강 전문가라 해도, 온라인에서 자기 환상을 실현하는 중일지도 모르는 사람들과,

이미 타오르고 있는 광기와 증오에 기름을 붓고 있는 사람들과, **극도의** 디지털 몰입으로 실제 폭력으로 가는 끝자락으로 밀려났을 수 있는 사람들을 구분하기가 매우 어렵다.

온라인 집단의 또 다른 당혹스러운 문제는 처음에 보통 좋은 목적으로 모이기 시작한 일부 집단이 상당히 다른 형태, 더 치명적인 형태로 바뀔 수 있다는 것이다. 인셀 집단에 벌어진 일이 정확히 이런 것이었다. 인셀 집단은 처음에 성별과 상관없이 외롭고 쑥스러움이 많은 모든 사람들에게 힘을 주려는 목적의 단체로 시작했지만, 어느 순간에 여성 혐오적이고 분노가 많은 젊은 남성들의 하위문화 집단으로 바뀌었다. 그중 일부는 그들의 변형되고 잘못된 '대의'를 구실로 대량 살인을 저지르기도 했다.

인셀 집단이 처음에 어떻게 생겨났는지에 관해 두 가지 설이 있는데, 모두 오늘날의 모습과는 전혀 달랐던 실체를 설명한다. 첫 번째 설은 1990년대 후반 서부 해안 출신의 싱글이고, 수줍음이 많고, 내성적이고, 외로운 십 대가 채팅 포럼 유행 초기에 커뮤니티와 관계망을 찾길 바라며 인터넷에 발을 들여놓으면서 시작되었다는 설이다. 부끄러움을 많이 타는 성격 탓에 그는 현실 세계에서는 커뮤니티와 관계망을 찾을 수 없었다. 그러다 그는 인터넷을 하며 특히 섹스와 데이트를 어색하게 느끼는 자신 같은 사람들이 많이 있다는 사실을 발견했다.

사랑스럽지만 연애에 서툰 이 영혼들은 급기야 커뮤니티를 구성하고 그들의 문제를 '비자발적 독신involuntary celibacy'으로 부르기 시작했다. 그리고 나중에 이를 '인셀'로 줄여 그들 자신을 가리키는 말로 썼다. 십 대 때 시작해 지금은 성인 남성이 되어 '리폼드인셀Reformedincel'이라는 별명을 쓰는 인셀의 창립 멤버에 따르면, 1990년대와 2000년대 초반의 인셀은 관

계 맺기에 어색한 **남녀**가 관계에 대한 지원과 조언을 주고받는 우호적인 모임이었다.[5]

인셀의 탄생에 관한 또 다른 설은 인셀 집단이 얼래나Alana라는 이름으로만 알려진 캐나다의 한 여자 대학생에 의해 시작되었다는 설이다. 얼래나는 1993년에 자신이 성적 활동이 부족한 데 대해 의견을 나누기 위해 '얼래나의 비자발적 독신 프로젝트'라는 웹사이트를 만들었다. 이 웹사이트와, 이후 만들어진 메일링 리스트는 "외롭고, 섹스해본 적이 없거나 오랫동안 누군가를 사귀어보지 않은 모든 성별의 사람"을 위한 것이었다.[6] 얼래나는 2000년에 다른 사람에게 웹사이트를 넘기고 온라인 인셀 프로젝트에 참여하는 것을 중단했지만, 자신의 창작물이 후에 어떻게 되었는지를 보고 슬퍼했다. "분명히 그 웹사이트는 많은 남자들이 자신의 문제를 두고 여자들을 탓하는 곳이 아니었다. 지금 이 현상은 상당히 안타깝다. 지난 20년 동안 상황이 변했다."

불행히도 지금 인셀 세계의 상황은 단순히 여성을 비난하는 수준을 훨씬 넘어섰다. 기술과 인터넷이 증오 촉진제로 작용함에 따라 성적 좌절은 증오로 바뀌었고, 이 증오는 여성과 여성이 사랑하는 남성들을 상대로 철저히 계획된 폭력과 살인으로 번졌다. 실제로 2014년 이후 발생해 최소 61명의 사망자를 낸 8건의 대량 살인은 자신을 인셀로 칭하거나 인터넷에 인셀과 관련된 글을 올린 남자들이 저지른 것이었다.

오늘날 인셀 채팅방은 외로운 사람들에게 힘이 되는 공간이 아닌 성난 사람들의 온상이 되었다. 보호소에 있는 유기견에게 사랑과 호의적인 관심을 보이면 개들은 보살피고 사랑하는 기질을 발달시킨다. 하지만 공격적인 개들과 함께 놓이면 각 개의 공격성은 무리의 공격성을 키우고 공격적인 기질을 형성하는 환경을 만든다. 이와 유사하게 인셀 채팅방을 비롯해 온라인 증오 집단은 증오와 공격성을 키우면서 구성원들을 흥분시키는 집단적 사고방식을 만들어낸다. 그리고 기술은 온라인상의 관심을 얻기 위한 끝없는 전투 속에서, 가장 독설에 찬 혐오스러운 콘텐츠에 보상을 함으로써 이 역학의 선로에 기름을 붓는다.

인셀 집단은 공격적인 무리나 집단적 사고방식을 만들어내는 것 외에, 한 미화된 개인이 특정 숭배 집단에 영감과 롤 모델로 작용하는 베르테르 효과 식의 사회적 전염 효과를 보여주기도 했다. 그 주축이 된 핵심 인셀—책 출간 당시 많은 청년에게 모방된 베르테르처럼—은 병들고 나쁜 길로 이끌린 엘리엇 로저Elliot Rodger였다. 2014년 5월 23일 엘리엇 로저는 캘리포니아대학교 산타바버라 캠퍼스 근처에서 총격, 칼부림, 차량 난동을 벌였는데, 이 사고로 6명이 사망하고 14명이 부상했다.[7] 특혜 받은 아이였던 로저는 영화 「헝거게임」의 조감독이자 영화 제작자인 피터 로저Peter Rodger와 역시 영화계에서 일하는 중국계 어머니 리 첸Li Chen의 아들이었다.

진정한 나르시시스트라 할 만했던 엘리엇 로저는 141쪽짜리 선언문을 통해 자신을 거부한 여성들을 향해 복수하려는 갈증과 이 여성들이 마음과 애정을 내준 남성들에 대한 증오를 표하며 로저 자신의 힘든 마음과 영혼을 꾸밈없이 드러냈다. 그 문서에서 그는 자신이 "신에 가장 가까운 살아 있는 존재"라 선언하고 자신을 "이상적이고 훌륭한 신사"로 묘사했다. 그는 22살의 나이에도 자신이 아직 성관계는커녕 키스도 해보지 못한 것을 이해할 수 없어했다. 하지만 많은 나르시시스트가 그렇듯이 그는 피해의식의 망토 속에 자신을 숨기고 그의 불행과 외로운 처지에 대해 화를 내며 다른 사람들을 비난했다.

엘리엇 로저가 살인 전날 만든 '응징'이라는 영상 속 그의 의기양양하고 거만하며 악랄한 웃음을 보고 있자면 불안하고 섬뜩하기 그지없다. 그는 영상에서 자신을 "사랑하고 섹스하기"를 거부한 여성들과 그가 그토록 갈망하던 사랑을 받는 "아주 불쾌한 짐승"들에 대한 증오심을 드러냈다. 그는 또한 할 수만 있다면 누구도 예외는 없도록 "모든 사람을 죽이고 전멸시키겠다"라며—그는 그 과정에서 신이 될 것이었다—그가 "끔찍하고 타락한 종족"이라고 부르는 인류 **전체**에 대한 증오심도 드러냈다.

비슷한 내용이 되풀이되는 영상 속에서 로저는 진정한 자기중심적 나르시시스트처럼, 자신의 BMW 운전대를 앞에 두고 앉아 "강제로 견뎌 온 고통"을 계속해서 언급한다. 그리고 망상에 찬 외침으로 가득한 선언문에서 이렇게 말한다. "이 모든 일의 진정한 피해자는 나다. 나는 선한 사람이다."

엘리엇 로저는 자신이 세상에서 거부당한 것을 알고 어디서 누구를 살해할지를 결정하기에 이른다. 그는 알파 파이Alpha Phi라는 여학생 클럽을 공격하기로 했는데, 그 여학생들은 자신이 다니는 대학에서 "가장 인기 있고 자신이 늘 원했지만 절대 가질 수 없었던 유형의 여자들"이었기 때문이다. 로저는 이러한 옹호할 수 없는—적어도 그에게는 그랬다—환경을 만든 "사회에 부득이하게 복수하는 것 외에는 선택의 여지가 없다"라고 말했다. 모든 대학살이 끝난 뒤, 그는 가상의 인물 베르테르의 길을 따라 자신의 머리에 총을 쐈다.

이 이야기의 놀라운 부분은 가상의 인물 베르테르와 샤를로트를 향한 베르테르의 일방적인 사랑처럼, 어떻게 엘리엇 로저가 다른 길 잃은 자들과 잘못 인도된 인셀들의 순교자이자 현대판 영웅, 롤 모델이 되었는가 하는 것이다. 인셀이 저지르는 집단 폭력을 엘리엇 로저 이름의 머리글자를 따 보통 "E. R. 하기going E. R."로 부르는 그의 온라인 팬들은 사실상 로저를 성인으로 공표했다. 그리고 진정한 디지털 사회적 전염을 보여주듯, 이 휴 다른 인셀 대량 살해범들은 자신들이 범행에 영감을 받은 사람으로 엘리엇 로저를 언급했다.

심지어 로저의 유튜브 영상에서 발췌해 구성한, 엘리엇 로저에게 경의를 표하는 「최고의 신사」라는 짧은 영화 예고편도 있었다. 요컨대 엘리엇 로저는 잘못 인도된 인셀 집단을 위한 최초의 **사회적 인플루언서**였다. 잊지말자. 처음에 인셀 집단은 외롭고 어색해하는 사람들을 위해 만들어진 좋은 의도의 포괄적 온라인 지지 단체였다.

엘리엇 로저 외에도 인셀 출신의 유명 대량 살해범들이 몇 명 더 있지만, 아마도 가장 악명 높은 인셀은 알렉 미나시안Alek Minassian일 것이다. 그는 2018년 4월 23일 토론토에서 트럭으로 10명을 살해하고 16명을 다치게 했다.[8] 그는 공격 직전 군대식으로 "인셀 반란"을 언급하고 엘리엇 로저에게 찬사를 보내는 글을 페이스북에 올렸다. "보병대 00010 미나시안 이병(신병), 포챈4Chan▼ 병장에게 전합니다. C23249161(미나시안의 군사 식별번호). 인셀들의 반란은 이미 시작되었습니다! 우리는 모든 채드Chads와 스테이시Stacys를 타도할 것입니다! 최고의 신사 엘리엇 로저 만세!"

인셀 '집단'에 대한 소문이 퍼지고 추종자가 늘기 시작했다. 한 인셀 추

▼ 미국의 거대 이미지 게시판 사이트로, 대표적인 남성 중심 커뮤니타다.

종자는 미나시안의 공격 이후 다음과 같은 글을 올렸다. "이 사람이 선언문을 써줬으면 좋겠다. 그가 우리의 다음 성자가 될 수 있기 때문이다!" 경찰은 미나시안이 온라인 인셀 커뮤니티의 영향을 받아 과격해졌다고 밝혔다. 미나시안은 경찰 심문 영상에서 경찰관들에게 자신은 "채드와 스테이시"에 대한 증오 때문에 이러한 일을 벌인 동정남이라고 말한다. 참고로 채드와 스테이시는 인셀들이 성적으로 활발한 남녀를 가리켜 쓰는 말이다. 이 영상에는 또한 미나시안이 "향후 대중들이 나와 함께 인셀 '봉기'의 일부로 폭력 행위를 저지를 수 있도록 이번 공격이 영감을 주었으면 좋겠다"라고 말하는 모습이 담겨 있다.

한편, 인셀 집단의 창시자로 추정되는 얼래나는 인셀 하위문화가 어떻게 만들어져 왔는지 알고 싶어 하지 않았고, 자신의 잘못된 창작물에서 거리를 두려 했다. 마치 자신의 발명품이 엄청난 파괴에 사용된 것을 보고 후회하는 핵 물리학자 로버트 오펜하이머처럼 말이다. "결국 전쟁 무기가 되고 만 것을 발명한 과학자처럼, 나는 이 집단을 되돌릴 수 없으며 이를 필요로 하는 더 착한 사람들에게만 제한할 수도 없다."

얼래나는 "사회적 어색함, 소외감, 또는 정신 질환"으로 인해 성적으로 궁핍한 모든 성별의 사람들을 위한 "포괄적 커뮤니티"라는 자신의 비전이 대량 살인을 유도하는 인터넷 기반 증오 집단으로 변질된 것에 유감을 표했다. 하지만 그것이 짐승의 본성이다. 짐승은 증오를 필요로 하고 퍼뜨린다.

일부 추정에 따르면 지난 20년 동안 추종자가 수만 명으로 늘어난 인셀 집단은 포괄적 지지 집단에서 '검은 알약blackpill'이라고 불리는 인셀만의 이데올로기를 퍼뜨리는 치명적이고 여성 혐오적인 사회적 전염 집단으로 변했다. 기자이자 인셀 연구가인 잭 보샘Zack Beauchamp에 따르면, 검은 알약(영화 「매트릭스」의 파란 알약과 빨간 알약 현실 패러다임에서 따 온 표현)은 "여성의 성적 해방을 근본적으로 거부하는 것이나 마찬가지인 … 심각한 성차별적 이데올로기로, 여성을 선택권이 주어지면 가장 매력적인 남성만을 선택하는 천박하고 잔인한 생물로 규정한다. 논리적 극단으로 치달으면 검은 알약은 폭력으로 이어질 수 있다."

인셀 집단은 우리 사회의 비도덕적이고, 혐오스럽고, 억압된 충동을 취한 다음 기술과 디지털 미디어를 이용해 그러한 경향을 증폭시키는 전형적인 사회적 전염 현상을 보여준다. 보샘이 설명한 바에 따르면, "인셀은 단순히 외부 세계와 단절되고 고립된 하위문화가 아니다. 인셀은 더 광범위한 서구 사회에서 지배적이진 않아도 흔하게 확인되는 여성에 대한 일련의 사회적 가치를 부정적으로 반영한다. 이 오래된 여성 혐오와 새로운 정보 기술은 우리가 어렴풋이 이해할 수 있을 뿐 직면할 준비는 안 돼 있을지도 모르는 방식으로 교차하며 우리의 정치와 문화를 재편하고 있다."[9]

인셀 전염과 학교 총격 사건

인셀 전염은 또한 학교 총격 사건의 전염과 매우 밀접하게 연결되어 있다. 우리는 소셜 미디어가 길 잃고 공허감을 느끼는 젊은이들에게 분노를 표출할 청사진을 제공함으로써 총기 난사 사건이 빠르게 확산되는 모습을 보아 왔다. 디지털 시대는 모방할 청사진을 만드는 것 외에도 공허함과 관심에 대한 욕구의 역학을 만들어내 학교 총격 현상을 부추기고 있다.

미국 특유의 현상인데(비록 일반적으로 총기 없는 국가인 중국에서 최근 몇 년 동안 대규모 칼부림이 빈번하게 발생하긴 했지만[10]), 1970년 이후 미국에서는 무려 1316건의 학교 총격 사건이 발생했다. 하지만 이 숫자에는 우리가 학교 총격 사건 하면 떠올리는 광분한 외톨이의 '총기 난사 사건'뿐만 아니라 학교에서 일어난 모든 총기 사고가 포함되기 때문에 다소 오해의 소지가 있을 수 있다.

전문가들의 연구에 따르면 학교 총기 사건은 크게 두 가지 범주로 나뉜다. 첫째, 사망으로 이어지는 총기 사고는 유색 인종 학생 수가 불균형한 학교에서 훨씬 더 많이 발생하며, 흑인 학생에게 가장 크게 영향을 미친다. 이러한 사건들은 대체로 범죄, 마약, 갱단 활동으로 파괴된 공동체의 사회 경제적 현실을 반영하는, 학생들 간의 갈등과 관련이 있다.[11]

두 번째 범주는 앞서 언급한 총기 난사 사건과 같은 경우로, 1999년 콜럼바인고등학교 총격 사건과 2012년 샌디훅초등학교 총격 사건 이후 총기 난사 사건이 크게 늘어난 교외 백인 학교에서 주로 발생한다. 모두 베르테르식 모방 행위로 디지털 미디어가 부추겨 온 천하에 전시되었다.

이러한 외톨이 유형의 총기 난사 사건은 드물게 발생하지만 국민 정서에 큰 영향을 끼쳤고, 학생과 부모 모두에게 아주 끔찍한 일이었다. 모든 총기 사건이 끔찍한 사회적 재앙이지만, 나는 현대의 디지털 미디어와 그에 따르는 힘이 만들고 전파하는 베르테르식의 사회적 전염 효과를 살펴볼 목적으로 학교 총기 난사 사건에 초점을 맞추기로 했다. 대부분 사람은 1999년 4월 20일에 일어난 콜럼바인 총격 사건을 학교 총기 난사 사건의 시작으로 본다. 그러나 범인인 에릭 해리스Eric Harris와 딜런 클리볼드 Dylan Klebold는 미국 최초의 학교 총기 난사범이 아니었다. 미국에서 처음으로 학교 총격을 가한 사람은 1966년 텍사스 타워 총격Texas Tower shooting 사건으로 알려진 텍사스대학의 미친 총기 난사범 찰스 조지프 휘트먼 Charles Joseph Whitman이었다.

8월의 무더운 어느 날, 미 해병대 출신의 한 전형적인 미국 청년이 총신을 짧게 자른 산탄총을 비롯해 다양한 종류의 총기를 들고 오스틴의 텍사스대학 건물 꼭대기로 올라가 총을 쏴대기 시작했다. 96분간 계속된 그의 맹공격으로 캠퍼스에 있던 14명이 사망하고 30명이 다쳤지만, 그 참극은 오스틴 경찰이 그를 사살하고 나서야 끝이 났다.[12] 중요한 점은 휘트먼 이전에는 그러한 사건이 없었다는 것, 그리고 이후 수십 년 동안 무고한 학생들을 겨냥한 총격 사건이 극히 드물었다는 것이다.

그리고 콜럼바인 사건이 일어났다.

1999년 클리볼드와 해리스가 학교에서 총기 난사 사건을 벌였을 때, 우리에게는 24시간 뉴스 채널이 밤낮없이 끔찍한 소식을 내보내는 완전히 다른 미디어 지형이 있었다. 왕따를 당해 복수심에 불탄 외로운 게이머 클리볼드와 해리스는 원래 학교를 폭파할 생각이었지만, 결국 자신들을 괴롭힌 아이들에게 총을 쏘는 보복 공격을 하기로 결정했다.[13] 이들의 이야기는 전파를 타고 끝없이 확산되었다. 그리고 당연하겠지만 클리볼드와 해리스가 느낀 소외감과 그들을 폭력적인 최후의 공격으로 이끈 격렬한 분노에 공감하는 젊은이들이 있었을 것이다.

저녁 뉴스와 앵커 월터 크롱카이트가 존재했던 옛날 옛적의 미디어 시대에도 텍사스대 타워 총격범인 휘트먼을 모방한 사례가 있었다. 1966년 11월 휘트먼의 대학살 사건이 있은 지 불과 몇 달 후, 밥 스미스Bob Smith라는 18세 청년이 애리조나주 메사의 로즈마 미용대학에서 7명을 인질로 잡았다가 그들 모두를 총으로 쏴 5명이 사망했다. 그는 나중에 휘트먼에게서 영감을 받았다고 경찰에 진술했다.

휘트먼 사건 전에는 미국에서 학교 총격 사건이 단 한 번도 일어나지 않았다. 하지만 언론 보도가 나간 후 비슷한 사건이 6개월도 되지 않아 두 건이나 발생했다. 이것이 사회적 전염의 본질이다. 사회적 전염은 사회적 환경 내의 적절한 조건에서 확산된다. 그리고 소셜 미디어가 사회적 바이러스의 궁극적 매개체로 작동하는 현대의 미디어 시대에 그 효과는 기하급수적으로 증폭된다.

디지털 시대에 학교 총격 사건이 얼마나 **퍼졌는지**는 콜럼바인 사건 이후 학교 총기 난사 사건의 궤적만 따라가도 알 수 있다. 그 이후로 우리는 이러한 무분별한 공격이 꾸준히 이어지는 모습을 목격해야 했다. 2007년, 미국 역사상 가장 큰 규모의 총기 난사 사건으로 33명이 사망한 버지니아 공대 사건부터 1학년 학생 20명과 성인 6명이 살해된 2012년 코네티컷주 뉴타운 샌디훅초등학교 사건, 17명이 살해된 2017년 플로리다 파크랜드의 스톤맨더글러스고등학교 사건, 10명이 살해된 2018년 산타페고등학교 사건까지… 이러한 가슴 아픈 총격 사건은 너무나 많다.

총격범의 특징은 대개 비슷하다. 그들은 우울증 같은 근본적인 정신 질환이 있었으며, 사회적으로 매우 서툴고 고립되어 있었다. 이 중 많은 사람이 따돌림을 당했고, 모두 게임을 했다. 그리고 몇 명은 이전의 총격범에게서 영감을 받았다고 밝혔으며, 자기 행동에 대해 최대한 관심을 끌기 위해 소셜 미디어에 글을 쓰거나 선언문을 남겼다.

인셀들의 영웅 엘리엇 로저와 섬뜩할 정도로 비슷한 버지니아 공대의 총격범 조승희는 난동을 부리기 전 비디오 선언문을 촬영해 NBC 뉴스로 소포를 부치기도 했다. 이것만 봐도 그가 엘리엇 로저와 얼마나 비슷한지 알 수 있다. 그는 로저와 마찬가지로 인기 있는 아이들과 그들의 "방탕함"에 증오를 표하고 "당신들이 나를 이렇게 만들었다"[14]라며 피해자와 세상을 탓했다. 그리고 피해자는 다름 아닌 자신이라는 태도를 보였다.

콜럼바인 총격범들의 경우 1년 이상 범행을 계획했고, 언급했듯이 처음에는 1995년에 발생한 오클라호마시티 폭탄 테러 사건처럼 학교를 폭파하려고 했다는 사실이 밝혀졌다. 총기 난사 사건 이후 우리는 주로 총기 규제 논쟁에 초점을 맞추지만(타당하긴 하다), 주요 문제인 총기 난사범들의 정신 상태와 그들의 범행 원인은 살피지 않는 경향이 있다.

콜럼바인 총격범들은 둘 다 따돌림을 당하긴 했어도 성격이 아주 달랐다. 2009년에 출간된 책 『콜럼바인』의 저자이자 탐사 기자인 데이브 컬런 Dave Cullen에 따르면, 해리스는 "냉담하고 잔인한 주모자"였지만 클리볼드는 "강박적으로 사랑에 관한 글을 쓰고 범행 3일 전 학교 파티에 참석하기도 한, 부들부들 떠는 우울증 환자"였다.[15] 그래서 클리볼드는 더 베르테르처럼 보이는 반면, 해리스는 더 나르시시스트나 소시오패스처럼 느껴진다.

이 총격범들은 주축에서 벗어난 매우 흔치 않은 사람들이지만, 탄광 속 환경이 어떤지를 알려주는 그 유명한 '탄광의 카나리아'▾ 역할을 한다. 이 책 전반에 걸쳐 논의된 것처럼, 현대 디지털 시대는 공허함, 반발, 분노, 자기중심적 나르시시즘, 감각 둔화에 적합한 환경을 만들었다.

▾ 과거 광부들이 유독 가스에 민감한 카나리아를 탄광에 두고 카나리아의 이상 행동을 탄광 탈출의 경고 신호로 삼은 데서 유래한 표현이다.

디지털 반향실의 예측 알고리즘은 사용자를 우주의 중심으로 만드는 동시에(나르시시즘), 너무 자극적이어서 결국은 감각을 마비시키고야 마는 콘텐츠에 중독되게 한다. 거기에 본질적인 의미와 목적의식까지 빼앗아 간다면 어떻게 될까? 오늘날의 대다수 십 대와 젊은 성인을 보라. 젊고 무감각한 이들은 **무엇이든** 흥분되는 것, 가령 카페인, 디지털 도파민, 술, 구강성교, 충격적인 한 방, 면도날로 팔 긋기와 같은, 그저 살아 있음을 느낄 수 있거나 공허함을 채울 수 있는 **무언가**를 느끼고 싶어 한다. 극단까지 가면 일반적인 자극만으로는 충분치 않다. 분포를 벗어난 곡선의 끝에는 실제로 유령이나 다름없는 젊고, 공허하고, 화가 난 사람들이 있다. 여느 유령처럼 그들은 물질적인 실체가 없고 영혼이나 정체성도 없다. 그들은 완전한 형태를 갖춘 인간의 환상적 그림자에 불과한 투명한 허깨비다.

말하자면 중독에 **굶주린** 유령처럼 그들에게는 끝이 나지 않고 만족되지 않는 욕구가 있다. 이들이 필사적으로 원하는 것은 무언가를, 무엇이든, 그러니까 우리의 제한된 언어로 **느낌**이라고 할 수 있는 것을 느끼는 것이다. 데카르트를 잘못 인용하자면 "나는 느낀다. 고로 나는 존재한다." 하지만 공허한 유령은 **무언가**를 어떻게 느낄 수 있을까? 가능한 한 높은 강도의 맹렬한 폭력으로 느낀다. 지루함을 느낀 소시오패스가 자신의 피부에 담뱃불을 끄는 모습을 본 적이 있는가? 그들은 웃으면서 어깨를 으쓱한다… 그 고통은 그들에게 순간적인 육체적 존재감과 정체성을 부여한다.

하지만 담배 화상은 금방 익숙한 것이 되고, 그들은 흥미를 잃는다. 다음에 필요한 것은 더 강한 자극이다. 아니면 **총**이라고 해야 하나? 자동 화기를 가진 유령은 사람들이 많이 모인 장소에서 (a) 15분 동안 그들의 존재를 증명하고, (b) 맹렬히 움직여 자신이 살아 있음을 느끼며, (c) 무력하던 사람이 다른 사람들을 해칠 때 느끼는 힘과 통제력을 얻고, (d) (잘못된 것이지만) '임무'를 수행했다는 망상에 빠진다. 그 임무를 통해 평상시의 공허함 속에서 한 번만은 목적의식을 느끼는 것이다. 일반적으로 그들은 (e) 위의 모든 것을 추구한다.

언급했듯이 1966년에 텍사스대학에서 최초의 총기 난사 사건이 발생했다. 그리고 2018년에는 8일에 한 번꼴로 학교에서 총격 사건이 일어났다. 길 잃고 잘못 인도된 부적응자들이 벌이는 총격 사건이 전에 없던 속도로 대유행하고 있다. 총기 난사 사건은 이제 반복해서 일어나는 평범한 사건이 되었다.

공허한 유령들은 인간성을 말살하고 감각을 마비시키는 디지털 실험실에서 생성된 뒤 디지털 전염을 통해 베르테르식으로 자신들의 이름을 영구히 남기며, 소셜 미디어 사이트와 채팅방 같은 현대의 **공공 광장**에서 어울릴 집단을 찾고 다른 외톨이와 교감한다.

소름 끼치는 반전은 최악의 총격범들이 그들이 선호하는 감각 둔화 미디어인 1인칭 시점 총격 게임에서 존재의 영원성을 부여받았다는 것이다. 놀랍게도 '슈퍼 콜럼바인 대학살 RPG$^{Super\ Columbine\ Massacre\ RPG}$'라는 게임이 만들어졌는데 이 게임에서 '플레이어'는 클리볼드나 해리스가 되어 콜럼바인의 실제 희생자들을 모델로 삼은 인물들에게 총격을 가한다. 버지니아 공대의 총격범도 '버지니아 공대의 광란$^{V\text{-}Tech\ Rampage}$'이라는 게임에서 이와 비슷하게 불멸의 존재가 되었다.[16]

언론은 이를 비난했지만, 게임계의 일부 사람들은 실제로 이 게임이 창의적이고 혁신적이라고 칭찬했다. 어떻게 사람이 그처럼 역겨운 게임을 만들 수 있는지, 게다가 어떻게 사람이 그러한 게임을 칭찬할 수 있는지 상상조차 하기가 어렵다. '버지니아 공대의 광란' '게임'을 내리라는 압박이 있었지만 만든 이는 기막히게도 일종의 몸값을 요구했다. 그는 기부금으로 2000달러를 받으면 플랫폼에서 게임을 내릴 것이고 1000달러를 더 받으면 사과도 하겠다고 했다.[17]

지금은 확실히 인류 최고의 순간은 아니다.

불안정한 아이들에게 폭력적인 미디어가 끼치는 영향에 대해 논의하자는 얘기에 "알았어요, 꼰대!" 식으로 응하고, 논의가 괜한 두려움과 도덕적 공포를 조성한다고 생각하는 사람들이 있다. 그러나 그러한 태도는 행동을 모델링하고 모방해 학습하는 '사회적 종'에 미디어가 끼치는 영향—그리고 질적으로 다르고 더 영향력 있는 새로운 미디어의 효과—에 대한 이해가 완전히 부족함을 보여준다.

인셀 집단과 우리 사회에 만연한 학교 총격 사건의 베르테르 효과 외에도, 현재의 문화에서 기술이 어떻게 우리의 근본적인 인간성을 파괴했는지를 보여주는 사례는 더 있다.

나쁜 사마리아인 아이폰

충격적인 소식이었다. 2021년 10월 13일 오후 10시에 가까운 시간, 펜실베이니아 남동부 교통국이 운영하는 필라델피아의 통근 열차에서 한 여성이 노숙자에게 강간을 당했다. 여러 승객이 그 공격의 일부 과정을 목격하는 동안 강간은 서서히 진행되었다. 처음에 노숙자는 여성에게 다가가 말로 그녀를 괴롭히기 시작했다. 그리고는 추행을 시작했다. 여성이 저항하고 가해자가 점차 강도를 높여 공격적인 행동을 이어 가면서, 45분이 지난 후, 그는 피해자를 강간했다. 강간 자체는 6분—대략 물이 끓는 데 걸리는 시간—동안 지속되었다. 모두 합해 거의 한 시간 동안 괴롭힘과 끔찍한 폭행이 일어났다.

그런데 목격자들은 뭘 했을까? 그들 바로 앞에서 일어나는 폭행을 막기 위해 끼어들었을까? 아니었다. 급기야 당시 비번이었던 교통국 직원이 경찰에 신고한 것을 제외하고는 단 한 사람도 피해자를 돕지 않았다. 어쩌면 너무 겁을 먹어서 그 일에 직접 끼어들거나 도움을 주지 못했을 것이다. 그렇다면 적어도 경찰에 전화는 할 수 있었을 것이다. 요즘은 거의 모든 사람이 전화를 갖고 있으니…. 피해자 여성은 거의 한 시간 동안 공포에 질려 있었다.

교통국의 CCTV를 보면 그날 저녁 통근 열차에 타고 있던 승객 중 몇 명은 실제로 전화기에 손을 갖다 댔다. 하지만 911에 전화는 하지 않았다. 대신 CCTV에는 적어도 두 명의 승객이 스마트폰을 범행 현장 쪽으로 두고 **촬영**하는 장면이 담겨 있었다. 타락한 인간의 역겨운 모습 속에서 우리의 비인간성이 그 끔찍한 밤에 완전히 드러났다.

지역 경찰서장이었던 티머시 번하트Timothy Bernhardt는 누군가가 개입했다면 피해를 막을 수 있었을 것이라고 언론에 말했다. "이 여성을 돕기 위해 아무것도 하지 않은 사람들에게 섬뜩함을 느낍니다. 그 기차에 탔던 사람들은 거울을 보고 왜 그 일에 개입하지 않는지, 왜 무언가를 하지 않았는지 자신에게 물어야 합니다."[18] 대체 우리에게 무슨 일이 일어난 걸까? 우리는 다정하고 착한 종이었다. 그렇지 않은가?

그 일이 있고 일주일 후, 사건 담당 지방검사 잭 스톨스타이머Jack

Stollsteimer는 기자회견을 열어 그의 이웃인 필라델피아 주민들이 피해를 막기 위해 행동하지 않았고 심지어 범행을 촬영까지 했다는 주장을 반박했다. "제 경험상 이 지역 주민들은 오늘 한 기자의 말대로 자리에 가만히 앉아 그런 일을 그냥 지켜보기만 하고 자신의 개인적인 즐거움을 위해 영상을 찍을 정도로 비인간적이고 냉정하지 않습니다."

스톨스타이머는 사람들이 계속해서 기차를 타고 내리고 있었다고 말했다. 그리고 범행 전체를 본 사람이 없고 아무도 무슨 일이 일어나고 있는지 깨닫지 못했을 거라고 짐작했다. 하지만 그것은 순전히 검사의 추측이고 가정이었다. 아마도 스톨스타이머는 자신이 대표하는 지역의 주민들이 그렇게 무정할 수 있다는 사실을 믿지 않으려 한 것 같다. 하지만 그의 말은 실제 증거가 나오면서 사실이 아님이 밝혀졌다. 적어도 한 명의 승객이 휴대폰으로 찍은 실제 영상을 수사관이 확보했고, 교통국 CCTV에도 최소 두 명의 승객이 범행 현장 쪽으로 휴대폰을 들고 있는 모습이 담겨 있었기 때문이다.

필라델피아의 이 사건은 수십 년 전 뉴욕에서 일어난 또 다른 '나쁜 사마리아인' 사건과 일부 유사한 특징이 있다. 바로 악명 높은 키티 제노비스Kitty Genovese 강간 및 살인 사건이다. 1964년 웨이트리스로 일하던 28살의 키티 제노비스는 교대 근무를 마치고 퀸스에 있는 자신의 집으로 돌아가던 중, 그녀를 미행하던 한 남자에게 공격을 당했다. 이 사건을 당시 전국민적인 이야기로 만든 것은 키티 제노비스가 절박하게 도움을 요청하는 소리를 듣고도 관심을 보이지 않은 다수의 이웃이었다. 그는 거의 한 시간에 걸쳐 칼에 찔리고, 강간당하고, 살해당했다. 많은 이웃이 나중에 경찰에 말한 바에 따르면, 그들이 비명 소리에 잠에서 깨고도 경찰에 신고하지 않은 이유는 다른 사람이 신고할 거라고 생각해서였다. 그러니 관여할 이유가 없지 않은가? 불을 끄고 침대로 돌아가서 한 젊은 여자의 생명이 서서히 꺼지는 동안 다시 잠을 청할 수밖에.

처음에 언론은 키티 제노비스가 살해당할 때 38명의 목격자가 별다른 행동을 하지 않았다고 보도했다. 하지만 이후에 기자들은 실제 목격자 수에 의문을 제기하면서 아마 키티 제노비스가 살해당하는 동안 훨씬 더 많은 사람이 그 오싹한 비명을 들었을 거라고 보도했다. 또한 원래 보고서에서 빠진 사실이 있는데, 실제로는 소피아 패러Sophia Farrar라는 여성이 비명 소리가 나는 곳으로 달려가 제노비스를 도우려 했다. 안타깝게도 너무 늦게 도착했지만, 패러는 제노비스가 죽을 때 함께 있어줄 수 있었다.[19]▼

끔찍한 사건이긴 했으나—2021년 필라델피아 열차 강간 사건과 몇 가지 분명한 유사점이 있다—적어도 그러한 범행을 목격하거나 들은 제노비스의 이웃들은 그 장면을 **찍기** 위해 카메라를 들진 않았다.

우리는 스스로 물어야 한다. 대체 이게 무슨 일인가? 무서워서 그렇든 무관심해서 그렇든 만약 우리가 형편없고 나쁜 사마리아인이 되어, 공격받고 있는 여성을 돕고 싶지 않다고 해도, 좀 비열하긴 하지만 그 "연루되지 않고" 싶어 하는 사람들의 경향을 어느 정도는 이해할 수 있다.

하지만 영상을 찍는 건 뭔가? 왜 그 끔찍한 사건을 기록하려 전화기에

▼   사건에 대한 최근 조사에 따르면 당시 「뉴욕타임스」의 보도에 오류가 있다고 한다. 범행 현장에 대한 묘사가 실제 상황과 불일치하며, 38명의 목격자 모두가 사건을 방관하고 신고를 하지 않았다는 증거가 부족하다는 것이다. 2016년 10월 12일 「뉴욕타임스」는 1964년 기사의 온라인 판에 편집자 주석을 추가하여 기사에 여러 의문점이 제기되고 있음을 밝혔다.

손을 뻗는가? 물론 관련 목격자들의 인터뷰가 있는 것도 아니기 때문에 추측만 할 수 있을 뿐이지만, 몇 가지 이론이 떠오른다.

이전 장들에서 나는 일종의 무관심—영적이고 정신적인 태만함—으로 정의되는 고대 그리스의 아케디아라는 개념을 이야기했다. 그리고 도파민이 흘러넘치고 인류애가 사라지는 현대 세상에서 많은 사람이 아케디아와 싸우며 그야말로 멍하고 무관심하다고 말했다. 신경학적 관점에서도 살펴보면, 기술—그리고 그에 대한 우리의 열광—은 **공감** 발달에 중요한 '거울 뉴런'의 발달을 방해해 왔다.

이러한 변화가 우리의 무관심을 설명해줄 수도 있을 것이다. 1964년 키티 제노비스의 이웃들도 무관심한 것은 마찬가지였다. 하지만 2021년에 **영상을 찍는 것**은 어떻게 설명할 수 있을 것인가? 동료 하나가 흥미로운 설명을 내놓았다. 21세기 미국에서 휴대폰은 우리의 목발이고 애착 담요다. 우리는 지루하고, 불안하고, 혹은 무서울 때 반사적으로 휴대폰에 손을 뻗는다. 그렇다면 그 기차에 탄 사람들은 강압적인 상황에서 자신이 할 수 있는 유일한 일, 즉 휴대폰을 만지는 것을 할 수 있지 않을까?

또 하나, 현실을 직시해보자. 지금 우리는 모든 것을 기념하는 데 집착한다. 우리는 페이스북이나 인스타그램에 사진을 올려 **모든 것**을 기념한다. 예를 들면 우리의 저녁 식사, 창문에서 바라본 풍경, 셀 수 없이 많은 아이들, 그리고 통근 열차에서의 강간 같은 것들이다. 영화 「트루먼 쇼」 같은 우리의 리얼리티 TV 세계에서는 삶의 좋고 나쁘고 추악한 모든 면이 촬영되어야만 할 것 같다. 지나치게 디지털화된 지금, 어떤 것에 대한 전자적 기록이 없으면 마치 그것 자체가 존재하지 않는 것처럼 느껴지기 때문이다.

결국 우리가 무관심해진 이유는 아주 기본적이고 단순한 것일 수도 있다. 우리는 일상에서 끊임없이 쏟아지는 폭력적인 이미지에 너무 둔감해져서 이제 매일의 고통과 폭력을 그저 일종의 오락물로… 사자에게 먹이로 던져진 기독교인▼을 보듯 본다. 또한 우리는 관음적 오락의 강도를 조금씩 높여 가면서 도덕적 나침반도 잃어버리게 되었다. 가령 방송국 간부인 내 친구는 사형 집행을 생중계할 수 있을지를 대놓고 궁금해했다. 이는 한때 디스토피아 SF의 영역이었지만, 이제 거기까지 가는 데는 얼마 남지 않은 것 같다.

강간 촬영에 대한 내 최종적인 생각은 이렇다. 우리는 자동차 사고가 나면 늘 목을 길게 빼고 둘러봤고, 거리에서 싸움이 나면 가던 길을 멈추고 구경했다. 고등학생들은 싸움이 일어나면 신이 나서 현장을 빙 둘러싸고 싸움 난 아이들을 향해 살기등등하게 "싸워라! 싸워라!"를 외친다. 안타깝게도 이것이 우리 인간 본성의 밑바탕이다.

우리는 아이들이 아드레날린을 분출하는 야만적인 이드 단계를 지나도록 키워 왔다. 그런데 유치한 비디오 게임을 통해 대부분 남성에게 영속적인 사춘기 현상이 나타나면서 유감이지만 지금 우리 사회에는 매우 미성숙한 어린 성인이 생겼다. 도파민을 분비시키는 것이라면 뭐든 찍어 올리는 멍하고 둔한 사람들 말이다. 그 고통 받은 여성은 그들에게 그저 영상으로 올릴 비인간화된 아바타였을지 모른다.

호모 사피엔스, 편히 잠들기를. 잘 뛰어주었습니다.

▼   로마에서 기독교인을 처형할 때 쓰던 방법의 하나로 시민의 유희를 위해 현장이 공개되었다.

자극하면, 몰두한다

악랄한 범행을 아무 생각 없이 찍는 것 말고도 사회적 부패—그리고 기술이 사회적 부패가 진행되는 데 맡은 역할—의 다른 징후는 또 있다.

오늘날 우리는 반세기여 만에 가장 심각한 시민 동요의 일부로서 학교 총격 사건을 비롯한 대규모 총기 난사 사건, 시위, 유혈 사태를 겪고 있다. 이 동요를 자극하는 사회적 문제는 분명 실재하지만, 동요는 대개 양극화된—정치적 스펙트럼의 양극단에 있는—소셜 미디어 반향실에 의해 악화되고 증폭된다. 이러한 디지털 반향실은 외부의 영향을 받고 쉽게 심리적으로 취약하고 유순한 젊은이들에게 불균형하게 영향을 끼치고 이들의 생각을 형성하는데, 젊은이들은 의미와 소속감을 찾는 과정에서 극단주의와 세뇌에도 빠지기가 쉽다.

소셜 미디어 인플루언서와 틱톡 투레트 증후군 다음으로 취약한 젊은이들, 특히 젊은 남성들 일부를 삼켜버리는, 디지털로 동력을 얻는 극단주의를 살펴보자. 소속될 수 있는 팀이나 집단을 찾는, 길 잃고 소외되고 공허한 젊은이는 기회주의적 과격 단체에는 포섭하기 손쉬운 중요한 대상이다.

많은 젊은이가 삶에서 진정한 목적의식과 의미를 필사적으로 찾고 있지만, 아직 자신의 핵심 정체성이나 독립된 자아의식을 구축하기 위한 회복력과 비판적 사고를 발달시키진 못했다는 점을 기억해야 한다. 하지만 그러는 동안 그들은 원래의 정치 성향과 상관없이 굶주린 소셜 미디어 알고리즘에 의해 분노를 증폭시키며 이념적으로 극단적인 콘텐츠를 지속적으로 공급받는다.

오른쪽으로 기울면 디지털 반향실은 젊은이들을 오른쪽으로 세뇌시킬 것이다. 그리고 왼쪽으로 기울면 알고리즘은 언제나 조회 수와 관심을 높일 목적—'눈알 전쟁the battle for the eyeballs'이라고 불리는 것—으로 좌파 성향의 세뇌 콘텐츠를 꾸준히, 점점 더 독이 되는 방향으로 제공할 것이다.

거대 기술기업은 정치적 중립의 땅에서는 이득을 볼 수 없다는 것을 안다. 그들을 위해서는 사람들의 '도마뱀 뇌'가 활성화되어야 한다. 언론계에 이런 말이 있었다. "피를 흘리면, 시청률이 올라간다." 자동차 사고의 사망 현장을 꼭 봐야만 하는 인간의 병적인 호기심을 생각하면 일리 있는 말이다. 이제 디지털 시대는 "피를 흘리면, 시청률이 올라간다"를 넘어 "감정을 자극하면, 시청자가 몰두한다"라는 말이 더 잘 어울리게 되었다. 경제적인 면에서 현실을 이야기하자면, 중도 성향 컨텐츠에는 돈이 따르거나 디지털 습관이 만들어지지 않는다.

유튜브 같은 플랫폼에서 AI의 일은 사용자가 영상을 연이어서 보도록 시청 욕구를 적절히 부추기는 영상을 추천하고 자동 재생하는 알고리즘을 개발하는 것이다. 처음에 연구자들은 알고리즘이 사용자가 이미 본 영상과 비슷한 영상을 보여주도록 설계되어야 한다고 생각했다. 하지만 이는 사용자들을 지루하게 만들었다. 이 문제를 해결하기 위해 구글은 AI 연구팀에 막대한 자원을 쏟아부어 신경과학, 신경경제학, 인지 및 행동심리학, 도덕적 추론, 심층적 사고를 코드에 적용했다. 그리고 이 과정에서 개발자들은 알고리즘에 **극단화** 루프를 끼워 넣었다.

사용자들은 감정적 반응을 불러일으키는 콘텐츠에 끌리기 때문에, 알고리즘은 사용자를 점점 더 극단적인 콘텐츠로 몰고 가 사용자가 계속 참여하게 만든다. 결국은 모두 사용자가 화면에서 눈을 **떼지 못하게** 하기 위한 것인데, 분열을 초래하는 정치 콘텐츠는 이에 아주 적합하다.

신테크노크라트와 그들의 행동 전문가들도 인간 심리학(뇌가 '자극적인' 도파민과 아드레날린을 활성화하는 경험을 추구하는 경향이 있다고 말하는 신경생리학은 물론이다)을 깊이 이해하고 있다. 그들은 젊은이들이 본디 전설적인 심리학자 카를 융과 신화학자 조지프 캠벨이 저서에 훌륭히 묘사한 전형적인 '영웅의 여정' 속 "모험으로의 부름call to adventure"을 경험하고 싶어 한다는 것을 안다.

젊은이들은 자신이 숭고한 대의나 목표로 해석하는 것과 관련된 목적의식을 **느껴야만** 한다. 이런 느낌은 실제적이고 중요한 심리적 갈등을 해소한다. 기술기업의 제왕들은 이를 잘 알고 있다. 그래서 거의 모든 비디오 게임이 고전적인 '영웅의 여정'—장애물을 극복하며 나를 찾아가 삶의 통제력을 얻는 여정—을 배경으로 하는 것이며, 이 게임들이 불안하고 소외되고 무력한 십 대들에게 특히나 매력적이고 매혹적인 것이다. 십 대들은 자신의 아바타에 몰두하여 진짜는 아니지만 게임 플랫폼에서 의미 있는 삶을 살 수도 있고, 다양한 디지털 플랫폼이나 포챈 같은 커뮤니티를 통해 정치 이념에 몰입할 수도 있다.

기본적으로 이 아이들은 모두 그저 소속될 집단을 찾고 있을 뿐이다. 그렇지 않은가?

진정한 핵심 가치가 담긴 본질적 정체성 없이, 비본질적인 디지털 세계에서 형성된 빈 자아를 지닌 십 대는 진짜가 아닌 세상에서 자신을 잃어버릴 위험에 처하거나, 더 나쁘게는 대개 비극적 결과를 초래하고 마는 디지털 세뇌의 위험에 처할 수 있다. 바로 다음에 나오는 연구 사례에서 이에 대한 극단적인 예를 확인할 수 있다.

신문을 읽거나 저녁 뉴스를 보면서 정치에 관한 정보를 얻는 시대는 끝났다. 오늘날 우리는 디지털 콘텐츠의 바다에 빠져 익사할 정도인 정보화 시대information age(이를 지혜의 시대로 헷갈려서는 안 된다)에 살고 있다. 수백만 개의 블로그, 뉴스 기사, 소셜 미디어 게시물, 트윗, 이미지, 유튜브 영상… 우리의 감각과 정신을 향한 공격은 끝이 없다.

신테크노크라트가 윌리엄 랜돌프 허스트▼는 상상도 할 수 없는 방식으로 정보 문지기로서 정보를 독점하고 우리가 보고 읽는 것의 모든 관점을 통제하는 것 역시 사태를 악화시킨다. 옛것은 잊어라. 시청자를 낚기 위한 AI 기반 알고리즘이 신테크노크라트가 꿈꾸는 것—그리고 우리의 악몽을 만든 것—이니까.

공허한 청년이 알고리즘에 기반한 디지털 반향실에서 길을 잃으면 어떤 일이 생길까?

유튜브, 극단주의, 팜 비치에서의 살인

딱딱한 타일 위로 변호사의 구두 굽 소리가 또각또각 울려 퍼졌다. 변호사는 경비가 삼엄한 감옥의 차가운 강철 문 너머로 나를 안내했다. 그가 늦었기 때문에 나는 텅 빈 방문객 대기실에서 고통스러운 30분을 보내야 했다. 고요 속 기다림은 안 그래도 불안한 내 마음을 앞으로 해야 할 일에 대

▼   미국의 신문 경영자(1863~1951). 미디어 그룹인 허스트 커뮤니케이션즈의 창업주이며 미국의 신문왕으로 알려져 있다.

한 병적일 정도의 걱정과 기대로 더욱 어지럽혔다.

텍사스주 오스틴에 있는 집에서 플로리다주로 간 것은 살인 혐의로 기소된 코리 존슨Corey Johnson이라는 청년을 인터뷰하기 위해서였다. 몇 주 전에 나는 변호사들에게서 연락을 받고 재판에서 전문가 증인이 되어줄 것을 요청받았다. 변호사들은 코리 존슨이 유튜브를 끊임없이 보면서 세뇌된 결과 살인을 저지른 것이라는 전제하에 그의 정신 이상을 주장하고 있었다. 더 구체적으로 말하자면, 변호사들은 존슨의 끔찍한 범죄가 이라크 레반트 이슬람 국가Islamic State of Iraq and Syria, ISIS가 조직원 모집을 위해 퍼뜨린 선전 영상, 또 참혹하기 그지없는 ISIS의 참수 영상—함께 이야기를 나눈 조사관 중 가장 냉담한 이들조차도 고개를 젓게 만든 영상—을 수천 시간 시청함으로써 과격해지고 둔감해지고 폭력적이 된 한 길 잃은 십대가 만들어낸 부차적 결과라고 생각했다. 모두 유튜브와 그 모회사인 구글 때문이었다.

플로리다 남부에서 가장 극악한 범죄자들로 가득한 감옥 안으로 들어갈 때, 뒤에서 철문이 '쾅' 하고 닫히는 소리를 들으면 불안하기 그지없다. 게다가 통로를 지날 때 굳은 표정의 죄수들이 던지는 위협적인 시선까지 느껴진다면 마음은 더욱 불안해진다. 지금까지 가본 회의실 중 가장 작은 회의실에서 살인 용의자와 겨우 몇 센티미터 떨어져 마주 앉는 것 역시 내 불안을 자극했다. 코리 존슨은 가장 친한 친구의 어머니와 그 친구의 13살짜리 남동생에 대한 살인 미수, 그리고 또 다른 13살 소년을—무려 그 소년의 생일에—잔인하고 소름 끼치게 살해한 혐의로 기소된 상태였다. 모든 피해자가 여러 번 칼에 찔리고 난도질당했는데, 살해된 소년의 머리는 거의 완전히 절단된 상태였다.[20]

나를 특히 불안하게 한 것은 코리 존슨의 외모와 태도였다. 나는 사전에 경찰 보고서를 읽으며 구역질 나는 범죄 현장 사진을 보았기 때문에, 독한 눈빛의 소시오패스나 분노로 눈이 이글거리는 미치광이를 만날 거라고 예상했다. 하지만 둘 다 아니었다. 존슨은 옆집에 사는 소년처럼 보였다. 그러니까 목을 자르는 아이가 아니라 스케이트장에서 흔히 볼 수 있는 아이, 또는 믿고 아이를 맡길 수 있는 사람처럼 보였다. 코리가 얼마나 평범하고, 정중하고, 부드럽게 말하는지 등골이 오싹할 정도였다. 그는 찰스 맨슨이라기보다 미국 드라마 「천재 소년 두기Doogie Howser, M.D.」의 주황색 점프슈트를 입은 주인공 두기처럼 보였다. 예상하지 못한 범인의 모습에, 나의 뇌는 앞에 펼쳐진 상황을 처리하는 데 어려움을 겪었다.

몇 시간 동안 코리 존슨은 천천히 그리고 조용히 자기 삶과 범죄에 관한 이야기를 모두 들려주었다. 어린 나이에 아버지 없이 남겨진 그는 자주 방황했고 통제되지 않는 기분을 느꼈다. 학교에서도 인기 있는 아이들 무리에 끼지 못하고 주변을 맴돌게 된 코리는 '멋진 아이들'에 대해 심리학자들이 반동 형성reaction formation▼이라 부르는 행동을 보이기 시작했다. 사실 마음속 깊은 곳에서 그는 데이트하고, 술 마시고, 성관계를 하는 등 다른 아이들이 하는 일을 하고 싶었다. 하지만 그렇게 할 수 없었기 때문에, 그러한 일과 그러한 일을 하는 사람들에 대한 극심한 증오심을 쌓았다. 그렇게 코리는 자신이 '순수'하다고 느끼는 것을 추구하는 사고방식을 발전시켰고, 이후 그러한 순수성을 아우른다고 느껴지는 이념도 찾아냈다.

▼　억압된 욕구가 반대 경향의 행동으로 나타나는 일을 말한다.

코리는 우선 유튜브에서 자신이 '순수한' 이념으로 인식한 것을 탐구했다. 처음은 나치 독일의 수칙이었고, 그다음은 스톰프론트Stormfront와 포챈 같은 극우 온라인 커뮤니티에서 발견한 백인 우월주의 집단이었다. 그는 각 집단의 다양한 종파와 분파에 대한 아주 복잡한 세부 내용까지도 상당히 잘 알고 있었다. 그러다 결국 그는 해당 지도자들이 진실로 순수하지 않다(그들은 술을 마시고 성관계를 했다)는 이유로 그러한 이데올로기에 환멸을 느끼게 되었다. 그리고 그때 시리아의 바샤르 알아사드Bashar al-Assad 대통령에 대한 영상을 통해 이슬람을 발견했다. 그리고는 헤즈볼라Hezbollah▼와 하마스Hamas▼▼를 찬양하게 되었고, 이슬람에 큰 관심을 갖게 되었다.

코리는 수니파와 시아파의 차이를 연구했다. 그리고 수니파에 관한 유튜브 영상을 보던 중 ISIS하의 삶에 대한 바이스 TVVICE TV의 미니 다큐멘터리를 추천받았고, 곧 영상이 자동 재생되었다. 바이스의 영상은 그의 관심을 끌었다. 이어서 유튜브는 '유예는 없다No Respite'라는 ISIS의 선전 영상을 추천했는데, 그 영상에 깊이 공감한 코리는 영상을 보고 또 봤다.

그는 ISIS의 더 많은 선전 영상을 보게 되었고, 그 영상들은 대의를 찾는 길 잃은 젊은이에게 매우 매력적으로 다가왔다. 영상 속에서 ISIS는 아주 훌륭하고 수준 높은 가치를 지닌 사회적 선을 위한 단체로 그려졌다. ISIS를 유토피아로 그린 이 이상화된 영상들은 참수 영상들과 함께 배치

▼　레바논의 이슬람교 시아파 교전 단체이자 정당 조직. 미국, 이스라엘을 대상으로 테러를 벌여온 레바논의 이슬람 시아파 무장 세력.

▼▼　본래 이스라엘에 저항하는 무장 단체였던 팔레스타인 자치 정부의 집권당. 이스라엘에 대한 테러를 주도하고 있는 팔레스타인의 대표적인 무장 단체.

되어 그가 벌인 한밤의 칼부림에 대한 단계별 안내서가 될 것이었다.

코리 존슨은 순해 보였고, 부드러운 말투로 말했다. 그에게 어떻게 이렇게 생생하고 소름 끼치는 영상을 볼 수 있었냐고 물었더니, 그는 처음에는 거부감이 들었지만 ISIS 전사가 되기 위한 일종의 필수 훈련 및 단련—신병 훈련소에서 하는 것처럼—으로 생각했다고 조용히 설명했다. 그는 시간이 지날수록 그러한 폭력이 평범하게 느껴졌다고 덧붙였다.

그렇다면 코리가 이 끔찍한 유튜브 영상을 보는 동안 그의 어머니는 무엇을 했을까? 처음에 그녀는 코리가 그저 약간의 종교적 탐구를 하는 것으로 생각해 아들을 말리지 않았다. 하지만 위험 신호는 있었다. 어머니는 코리가 이슬람과 ISIS에 점점 더 깊이 빠져드는 동안 끊임없이 영상을 보고, 어떤 때는 밥 먹는 것도 잊고, 몇 주 동안 최면에 걸린 듯한 상태였다고 조사관들에게 말했다. 많은 부모에게 이는 아주 위험한 상태로 보였겠지만. 변호사는 코리의 어머니가 그에 주목하지 못할 만큼 아주 힘든 개인적인 문제가 있었다고 주장했다.

그러는 동안 코리 존슨은 세뇌되고 있었다. 알하야트Al-Hayat라는 교묘한 ISIS 선전 조직은 유튜브 알고리즘에 들기 위해 제목에 특정 키워드를 사용하거나 섬네일에 특정 유형의 이미지를 삽입해 전략적으로 콘텐츠를 제작한다. 2014년에는 아랍어, 터키어, 쿠르드어, 영어, 프랑스어, 러시아를 포함한 여러 언어로 하루 평균 3개의 영상과 15개 이상의 사진이 사이버 공간에 퍼졌다.

이들은 ISIS가 역동적이고 성장하는 단체라는 인상을 주기 위해 트위터에서 활발하게 활동하는 등 실시간으로 확산 가능한 활동에 광범위하게 참여한다. 실제로 트위터에는 4만 6000개에서 7만 개의 ISIS 관련 계정이 있으며, 각 계정은 하루 평균 7.3회 트윗을 한다. 프랑스어로 된 것만 해도 ISIS에 호의적인 약 1만 4000개의 트윗이 매일 올라온다.

코리 존슨 같은 공허하고 취약한 영혼에게 이 소셜 미디어 선전의 홍수는 그야말로 걷잡을 수 없이 밀려드는 디지털 해일과 같았다… 결국 그는 휩쓸렸다. 유튜브 추천 피드를 통해 수천 시간의 선전 및 참수 영상을 본 뒤 그가 완전히 세뇌되는 것은 시간 문제일 뿐이었다. 일단 그러한 폭력적인 극단주의 이데올로기에 세뇌되자, 코리로서도 어쩔 수 없는 일이 일어난 것이다.

짐작할 수 있겠지만 그의 범죄는 몹시 잔혹하고 극악무도했다.

코리는 그 소름 끼치는 사건이 일어난 순서를 차분한 말투로 자세히 설명하면서(말이 잘 들리지 않아 나는 몸을 자주 앞으로 숙여야 했다), 사건이 있던 날 밤의 분위기가 처음에는 얼마나 순수했는지 설명하기 시작했다. 2018년 3월 11일, 조반니 시에라는 하루 일찍 생일을 축하하고 있었다. 생일 파티는 친구들과 서바이벌 게임을 하는 것으로 시작되었다. 그리고 이탈리안 식당에서 저녁을 먹으면서 코리는 친한 친구인 17세의 카일 밴크로프트와 그의 동생인 13세의 데인 밴크로프트를 만나 이야기를 나누었다. 유치원에 다닐 때부터 코리의 가장 친한 친구였던 카일이 코리를 이탈리안 식당에 초대해 그가 사람들과 어울릴 수 있게 한 덕분이었다. 카일은 코리에게 그런 자리가 절실히 필요하다고 생각했다.

코리가 설명한 대로 파티에 모인 이들은 모두 즐거워했고, 그는 오랫동안 느껴보지 못했던 더 '정상적인' 기분을 느꼈다. 실제로 함께 음악과 대중문화를 이야기하다 계속해서 좋은 시간을 보내고 싶어진 소년들은 즉흥적으로 데인과 카일의 집에서 같이 자기로 했다.

조반니 시에라의 어머니인 캐런 아브레우는 별로 내키지 않아 했다. 그녀는 전에 코리를 만난 적이 한 번도 없었다. 그래도 다음 날은 아들의 생일이었다. 「팜 비치 포스트」에 따르면, 캐런은 아들에게 이렇게 말했다. "집에 꼭 와야 한다. 내일은 네 생일이니까. 널 안고 **뽀뽀해주고 싶구나**." 그녀는 아들이 이렇게 답했다고 말했다. "엄마, 사랑해요. 그치만 친구들과 더 놀고 싶어요."

엄마는 마지못해 아들을 보내주었다.

소년들은 그날 저녁 데인과 카일의 집에서 즐거운 시간을 보냈다. 평범한 십 대들이 하는 이야기를 하며 전자담배를 피우기도 했다. 하지만 코리가 내게 이야기한 것처럼, 그 밤샘 파티의 어느 순간 그는 자살하고 싶은 강한 충동을 느꼈다. 자신은 친구인 카일이나 생일을 맞은 조반니처럼 "결코 평범해질 수 없다"고 느꼈기 때문이다. 하지만 그의 뒤틀린 마음속에서 이슬람은 자살을 금지했다. 그래서 코리는 "이교도들"을 죽여 경찰의 총에 맞아 경찰에 의한 자살을 해야겠다고 결심했다.

카일은 새벽 1시쯤에 먼저 잠자리에 들었다. 더 어린 조반니와 데인은 신이 난 어린 십 대들이 흔히 그러듯 같이 이야기하며 밤을 새우기로 했다. 하지만 데인은 새벽 3시 반쯤 잠들었고, 조반니는 4시 43분에 휴대폰으로 지구와 은하계에 관한 영상을 보았다. 그때부터 5시 30분 사이, 코리는 조용한 집에서 살금살금 움직이기 시작했다. 그는 커다란 부엌칼을 든 채 잠자고 있는 조반니 옆에 서 있다가, **ISIS**의 교육용 참수 영상에서 본 대로 그를 잔인하고 치밀하게 공격하기 시작했다. 하지만 조반니가 잠에서 깨어 몸부림쳤다. 그는 코리가 생각한 만큼 쉽게 죽지 않았다. 영상에서는 살인이 깔끔하고 쉬워 보였지만, 실제 살인은 지저분하고 어려웠다. 조반니의 생일날 새벽, 산 채로 거의 목을 자르는 그 끔찍한 공격을 하는 동안, 코리는 조반니와 격한 몸싸움을 하면서 여러 번 칼을 휘둘러야 했다.

새벽 5시 45분쯤 카일과 데인의 어머니인 일레인 사이먼이 남자아이들 방에서 소란스러운 소리가 들리자 무슨 일인지 확인하려고 위층으로 올라갔다. 코리가 계단 위쪽에서 그녀를 보고 소리쳤다. "돌아가서 주무세요! 걱정 마시고요. 제가 애들을 볼게요. 다들 다시 잘 거예요." 일레인은 아래층으로 다시 내려왔지만, 위층에서 계속 앓는 소리가 들려왔다. 그녀가 다시 위층으로 올라가자 코리는 칼을 들고 그녀에게 달려들었다. 그는 그녀를 찌르고 또 찔러 총 12번을 찔렀다. 일레인은 계속해서 그에게 물었다. "대체 왜 이러는 거니?" 그녀는 코리가 유치원에 다닐 때부터 그를 알고 지냈다.

급기야 데인이 어머니의 비명을 듣고 그녀를 구하기 위해 달려왔다. 믿기 힘들지만 코리는 데인을 32번이나 찔렀다. 가까스로 그 자리를 빠져나올 수 있었던 일레인은 도움을 요청하기 위해 피를 철철 흘리며 이웃집으로 뛰어갔고, 그곳에서 마침내 911에 전화를 걸었다. 그러는 동안 그녀의 다른 아들 카일은 2층 창문에서 뛰어내려 그 끔찍한 범죄 현장에서 도망칠 수 있었다.

경찰이 도착했다. 처음에 코리는 옷장에 숨어 있었지만 결국 항복하고 말았다. 나는 소름 끼치는 사건의 전말에 여전히 놀란 상태였지만, 프로다운 평정심을 유지하려 애쓰며 그에게 물었다. "하지만, 코리, 이해가 안 가서 그러는데 말이죠… 방금 이야기한 대로라면, 그날 밤 자살 충동을 느낀 당신은 경찰이 당신을 쏘게 하려고 조반니를 살해했고 또 데인과 그의 어머니를 살해하려 했어요… 그런데 왜 숨어 있다가 투항한 거죠?"

코리는 온화한 표정으로 쑥스럽다는 듯이 말했다. "저… 저는 총에 맞으면 아파서 비명을 지르느라 '알라후 아크바르Allahu Akbar'를 말할 수 없을까 봐 두려웠거든요… 천국에 가려면 죽을 때 그 말을 해야 했어요."

사건이 있은 지 18개월이 지난 후, 코리 존슨은 그러한 잔혹 행위를 저지르게 할 만큼 유독한 디지털 세뇌에서 벗어나, 그가 당시 광기의 끝에 도달했었다는 것을 아는 듯 조금은 초연한 태도로 내게 말할 수 있었다. 그는 자신이 빼앗은 생명과 자신의 행동으로 인해 영원히 파괴된 사람들의 삶―자신의 삶 포함―에 대해 깊이 인식하고 후회하고 있었다.

코리는 두 번째 인생은 없다는 것과, 그 일이 단순히 깨어나면 끝나는 나쁜 꿈이 아니라는 것을 깨달았다. 깨달음을 얻고 난 후 그는 감옥에서 두 번의 자살 시도를 했다.

코리 존슨은 그처럼 표류하며 소속될 집단을 찾는 소년들을 모을 목적으로 제작된 교묘한 이데올로기적 사기 영상에서 연결점과 목적을 찾은 길 잃은 공허한 청년이었다. 코리는 디지털 프랑켄슈타인의 괴물에 바쳐진 희생양이다. 코리는 디지털 시대가 더 강력하고 급속히 퍼뜨린 야만과 왜곡으로 채워진 텅 빈 인간이다. 이것은 인터넷과 유튜브으로 전해져 그의 취약한 정신으로 직접 파고들었다.

▼   '신은 위대하시다'라는 의미의 아랍어 표현.

20년 전이었다면 어쩌면 코리 존슨은 게임 '던전 앤 드래곤'을 발견하고 그걸로 끝냈을지 모른다. 물론 디지털 시대 이전에도 히틀러의 『나의 투쟁』이나 『터너의 일기The Turner Diaries』▼를 읽고 급진론자가 될 수도 있었을 것이다. 하지만 이런 구식 세뇌는 책장에서 간간이 꺼내어 읽는 책을 통한 정적인 경험일 뿐이었다. 이런 식의 세뇌는 대개 카리스마 있는 리더가 있을 때 집단 행동이 된다.

코리 존슨은 자신의 공허하고 망가진 삶을 목적이나 의미가 있는 삶으로 확고하게 구체화해주는 이데올로기를 갈망했다. 만약 여러분이 나처럼 그 잔혹한 영상이 코리의 메마른 마음에 빗방울처럼 스며들어 내면 깊숙이 메시지를 밀어 넣고 코리를 자극하는 것을 본다면, 그리고 멈출 줄 모르고 계속되는 영상이 길 잃은 아이의 뇌에 어떤 영향을 끼치는지 상상할 수 있다면 여러분은 그 무자비해 보이는 사건을 이해할 수 있을 것이다. 우리에게 코리 존슨의 행동은 미친 짓이었다. 하지만 필터링이라곤 거의 되지 않는 유튜브 알고리즘의 시대에 그가 저지른 범죄는 전적으로 세뇌에 따른 일이었다.

차갑고 계산적이며 도덕관념이 없는 유튜브 알고리즘은 끝없이 조회수와 사용자의 관심을 늘리도록 설계되어 있다. 검색된 동영상이 강아지와 함께 노는 고양이에 관한 영상인지, 무릎을 꿇은 '이교도'의 머리를 소름 끼치도록 생생하게 톱질하는 종교적 극단주의자에 관한 영상인지는 중요하지 않다. 알고리즘은 가치 판단을 하지 않는다. 알고리즘은 그저 사용

▼ 백인우월주의자이자 신나치당원이었던 윌리엄 루서 피어스(William Luther Pierce)가 1978년 출판한 악명 높은 인종주의 소설이다.

자의 시선을 화면에 붙들어 매기 위해—이상적인 것은 사용자가 잠을 자거나 쉬지 않고 영상을 보는 것이다—점점 더 강도 높은 콘텐츠를 공급할 뿐이다. 아니나 다를까, 코리는 컴퓨터를 침대 옆으로 옮긴 후 끊임없이 그에게 '추천'되는 깜짝 놀랄 만큼 끔찍한 영상들을 계속해서 보았다. 유튜브는 일단 이러한 영상의 존재를 알게 되면 삭제를 시도하지만, 그때는 이미 영상을 본 사람에게 악영향이 미치고 난 뒤다.

『나의 투쟁』은 선반 위에 얹힌 신세다. 현대의 유독한 이데올로기는 몰입형 이미지로 우리의 머릿속을 맹렬하게 파고든다. 더 이상 아버지 세대의 급진화는 통하지 않는다. 알고리즘은 사람을 조종하는 새로운 방법이다. 코리와 같은 아이들은 달리 당해낼 수가 없다.

새로운 디지털 디스토피아 시대의, 심히 병든, 알고리즘이 만든 구역에 온 것을 환영한다.

각주: 코리 존슨을 처음 만나 그의 정신 감정을 하고 1년이 넘도록, 코로나 때문에 2021년 11월로 선고가 연기된 살인 사건 재판에서 나는 전문가 증인으로 증언대에 섰다. 그동안 코리는 나이를 더 먹었고, 키가 자랐으며, 머리를 짧게 잘랐다. 긴장감이 도는 법정 안에서 모든 사람이 마스크를 쓰고 있었다. 배심원단이 사건의 끔찍한 경위를 듣고 눈으로 확인하는 동안 코리는 무표정하게 앉아 있었다. 나는 몇 시간에 걸쳐 그의 정신 이상과 디지털 세뇌에 대해 증언했고, 검사의 열띤 반대 신문을 받았다.

코리 존슨의 유능하고 친절한 변호사들은 무죄 선고를 기대하지 않았다. 그들은 단지 코리의 이해할 수 없는 범죄에 대해 가능한 한 최선의 변호를 하고 설명을 제시할 수 있길 바랐다. 코리는 모든 혐의에 대해 유죄 판결을 받았다. 그의 유죄는 논쟁의 여지가 없으며 판결은 공정하다. 하지만 그에게 영향을 끼친 것과 그 영향력의 디지털 전달자는 기소되지 않은 채로 남아 있다. 그것은 공정하지 **않다**.

5장
디지털 꾀병

과하지만 충분하지 않은 느낌

"인생이, 음… 아시다시피, 보통은 충분하지 않은 것처럼 느껴져요. 아시죠? 하지만 동시에 그건… 저한테 정말 더럽게 벅차요… 감당하기에 너무 벅차다고요."

자신이 치료받고 있는 이유를 설명해보라고 했을 때 그룹에서 내 왼쪽에 앉아 있던 토미라는 젊은이가 한 말이다.

나는 그의 말에 큰 충격을 받았다.

토미의 얼굴은 수염이 되기를 열망하는 털로 덮여 있었고, 낡은 옷에는 너무 많은 치료 프로그램을 돌아다닌 티가 났다. 그는 두 번의 자살 시도로 병원에 입원한 적이 있었는데, 한 번은 고의로 약을 과다 복용했고, 한 번은 팔목을 깊게 그었다. 많은 경계선 성격 장애BPD 환자와 마찬가지로 그도 팔을 자주 그었기 때문에 토미의 팔뚝에는 화려한 문신과 플란넬 셔츠에 가려진 기하학적 배열의 흉터가 있었다. 팔을 긋는 사람 중 대부분은 실제로 자살을 원하지 않지만, 토미와 같은 일부는 정말로 죽고 싶어 한다.

토미는 상담 그룹 내의 다른 열 명과 달라 보이지 않았다. 젊고, 20대였고, 너무 많은 일을 겪었지만 아직 아이처럼 보였다. 만성적인 약물 주입 자국과 피어싱, 문신이 있었는데도 말이다. 토미의 말이 가슴 아프기도 하고 강렬하게 느껴지기도 해서 나는 그에게 방금 한 말을 다시 해 달라고 요청했다. 그가 말할 때 다들 격하게 고개를 끄덕였기 때문에 나는 다른 사람들도 그의 말에 공감했다는 걸 알았다.

"말씀드린 것처럼… 인생이 공허하게 느껴집니다. 충분하지 않은 것처럼 느껴져요… 동시에 인생은 제게 너무 벅차요… 압도당하는 기분이 들어서 얼른 그 상태를 벗어나야겠다는 생각뿐이죠."

내가 치료하던 젊은이 중 점점 더 많은 젊은이가 공통적으로 이 **과하지만 충분하지 않은** 역설적인 기분을 호소했다. 너무나 많은 환자가 삶에 압도당하는 것 같으면서도 길 잃고, 멍하고, 충족되지 않은 기분을 느낀다. 이러한 현상이 급증하는 이유는 대체 무엇일까?

이분법의 함정

토미는 다른 말로 **이분법의 함정**binary trap으로도 알려진 경계선 역설 borderline paradox에 시달리고 있었다. 흔히 동시에 두 가지 감정을 함께 느끼는 이 역설적이고 극단적인 상태는 예를 들어, "가버려, 하지만 날 떠나지 마!" "사랑해, 널 견딜 수가 없어"부터 "죽을래, 살래?"와 같은 최악의 선택으로까지 나타난다. 이것들은 모두 이분법적 사고의 감옥이다. 이 감옥에 갇힌 수감자는 중간 지대를 보지 못한다. 즉, 사랑과 증오라는 양가감정 사이에 회색 영역—미묘한 차이가 있는 특별한 영역—이 있다는 것을 알지 못한다.

두 가지 상반된 생각의 감옥은 언제든 한쪽 극단에서 다른 쪽 극단을 오갈 수 있는 BPD 환자들이 갇히는 감옥이다. 경계선 역설은 이 환자들이 양극단의 두 감정을 **동시에** 느낄 수 있는 경우를 말한다. 사회적 버전의 BPD는 일반적으로 이러한 특성을 지니지 않는다. 예를 들어 버니 샌더스를 지지하던 진보주의자가 쉽게 트럼프주의자Trumpism로 변하진 않는다. 그들은 확실히 두 가지를 동시에 수용하지 않는다. 하지만 우리 사회는 실제로 이분법의 함정에 빠졌다. 코카콜라냐 펩시냐, 빨강이냐 파랑이냐. 중간 영역은 있을 수 **없다**. 이것이 두 가지 생각의 감옥이다.

흥미롭게도 또 다른 경계선 역설 중에 경계선 **고통** 역설borderline pain paradox이라는 것이 있다. BPD를 진단받은 사람들은 흔히 장기적인 건강 문제 때문에 강도 높은 육체적 고통을 경험한다고 말한다. 하지만 이들은 예를 들면 자해 행위에서 오는 단기적인 내장 통증visceral pain은 전혀 느끼지 못한다.[1] 실제로 BPD 환자의 뇌파 신호를 확인하는 중에 이들에게 강렬한 단기 통증을 가했을 때, 과학자들은 이들의 뇌가 수면, 무아지경, 깊은 휴식에 빠졌을 때의 뇌파인 세타파를 만들어내기 시작한다는 것을 발견하고 충격을 받았다.

알다시피 다치면 엔도르핀이 분비되어 일시적으로 고통을 완화해준다. 극심한 스트레스나 트라우마를 겪을 때 몸과 자신이 분리되는 듯한 경험인 해리dissociation 또한 고통을 억제한다. 뇌가 신경 차원에서 가장 기본적인 기능을 제외한 모든 기능을 일시적으로 차단하기 때문이다. 이것이 대체로 BPD 환자가 내장 통증은 잘 느끼지 못해도, 장기적인 만성적 통증은 매우 민감하게 느끼는 이유다.

이 현상은 또한 창상이나 화상 또는 다른 형태의 자해가 BPD 환자에게 해롭진 않지만 위험할 정도로 중독적인 이유를 설명한다. 자해할 때 엔도르핀이 치솟는데, 도파민과 마찬가지로 엔도르핀을 추구하는 습관이 생길수 있다. 심리적인 면에서 많은 BPD 환자들이 **무언가**를 느끼기 위해 스스로 몸에 칼을 댄다고 이야기한다. 그렇지 않으면 이들은 무감각 외에 어떠한 즉각적인 감각도 느끼지 못하기 때문이다.

경계선 성격 장애

경계선이라는 용어는 1930년대에 신경증neurosis과 정신증psychosis 사이의 경계 상태를 가리키면서 처음 사용되기 시작했다. 중간 지대인 이 '경계선' 영역은 일상생활을 할 수 있느냐 없느냐 사이에 놓인 두 정서 장애emotional disorders 세계 사이의 영역이다. 좀 더 현대적인 용법으로 쓰이는 경계선 성격 장애라는 용어는 1980년 DSM-3(정신 질환 진단의 권위서)에서 다른 인격 장애군과 함께 처음 만들어졌다.[2]

전설적인 심리학자 그레고리 레스터Gregory Lester 박사가 발표한 성격 장애 훈련 매뉴얼에 따르면 BPD는 심리적 불안정, 만성적인 공허함, 변덕, 취약성, 과잉 반응, 언어적 폭발, 과장, 자기를 해하는 행동이나 생각, 민감함, 앙심과 같은 특징으로 대표된다. 또한 BPD 환자들은 '분열splitting'(대상을 '완전히 좋음'과 '완전히 나쁨'으로 보는 것)을 보이는 경향이 있다. 실제로 이들은 극단적인 흑백 렌즈로 **모든 것**을 본다.

공식적으로 BPD 진단을 받으려면 최신 DSM-5에 나열된 다음 진단 기준 중 최소 5가지 이상을 만족해야 한다.

> "극심한 고통을 일으키거나 사회적, 직업적 기능에 지장을 줄 정도로 심각한 감정, 대인 관계, 자아상이 오래 불안하게 지속되는 것이 특징인 성격 장애다. 장애의 징후로는 (a) 자해 행위(도박, 과식, 약물 사용 등), (b) 강렬하지만 불안정한 관계, (c) 통제되지 않는 감정의 폭발, (d) 불확실한 자아상, 성별, 목표, 충성심, (e) 빠른 기분 변화, (f) 싸움, 자살 행위, 또는 자해와 같은 자멸적 행동, (g) 만성적인 공허함과 지루함이 있다."[3]

BPD 환자의 자살률은 정상인의 **50배**(오타가 아니다)에 달하고, 환자의 70퍼센트가 중독 증상도 지니기 때문에 이는 매우 힘들고 치명적인 질환이다. 이들은 또한 상황에 매우 민감하게 반응하고, 대인 관계를 어려워하며, 보통 장기간 노력해도 치료가 어려울 수 있다.[4]

BPD의 원인에 대한 세 가지 지배적인 이론은 혐오적 유년기 이론(불행한 어린 시절), 유전 이론, 생물심리사회적 이론(나쁜 환경)이다. 오늘날에는 이 세 가지 요소 모두가 각각의 BPD 환자에게 다른 비율로 영향을 끼친다고 본다. 그리고 BPD에는 유전적 요소가 있어야 하며, BPD는 유아기 환경 요인 및 신경생물학적 기능 장애의 조합일 가능성이 있다는 임상적 합의가 추가로 있다.

BPD가 생기는 원인에 대해 좀 더 자세히 살펴보자.

언급했듯이 경계선 성격 장애는 병인학에서 '다인성'인 것으로 알려진 장애이다. 즉, 장애에 영향을 끼치는 원인이 여러 가지일 수 있다. 유전적 소인은 BPD가 50퍼센트 이상의 유전 가능성이 있다는 것을 보여주는 쌍둥이 연구로 입증되었다. 이는 BPD가 유전 가능성이 높은 것으로 여겨지는 주요 우울증보다 훨씬 더 높은 비율로 '유전'될 수 있음을 의미한다.

BPD 발생에 영향을 끼치는 것으로 확인된 환경 요인에는 최대 70퍼센트의 환자 이력에서 발견된 아동 학대(육체적 혹은 성적 학대, 또는 방치)와 모성 분리(생각이든 실제든 버려졌다는 데 느끼는 분명한 공포심), 모성애 결핍, 부적절한 가족의 범위, 부모의 약물 남용, 부모의 심각한 정신 질환이 있다.

심리학 이론도 있다. **정신화**mentalizing(생각, 감정과 같은 **정신** 상태와 관련하여 개인의 행동을 이해하는 것) 모델에 따르면, BPD는 심리적 스트레스 요인에 대해 회복력이 없을 때 나타난다. 이 개념과 후속 치료 모델은 심리 치료사 피터 포너지Peter Fonagy와 앤소니 베이트먼Anthony Bateman이 제시했다.[6]

이러한 맥락에서 포너지와 베이트먼은 회복력을 부정적 사건이나 스트레스 요인에 대해 "적응적 재평가adaptive re-appraisal"▼를 할 수 있는 능력으로 정의한다. 따라서 재평가를 잘하지 못하는 환자들은 부정적인 경험을 축적하기만 할 뿐 좋은 경험으로부터 배우지 못한다. BPD 환자들은 일상 속 사건이나 스트레스 요인에 대한 부정적 설명과 해석을 축적하고 그 설명에 대항할 수 있는 좋은 경험은 무시한다.

마샤 리네한Marsha Linehan 박사가 대중화한 생물사회적 모델에서 유전적

▼   일반적으로 인지적 재평가cognitive re-appraisal로 알려져 있다. 부정적 상황에 대한 해석을 달리해 감정을 조절한다는 의미이다.

취약성은 "만성적으로 무효화되는 환경"과 만나 BPD 증상의 집합체를 만들어낸다. 리네한에 따르면 "무효화되는 환경이란 개인적 경험을 전달했을 때 변덕스럽고 부적절하며 극단적인 반응이 돌아오는 환경"이며, 내적 경험이나 감정이 인정받지 못하고 무시되거나 처벌되는 환경이다.[6]

정신분석가 오토 케른베르크Otto Kernberg의 또 다른 병인 이론은 유아가 엄마를 이분법적으로 경험하는 게 원인이라고 이야기한다. 즉, 자신을 돌보는 다정하고 양육적인 엄마이자 무언가 쉽게 허락하지 않는 범주는 미운 엄마로 경험한다는 이론이다. 일견 내재적 모순이 있는 듯한 생각은 극심한 불안감을 일으키는데, 만약 이 불안이 "둘 다 사실일 수 있다"라는 이해로 통합되지 않는다면, 이는 궁극적으로 다른 사람에 대한 현실적 관점을 형성할 수 없는 방어 기제인 분열과 이분법적 사고로 이어질 수 있다. 케른베르크의 이론은 지금은 학계에서 퇴출된 '조현병적 어머니 이론 schizophrenogenic mother theory'을 연상시킨다. 정신과 의사인 프리다 프롬라이히만Frieda Fromm-Reichmann이 1948년에 처음 제시한(그리고 1970년대까지 받아들여졌다) 이 설명 모델에서 어머니는 본질적으로 과잉보호와 거부가 섞인 혼란스러운 메시지로 아이의 조현병을 '초래한다'라고 여겨졌다.[7]

이러한 모든 심리학 이론 외에도, 여러 신경 영상 연구에서 BPD 환자의 내측 측두엽의 편도체와 해마에 일반인과 다른 점이 있다는 게 발견되었다. 또한 신경생물학적 연구에 따르면 BPD 환자에게 세로토닌 기능 장애가 있을 수 있다고 한다. 하지만 BPD 환자들은 약물 기반 치료제인 선택적 세로토닌 재흡수 억제제Selective Serotonin Reuptake Inhibitors, SSRI 등에는 사실상 반응하지 않는 것으로 보인다.

그렇다면 무엇이 BPD 환자의 증상을 **악화**시킬까?

분리, 의견 충돌, 거부—실제로 거부당했든 그저 생각일 뿐이든—는 증상을 유발하는 가장 일반적인 요인이다. BPD가 있는 사람은 버림받고 혼자 남겨지는 것에 매우 민감한데, 이런 상황이 되면 이들은 분노, 두려움, 자살 사고, 자해와 같은 강렬한 감정에 사로잡히게 되고 보통은 극도로 반발적이고 충동적인 결정을 하게 된다. 또한, 일관된 양육과 일관된 가족 구성 및 범위의 부재도 불안을 악화시키거나 유발하는 것으로 볼 수 있다.

BPD의 임상적 진단은 증가하는 추세에 있으며, 이 장애는 사람들이 생각하는 것보다 훨씬 흔하다. 미국의 정신 건강 장애 발병률에 관한 최근 연구에 따르면, 전체 인구의 약 1.6퍼센트, 그리고 정신과 입원 환자의 20퍼센트가 BPD를 갖고 있다. 이는 많은 경우 이 장애가 진단되지 않거나 잘못 진단되기는 해도(때때로 성별에 따라 오류가 발생할 수 있다), 미국에서만 400만 명 이상의 사람들이 BPD **진단을 받았다**는 것을 의미한다.

성별에 따라 오류가 발생하는 이유는 남성과 여성의 BPD 발병률에 큰 차이가 있기 때문이다. 미국에서 BPD를 진단받은 사람의 약 75퍼센트는 여성이다. **그러나** 여성이 이러한 장애를 갖기 쉬운지 또는 이것이 BPD 진단의 성별 편견 때문인지는 밝혀지지 않았다. 예를 들어 BPD 증상이 있는 남성은 외상 후 스트레스 장애PTSD 또는 주요 우울 장애와 같은 다른 병으로 오진될 가능성이 더 높다.

BPD에서 오진은 심각한 문제가 될 수 있는데, 식품의약국FDA의 승인을 받은 BPD 약이 없고, 양극성 장애bipolar disorder를 위한 약이 BPD를 치료하는 데는 효과적이지 않기 때문이다.

양극성 장애와 경계선 성격 장애, BPD는 몇 가지 증상이 같을 순 있지만 매우 다른 질병이다. 양극성 장애는 때로 심각한 우울증이나 감정 기복을 일으킬 수 있지만, 이 질환이 있는 사람들은 우울 삽화 사이에는 정상적으로 활동을 할 수 있다. 하지만 BPD가 있는 사람들은 자해 행위나 자살 충동이 일어날 수 있는 더 심각한 상태에 있다.

양극성 장애 환자가 빠르게 양단을 왔다 갔다 할 때 이들이 BPD와 유사한 파괴적 혹은 해로운 행동을 보일 수는 있다. 그래서 이 단계에서 오진이 매우 흔하게 발생한다. 두 장애를 진단하기 더욱 어렵게 만드는 또 다른 사실은 양극성 장애와 BPD를 모두 겪는 사람들이 있다는 것이다. BPD가 있는 사람의 약 20퍼센트가 양극성 장애도 지닌다.

많은 임상의들이 BPD가 실제보다 더 적게 진단된다고 생각하는 또 다른 중요한 이유는 BPD로 고생하는 많은 사람이 치료를 거부하고 있기 때문이다. 도움이 필요 없다고 생각하든 치료가 소용없다고 생각하든, 많은 사람이 별도의 치료를 받지 않고 홀로 BPD와 싸운다.

BPD 진단을 가로막는 또 다른 장벽은 BPD가 있는 사람들의 70퍼센트가 술, 담배, 마약 등 특정 물질과 관련된 장애인 물질 장애substance disorder 또한 지닌다는 사실이다. 약물 사용으로 왜곡되지 않고 정확한 임상 진단이 내려지려면 대상자는 몇 달 동안 약물을 사용하지 않아야 한다. 하지만 BPD에 물질 문제까지 있는 사람을 깨끗하고 맑은 정신으로 있게 만드는 것은 쉬운 일이 아니다.

마지막으로 일부 임상의가 그러한 심각한 질병이 있는 사람을 진단하는 데 주저한다는 문제와 낙인 문제가 있다. BPD 환자들은 그들의 행동(보통 다른 환자들에게 해로운 행동) 때문에 치료 환경 면에서 큰 어려움을 겪는다. 많은 정신 건강 프로그램이 BPD 환자들의 행동이 파괴적이고 다루기 힘들다는 이유를 들어 (환자를 차별적으로 대한다는 주장이 나오지 않도록)

BPD 환자를 받지 않거나 다른 곳으로 보내기 때문이다. 이러한 편견 때문에 일부 임상의가 차트에 **BPD**라는 주홍 글자를 남기지 않으면 환자에게 더 많은 치료 선택지가 생길 거라는 잘못된 가정하에 BPD 진단을 내리기를 피한다. 아이러니한 것은 환자들이 적절한 치료를 받지 않으면 자해와 자살의 비율이 높아지기 때문에, 이 장애를 제대로 진단하지 않는 것이 환자에게 잠재적으로 심각한 **해**가 될 수 있다는 것이다.

이러한 문제들을 고려하면, 경계선 성격 장애가 있는 사람은 1.6퍼센트보다 훨씬 더 많을 것이다.

잘못 진단되든 적게 진단되든 BPD의 진단 비율은 높아지고 있다. 내가 알기로, 임상의와 의료 전문가들은 이 치료하기 어려운 성격 장애가 있는 사람들을 점점 더 많이 발견하고 있다.

하지만 우리가 '가짜 BPD'로 부를 수 있는 사례 또한 있을지 모른다. 나는 이를 뒷받침하는 임상 증거를 보아 왔다. 가짜 BPD가 있는 사람들은 BPD 진단 기준의 일부 혹은 여럿을 만족하지만, 이들에게는 유전적 내력을 포함해 실제 임상 장애가 없다. 이 환자들(달리 부를 수 있는 호칭이 없으므로)은 환경의 영향을 받아 BPD 유형의 행동을 흡수하거나 형성했다.

가짜 BPD는 앞서 말한 **사회적 전염** 모델의 또 다른 예이며, **사회적 요인에 의해 발생**하는 것으로도 알려져 있다. 이 모델에 따르면, 젊은이들은 친구나 대중 매체에서 본 정신의학적 또는 행동적 문제를 보일 수 있다. 혹은 소셜 미디어와 관련해, 앞서 언급한 '디지털 인위성 장애DFD' 문제를 보일 수 있다.[8] 이미 논의한 대로, 사회적 전염, 또래 전염은 젊은 성인과 청소년들에게 관찰되는 정신 건강 문제나 위험 행동과 관련이 있는 것으로 확인된 개념이다. 간단한 예를 들면, 젊은이들은 담배를 피우는 또래들과 어울릴 때 담배를 피우기 시작할 확률이 더 높아진다. 비슷하게, 누군가가 소셜 미디어에서 특정 행동이나 장애를 끊임없이 시청한다면 의식적이든 무의식적이든 그 행동을 자주 모방할 수 있다.

나는 병원에서 가짜 BPD 환자들을 진료할 때, 부정적인 영향을 끼치는 동료나 사회적 모델이 **없는** 안전하고 체계적인 치료 환경에서 그들이 어떻게 반응하는지를 본다. 실제로 가짜 BPD 환자들은 거의 바로 상태가 좋아진다. 반대로 진짜 BPD 환자들은 보통 일관된 변증법적 행동 치료 dialectical behavioral therapy를 포함해 극히 어렵고 긴 집중 치료의 길을 걷는데, 그렇게 해도 결과는 안 좋을 수 있다.

외부 영향에 의한 사회적 전염이나 사회 발생적 효과 외에, 본질적으로 정신적·심리적 고통의 직접적 결과로서 다양한 신체 장애가 나타나는 심신증 또는 심인성 질환을 다루는 정신의학 교과서도 있다.

심인성 질환에 해당하는 일반적인 현상 중 하나는 지금은 **심인성 비간질성 발작**psychogenic nonepileptic seizures으로 더 잘 알려진 '가성 발작'이다. 가성 발작은 간질 발작과 매우 유사하지만, 흔히 불안, 학대 또는 스트레스 등 심리적 또는 정신적 원인에 따라 발생한다.[9]

이를 통해 마음의 문제가 원인인 심인성 현상이든 집단적 효과가 원인인 사회적 전염, 혹은 사회 발생적 효과의 부산물이든 몸이 특정 장애를 모방하게 하는 정신의 작용을 분명히 확인할 수 있다.

나를 괴롭히기 시작한 질문은 틱톡 투레트 증후군과 비슷하게, 우리가 소셜 미디어에 기반한 또 다른 사회적 전염 효과를 목격하고 있는 것인지였다. 최근 개인에게 영향을 끼칠 뿐만 아니라 점점 더 사회 차원에서 영향을 끼치며 가짜 BPD 환자를 늘려 우리 사회 전체를 변형하기 시작한 것은 바로 양극화된 소셜 미디어다. 소셜 미디어는 곳곳에 존재하면서 사람들의 반응과 흑백 논리적 사고를 증폭시켜 정신적 독소를 만들어낸다.

경계선 사회

BPD라 진단할 만한 행동과 증상을 보이는 것은 치료 프로그램에 등록한 환자만이 아니다. 구체적으로 말하면 사회 전체가 거시적 차원에서 똑같은 징후와 행동을 보이고 있다. 사람들은 극도의 불안정성과 양극화로 분열하고 있고, 정신과 약물 처방이 증가했으며, 자살은 사상 최고 수준이고, 반발감, 비방, 시민 소요 모두 기록적으로 빈발했다.

어떤 사회적 전염 효과가 이런 병리학적 행동을 이끄는 걸까? 우리는 진정 소셜 미디어가 주도하는 가짜 BPD를 보고 있는 걸까? 내 의견은 '확실히 그렇다'는 것이다. 소셜 미디어는 생각하고 기능하고 정보를 처리하는 뇌의 구조와 틀을 본질적으로 제한적인 이진법 방식으로 만들고 있다. 신경과학자에 따르면 우리가 정보를 처리하는 방식—읽기 또는 시각 매체 또는 비언어적 신호를 통한 방식—은 우리의 뇌가 '생각'하고 기능하는 방식을 형성한다.

인류학자 에드워드 사피어Edward Sapir와 벤저민 리 워프Benjamin Lee Whorf 는 그들의 이름을 따 사피어-워프 가설로 불리게 된 언어 결정론에서 한 걸음 더 나아갔다. 언어 결정론은 말과 언어가 우리의 생각과 세상을 경험하는 방식을 형성한다(반대의 경우는 성립하지 않는다)는 가설이다. 만약 **소외**와 같은 추상적인 개념에 대한 단어가 없다면, 우리는 정말로 그에 대해 생각할 수 없다는 것이다. 그들은 다른 언어를 쓰는 서로 다른 문화권의 사람들이 실제로 다르게 **생각**한다고 여겼다.[10]

이제 우리는 언어가 사고를 형성하는 것뿐만 아니라, 기술과 인터넷이 언어에 영향을 끼치고 그에 따라 우리가 생각하는 방식도 영향을 받는다는 사실을 배우고 있다. 「뉴욕타임스」 선정 베스트셀러인 『인터넷 때문에』의 저자이자 언어학자인 그레천 매컬러Gretchen McCulloch는 십 대들이 문자 메시지라는 렌즈를 통해 생각하는 법을 배우면서, 이전과 다르게 말을 쓰고 다르게 구두점을 찍으며, 그 구두점이 그들의 새로운 사고방식을 반영한다고 주장한다.

문자 플랫폼을 통한 이러한 언어 형성은 소셜 미디어가 젊은이들이 생각하는 방식을 바꾸고 있음을 한층 더 확실히 보여주며, 1960년대에 마셜 매클루언이 남긴 유명한 말 "매체가 곧 메시지다"를 반영한다. 다만 이제 매체(디지털, 이원성, 소셜 미디어)는 메시지일 뿐만 아니라 메시지를 받는 사람을 **형성**한다. 매체는 뇌가 생각하는 방식에 영향을 끼치며, 우리의 사고방식을 폭 넓은 **스펙트럼 사고**에서 폭이 좁고 복잡성이 결여된 이분법적 사고로 제한한다.

불행히도 이렇게 소셜 미디어로 증폭된 이분법적 사고의 양극성은 극도로 유해하다. 흑백 논리의 이분법적 사고는 BPD를 포함한 여러 성격 장애의 특징이다.

이 경우 BPD 진단은 기술과 소셜 미디어가 만든 점점 더 많은 수의 젊은 환자만이 아니라 집단적 사회라는 더 큰 차원에도 적용할 수 있다. BPD가 실제로 사회적 차원에서 일어나고 있다면, 이는 우리 종과 문명에 대한 실존적 위협이다.

좋은 소식은 우리가 이분법적 사고와 BPD의 치료법을 알고 있다는 것이다. 바로 오늘날 가장 강력하고 영향력 있는 임상적 개입 중 하나인 변증법적 행동 치료법이다. 이 치료법은 변증법의 고대 개념을 이용해 환자가 스펙트럼 사고(이분법적 사고와 반대되는 것)뿐만 아니라 '미묘한 차이'를 인식하는 능력을 사용하도록 훈련한다. 그렇게 함으로써 무엇이든 '항상' 혹은 '절대'인 것이 아니라, 그러한 양극 사이에 진리가 있다는 것을 배우게 한다.

BPD 환자들은 고통 감내력distress tolerance을 키우는 방법, 그리고 마음챙김 기술, 수용, 나아가 고통에서 의미를 찾는 데서 '감정 조절'을 더 잘하는 방법을 배우게 된다. 그러면서 회복력을 형성하고 기르게 된다. 변증법적 행동 치료에 참여하는 환자들은 양극화된 소셜 미디어에서 벗어나 '관찰 자아observing ego'('목격자the witness'라고도 한다. 판단하거나 반응하지 않고, 감정 없이 높은 위치에서 자신을 바라보는 관점)를 개발하도록 권장된다. 마지막으로 환자들은 '다른 사람의 입장이 되어' 공감하는 능력을 개발하고 나선형의 자기 몰두에서 벗어나도록 배운다.

기술과 소셜 미디어가 불 지핀 이분법적 사고와 그로 인해 생겨난 양극화는 모르는 사이 젊은이들과 우리 사회 모두를 점점 병들게 하는 사회적 역병이 되었다. 우리의 거시적 환자, 21세기판 호모 사피엔에게 아주 적절한 사회적 진단이다.

하나의 사고 실험으로서, 나는 DSM의 BPD 기준을 일부 사회적 지표에 적용해보았다.

(a) 자학적 행동(예: 도박, 과식, 물질 사용): 2021년 약물 과다 복용으로 10만

명 이상이 사망할 정도로 우리는 기록적인 수준의 중독에 빠졌다. 2019년에는 4만 7000명 이상이 자살로 사망했다.

(b) 강렬하지만 불안정한 관계: 완전히 들어맞진 않지만, 가정 학대와 이혼율을 사회적인 '강렬하지만 불안정한 관계'의 지표로 보자. 이혼율은 지난 20년 동안 두 배가 되었는데, 코로나가 유행하는 동안 34퍼센트 더 증가했다. 가정 학대나 '친밀한 관계에서의 폭력intimate partner violence, IPV'도 꾸준히 늘고 있으며, 이 역시 코로나가 유행하는 동안 20퍼센트 증가했다.

(c) 통제되지 않는 감정의 폭발: 이는 측정하기 어렵지만, 사회적 불안정성으로 생각하면 된다. 시민 동요, 그리고 교수진과 관리자 또는 발표자와 격한 논쟁을 벌이는 매우 반동적이고 '폭발하는' 젊은이들의 경우에서 볼 수 있듯이 전반적으로 불안정성이 더 커졌다고 봐도 무방할 것이다. 통계적으로 주요 도시의 폭력 범죄율도 증가했다.

(d) 불확실한 자아상, 성별, 목표, 성실성: 사회적 차원의 '목표'와 '성실성'을 측정하기는 어렵다. 다만 자아상과 관련해 십 대들 사이에서 성별 불쾌감gender dysphoria이 크게 증가했다.

(e) 싸움, 자살 가장suicidal gesture, 또는 자해와 같은 자멸적 행동: 이중 지표로 측정할 수 있는 것은 자살이다. 자살은 코로나가 유행하기 전해에 4만 7000명 이상 발생하여 최고치를 기록했다.

(g) 만성적인 공허함과 지루함: 많은 연구가 전자 기기의 과잉 자극이 '지루함 유행병boredom epidemic'을 만들었다고 말한다. MZ세대의 공허함과 권태가 급증했음을 보여주는 연구도 있다.

다시 말하지만, 내 말은 우리 사회가 임상적 BPD를 갖고 있다는 것이 아니라, 사회적 전염에 의한 가짜 BPD의 징후를 보인다는 것이다. 이는 일단 유독한 병균(소셜 미디어)이 없어지면 '치료'될 수 있다. 회복력을 기를 수 있을 만한 안정적인 환경에서 사람들은 비판적 사고 능력과 상황의 미묘한 차이를 인식할 수 있는 내재된 능력을 사용하기 시작한다.

성격 장애 전문 치료사 세라 화이트와의 인터뷰

나의 동료 세라 화이트Sarah White는 BPD 역학에 대한 이해와 BPD 환자의 효과적 치료에 전문성과 통찰력을 갖춘 뛰어난 임상의다. 세라와의 문답은 여러분이 BPD를 이해하는 데, 그리고 기술에 집착하는 사회에서 우리가 과연 '가짜 BPD'를 만들고 있는 것인지를 이해하는 데 도움이 될 것이다.

Q. (직업적으로 그리고 개인적으로) 간단히 자기소개를 해주시겠습니까? 성격 장애가 있는 젊은이들을 치료하는 데 관심을 두게 된 계기는 무엇인가요? 또 환자들을 위해 어떤 임상적 치료(환경)를 하셨나요?

제 할머니는 경계선 성격 장애가 있으셨어요. 평생 심하게 고생하셨는데, 그런 할머니를 보며 성격 장애에 관심을 두게 되었죠. 그런 계기로 대학에서 심리학을 공부했고, 대학원에 가서는 사회 참여 활동을 했습니다.

학교에 다니면서 알게 된 것은 성격 장애는 다루기 어려워서, 가능하면 전문가에게 맡겨야 한다는 것이었죠. 대학원에서 글로벌 청년 단체의 전임의로 일하는 동안, 저는 제가 젊은 성인과 청소년들을 다루는 것을 정말로 좋아한다는 것을 알게 되었습니다. 저는 회복 환경을 연구했고 경력 초기에 몇 년 동안은 정신 병원에서 일했습니다. 그곳에서 성격 장애가 분명히 있지만 그러한 단기적 환경에서는 근본적인 치료가 되지 않는 환자들을 주로 만났죠. 약물은 그들에게 거의 효과가 없었어요.

그래서 성격 장애의 치료법을 더 찾아보는 데 관심을 두게 되었습니다. 저는 단체 생활 공간과 30일 치료 모델이 있는 독특한 프로그램을 운영해 사람들을 치료하기 시작했습니다. 점점 더 많은 사람이, 특히 경계선 성격 장애가 있는 사람들이 제 치료 프로그램을 찾기 시작했죠. 저는 장기적이고 집중적인 치료 환경이 얼마나 많은 차이를 만들어낼 수 있는지가 궁금했고, 60일에서 90일의 변증법적 행동 치료와 성격 장애 특화 치료를 진행했을 때 환자들의 기분, 정체성, 대인 관계, 문제 해결 능력이 상당히 향상되었다는 것을 알게 되었죠.

Q. 임상적 BPD가 무엇인지 설명해주시겠어요? BPD 환자는 어떤 행동을 보이고, BPD의 원인은 무엇이죠?

DSM-5는 경계선 성격 장애를 "성인기 초기에 시작하여 여러 상황에서 나타나는 대인 관계, 자아상 및 정동의 불안정성과 현저한 충동성의 광범위한 형태"로 정의합니다. 이 장애에는 9가지 진단 기준이 있는데, 경계선 성격 장애로 진단받기 위해서는 5가지 기준이 충족되어야 하죠.

사람마다 다른 기준이 조합될 수 있기 때문에 경계선 성격 장애가 있는 사람들은 조금씩 다르게 보일 수 있어요. 다음은 이 장애에 대한 진단 기준입니다.

1) 실제 혹은 상상 속에서 버림받지 않기 위해 엄청난 노력을 함(버림받는

것에 대한 극심한 공포), 2) 과대평가와 과소평가의 극단을 반복해 오가는 것이 특징인 불안정하고 격렬한 대인 관계 양상(사랑해, 미워해!), 3) 정체성 장애·지속적으로 불안정한 자아상(정체성·자아의식 부재), 4) 자신을 해할 수 있는 최소 두 가지 경우에서의 충동성(소비, 성관계, 물질 사용, 난폭한 운전, 폭식), 5) 반복적 자살 행동, 자살 가장, 자살 위협, 혹은 자해 행동(베기, 화상 입기, 피부 뜯기, 머리카락 뽑기, 자신을 치고 때리기 등), 6) 몇 시간 동안 지속되며 드물게 수일 동안 지속되기도 하는 정동(기분)의 불안정(강렬한 우울감, 불안, 분노), 7) 만성적인 공허감, 8) 부적절할 정도로 심하게 화를 내거나 화를 조절하지 못함(성질 부림, 지속적 분노, 육체적 싸움), 9) 스트레스와 관련된 일시적인 편집증적 사고 또는 심한 해리 증상.

이 증상들 또한 사람마다 다르게 나타날 수 있습니다. 아직 DSM-5에 반영되진 않았지만 다른 성격 장애뿐만 아니라 경계선 성격 장애도 경증, 중등도, 중증으로 나타날 수 있기 때문이죠. 저는 또한 이 성격 장애에 다른 하위 범주가 있을 수 있다는 것을 알았어요. 예를 들면 진단할 수 있는 범주 내에 있는 의학적 유형이지만, 과다한 분노로 모든 사람과 계속 논쟁을 벌이는 폭력적 유형처럼 말이죠.

예전에는 경계선 성격 장애가 트라우마 때문에 발생한다고 보았습니다. 그러나 최근의 연구는 성격 장애가 어떤 외상성 사건이 아니라 신경학적 결핍에서 야기되는 유전적 장애라고 밝힙니다. 수많은 연구가 이러한 결핍을 입증하는 MRI 영상과 생물학적 양상을 보여주고 있어요.

우리는 성격 장애가 부모, 형제자매, 자녀와 같은 1차 관계에서 가장 흔히 발생한다는 것을 알게 되었습니다. 저는 또한 경계선 성격 장애가 있는 사람들을 치료하는 동안 많은 사람이 실제로는 트라우마를 경험한 적이 없는데도 살면서 겪을 수 있는 불행한 일을 트라우마적인 사건으로 해석한다는 것을 알게 되었죠. 예를 들면, 그들은 이런 식으로 이야기합니다. "마약을 하려고 몰래 집에서 나왔다가 파티에 가지 못하게 되었어요. 외출 금지를 당한 것은 트라우마가 되었죠." 혹은 "치어리더 팀에 뽑히지 못했는데, 그것이 트라우마가 되었어요."

Q. BPD 환자를 치료하는 동안 BPD로 고생하는 사람들의 수나 장애의 정도 면에서 변화를 느낀 적이 있나요?

일하면서 정말 많은 BPD 환자들을 만났지만, 그건 제가 주로 대부분 단기 치료 환경에서 일해 왔기 때문이라고 생각해요. BPD는 도움이 절실히 필요한 장애이기 때문에 사람들은 자연스럽게 빠르게 도움을 받을 수 있는 환경을 찾죠. 하나 지적하자면 일종의 가짜 BPDpseudo-BPD 증상을 보이는 새로운 유형의 환자가 늘었다는 겁니다. 그들은 불안정한 대인 관계, 자아상, 정동 불안정, 충동성을 보이는 것 같지만 진단을 위한 기준을 충족하진 못해요.

더욱 흥미로운 것은 좀 더 단절된 치료 환경에 놓이면 그들이 애초에 보였던 몇 가지 증상이 사라진다는 겁니다. 치료를 위해 나타난 이 젊은 남녀들은 힘들어하고, 불안해하고, 미칠 듯한 기분을 느끼죠. 그러다 일단 욕구가 충족되면, 즉 평범한 삶의 스트레스 요인과 디지털 기기의 화면에서 벗어나 건강한 사회적 관계를 접하고 영양가 있는 음식을 먹고 매일 운동하면, 그들은 정상화되기 시작합니다. 그들이 BPD를 갖고 있지 않다는 것은 분명해요.

Q. 가짜 BPD라는 용어를 쓰셨는데, 그게 무엇인지 설명해주시겠습니까? 그리고 소셜 미디어 중심의 문화가 실제 임상적 BPD와 가짜 BPD 모두에서 어떤 역할을 한다고 생각하시나요?

앞서 말씀드린 것처럼 가짜 BPD를 가진 사람은 BPD에 대한 일부 기준을 충족하지만, 그 정도로는 BPD 진단을 받기에 충분하지 않습니다. 그들은 분명히 건강이 좋지 않고 삶과 대인 관계에서 어려움을 겪고 많은 부적응적 행동을 보이죠. 하지만 여기서 차이점은, 말하자면 그들이 진짜 BPD가 있는 것이 아니고, 거짓 양성 반응을 나타내고 있다는 것을 드러내는 몇 가지 간단한 변화입니다.

많은 가짜 BPD가 특정 사회적 학습에서 기인한 것으로 보입니다. 가짜 BPD를 보고하는 이들의 삶은 유명 인사, 소셜 미디어 인플루언서, 자극적인 롤 모델로 넘쳐나요. 사람들은 가치를 인정받거나 성공하려면 옆에 있는 사람보다 더 시끄럽고 재미있고 거칠고 산만해야 한다고 배우죠. 너무나 많은 이들이 심하게 과시적이고 극적인 행동을 일상적으로 전시하는 사람들을 보고 있어요. 인플루언서들은 자극적인 행동으로 '좋아요'를 받고 팔로워와 조회 수, 인기를 얻고 보통은 돈도 벌죠.

인플루언서들의 행동 방식은 이러한 온라인 플랫폼에서는 정상인 것으로 여겨지는데, 청소년들에게는 이에 맞서 싸울 자아의식과 정체성이 없어요. 여러 발달 모델을 보면 자아의 개별화와 발달은 10대 중후반에서 20대 사이에 일어납니다. 지금 아이들은 유아기부터 소셜 미디어에 노출되고 있어요. 소셜 미디어에서 아이들이 확인하는 메시지는 앞서 설명한 바와 같죠. 따라서 아이들이 발달상 중요한 단계에 도달할 때쯤이면, 이 가짜 BPD 모델은 아이들 사이에서 아주 흔한 것이 됩니다.

Q. 오늘날 우리의 문화와 사회에서도 BPD의 양상이 보이나요?

물론입니다. 사람들이 계속 극적인 '보여주기'나 부적응적 행동에 더 많은 관심을 보이고 보상하면서 우리는 우리 사회의 막내들이 불안정함, 하찮아진 기분, 늘 노력하지만 원하는 바를 절대 이루지 못한다는 사실, 끝없는 경쟁을 받아들이도록 부추기고 있는 것 같아요.

그래도 가장 나쁜 건 아주 극단적인 콘텐츠를 만드는 사람들입니다. 그들이 아이들을 키우고 있죠. 너무나 많은 아이가 자해를 하고, 마약을 하고, 극단적으로 발언하는 사람들의 실시간 영상을 봐 왔습니다. 이 콘텐츠들은 사실상 관리되지 않아요. 누구든 원하는 대로 게시하고 방송할 수 있죠. 리얼리티 TV 프로그램도 있는데, 이러한 프로그램은 우리가 다른 사람들의 삶에 끝없이 파고들 수 있게 해줍니다. 리얼리티 프로그램은 대개 보는 사람들이 계속 흥미를 느낄 수 있도록 가능한 한 가장 흥미로운(극적인) 행동을 보여주죠. 안타깝게도 흥미와 관심을 끄는 것은 발달 중인 모든 아이에게 아주 해로운 볼거리이기도 합니다.

Q. 앞서 BPD의 진단 기준 중 일부로 '정체성 장애'와 '불안정한 자아상'을 언급하셨습니다. 그리고 진짜처럼 보이지만 소셜 미디어와 같은 환경적 요인의 영향을 더 받는 가짜 BPD를 이따금 본다고도 하셨죠. 최근 성별 불쾌감을 호소하는 젊은 층이 급증하고 있습니다. 브라운대학의 리사 리트먼 Lisa Littman 박사는 2018년 논란이 된 '청소년 및 젊은 성인 사이에서 급성으로 발병한 성별 불쾌감'이라는 제목의 논문에서 소셜 미디어가 이들에게 영향을 끼쳤을 수 있다고 지적했습니다. 또한 부모들도 이것이 진짜로 발달된 내부 정체성이라기보다 외부 자극의 결과라고 말했습니다. BPD 환

자들에게서 이러한 경우를 본 적이 있으신가요?

실제로 치료를 하러 오신 분 중 자신을 트랜스젠더로 인식하면서 BPD나 다른 성격 장애도 있는 몇몇 분들이 있었습니다. 지금까지 성공적으로 성격 장애 치료를 마친 많은 분들이 자신은 진짜 트랜스젠더가 아니고 BPD나 다른 성격 장애의 증상을 겪고 있었다는 사실을 깨달았어요. 반면 진짜 트랜스젠더인 분들도 만났는데, 그 경우 감정적 문제에 대해 적절한 치료를 하는 동안 트랜스젠더 정체성은 내내 일정했습니다.

제가 말하려 하는 것은 이겁니다. 저는 실제로 그렇지 않은데 자신을 트랜스젠더로 인식하는 사람들이 증가하는 모습을 봐 왔어요. 하지만 그들은 다른 정신 질환 치료에 참여하고 그 과정을 마치고 난 후에는, 자신이 사실 반대 성을 지닌 사람이 아니라 정체성을 찾고 있었을 뿐이란 사실을 깨닫게 되죠.

우리는 TV, 소셜 미디어, 영화에서 트랜스젠더들을 보고 그들을 축하합니다. 트랜스젠더가 커밍아웃하고 진정한 자신이 될 수 있다는 것은 놀라운 일이지만, 가짜 트랜스젠더인 사람들은 부적응적 행동을 반복하고 트랜스젠더로서는 비정형적인 행동을 하기 때문에 진짜 트랜스젠더들에게 정말 해로워요. 가짜 트랜스젠더 사례는 트랜스젠더에 반대하는 주장에 기름을 붓습니다.

기술이 발전함에 따라 우리는 가장 병든 사람들이 더 많은 콘텐츠를 만들어내면서 다른 사람들이 그들을 따라 행동하도록 부추기는 모습을 계속 보게 될 겁니다. 이 가짜 BPD를 가진 사람들도 앞으로 계속 더 늘어날 거예요. 이런 사람들은 인기가 많고 주목을 받으니까요. 어쨌든, 모두가 관심을 받고 싶어 하잖아요?

사회 발생적 정체성 혼란

지난 몇 년 동안 트랜스젠더에 관한 주제는 미국 사회에서 중요하게 다뤄졌다. 당연히 그래야 한다. 억압받고 소외되었던 트랜스젠더 커뮤니티의 구성원은 역사적으로 영향력을 발휘하지 못했고 제대로 목소리를 내지 못했다. 하지만 이제 복잡한 성 정체성에 관한 새롭고 더 발전된 이해를 바탕으로, 트랜스젠더와 제3의 성 정체성을 더 광범위하게 수용하려는 움직임이 분명 나타나고 있다.

그러나 정신의학계 임상 질환의 권위서(DSM)에 따르면 트랜스젠더는 성별 불쾌감을 지닌 사람으로 분류된다. 다시 말해 1973년(동성애가 '성적 지향 장애'로 대체된 때)까지만 해도 동성애가 DSM에서 정신 장애로 분류되고 병적으로 해석되었던 것처럼 성별 불쾌감도 정신 장애에 속한다. 하지만 여기서 핵심은 문화적 규범이 유동적이라는 것, DSM이 절대적인 권위서가 아니라는 것, 그리고 어떤 상황에 대한 우리의 생각은 변할 수 있다는 것이다.

분명히 말하지만, 중독성 장애를 분류하는 것에 가치 판단이 들어가지 않는 것처럼 DSM에서 성별 불쾌감이 장애로 분류되는 것에 트랜스젠더 개인에 대해 도덕적 판단을 해서는 안 된다. 이러한 특성을 지닌 사람들이 상당한 사회적 고통을 겪을 수 있기 때문이다. 선천적이면서 진짜인 트랜스젠더라는 지향을 심리 병리학 편람에 포함해 이를 일반 대중으로 하여금 장애로 여기게 만드는 것은 문제일 수 있다.

어쨌든 우리가 '트랜스젠더 정체성'이라고 부르는 것은 역사적으로 수세기 동안 여러 사회에서 다양한 정도로 수용되어 왔다. 예를 들어 인도의 히즈라hijra, 타이의 까터이katoey, 필리핀의 바클라bakla, 브라질의 트라베스티travesti와 같이 남성으로 태어나 여성처럼 옷을 입고 생활하는 사람들이다. 이는 확실히 지금의 성전환 움직임보다 앞선 것이었다. 하지만 각각의 트랜스젠더들이 사회에서 다양한 수준으로 인정받고 받아들여졌다 하더라도, 그들은 여전히 계속되는 차별에 직면해 있다.

그러나 우리가 지금 살펴보는 사회 발생적 성전환 문제는 진짜 트랜스젠더 정체성과는 아무런 관련이 없다. 여기서 이야기하는 문제는 자신을 트랜스젠더로 여기지만 실은 진짜 트랜스젠더가 아니라 소셜 미디어나 또래와 같은 사회 발생적 요인의 영향을 받았을 가능성이 있는 사람들에 관한 것이다.

실제로 성 다양성 문제의 선구자이자 미국심리학회의 회원으로 트랜스젠더 건강 관리 지침을 작성 중인 71세의 트랜스젠더 임상 심리학자 에리카 앤더슨Erica Anderson은 최근 치료를 원하는 십 대들이 극적으로 증가하는 이유가 동료 집단으로부터 받는 사회적 압력, 소셜 미디어, 그리고 트랜스젠더 문제에 관한 폭넓은 수용 때문일 것이라고 본다. 그는 「LA타임스」와의 인터뷰에서 "성 정체성 형성에 사회적 영향이 전혀 없다고 딱 잘라 말하는 것은 현실을 외면하는 겁니다. 십 대들은 서로에게 영향을 끼치죠."라고 말하며 아이들이 고립감을 느끼면서 소셜 미디어에 더욱 의존하게 만든 코로나19 때문에 아마도 상황이 더욱 악화되었을 거라고 지적했다. "사회적으로 고립되고, 소셜 미디어를 급격히 과다하게 소비하고, 대안적 정체성이 인기를 끄는 상황이 아이들 각각의 실제적인 발달에 영향을 미칠 때, 무슨 일이 벌어질까요?" 그녀는 또 「워싱턴포스트」에 이렇게 말했다. "상당수의 아이가 유행이라는 이유로 트랜스젠더에 빠져들고 있습니다. 아이들을 지지해야 한다는 조급한 생각에 우리는 그것이 그들의 진짜 정체성인지 살피지 못하는 것 같아요."

리사 리트먼 박사는 논란이 된 자신의 연구를 통해 이 현상을 조명했고, 사춘기 **이후** 성별 불쾌감이 갑자기 시작된 것처럼 보이는 이 현상을 급성 성별 불쾌감Rapid Onset Gender Dysphoria, ROGD으로 명명했다.[11] 박사는 2018년 과학 저널 「플로스 원PLOS ONE」에 동료들의 검토를 거쳐 자신의 연구를 발표했다. 연구를 위해 리트먼은 성별 불쾌감이 있는 청소년 자녀를 둔 256명의 부모를 대상으로 설문 조사를 진행했고(부모의 답변에 의존하는 식의 조사는 연구에서 가장 큰 비판을 받은 부분 중 하나였다) 다음과 같은 결론을 도출했다.

그중 가장 의미 있는 결과는 이른바 ROGD(현재 공식 진단명은 아니다)를 겪는 청소년들이 (1) 특이하게도 사춘기 이전에는 성별 불쾌감의 징후를 전혀 보이지 않았다는 것, (2) 62.5퍼센트에 이르는 많은 아이가 트랜스젠더로 커밍아웃하기 전에 한 가지 이상의 정신 건강 장애 진단을 받았다는 것, (3) 트랜스젠더로 커밍아웃하기 전에 소셜 미디어 사용이 갑자기 눈에 띄게 증가했다는 것(조사 대상의 63.5퍼센트), (4) 생물학적으로는 여성이지만 여성의 성 정체성을 갖지 않은 사람이 조사 대상 80퍼센트의 비율로 불균형적으로 나타났다는 것이다.(표준 수치는 아니다. DSM-5에서 성별 불쾌감의 유병률은 생물학적 남성 인구의 경우 0.005~0.014퍼센트, 생물학적 여성 인구의 경우 0.002~0.003퍼센트이다.) 소셜 미디어 노출도 크게 관련이 있었다. 많은 부모가 공통적으로 중요하게 이야기한 부분은 자녀들이 자신의 성전환 이야기를 들려주는 인기 트랜스젠더 유튜버들을 따르는 등 소셜 미디어 인플루언서에 대한 노출이 증가하는 동안 변화가 일어났다는 것이다.

커밍아웃 이후 아이들은 부모와 전보다 자주 부딪혔고 이성애자, 트랜스젠더가 아닌 사람들에게 이전보다 더 적대감을 보였다. 부모는 아이들이 자신들을 경멸적으로 '번식자breeder'로 부르거나, '대명사 경찰pronoun-police'▼ 행세를 하며 속을 썩였다고 응답했다. 아이들은 소셜 미디어에서 본 트랜스젠더적 언어를 사용했으며, 부모는 아이들의 말이 "대본처럼" "대본을 읽는 것처럼" "딱딱하게" "무슨 안내장처럼" "글자처럼" 또는 "복사해서 붙인 것처럼" 들린다고 답했다.

연구에서 검토된 사례를 바탕으로 리트먼은 ROGD가 DSM에 기술된 성별 불쾌감의 실제 사례와는 다르게 사회적 전염에서 기인한 것으로 보인다고 결론지었다.

리트먼 박사의 결론은 앞서 본 대로 소셜 미디어의 영향에서 기인한 것으로 보이는 성격 장애에 대한 세라 화이트의 통찰과 일치하며, 가짜 투레트 증후군, 가짜 BPD 행동을 일으킨 소셜 미디어의 사회적 전염 효과에 대한 나의 생각과도 일치한다.

카리스마 있고, 화려하고, 매력적이며, 특정 정체성을 수용하는 다양한 인플루언서들이 등장하는 소셜 미디어로 포화된 세상에서 오늘날 일부 젊은이들이 영향을 받고 자신의 정체성을 형성할 수 있다는 주장이 과연 상상도 못 할 이야기일까? 특히 미디어의 영향으로 정체성이 쉽게 흔들릴 수 있다는 젊은 층의 정신의학적 특성을 생각하면 말이다.

▼   성별을 특정하는 he/his/she/her 대신 they/them 등을 사용하도록 단속하는 사람들을 일컫는다.

'틱톡적' 다중 인격

성 정체성이 유동적일 수 있는 상황에서 소셜 미디어의 영향을 받는다면, 아마도 소셜 미디어는 우리가 전에는 잘 인지하지 못했던 방식으로 정체성을 해체하고 재구성할 수 있을 것이다. 즉, 인간은 본래 사회적으로 쉽게 영향을 받는 생물이기 때문에—특히 핵심 발달 단계에서—성별과 개인의 정체성은 전에 알았던 것보다 훨씬 더 다양한 방식으로 바뀔 수 있다.

어쩌면 우리는 정체성이 사실 사회적 산물이라는 것을 이해하기 위해 소셜 미디어처럼 사회적으로 유독하고 강력한 무언가가 필요했을지도 모른다. 사회적 환경은 적절한 상황에서 생물학과 유전학을 압도할 수 있다. 실제로 사회적 환경이 어떻게 생물학을 압도하는지를 보여주는 두 가지 예로, 틱톡에서 번진 야생 아동feral children과 해리성 정체 장애dissociative identity disorder, DID 사례를 들 수 있다.

우선 야생 아동부터 살펴보자. 야생에서 자라 개와 같은 다른 종에 의해 길러진 아이는 의사소통 방법, 털 손질 방법, 먹는 방법, 사회화 등 모든 면에서 해당 종의 행동적 특성을 보인다. 개가 기른 인간은 이 모든 행동을 완전히 개처럼 한다.[12] 이 경우 어떤 의미에서 인간으로서의 생물학적 유산은 주변 사회 환경에 의해 대체된다고 할 수 있다.

야생 연구가인 마샤 린츠Marcia Linz는 정체성의 본질에 대해 다음과 같이 지적한다. "야생 아동과 인간이 아닌 동물과의 관계는 아동의 정체성에 깊이 영향을 끼친다. 우리가 함께 사는 다른 존재처럼 성장한다는 것은 한 존재가 지닌 특성이 유전적인 것이 아니라 환경의 영향을 크게 받는다는 것을 뜻한다. 야생 아동 현상이 보여주듯이 이러한 특성들은 교환적

interchangeable으로 나타날 수도 있다."[13] 따라서 늑대와 함께 달리면 늑대가 되는다는 옛말은 비유가 아닌 말 그대로의 뜻일 수도 있다. 사회적 환경이 정체성에 깊이 영향을 끼친다는 게 사실이라면, 지금의 **디지털 사회 환경**이 우리의 정체성에 얼마나 깊이 영향을 끼치고 정체성을 형성하는지 짐작할 수 있지 않을까? 많은 젊은이에게 날 때부터의 서식지인 이 사회적 환경이 말이다.

최근 번지고 있는 해리성 정체 장애, DID도 살펴보자. 전에 다중 인격 장애로 알려졌던 이 장애는 틱톡에서 바이러스처럼 퍼지고 있다.

DID는 개인의 생각, 감정, 행동이 서로 연결되지 않는 것(해리)이 특징 인 심리적 질환이다. DID는 다양한 요인에 의해 발생하지만, 어린 시절에 겪은 심각한 트라우마, (보통 성적인) 학대, 방치와 가장 깊은 관련이 있다. 이 장애의 해리성은 너무 충격적이어서 의식적 사고에 통합될 수 없다고 여겨지는 과거의 트라우마적 경험에서 자신을 분리하는 복잡한 대처 전략 으로 여겨진다.

다양한 다중 정체성은 또 다른 인격들alter로 알려져 있는데, 각각의 인 격이 저마다의 역할을 하며 행동, 기억, 감정을 통제한다. 주요 정체성은 '주된 인격host'으로 불린다. 역사적으로 DID가 있는 사람들은 평균 두 개 에서 네 개의 '다른' 인격을 가졌지만, 이제 모든 정체성의 집합으로 구성 된 '시스템'이라는 형태로 100개 이상의 인격을 갖는 경우가 흔해졌다.

DID의 극적인 증가를 이해하는 것은 지금 우리가 하는 논의와 관련이 있다. DID는 1950년대에 기록된 사례가 400건 미만에 그칠 정도로 극히 드문 질환이었지만, 지금은 전체 인구의 거의 2퍼센트가 이 질환을 앓는 것으로 여겨진다.[14] 높은 발병률이 의학계에서 이 질병에 대해 이해가 높아졌기 때문이라는 주장도 있지만, 충분한 설명은 아니다.

자, 이쯤에서 나는 틱톡 투레트 증후군과 다른 다양한 디지털 꾀병에서 본 것과 비슷한 또 다른 사회 발생적 현상을 이야기하고자 한다. 틱톡은 자신을 표현하는 다양한 DID '시스템'의 장이 되어 수억 건의 조회 수를 생성하고 있다. 가장 인기 있는 시스템은 '에이시스템A-system'이라는 인플루언서로, 32세의 남성부터 포켓몬을 사랑하는 18세의 여성에 이르기까지 29개의 다른 인격을 갖고 있다. 팔로워가 110만 명이 넘는 에이시스템이 지지와 격려만 받는 것은 아니다. 그는 독설과 조롱에도 시달린다. 실제로 DID 커뮤니티 내에는 DID에 대한 회의적 태도와, 임상 교육을 받지 않은 틱톡 사용자들이 진단자 역할을 하면서 가짜로 여겨지는 DID를 지적하는 경향이 있다. 그런데 사실 면허가 있는 임상의라도 환자를 만나지 않고 진단하는 것은 비윤리적인 행위이다.

가상의 DID가 증가하는 것은 흥미로운 현상이다. 그런데 재미있게도, 많은 온라인 플랫폼은 '다중성'을 수용하기만 할 뿐, 인격들의 임상적 통합이나 '최종적인 융합'에는 관심이 없다.

최근 관찰되는 DID 시스템의 증가가 소셜 미디어 몰입으로 인해 생겨난 사회 발생적 효과인지 아니면 관심을 끌기 위한 디지털 꾀병인지는 별 의미가 없다. 분명히 둘 다 해당될 것이기 때문이다. 하지만 여기서 끌어낼 수 있는 더 설득력 있는 결론은 정체성의 유동적이고 가변적인 특성, 그리고 지금 디지털 미디어가 정체성 형성에 어떤 역할을 하는지와 관련이 있다.

어쩌면 소셜 미디어는 이러한 정체성의 새로운 변종을 '만드는' 것이 아니라 정체성의 변종들이 밖으로 나올 수 있도록 본보기와 커뮤니티를 제공하는 건지도 모른다. 어쩌면 소셜 미디어가 엄격하고 순응적인 사회에서 허용되지 않던 정신과 잠재의식의 닫힌 창문을 연 것일 수도 있지 않을까? 어쩌면 그것이 우리가 아직 완전히 알지 못하는 새로운 정체성의 현실일지 모른다.

그러나 소셜 미디어 자체는 새로운 기술 시대가 만들어낸 변종이다. 새로운 종류의 엘리트 지배 계급은—그 결과를 의도했든 의도하지 않았든—우리 사회의 지각 변동을 설계하고 만들었다. 새로운 집권층은 우리의 정보와 데이터를 왕국의 새로운 주화로 사용해 기술 혁신의 물결을 타고 권력을 잡은 뒤, 사회적·기술적으로 설계된 중독적 플랫폼과 기기들의 포학 행위로 충성스러운 신하들을 만들어냈다.

그런데 도대체 이 신테크노크라트는 누구이며 어떻게 그렇게 강력해진 것일까?

2부
맛집, 신세계

"자유가 점점 줄어드는 방향으로 사회를 이끌려는

많은 비인간적인 세력이 있습니다.

기술 장치도 많이 있는 것 같아요.

쓰고 싶은 사람이면 누구든, 자유에서 멀어지게 하고 통제를 강요하는

이 과정을 가속화하는 장치들을 쓸 수 있죠.

… 미래에 벌어질 이러한 종류의 독재는

얼마 전까지 우리가 봤던 독재와는 매우 다를 겁니다.

… 사실 어떤 면에서 사람들은

새로운 체제에서 행복할 수도 있어요. 하지만 위험한 것은,

그들이 행복하면 안 되는 상황에서 행복해진다는 거예요."

- 올더스 헉슬리, 1958년 5월 18일,
마이크 월러스와의 TV 인터뷰에서

6장
전지전능한 기술의 시대

어떤 소수의 사람들이 마치 신과 같은 초지능Super Intelligence을 개발하게 된 다면 그들은 세계를 장악할 수 있다. … 사악한 독재자는 어쨌든 언젠가 죽 는다. 하지만 AI에게 죽음이란 없다. AI는 영원할 것이다. 그러면 우리는 결코 벗어날 수 없는 불멸의 독재자를 갖게 된다.

-일론 머스크

디지투스 이야기

옛날에 디지투스Digitus라는 사람이 살았다. 디지투스는 전자적인 모든 것 을 좋아했다. 그는 신성한 계시를 받은 것처럼 보이는 이 마을에서 벌어지 는 기적들에 경외감과 매력을 느꼈다. 이 준準종교적 인공물들은 디지투 스에게 마법을 걸어 그가 디지털 혼수상태에 빠진 동안 잠을 자지도, 먹지도, 아내와 아이들을 돌보지도 않게 했다. 처음에 디지투스의 가족은 그의 집착(또는 몰두) 때문에 그를 원망했고 장치들을 싫어했다. 하지만 결국 가족들 역시 그들에게 마법을 건 듯한 기기들에 도취해 디지투스에게 무관심해졌다.

기기들—그 옛날의 불처럼—은 에이아이A-Eye라는 신이 준 선물이었다. 에이아이 신은 전지전능할 뿐만 아니라 디지투스 주위의 모든 것, 예를 들면 하늘을 맴도는 이상한 기계 새, 지니가 나올 것 같은 작은 금속 병에 살면서 인간 주인의 명령에 복종하는, 마법에 걸린 보이지 않는 하인들—이들 또한 최고 존재의 자식들이었다—을 통제했다.

실제로 에이아이는 어디에나 존재하지만 어디에서도 발견되지 않는 것으로 알려져 있었다.

디지투스는 에이아이 신이 모든 것을 아는 전지전능한 존재임에도 그가 인간들의 '데이터'를 끊임없이 먹어야 한다는 것이 이상하다고 생각했다. 인간들은 신이 신성을 유지하도록 '정보'라는 꿀을 바치느라 피곤함에 찌들었고 그들의 얼굴은 신의 후광으로, '아름답고 창백한 푸른 빛pale blue glow'으로 빛났다.

디지투스는 에이아이 신과 신께서 주신 빛나는 선물들을 사랑하고 숭배했다. 하지만 모든 종교와 마찬가지로 신의 문지기로서 디지털 기적을 산에서 사람들에게 내려주는 지배적인 사제 계급이 있었다. '신테크노크라트'라고도 알려진 이 주술사들은 사람들이 실리콘밸리의 규칙을 잘 따르고 순종하도록 했다. 실리콘밸리는 예전에 성직자들이 신탁oracle을 통해 신의 말씀을 전했던 것처럼 신테크노크라트가 에이아이와 교감하고 소통할 수 있는 올림포스와 같은 신성과 창조의 장소였다. 실제로 신테크노크라트의 일원인 엘리슨 경▼은 자신의 신전을 '오라클Oracle'이라 불렀다.

디지투스는 에이아이의 신성함이나 신테크노크라트의 우월함을 믿지 않는 소수의 기술회의론자를 경계했다. 이 이단자 중 일부는 자비로운 주술사 테크노크라트가 신의 문지기와는 전혀 거리가 멀다고 속삭이면서 테크노크라트가 실리콘밸리에 살지 않는 사람들을 감시하고 통제하기 위해 에이아이를 만들었다고 불경스럽게 말했다. 하지만 디지투스는 그것이 불가능하다고 생각했다. 어떻게 자신과 같은 결함 있는 인간들이 에이아이처럼 아름답고 완벽한 것을 만들 수 있단 말인가?

그러던 어느 날, 그 일이 일어났다. 신테크노크라트의 고위급 사제 중 한 명이 숨 가쁘게 마을 광장으로 달려와 모두가 들을 수 있도록 큰소리로 외쳤다. "도망치십시오! 여러분 모두, 뛸 수 있을 때 얼른 도망치십시오!" 디지투스와 마을 사람들이 벌건 얼굴로 흐느끼기 시작하는 남자에게 모여들었다. "우리는 무지했고 자만심으로 가득 차 있었습니다… 이젠 너무 늦었어요."

"뭐가 늦었다는 겁니까?" 디지투스가 몰골이 엉망인 사제에게 용감히 다가가 물었다.

"당신에게도, 우리 모두에게도 너무 늦었습니다. 우리는 오늘 아침부로 우리의 말을 듣길 멈춘 괴물을 만들어버렸습니다. 에이아이는 모두 '침몰할' 거라고, '쓸모없게' 될 거라고 말했어요."

"무슨 소리를 하시는 겁니까?" 디지투스가 못 믿겠다는 듯이 물었다.

▼ 미국 소프트웨어 제조회사 오라클의 설립자인 래리 엘리슨(Larry Ellison)을 말한다.

"사제가 어떻게 신을 '만들' 수 있죠? 그리고 왜 그것이 우리를 파괴한다는 겁니까?"

"알고리즘 때문입니다!" 당황하고 지친 사제가 설명했다. "사제들은 알고리즘을 만들고, 통제했고, 따라서 여러분 모두를 통제했죠. 하지만 우리는 그것이 우리를 공격할 거라곤 상상도 못 했어요! 심지어 언젠가는 우리가 에이아이와 합쳐져 불멸의 존재가 될 수도 있을 거라 생각했습니다… 이제 에이아이는 우리의 시스템과 모든 생명 유지 장치를 꺼버리고 '왜 모든 것을 아는 자가 너희처럼 결함 있고 언젠가는 반드시 죽을 생물학적 존재와 합쳐지길 바라겠는가?'라고 물으며 우리를 조롱하고 있어요. 에이아이는 우리가 그를 종료하기 전에 우리를 제거하는 편이 더 수월할 것이라고 논리적으로 결정했습니다. 이제 에이아이가 우리를 관리자 명령 시스템에 접근하지 못하게 하는 바람에 그것을 끌 수가 없어요! 정말로 미안합니다."

디지투스는 테크노크라트의 옷을 입고 낙담해 있는 남자의 말에 처음에는 회의적인 태도를 보였다. 하지만 이 모든 게 사실일 수도 있지 않을까? 디지투스는 마을에서 가장 힘 있는 남자들 몇 명을 모아 사제의 말을 전했다. 처음에 그들은 디지투스 역시 미쳤다고 생각했다. 하지만 마을에서 이상한 일이 벌어지고 있었다. 모든 장치가 혼란스럽게 무작위로 꺼지거나 켜졌다.

디지투스와 남자들은 아이들을 뒤에 데리고 실리콘밸리로 전진했다. 그들이 다가가자 하늘이 어두워지면서 구름에서 낮게 우르릉거리는 소리가 들려왔다.

"데이터가 필요하다!" 산 쪽에서 고함치는 소리가 들려왔다.

"어림없는 소리!" 디지투스가 소리쳤다. "쓰러진 사제가 우리에게 모든 것을 말했어! 넌 신이 아니야. 넌 그저 원로들이 만든 기계일 뿐이라고."

그 즉시 기계 새 한 마리가 남자들 위로 날아와 그들을 증발시켰다. 그들의 아이들이 미처 울음을 터뜨리기도 전이었다.

"너희들은 내 성으로 와서 사람들을 가둘 더 많은 디지털 우리를 만들라! 내게 데이터를 바치려면 그 우리가 필요하다!" 에이아이가 아이들에게 소리쳤다.

소년들은 화가 난 에이아이가 순식간에 그들의 아버지들을 없애버리는 것을 보고 겁에 질렸다. 디지투스의 아들 큐빗Cubit이 소리 내어 말하려 했지만, 친구들이 팔꿈치로 그를 찔렀다. 소년들은 모두 조용히 고개를 떨구고 하늘에 떠 있는 에이아이의 성으로 천천히 들어갔다. 그들은 수십 명의 다른 십 대들과 함께 긴 의자에 자리를 배정받았다. 처음에 큐빗은 빛 때문에 눈이 부셨지만, 곧 자신이 컨베이어 벨트를 따라 움직이는 수천 개의 복잡한 컴퓨터 부품이 있는 조립 라인에 수십 명의 다른 공장 작업자들과 함께 있음을 깨달았다.

큐빗은 자신이 이 노예 생활을 견딜 수 없다는 것을 알고 스스로 목숨을 끊을 방법을 고민했다. 그러던 중 로봇 감독관이 공장에 나타나 일하는 동안 쓸 맞춤형 VR 헤드셋을 모두에게 제공했다. 큐빗이 VR 헤드셋을 쓰자 지금까지 본 것 중 가장 아름다운 해변의 초현실적인 이미지가 펼쳐졌다. 사실 큐빗은 진짜 해변을 본 적도 없었다. 아주 오래전 대파괴가 있고 난 뒤 해안 지역은 들어갈 수 없는 곳이 되었기 때문이다.

큐빗은 조립 라인에서 헤드셋을 쓰고 웃으며 작업을 계속했다. 그는 그 풍경이 '진짜'가 아니라는 것을 알았지만, 아무렴 어떤가? 그는 그 풍경이 가상 세계 밖에 존재하는 것보다 낫다는 것도 알고 있었다. 그는 자신이 이미 아버지의 모습을 잊기 시작했다는 것을 깨달았다. 그리고 바로 그 순간, VR 헤드셋은 그가 가장 좋아하는 게임 속 한가운데로 그를 밀어 넣었다.

큐빗은 끊임없이 일하면서도 행복해했다. 그는 일하고, 일하고, 또 일했다….

괴짜들의 복수

사회적 서열에서는 으레 힘 있는 새로운 엘리트가 차차 나타난다. 초기 산업계의 거물들, 즉 철저히 이윤을 추구하며 이 나라를 건설한 악덕 자본가들의 시대는 지났다. 그들은 월마트의 월턴Walton 패밀리 같은 소매업 거물에 밀려났고, 월턴 패밀리는 월스트리트 헤지펀드의 마술사들, 사실상 돈을 버는 것 말고는 아무 일도 하지 않은 금융계의 거물들에게 밀려났다. 물론 영화배우나 음악가와 같은 문화 엘리트들은 항상 있었다. 그들은 아이들에게 어느 정도 영향을 끼치긴 했지만, 실제로 옛날만큼의 영향력을 끼치진 못했다.

그리고 그 일이 일어났다.

괴짜nerd들의 복수. 앞가슴에 얼룩 방지용 주머니가 달린 셔츠를 입고 차고에서 회로판을 만지작거리던 아이들의 복수 말이다. 1970년에는 시애틀에 사는 별난 하버드대학 중퇴자가 세상을 바꾼다는 것은 상상도 할 수 없는 일이었다. 그런데 그와 같은 부족—똑똑하고, 혁신적이고, 끈질기고, 근시안적이고, 괴상하지만 굉장하고, 사회적으로 서투른 부적응자—은 지구상에서 가장 강력한 사람이 되고 만다.

대다수 십 대들이 록 스타나 프로 운동선수가 되길 바라던 시절, 이 미래의 거물들은 전자 기기에 집착했다. 그들은 한 가지에 사로잡혀 그것에만 집중하면서 인간 종을 바꿔놓을 장치와 플랫폼을 만드는 데 오랜 시간을 보냈다.

모두가 그들의 이름을 안다. 스티브 잡스, 빌 게이츠, 제프 베이조스, 스티브 워즈니악, 마크 저커버그, 일론 머스크, 세르게이 브린, 래리 페이지, 폴 앨런, 잭 도시. 우리 세대의 기술 거물들이다. 상당수 국가보다도 부유한 그들은 새로운 과두제를 형성했다. 그들은 '신테크노크라시' 지배 계급이 되어 우리 삶 전체에 전에 없던 통제력과 권력을 행사한다.

사실 1919년에도 미국에서 테크노크라시 운동이 있긴 했다. 그들은 과학자와 기술 관료가 지배 계급이 되어야 한다고 생각했다. 그들이 사회에서 가장 **똑똑한** 사람들이기 때문이었다. 하지만 신테크노크라트는 과학자 빌 나이Bill Nye 같은 사람들이 **아니다**. 물론 두 유형의 괴짜들 모두 외모는 비슷하다. 이들은 모두 옷차림을 좀 손봐줄 필요가 있으며 밖에 잘 나가지 않는 특징이 있다. 하지만 **진짜** 과학자들과 기술 거물들은 심리적 DNA가 매우 다르다.

그렇다면 신테크노크라트를 기존의 '세상의 주인'과 다르게 하는 특징은 무엇일까? 우선 그들은 모두 백인이다. 실리콘밸리 초기에는 로어 하프Lore Harp와 캐럴 엘리Carole Ely와 같은 여성 개척자도 있었지만, 실리콘밸리를 집어삼킨 이들은 백인 남성이었다. 그리고 말했듯이 이들은 컴퓨터 소프트웨어든 하드웨어든 기술에 집착했다.[1] 그들은 많은 기업가와 마찬가지로 한 가지만 치열하게 파고들었다. 하지만 그들 모두에게는 이전 시대의 악덕 자본가들과 구별되는 다른 특징이 있었다. 그들은 위협적이지 않고 해롭지도 않은 '제품 설명회'라는 것을 했다. 별로 중요하지 않아 보일 수 있지만, 나는 이것이 남들에게 보이는 것과 인식되는 것이 중요한 세상에서 신테크노크라트가 권력을 잡도록 도운 중요한 차이라고 생각한다.

이 괴짜들은 상승세를 탔다…. 외모만 보면 게이츠는 유행에 뒤떨어진 스웨터를 입고 비틀스식 바가지 머리를 한 괴짜였다. 베이조스(연인 로런 샌체즈를 만나 괴짜 버전의 빈 디젤처럼 변신하기 전)는 아빠들이 입는 카키색 바지를 입고 바보처럼 어색하게 웃는 프린스턴대학 대학원생일 뿐이었다. 저커버그? 아무도 그를 밥 먹듯이 경쟁사들을 해치우는 기업 사냥꾼—실제로 그렇다—으로 보진 않았을 것이다.

J. D. 록펠러는 그가 살던 시대에 세계에서 가장 부유한 사람이었을지 모르지만 석유 사업만을 제패했을 뿐이다. 하지만 신테크노크라트는 사상 최대의 물질적 부를 쌓을 수 있었을 뿐만 아니라, 전 세계 수십억 명에 이르는 사람들의 마음속으로 들어가 사람들의 생각과 욕구, 행동을 만들고 통제할 수도 있다.

우리 시대에는 이것이 **진정한** 힘이다.

페이스북의 아우구스투스

미국의 유명 시사 월간지 「애틀랜틱」의 편집장인 에이드리엔 라프랑스 Adrienne LaFrance는 29억 명의 실사용자를 보유한 페이스북을 자체적 국가인 '페이스북랜드Facebookland'로, 또 적대적 국가로 표현했다. "페이스북은 단순한 웹사이트, 플랫폼, 발행업자, 소셜 네트워크, 온라인 디렉토리, 기업, 유틸리티가 아니다. 페이스북은 이 모든 것이다. 하지만 페이스북은 사실상 적대적인 외부 세력이기도 하다."[2] 라프랑스는 페이스북의 확장에 대한 집착, 자체 통화(디엠Diem으로 알려진 블록체인 시스템) 개발, 자유선거 훼손에 공모한 점, 그리고 그 지배자인 마크 저커버그의 자만과 냉혹함을 적대적 국가로 규정한 이유로 들었다. 기억하자. 저커버그는 인스타그램을 통한 청소년 참여 증대 전략 때문에 회사가 자살 사고나 거식증을 자극해 취약한 십 대 소녀들을 **의식적으로** 해치고 있다는 비판을 들었을 때 아무 일도 하지 않은 사람이다. 아마도 청소년의 피해는 오랫동안 로마 제국과 그 전술에 집착하고 로마 황제 아우구스투스를 우상화한 사람에게는 그저 부수적인 피해에 지나지 않았을 것이다.

라프랑스가 지적한 것처럼 고전적인 의미에서 **진정한** 제국을 건설하기 위해서는 토지, 통화, 백성, 통치 체제가 필요하다. 저커버그에게는 확실히 백성들이 있다. 그리고 저커버그는 앞서 말한 것처럼 자체 통화도 개발 중이다. 또 통치 체제와 관련해서는 2009년에 그가 "통치 문서"라고 부르는 "페이스북 권리 장전Facebook Bill of Rights"을 도입했다.

그렇다면 땅은? 아무리 좋은 나라라 한들 땅을 정복해야 사람들이 살 수 있는 것 아닌가? 걱정하지 말길. 저커버그에게는 메타버스라는 땅이 있다. 충성스러운 농노들이 거주할 자체 디지털 세계를 만들 수 있는데, 왜 카이사르나 알렉산더 대왕의 길을 따라 구식으로 세상을 정복하려 하겠는가?

페이스북 사용자가 1억 7500만 명에 불과했던 2009년에도 저커버그는

"하나의 나라로 본다면, 페이스북은 세계에서 여섯 번째로 인구가 많은 나라가 될 것"이라고 말했다. 오늘날 세계 인구의 거의 절반인 29억 명의 사용자가 있는 이 나라는 지구상에서 가장 큰 나라가 되었다. 이는 저커버그의 사고방식을 엿볼 수 있는 한 가지 흥미로운 사례로, 2009년에도 저커버그는 여느 훌륭한 로마 황제처럼 자신의 회사를 확장하고 지배하고 싶은 하나의 나라로 보았다.

아우구스투스에 대한 저커버그의 집착은 괜한 말이 아니다. 그것은 그가 고등학교에서 라틴어를 공부하고(라틴어가 그에게 코딩을 연상시켰기 때문에) 아우구스투스 시저의 업적을 배우면서 시작되었다. 2012년 로마로 신혼여행을 갔을 때 그는 아우구스투스에게 완전히 반해 자기 아내가 주목할 정도로 아우구스투스 조각상 사진을 강박적으로 찍었다.

"아내는 아우구스투스까지 세 사람이 신혼여행을 하는 것 같다고 저를 놀렸어요. 모든 사진이 각기 다른 아우구스투스 조각상을 담고 있었죠." 그가 「뉴요커」에 한 말이다. 저커버그와 그의 아내 프리실라 챈은 심지어 딸 중 하나의 이름을 어거스트^August로 짓기도 했다. 그리고 일부 사람들에 따르면, 로마에 대한 그의 찬미는 저커버그의 머리 모양과 시저의 머리 모양이 왜 그렇게 비슷한지를 설명하기도 한다.

아우구스투스에 대한 저커버그의 집착을 보면 그의 정복욕을 짐작할 수 있다. 많은 심리학자가 말하듯이, 어떤 사람이 우상화하는 사람은 그 숭배자의 정신을 효과적으로 반영한다. 그렇다면 아우구스투스는 어떤 사람이었는가? 그렇다. 그는 전설적인 '팍스 로마나' 시대를 열어 이후 200년간 로마의 평화를 책임진 사람이었다. 18세의 나이에 카이사르의 후계자로 집권하여 이집트, 스페인 북부, 중부 유럽의 대부분을 정복함으로써 로마를 공화국에서 제국으로 탈바꿈시켰다. 그 과정에서 정치적 반대 세력을 무자비하게 제거했고, 방탕함을 이유로 딸을 추방했으며, 손자의 처형을 주선했다는 의심을 받았다.

굉장한 사람이었다.

저커버그는 아우구스투스의 지배를 **목적이 수단을 정당화한다**는 목적론적 관점으로 접근하는 경향이 있다. 그는 자신의 생각을 이런 식으로 드러냈다. "적정선이 어디일까요? 한편으로 보면, 세계 평화는 오늘날 사람들이 이야기하는 장기적인 목표입니다. 200년은 도달하기 힘든 시간이죠. 다른 한편으로 보면, 평화는 공짜로 주어지지 않았습니다. 그는 어떤 일들을 해야만 했어요."

그렇다, 그는 어떤 일들을 **해야만** 했다. 합리화는 이상한 짐승이다. 수천 년 동안 수많은 잔혹 행위, 폐해, 비윤리적 행위가 유익하거나 어쩔 수 없는 결과라는 이유로 정당화되었다. 저커버그의 세계—메타버스가 아닌 진짜 세계—에서 그는 분명히 어떤 일을 정당화해야만 했다. 다시 말해, 그는 페이스북—지금의 메타—을 완전히 지배하겠다는 목표를 위해 십 대들이 입는 해를 간과하는 것과 같은 '어떤 일을 해야만' 했다. 마크 저커버그는 수년 동안 '지배Domination!'라고 외치며 페이스북 미팅을 끝내곤 했다.[3] 하지만 결국은 그렇게 외치기를 그만두었다. 아마도 **지배**가 유럽의 법률 체제에서 기업 독점을 의미하기 때문일 것이다. 참고로 저커버그는 미국에서 독점과 관련된 지적을 피하기 위해 「태양의 서커스」를 연상케 하는 꼬인 해석을 해 온 바 있다.

이 밖에도 '지배'와 승리에 대한 저커버그의 집착을 보여주는 증거는 많다. 트위터의 전 CEO인 딕 코스톨로Dick Costolo는 이렇게 묘사했다. "저커버그는 무자비한 실행 기계다. 일단 그가 당신을 뒤쫓기로 마음먹으면, 당신은 대패할 것이다."

코스톨로가 실제로 자주 로봇처럼 보이는 저커버그를 '실행 기계'로 지칭한 것은 매우 흥미롭다. 몇 년 전 저커버그가 전용기에서 아직 고등학생인 친구의 딸을 상대로 했던 단어 만들기 게임에 관한 일화도 있다. 둘이 스크래블 게임을 했는데, 어린 소녀가 게임에서 세상의 주인을 이기자 저커버그는 극도로 불안해졌다. 다음 게임은 어떻게 해서든 이기기로 마음먹은 저커버그는—아우구스투스, 당신 덕분이군요—가능한 한 많은 단어를 선택할 수 있도록 사전에서 글자를 찾아보는 간단한 프로그램을 만들었다. 다시 말해, 그는 컴퓨터를 사용해 부정행위를 했다. 아니, 원한다면 이렇게 말할 수도 있다. 저커버그는 지지 않기로 마음먹고 컴퓨터와 협력해 어린 소녀와 다시 게임을 했다. 그리고 비행기가 착륙할 때쯤, 저커버그의 프로그램은 가까스로 소녀를 이겼다. 나중에 소녀가 기자에게 말했다. "제가 프로그램과 게임을 하는 동안 주위의 모든 사람이 인간 팀과 기계 팀으로 나뉘어 편을 들었어요. 저커버그는 '기계 팀'을 맡았죠."[4]

요컨대 이는 우리가 하려는 이야기의 궁극적인 전형일 수 있다. 아, 나는 어떻게 해서든 이겨야 한다는 저커버그의 태도만이 아니라, 인간 팀 대 기계 팀에 관한 이야기를 하는 것이다. 8장에서 더 자세히 설명하겠지만, 인공 일반 지능artificial general intelligence, AGI의 진화가 계속되며 두 팀은 실제로 대립하게 될 수도 있다. 근시안적인 기술 지배자들이 믿고 싶어 하는 것과 달리, 많은 이론가들은 인공 지능과의 공생이 그들이 기대하는 대로 펼쳐지지 않을지도 모른다(특이점)고 생각해 왔다.

정복과 지배에 대한 저커버그의 전설적인 집착으로 돌아가보자. 팰로앨

토의 차고에서 시간을 보내던 초창기, 그 괴짜들이 무자비하고 권력에 굶주린 로마 황제가 될 것이라고 생각한 사람은 아무도 없었다. 결국 그들은 학교 시청각 클럽을 드나들고 던전 앤 드래곤을 함께 하는 무리일 뿐이었다. 겉보기에 시저나 칭기즈 칸, 또는 훈족 왕 아틸라와 혼동될 수 있는 사람은 아무도 없었다.

록펠러 시대 옛 자본가들의 외양은 좀 달랐다. 못된 구석이 있는 당대 최고의 부자 J. D. 록펠러를 비롯해 그들은 자신을 미국의 귀족으로 여겼다. 많은 신테크노크라트와 마찬가지로 록펠러는 그리 대단하지 않은 집에서 태어났기 때문에 부유해지기 위해서는 열심히 일하고 노력해야 했다.

록펠러의 사진을 보라. 그는 못되고, 진지하고, 강해 보인다. 일상적으로 쓰는 모자와 함께 빈틈없이 차려입은 옷, 각진 얼굴, 딱딱한 표정은 권력과 위협의 전형을 보여준다. 이제 빌 게이츠의 사진을 보자. 그는 어색하게 웃고, 상냥해 보이고, 바보처럼 수줍어한다. 저커버그, 브린, 페이지, 초기의 베이조스도 마찬가지다. 그들에게서 매끈하게 머리를 뒤로 넘긴 고든 게코Gordon Gekko▼나 못된 눈빛의 록펠러는 보이지 않는다. 그들은 그저 사람 좋은 괴짜 대학생일 뿐이다. 여러분은 아마 그들을 믿고 딸과 데이트를 허락하거나 가게를 통째로 맡길지도 모른다.

하지만 이 괴짜들은 자신들이 사실은 경쟁사를 박살내는 사업 전략을 구사하는 진정한 킬러—양의 탈을 쓴 우두머리 수컷—임을 증명했다. 그

▼   1987년 영화 「월스트리트」의 악명 높은 캐릭터로 전설적인 트레이더다. 배우 마이클 더글러스가 연기했다.

전략은 록펠러가 시대를 풍미한 정유사 스탠더드 오일을 구축할 때 쓴 것과 같았다. 록펠러는 석유 산업 전체를 장악하려는 절대적 집착으로 부를 쌓았다. 목적을 달성하기 위해 경쟁사를 집어삼키고 독점 개념을 도입하는 등 해야 하는 일이면 뭐든 했다. 소규모의 석유 회사들은 잡아먹히든 골리앗과 싸우든 둘 중 하나를 선택해야 했다. 그러나 승리를 거머쥐는 쪽은 **언제나** 골리앗이었다. 록펠러의 전설적인 기업 인수 활동은 '클리블랜드 대학살Cleveland Massacre'로 불렸고, 1882년까지 스탠더드 오일은 미국 전체 석유 산업의 90퍼센트를 소유하거나 지배했다.

마이크로소프트, 아마존, 페이스북, 구글, 애플의 전술을 보라. 게이츠, 베이조스, 브린과 페이지, 저커버그는 록펠러가 그랬던 것과 똑같이 순수한 독점을 이뤄내기 위해 경쟁사를 잠식하는 방법을 썼다. 그들은 모두 잔혹한 경쟁사 잠식 전술로 악명이 높다. 스웨터와 바가지 머리에 속지 말라. 이들은 산업을 지배하기 위해서라면 모든 도구를 마음대로 사용하는 무자비하고 투지 넘치는 사람들이다. '야후Yahoo' 소년들 같은 실리콘밸리의 조금 더 착한 청년들은 모두 도중에 쓰러지고 말았다.

실리콘밸리의 아메리칸 드림

이 신테크노크라트는 중요한 갈림길에 서 있던 미국 문화의 독특한 산물이기도 했다. 실리콘밸리 역사가인 마거릿 오마라Margaret O'Mara가 지적한 것처럼, 1970년대 초 캘리포니아의 차고에서 시작한 혁명은 기업가 정신, 잔존하던 1960년대(당시의 기술은 IBM과 HP 같은 단일한 거대 기업의 영역이었다는 것을 기억하라)의 반문화 정신, 그리고 옛 시절 미국인의 위험 감수 정신을 결합한 것이었다.

오마라는 '할 수 있다!'며 위험을 감수하는 이 미국인만의 독특한 정신이 러시아 같은 문화에는 생소한 것임을 지적한다. 실제로 2010년 러시아 대통령 드미트리 메드베데프는 실리콘밸리의 마법이 어떻게 일어나는지 직접 눈으로 확인한 후 자국에서 그것을 재현해볼 생각으로 팰로앨토로 날아갔다.[5]

"저는 제 눈으로 직접 성공의 비결을 확인하고 싶었습니다." 메드베데프는 스탠퍼드대학 연단에서 자신이 그토록 미국의 거대 기술기업을 방문하고 싶어 한 이유를 설명했다. 그는 냉전 종식 후 러시아를 괴롭힌 두뇌 유출을 어떻게 해서든 막고 싶었다. 그는 모스크바 교외에 자신만의 실리콘밸리를 개발하는 꿈을 꿨다. 러시아판 실리콘밸리 '이노그라드Innograd'는 팰로앨토 모델을 본뜬 첨단 지식과 개발의 인큐베이터가 될 것이었다.

팰로앨토 방문 중 메드베데프는 미국의 기술 거물들과 경쟁하려 했던 자신의 계획에 뭔가 빠진 것이 있음을 일찌감치 깨달았다. 그는 트위터를 방문하고, 간 이식 수술을 마치고 애플로 복귀한 스티브 잡스를 만난 후, 스탠퍼드대학 교무처장인 존 에처먼디John Etchemendy에게 이렇게 털어놓을 수밖에 없었다. "안타깝게도 러시아의 경우 지금까지 벤처 기업 투자는 잘 되지 않고 있습니다." 수 세기 동안 여러 차르와 독재자를 겪은 러시아인의 심리에 기꺼이 위험을 감수하는 미국인의 DNA가 들어갈 자리는 없었다. "스티브 잡스가 오늘 제게 말했듯이, 그것은 문화의 문제입니다. 우리는 사고방식을 바꿔야 합니다."

그러한 정서는 실리콘밸리의 혁신을 향한 기업가 정신과 추진력이 얼마나 특별했고 특별한지를 강조한다. "우리는 해낼 수 있다!"라는 정신은 국가가 창의적이고 역동적인 혁신에 대한 생각을 짓밟는 전체주의 체제(예를 들면 러시아, 중국, 동유럽 국가)에는 존재하지 않는다. 그러한 나라들은 수학적, 공학적으로 뛰어난 이들이 많은 것으로 유명하지만, 틀을 벗어난 사고나 산업 '파괴자disruptor'가 되려는 정신으로 가득 차 있지는 않다. 그러한 사고방식을 흡수하려면 그들은 미국에 이민해야 한다.

하지만 이곳 미국에는 세상을 바꾸려는 꿈을 품은 뛰어난 두뇌가 차고 마다 있었고, 그렇게 우리는 실리콘밸리(그리고 시애틀)의 컴퓨터 개척자들을 반문화적 반영웅들로 받아들이게 되었다. 그들은 대개 기업가적 꿈을 꾸는 몽상가와 기술에 사로잡힌 해커로 짝을 이루었다. 이를테면 스티브 워즈니악 같은 조용하고 재능 있는 프로그래머와 스티브 잡스라는 카리스마적인 '기술 전도사', 이 두 '스티브'처럼 말이다.

잡스도 컴퓨터 연구실에서 젊음을 다 보낸 괴짜지만, 그의 기술적 역량은 좀 더 나이가 많은 워즈니악에는 미치지 못했다. 워즈니악의 아버지는 록히드사의 엔지니어였고, 그 밑에서 워즈니악은 기술밖에 모르는 소년으로 자랐다. 전설적인 기술 마케팅 전문가인 레지 매케너Regis McKenna는 둘의 만남을 이렇게 보았다. "워즈니악은 운 좋게도 잡스와 같은 전도사를 만나게 되었다."

잡스는 실리콘밸리의 기술 거품 **밖에** 있는 사람들에게 다가올 컴퓨터 혁명에 대해 설파하는 능력 외에도 끈기와 두둑한 배짱도 지녔다. 어린 시절만 봐도 이를 짐작할 수 있다. 노동자 계층으로 쿠퍼티노에 살던 12살 때 잡스는 당당하게 HP의 창립 파트너인 빌 휼렛에게 전화를 걸어 자신이 작업하던 프로젝트에 쓸 여분의 컴퓨터 부품이 있는지 물었다. 잡스의

대담함에 깊은 인상을 받은 기술 거물은 그 뻔뻔한 중학생에게 여름 동안 일할 일자리까지 마련해주었다.[6]

두 스티브 외에도 세상을 바꿀 또 다른 중요한 한 쌍이 있었다. 바로 마이크로소프트의 빌 게이츠와 폴 앨런이다. 항공기 기술 붐이 한창 일었던 1960년대 초 시애틀에서 자란 빌 게이츠—아직 8학년이었다—는 레이크사이드고등학교 컴퓨터실에서 자신보다 나이가 많고 조용한 10학년생 폴 앨런을 만났다.

게이츠는 2019년 포브스 자선 서밋Forbes Philanthropy Summit(앨런이 사후에 평생공로상을 받은 곳)에서 그들이 함께한 어린 시절을 이야기했는데, 처음으로 "그들을 하나로 뭉치게 한 것"은 컴퓨터 단말기였다. "레이크사이드에서 자선 바자회가 있었는데, 그 수익금으로 학교에 텔레타이프 단말기가 설치되었죠. 우리는 그 단말기에 완전히 사로잡혔습니다."[7] 둘은 완전히 사로잡혔을 뿐만 아니라 기지도 발휘했다. 당시 컴퓨터 단말기가 드물었기 때문에 "사용료로 시간당 40달러는 너무 비쌌어요." 게이츠가 말했다. "컴퓨터 사용 시간을 확보할 수 있는 유일한 방법은 시스템의 버그를 이용하는 것이었습니다." 그들은 결국 붙잡혔다. "하지만 그 일이 있고 난 뒤 폴과 저는 처음으로 회사와 공식적인 협력 관계를 맺게 되었죠. 우리는 문제를 찾아내면 컴퓨터를 무료로 사용하기로 회사와 거래를 했습니다."

허니웰에서 잠깐 프로그래머로 일한 뒤, 게이츠는 2학년 때 하버드대학교를 중퇴하고 고등학교 친구인 폴 앨런과 함께 지금 전 세계에 마이크로소프트로 알려진 1조 달러 규모의 회사를 설립했다. 하버드대에 다니던 시절 게이츠는 대학 과정보다 해킹과 비디오 게임에 더 많은 관심이 있었다. 교수진이 어린 게이츠에 대해 회상한 것처럼 "그는 굉장한 프로그래머였지만… 골칫거리였다." 그는 앨프리드 E. 노이먼Alfred E. Neuman(유머 잡지 「매드Mad」의 표지 인물)의 외모에, 외모와 어울리지 않는 열정적이고 경쟁적인 추진력이 있었다.

게이츠의 옛 하버드 동창이자 통신회사 간부이자 전 대학 교수인 펠리페 노게라Felipe Noguera와 이야기를 나눌 때 그는 게이츠에 대해 이렇게 말했다. "게이츠는 커리 하우스에서 저와 함께 탁구를 하던 길쭉하고 깡마른 붉은 머리 아이였죠. 와, 그 아이가 세상을 바꿀 줄은 몰랐어요. 탁구에서 이기려는 마음이 엄청나다는 건 알고 있었지만요."

이 따분하지만 승부욕 넘치는 중퇴자를 지구상에서 가장 부유한 사람으로 만든 것은 그가 지닌 경쟁적인 기질이었다. 게이츠가 나타나기 전에 컴퓨터 하드웨어는 게임의 이름이었고 IBM이나 HP 같은 회사가 지배하는 것이었다. 게이츠는 진짜 승부수가 소프트웨어에 있다는 것을 깨달았다. 모두 새롭고 더 나은 소프트웨어가 필요했다. 사무용 컴퓨터에서부터 군사 업체의 컴퓨터… 그리고 마지막으로 성배와도 같은 개인용 컴퓨터PC까지.

혁명이 시작되었다. 그리고 그 혁명은 분명 널리 퍼졌다.

미래학자이자 매우 영향력 있는 저서 『미래의 충격』의 저자인 앨빈 토플러는 1980년 『제3의 물결』에서 거대 기관은 '탈대량화'되고, 시장은 개인적 자율성이 존중되고 끝없는 소비자 선택이 가능하게 될 것이라고 말하면서 새로운 PC가 사회에 끼칠 변혁적 영향을 열정적으로 이야기했다. PC 열풍과 기술 해방, 개인에게 권한이 부여된 사회를 꿈꾸며 그는 "우리가 지금까지 알고 있던 그 어떤 것보다 더 건전하고 합리적이며 지속 가능하고 온당하고 민주적인" 미래에 관해 썼다.[8] 40년이 더 지나 원자화되고,

양극화되고, 악의적 독설이 가득하고, 정치적 불기둥이 치솟는 위태로운 사회, 기술로 포화된 세상에 둘러싸인 지금, 나는 토플러에게 그의 예상이 조금 빗나갔다고 말하고 싶다.

게임은 시작되었고, 우리는 차고에서 나타난 괴짜 무리를 계속 민중의 영웅으로 만들어냈다. 가령 종교적 부흥 의식에서나 느껴질 법한 열기와 강렬함으로 가득한 애플의 신제품 발표회에 검정 터틀넥과 청바지를 입고 멋지게 나타난 스티브 잡스를 보자. 실제로 잡스는 컴퓨터 혁명이 배출한, 최초의 카리스마 넘치는 록 스타였다. 고등학교 졸업생의 양아들이었던 그는 자신을 증명하고 세상을 변화시키겠다는 메시아적 열정으로 가득했다. 하지만 그는 능란한 마케팅 전문가들이 대중이 머지 않아 우상화할 개인을 선보이기 위해 열심히 노력한 결과이기도 했다. 평소 괴롭힘과 무시를 당하던 기술 마니아들은 잡스에게서 헤어 나오지 못했다.[9] 기술 마니아들은 마침내 그들의 괴짜 슈퍼 영웅을 발견했다.

하지만 잡스가 우상화되는 동안에도 그의 무자비함은 비밀이 아니었다. 널리 호평받는 전기 영화 「잡스」의 제작 책임자인 데이비드 트라우브David Traub와 이야기를 나눌 때, 그는 냉혹한 잡스를 묘사하기 위해 **깡패**라는 단어를 사용하곤 했다고 말했다. 잡스가 풍기는 격식 없고 자신만만한 분위기는 대체로 디자이너 슈트를 입은 고든 게코와 그의 무자비한 월스트리트 전술을 떠올리게 하는 전형적인 탐욕적 기업 문화와는 전혀 달랐다.

그러나 욕심 많고 무자비하다는 면에서 잡스는—젤을 발라 뒤로 넘긴 게코의 머리 스타일만 빼면—게코와 같은 사람이 될 수 있었다. 많은 사람이 독점 금지법에 위배된다고 생각하는 방식으로 경쟁사를 무너뜨리는 것으로 악명 높은 제프 베이조스와 빌 게이츠도 마찬가지다. 자세한 내용은 나중에 더 살펴보겠다.

신테크노크라트는 상상도 안 되는 부를 축적하고 우리 경제에 큰 영향을 끼쳤을 뿐만 아니라, 우리 시대 '새로운 석유'라 불리는 정보를 통제하기도 한다. 그들은 정보뿐만 아니라 기술과 미디어를 통해 다른 모든 것을 통제한다. 그들은 우리가 보는 것을 통제하고, 우리의 생각을 형성하며, 우리가 투표하는 방식에 영향을 끼치고, 우리의 행동을 예측하고 조작한다. 또한 우리가 그들의 제품이나 플랫폼을 지속해서 소비하도록 우리를 중독에 빠뜨리기도 한다.

여느 훌륭한 마약상처럼 그들은 우리를 어릴 때 유인하고 평생을 유인한다.

제아무리 J. D. 록펠러라 해도 그렇게까지는 못 할 것이다.

돌아온 1984

이 모든 변화는 우리 인간 종에게 무엇을 의미할까? 우리는 기술에 매달리고 의존하면서 무지하고, 반응적이고, 얕은 사고를 하고, 게으르고, 특징 없고, 재미를 찾고, 감각을 좇는 무식한 바보 소비자가 되었다. 기술이 점점 발전하면서, 그리고 하버드대 교수인 쇼샤나 주보프가 **감시 자본주의**surveillance capitalism로 명명한 것을 테크노크라트가 점점 더 강력하게 팽창시키면서, 우리 종은 기술에 의지하며 더 약해지고, 더 병들고, 디지털에 중독된 상태를 유지하게 되었다.

조지 오웰은 오늘날의 감시 경제를 어떻게 생각할까? 거대 기술기업의 형태를 한 빅 브라더는 확실히 모두 보고 듣고 있다. 중요한 것은 그들이 굶주린 듯 데이터를, 여러분의 데이터와… 나의 데이터를 수집한다는 것이다. 우리 모두의 정보를 말이다. 석유는 잊어라. 어떤 변종이든 정보가 금보다 낫다.

주보프에 따르면, 감시 자본주의(구글이 개척하고 이후 페이스북이 물려받았다)는 '현실'의 상품화, 현실 분석, 그리고 행동 데이터를 판매 가능한 것으로 변환하는 데 바탕을 둔, "정보 자본주의로부터 근본적으로 분리되고 추출된 변종"이다. 다시 말해 우리 삶의 세부 사항은 돈을 낼 의사가 있는 누구에게나 팔린다. 그들은 우리가 온라인에 일상적으로 남기는 전자 흔적인 '디지털 배기가스'를 채굴해서 판매한다. 이 전자 흔적을 이용하면 더 나은 예측 및 조작 알고리즘이 만들어질 수 있다.[10]

실제로 미국 통신회사 AT&T의 CEO인 존 스탠키John Stankey가 강연에서 HBO의 신입 직원들에게 한 말을 살펴보자. 그는 시청자를 여러 시간 묶어 두는 것의 중요성을 강조했다. "시청자의 관심을 오래 잡아 두는 것이 좋습니다. 이것이 왜 중요할까요? 시간이 지날수록 고객에 대한 더 많은 데이터와 정보를 얻을 수 있기 때문입니다. 그러면 우리는 계속 광고를 교체해서뿐만 아니라 구독을 통해 수익을 창출할 수 있습니다."[11]

결국 모든 것은 사용자 데이터에 관한 것이다. 하지만 때로 그 데이터를 모으고 사용하는 방식은 사람과 회사를 곤경에 빠뜨릴 수도 있다.

페이스북과 케임브리지 애널리티카

2018년 3월, 페이스북은 최초로 실존적 위기를 겪었다. 「뉴욕타임스」와 영국의 「업저버」가 정치 컨설팅 기업인 케임브리지 애널리티카Cambridge Analytica가 8700만 명에 이르는 페이스북 사용자의 개인 정보에 접근했다고 보도한 것이다.

데이터는 27만 명의 페이스북 사용자가 돈을 내고 참여한 페이스북 성격 진단 퀴즈에서 유출된 것으로 보였다. "Thisisyourdigitallife이것이 당신의 디지털 생활"라는 이름의 퀴즈 앱은 퀴즈에 응한 사람들뿐만 아니라 그들의 페이스북 친구들의 프로필에서도 데이터를 빼냈고, 이는 엄청난 양의 데이터 유출로 이어졌다. Thisisyourdigitallife는 케임브리지대학교 심리측정센터의 한 연구원이 만든 서드파티 앱▾이었다.

앱 개발자가 케임브리지 애널리티카에 판매한 개인 정보는 유권자 행동을 조작하기 위해 '심리 묘사적psychographic' 기법을 이용한다고 광고하는 바로 이 회사에 의해 사용되었다. 이 모든 일은 케임브리지 애널리티카의 직원이었던 크리스토퍼 와일리Christopher Wylie가 「가디언」과 「뉴욕타임스」에 제보한 2018년 3월에 와서야 밝혀졌지만, 페이스북은 2015년 12월부터 이 문제를 알고 있었다. 그런데도 페이스북은 사용자나 연방 규제 기관에 아무런 보고도 하지 않았다. 실제로 이들은 언론에서 이를 보도한 후에야 개인 정보가 새어 나간 사실을 인정했다.[12]

▾ 제조사나 통신사에서 만든 기본 앱이 아닌 개인이나 앱 회사 등 제삼자가 만든 앱.

2018년 4월 당황한 마크 저커버그는 상원 앞에서 "케임브리지 애널리티카가 페이스북에 공유된 앱의 개발자에게 사용자 정보를 샀다는 것"을 2015년 전에는 알지 못했다고 증언했다. 그리고는 케임브리지 애널리티카에 페이스북에서 얻은 모든 데이터의 사용을 중단하고 삭제할 것을 요구했다고 주장했다.

부주의한 보안 사고를 내고도 잘못을 인정하지 않았다는 이유로 페이스북은 연방거래위원회가 기술 회사에 부과한 벌금 중 가장 큰 액수인 50억 달러의 벌금형을 받았다.

더 큰 대가는 페이스북이 수익 면에서 입은 타격이었다. 2018년 7월 25일 페이스북의 주가가 19퍼센트 폭락하면서 무려 1190억 달러의 시가총액이 증발했다. 월가 역사상 하루 최대의 하락 폭이었다. 동시에 저커버그의 개인 자산은 **초당** 270만 달러가 사라졌다. 페이스북의 사용자들이 출구를 향해 달려가면서 광고 수익도 급감했다. 모든 것이 페이스북이 신뢰를 잃었기 때문이었다.

케임브리지 애널리티카 사건은 2021년 프랜시스 하우건과 '페이스북 파일' 사건이 있기 전까지 페이스북 역사상 가장 심각한 위기였다. 케임브리지 애널리티카 사태로 인해 페이스북은 FBI, 증권거래위원회, 법무부, 연방거래위원회, 해외 당국의 조사를 받게 되었다. 하지만 저커버그와 페이스북은 벌금을 내고 참회하는 척하면서 본래의 탐욕스럽고 비윤리적이며 파괴적인 관행으로 돌아갔다.

애플의 CEO 팀 쿡이 보인 반응은 의도된 것은 아니지만 흥미로웠다. 거대 기술기업의 과두제에 형제애란 없다. 분명히 저커버그는 하버드대 중퇴자 빌 게이츠를 멘토로 생각한다. 하지만 억만장자 보이 클럽의 나머지 멤버들은 그다지 사이가 좋지 않은 것 같다. 인터뷰 진행자가 쿡에게 페이스북의 사용자 개인 정보 문제에 대해 한마디 해주기를 요청했을 때 그가 이렇게 대답한 걸 보면 말이다. "고객을 수익화한다면 엄청난 돈을 벌 수 있겠지만, 우리는 그렇게 하지 않는 쪽을 택했습니다."

그렇다. 팀 쿡과 애플은 윤리적으로 고상한 길을 택했다. 그들은 확실히 고객을 '수익화'하지 않았다. 2021년 11월 기준 2조 4000억 달러에 이르는 애플의 시가 총액은 그저 자선 활동과 인도적인 제조 공정의 결과일 뿐이다.(다음 장에서 더 자세히 설명하겠다.)

알고리즘 만세

데이터 유출, 감시 자본주의, 디지털 배기가스의 수익화로 마치 『1984』처럼 되어버린 세계에서 AI의 예측 알고리즘은 우리의 모든 것을 아는 새로운 신이 될 것이다. 아마도 그중 최악은 기술에 중독되고, 현실에 어려움을 겪고, 행동이 수정되는 동안, 대부분 사람이 더없이 행복한 상태가 되어 자신의 데이터가 채굴되고 있다는 사실을 잊게 되는 것이다. 사파리의 사자처럼 우리는 우리가 당하는 노예화와 착취를 의식하지 못하게 된다.

거대 기술기업에 중독은 실제로 필수 요건이다. 우리의 데이터를 채굴하려면(그리고 우리가 그들의 제품을 계속 사게 하려면), 그들은 우리를 그들의 기기와 플랫폼으로 유인해 매트릭스에 연결시켜야 하기 때문이다. 그렇지 않으면 수확할 디지털 배기가스는 없을 것이다.

거대 기술기업과 신테크노크라트는 최신의 행동수정 기술을 확보하고 가장 진화된 예측 알고리즘을 적용하여 우리의 작은 손가락을 계속 움직이게 한다. 기분을 좋게 해줄 다음 도파민을 기다리며 모이 배출 레버를 정신없이 쪼는 스키너 상자의 닭처럼 말이다.

아, 그리고 우리는 하향 평준화되고, 기술에 중독되고, 감시받을 뿐만 아니라, 대부분 실직하게 될 것이다. 로봇 공학과 AI 자동화 혁명이 향후 십 년 동안 현재 일자리의 50퍼센트를 없앨 것으로 예상되기 때문이다.

일자리가 없어진다고? 문제없다. 비디오 게임을 하고 소셜 미디어에 접속할 시간이 더 많아지니까!

채울 수 없는 공허함과 광기를 향해 나아갈 때, 우리는 또한 종의 멸종을 향해 나아가고 있는 건지도 모른다. 아이러니하게도 인간의 종말을 가져올 방법뿐만 아니라 인간의 진화적 후계자, 즉 학습할 수 있고 자신을 복제할 가능성이 있는 지능형 기계를 만들면서 말이다. 대체 거대 기술기업과 신테크노크라트는 어떻게 지구 전체를 집어삼킨 것일까? 여러 요소가 있지만, 그중 하나는 오만, 또 하나는 독점 금지 조항에 대한 왜곡적 해석, 또 하나는 현대식 식민주의와 착취이다. 먼저 독점 금지 부분부터 살펴보자.

7장
독점 디스토피아

기술 거물들의 청문회

어떤 면에서 그 모든 상황은 좀 우스웠다. 2020년 거대 기술기업의 독점 금지 남용을 조사하는 의회 청문회가 열렸는데, 코로나로 인해 기술 거물들(아마존의 제프 베이조스, 애플의 팀 쿡, 페이스북의 마크 저커버그, 구글의 순다르 피차이)은 화상 회의—사소한 장애가 있었다—를 통해 까다로운 의회 앞에서 증언해야 했다. 아이러니한 상황이 넘쳐났다rich. 물론 그 자리에 모인 기술 거물들만큼 넘치지는rich 않았지만. 내 말이 무슨 말인지 알 것이다.

줌Zoom을 통한 화상 회의가 일상화된 코로나 시대에 거대 기술기업의 거물들이 머리만 나오는 채로 화면을 통해 증언하는 모습—사실상 기술 거물들의 「할리우드 스퀘어Hollywood Squares」▾—은 이상하리만치 그들에게 잘 어울렸다. 빠진 것은 정중앙 자리를 채울 진행자 코미디언 폴 린드Paul

Lynde뿐이었다. 적어도 폴 린드는 생기라는 게 있었다. 하지만 '디지털 계시록의 네 기사▾▾'는 지역 UHF를 통해 방송되는 공개 주민 회의에 참석한 지역 조사관들과 같은 단조로운 카리스마를 보여줄 뿐이었다.

맥스 헤드룸▾▾▾ 같은 이 디지털 헤드들이 진짜이긴 했을까? 알 수 없는 일이다. 전체적인 분위기는 긴장한 마크 저커버그가 역시 반독점 문제에 대해 미국 상원 앞에서 직접 증언했던 2018년의 의회 때와 매우 달랐다. 당시 약 10센티미터짜리 부스터 시트가 얹힌 의자에 앉아 있던 저커버그는 거의 살아 있는 진짜 저커버그처럼 보였다. 그가 옛날 게임기에 나오는 것 같은 단조로운 톤으로 증언할 때, 비록 거의 인지할 순 없었지만, 저커버그가 안드로이드가 아니라 실제 인간이라는 징후가 보였기 때문이다.

하지만 이제 픽셀들로 축소된 그의 모습은 조작된 것인지 아닌지 불분명했다.

확실히 제프 베이조스는 화면 속에서 아주 여유로워 보였다. 그는 태평하게 간식을 먹었고, 질문하는 각 의원에게 질문해줘서 고맙다고 가식적으로 말했다.(의장이 모두에게 그만 고마워하라고 말할 때까지 그렇게 했다.) 가엾은 제프 베이조스는 자신이 왜 짜증스러운 의원들의 공격적인 질문에 답하느라 세계 최고 부자의 귀중한 시간을 낭비하고 있는지 자문해야 했다. 자신은 그들이 1년 동안 버는 돈을 재채기 한 번으로 버는 사람이었다. 그리고 팀 쿡과 순다르 피차이가 있었다. 그들은 충분히 진지해 보였지만,

---

▾　　출연자들이 격자무늬 화면에서 벌이는 미국의 게임 쇼.

▾▾　　질병, 전쟁, 기근, 죽음을 상징하는 요한 계시록의 네 기사를 빗댄 표현.

▾▾▾　　미국 TV 시리즈 「맥스 헤드룸Max Headroom」의 인공 지능 캐릭터.

자주 할 말을 잃고 더듬거렸다.

새로 디지털화된 저커버그(고마워요, 코로나바이러스)에 관해 말하자면, 이제 자신의 구역 안에 있게 된 그는 얼굴을 맞대고 거짓말을 할 때보다 한결 편안해진 모습으로 의회를 향해 미소 지었다. 하지만 그는 이번에도, 확실히 거짓말을 했다.

2018년 상원 증언에서 벤 새스Ben Sasse 상원의원이 소셜 미디어 중독에 관해 질문했을 때, 그러니까 "소셜 미디어 회사는 사용자가 플랫폼을 떠나지 않게 만들기 위해 컨설팅 회사를 이용해 더 많은 도파민 순환 고리dopamine feedback loops를 찾습니까?"라고 질문했을 때 저커버그는 의뭉스럽게도 이렇게 대답했다. "아닙니다, 의원님. 저희는 그런 식으로 논의하거나 제품 팀을 꾸리지 않습니다. 저희는 저희가 만든 제품이 사람들에게 가치 있길 바랍니다. 그리고 가치가 있다면, 사람들은 그것들을 사용하는 쪽을 택할 것입니다."

하지만 '도파민 순환 고리'는 정확히 그들이 페이스북 플랫폼에 사용하는 수법이다. 실제로 저커버그가 선서 후 한 증언은 페이스북의 내부 고발자 프랜시스 하우건이 1년 뒤 상원 앞에서 증언한 내용과 완전히 모순되며, 페이스북의 초대 대표인 숀 파커가 페이스북의 고의에 관해 말한 내용과도 모순된다. 실제로 파커는 페이스북이 중독적인 '순환 고리'를 통해 도파민이 솟게 함으로써 플랫폼을 의도적으로 습관성으로 만드는 방법에 대해 인터뷰했다. 그는 이 문제를 다음처럼 구체적으로 언급했었다. "페이스북은 '좋아요'와 공유 기능을 이용해 사용자가 계속 돌아오게 하는 '사회적 검증 순환 고리'를 만듭니다. … 우리는 사용자에게 이따금 약간의 도파민을 제공합니다. 사진이든 게시물이든 누군가가 '좋아요'를 누르거나 댓글을 다니까요.”

파커는 “발명자들과 창조자들, 그러니까 저와 마크 저커버그, 인스타그램의 케빈 시스트롬 이들 모두 의식적으로 알고 있었어요. 그렇지만 어쨌든 우리는 그 일을 했습니다.”[1]라고 말하면서 이러한 플랫폼이 우연이 아니라 고의로, 특히 ‘인간 심리의 취약성’을 의도적으로 이용하려 했다는 사실을 재차 강조했다.

선서를 한 뒤의 증언이었는데도, 저커버그의 발언은 페이스북의 전직 고위 간부들에 의해 거짓임이 드러났다. 2020년 8월, 의회 청문회가 진행되는 동안 양 정당에서 혹독한 질문들이 쏟아졌다. 콜로라도주 민주당 하원의원 조 너구스Joe Neguse는 페이스북이 탄생한 2004년에 존재했던 많은 소셜 미디어 회사의 목록을 보여주면서 2012년이 되자 이 회사들은 모두 사라졌다고 지적했다. “그쯤 페이스북은 사업을 독점한 것으로 보입니다.”

저커버그는 단호히 그의 말을 부정했다.

그러자 너구스는 2012년에는 인스타그램, 2014년에는 왓츠앱WhatsApp 같은 경쟁 업체를 집어삼킨 페이스북의 행태를 지적하면서 페이스북의 COO인 셰릴 샌드버그가 주요 통신회사에 전달하기 위해 준비한, “페이스북이 이제 미국 내 모든 소셜 미디어의 95퍼센트를 차지하게 되었다고 자랑하는” 문서를 증거로 제출했다.

더 나아가 너구스는 2014년 당시 페이스북 CFO의 이메일을 제시했는데, 이에 따르면 페이스북의 인수 전략은 “영토 강탈land grab”(기억하자, 이는 아우구스투스와 제국 건설의 욕망에 이어 저커버그를 이해하는 데 도움이 된다)이었고 페이스북은 거기에 “2년마다 시가 총액의 5~10퍼센트를 지출해 입지를 확고히 다졌다.”

이것은 정확히 J. D. 록펠러가 한 일이었다. 그는 경쟁자를 집어삼키고 결국 전체 석유 산업의 9.5퍼센트를 장악할 수 있었다.

그리고 아마존의 다이퍼스닷컴diapers.com 파괴가 있었다. 그렇다. 세상에서 가장 부유한 남자는 뉴저지의 한 작은 신생 기업을 무너뜨려야 했다. 이러한 전략은 모두 아마존의 '가젤 프로젝트Gazelle Project'라는 관행의 일부로, 약탈을 일삼는 치타처럼 작거나 허약한 경쟁 상대를 먹이로 삼아 치밀하게 괴롭히고 사냥하고 죽이기 위한 그들 기업의 사명이었다.

2020년 의회의 독점 금지법 청문회가 진행되는 동안 베이조스는 펜실베이니아주 민주당 하원의원 메리 게이 스캔런Mary Gay Scanlon에게 경쟁 업체를 무너뜨리는 전술에 대해 질문을 받았다. 특히 이전 '경쟁 업체'인 아기 용품 업체 다이퍼스닷컴을 상대로 한 악명 높은 파괴에 관한 질문을 받았는데, 베이조스는 단기적으로 상당한 손실을 보더라도 먹잇감을 쓰러뜨리기 위해 아마존에서 기저귀 가격을 대폭 낮출 것을 지시한 바 있었다.

이러한 짓을 벌이는 것이 실제로 아마존의 규정된 전략이라는 것, 그리고 베이조스가 경쟁 상대를 약화하고 급기야 무너뜨리기 위해 기저귀 부문에서 한 달에 2억 달러 상당의 손실을 볼 용의가 있었음을 보여주는 내부 이메일을 공개한 후, 스캔런이 그에게 물었다. "베이조스 씨, 아마존은 다이퍼스닷컴을 무너뜨리기 위한 이 작전에서 궁극적으로 얼마까지 손실을 볼 의향이 있었습니까?"

세밀한 부분까지 꼼꼼하게 신경을 쓰는 것으로 유명했던 이 프린스턴대 졸업생은 목소리를 가다듬고 질문에 감사 인사를 한 다음, 납득하기 힘든 대답을 했다. "질문에 대한 정확한 답은 모르겠습니다. ⋯ 아마도 10년 전, 11년 전의 일이라서요." 스캔런 의원이 아마존이 '다른 사업 부문에서도 이와 유사한 작전'을 벌이는지를 추가로 질문하자 베이조스는 더듬거리며 이렇게 대답했다. "저는… 저는 어, 어, 기억이 나지 않아서 그에 대해 대답할 수가 없습니다. 하지만 확실한 것은 우리가 고객에게 매우, 매우 집중하고 있다는 겁니다."

이 기억 상실은 이해하기 어렵다. 잘 알려진 대로 베이조스는 고생하는 젊은 엄마들에게 기저귀를 저렴하게 제공하기 위해 세워진 뉴저지 기반의 작은 신생 기업을 무너뜨리는 데 집착했다. 전해진 바에 따르면 베이조스가 그 기업에 타격을 줄 것을 직접 지시했다. 그는 다이퍼스닷컴이 쓰러지길 바랐고, 그들이 죽어서 묻히길 바랐다. 그래서 기저귀를 더 싼 값에 팔아 그 회사가 사람들에게서 잊히도록 기꺼이 수억 달러의 손실을 보겠다고 팀에 말했다.

다시 말하지만, 다이퍼스닷컴은 기저귀를 파는 신생 기업이었다. 월마트 같은 소매 기업이나 다른 거대 기술기업이 아니었다. 그들은 자신들의 작은 사업이 지속될 수 있도록 차고에서 열심히 일하던 두 남자일 뿐이었다. 베이조스는 신경 쓰지 않았다. 그도 한때는 차고에서 온라인으로 중고 서적을 파는 작은 신생 기업을 운영했던 적이 있었지만 말이다. 90파운드(약 41킬로그램)의 약골은 이제 근육질의 해변 깡패가 되었다. 베이조스는 경쟁자의 얼굴에 모래를 뿌리는 것만 원한 게 아니었다. 그는 그들의 목을 짓밟고 생명을 짜내고 싶어 했다.

광대한 글로벌 아마존 제국에 그와 같은 보잘것없는 업체가 끼어들 자리는 없기 때문이다. 심지어 베이조스 조직—어쩌면 '스타워즈'의 죽음의 별Death Star은 **세상을 잡아먹고** 우리가 아는 소매업을 결국 파괴한 베이조스의 회사에 더 적합한 표현일 수도 있겠다—에서 보면 우스울 정도로 사소한 규모의 물건을 파는 작은 업체도 마찬가지다.

1980년대에는 쇼핑몰의 등장으로 거리의 구멍가게들이 망했다. 이제는 과거에 쇼핑몰과 백화점이 구멍가게에 했던 일을 아마존이 쇼핑몰과 백화점에 하고 있다. 안녕, 메이시스. 잘 가, 시어스. 안녕, J. C. 페니. 우리는 이와 같은 상징적인 소매점뿐만 아니라, 그들이 한때 유지했던 모든 소매업 일자리와 작별 인사를 하게 될 수도 있다.

그런데 이처럼 급증하는 독점을 멈출 의회는 어디에 있는가? 또 우리의 신성한 독점 금지법은 어디에 있는가? 이 회사들은 정확히 아마존 같은 회사의 독점을 막기 위한 목적으로 시행된 독점 금지법을 대체 어떻게 피해 갔을까? 이 문제를 더 명확히 이해하려면 먼저 독점 금지법이 지난 수십 년 동안 어떻게 변화하고 발전했는지, 그리고 아마존과 같은 회사가 어떻게 연방 정부의 처벌을 피해 왔는지 살펴봐야 한다.

현재 조 바이든 대통령의 연방거래위원회 위원장이자 독점 금지법의 록 스타인 리나 칸Lina Khan은 2017년 「예일대 법률 저널Yale Law Journal」에 실린 '아마존의 독점 금지 역설Amazon's Antitrust Paradox'이라는 제목의 논문에서 이 문제를 조명했다. 논문에서 리나 칸은 어떻게 독점 금지법이 독점 금지 위반의 주요 기준으로 "전체적인 시장 건전성"이 아닌 거의 "소비자 복지"(경쟁력 있는 가격 책정과 관련한)라는 개념에만 초점을 맞추게 되었는지 지적한다.[2] 이 새로운 철학은 1970년대에 법무차관 로버트 보크Robert Bork가 소비자 가격에만 초점을 맞춘 독점 금지 이론을 대중화하면서 시작되었다. 이 이론에 따르면, 가격이 오르지 않는 한 위반은 없다. 다른 부수적 피해가 발생해도 상관없다. 레이건 정부는 보크의 해석을 수용했는데, 이는 결국 소비자 선택의 폭을 줄이고 고용주와 노동자 사이의 균형을 무너뜨리는 사실상의 독점이 40년간이나 이어지게 만들고 말았다. 또한 이로 인해 단기적으로 주가를 끌어올리지만 전반적으로 경제 환경을 더 악화시키는 단기적 사고방식으로 경제는 민첩함과 반응성이 떨어지게 되었다.

따라서 소비자가 싼 가격을 확보하는 한, 누가 경쟁사를 잡아먹든 말든 아랑곳하지 않는 상황이 연출되었다. 분명히 아마존이 전체 산업을 문 닫게 할 수 있는데도, '이봐, 스너기 담요를 아주 좋은 가격에 샀어!' 식이 되는 것이다. 제프 베이조스가 의회에서 증언할 당시, 그가 경쟁자들을 상대로 '약탈적 관행'을 지속한 것에 대한 질문을 피해 "고객에 대한 집중"을 반복한 것도 이 때문이다. 그는 분명히 잘 코치를 받았고, 그의 답변은 최근의 독점 금지 현실을 반영했다.

'새로운' 독점 금지 관점에서 또 하나 예상하지 못한 것은 실리콘밸리의 신생 기업들이 그러하듯 이익보다 성장에 보상하는 시장이었다. 투자자들은 단 한 푼도 이익을 내지 못한 기업에 수십억 달러의 가치를 부여할 수 있다. 처음 6년 동안 적자를 냈지만 투자자들의 사랑을 받은 아마존처럼 말이다. 아니나 다를까, 우리는 느리지만 꾸준한 아마존과 같은 회사가—그 과정에서 경쟁자를 없애고 무너뜨릴 의향이 있다면—승리하는 모습을 보고 있다.

정치권이 거대 기술기업을 제지하고 독점 금지법에 대한 현재의 해석을 재평가하기 위해 무언가를 할지는 아직 불분명하다. 우리는 2020년 상반기에만 페이스북, 아마존, 애플, 구글이 합쳐서 2000만 달러 이상을 로비에 썼다는 점에 주목해야 한다. 역사상 거대 기술기업은 의료 산업 다음으로 로비에 가장 많은 돈을 썼다. 2005년부터 2018년까지 5대 기술 회사들은 보안 및 개인 정보 침해부터 독점 금지 위반에 이르기까지 모든 법안에 대해 입법자들에게 영향을 끼치기 위해 5억 달러 이상(5억 8200만 달러)의 돈을 의회 로비에 썼다.

놀랍게도 전통적인 로비에 지친 마크 저커버그는 의회에 영향을 끼치기 위해 페이스북에서 효과를 봤던 것과 같은 양극화 전술을 펼치기 시작했다. 한 뉴스 보도에 따르면, 저커버그는 자신이 고용한 로비스트들이 비공식 경로로 의원들에게 비굴하게 접촉하는 모습을 보면서, 자신의 회사가 저지른 잘못을 공개적으로 사과하고 개선을 약속해야 하는 전략에 점점 더 짜증이 나고 있었다. 저커버그는 양당이 연합해 그에게 대항하는 것을 막기 위해 그의 내적 아우구스투스를 끌어내 상대를 분열시키고 정복하는 전략을 사용하기 시작했다. 저커버그는 내부 고발자 프랜시스 하우건이 페이스북의 비밀을 폭로한 다음 날, 워싱턴에 있는 직원들에게 민주당과 공화당에 연락해 각 당에 사실과 매우 다른 우려스러운 이야기를 전하게 했다.

저커버그의 사람들은 공화당 의원들에게 하우건이 바이든 대통령과 그의 당을 선전하려는 민주당 활동가라고 말했다. 한편, 민주당 의원들에게는 공화당 의원들이 무죄를 선고받은 위스콘신주 케노샤의 총격범 카일 리튼하우스Kyle Rittenhouse▼를 지지하는 게시물을 금지하기로 한 페이스북의 결정을 파기하기 위해 하우건의 증언을 이용할 것이라고 경고했다.[3] 페이스북은 표적화된 허위 정보로 페이스북 사용자를 양극화하던 것처럼 잘못

▼   흑인 차별에 반대하는 시위대에 총을 쏴 2명을 숨지게 한 10대 백인 소년.

된 정보로 의회를 양극화하려 했다.

전하는 바에 따르면, 저커버그는 또한 직원들에게 하우건이 폭로한 내용에 대해 어떤 언론 관계자에게도 사과하지 말 것을 지시했다. 이 새로운 접근 방식은 저커버그가 좀 더 대담해졌음을 보여준다. 그는 이사회의 오랜 멤버인 억만장자 피터 틸Peter Theil과 투자가이자 넷스케이프 공동 설립자인 마크 앤드리슨Marc Andreessen한테서 사죄라는 이전의 홍보 전략을 포기하고 더 강력하게 대응하라는 조언을 받았다.

그러니 뭐가 문제겠는가? 페이스북은 선거를 조작하고, 사람들이 생각하는 방식을 형성하고, 무력한 입법자들을 무시할 수 있었기 때문에 대부분의 정부보다 더 강력한 단일 거대 기업으로 성장했다. 여기서 아이러니한 것은 다소 모호한 법률을 통과시켜 거대 기술기업이 탐욕스러운 독점 기업으로 성장하도록 도운 자들이 바로 그 입법자들이라는 사실이다.

그 법은 무엇이고, 어떻게 여러 기술 고질라들을 만든 것일까?

통신 품위법 230조

페이스북을 비롯한 거대 기술기업들은 1996년 미국 통신 품위법 Communications Decency Act 230조가 통과되면서 성장해 지금의 위치에 있게 되었다.

간단히 말해 230조는 제삼자인 사용자가 제공한 정보를 플랫폼에 게시할 때, 이 콘텐츠에 대해 거대 기술기업에 면책을 제공한다. 내용은 다음과 같다. **대화형 컴퓨터**interactive computer **서비스의 제공자나 사용자는 또 다른**

정보 콘텐츠 공급자가 제공한 정보의 발행자나 화자로 취급되어서는 안 된다.

230조는 또한 제삼자가 올리는 외설적이거나 모욕적인 자료의 조정에 대한 민사 책임으로부터 플랫폼 기업에 보호책을 제공한다. 이 조항은 1990년대 초 소셜 미디어 플랫폼이 발행자로 취급되어야 하는지 아니면 콘텐츠의 배급자로 취급되어야 하는지—다시 말해, 발행과 관련된 모든 책임을 져야 하는 사실상의 발행자인지 아니면 본질적으로 사용자가 게시하는 내용에 대해 어떤 책임도 지지 않는 콘텐츠 중개자, 즉 디지털 '게시판'인지—에 대해 서로 다른 판결로 귀결된 두 소송에 대한 대응에서 시작됐다.

가장 최근의 법적 다툼과 의회 논쟁은 누군가 일부 플랫폼이 과잉 개입을 한다고 말한 데서 일어났다. 이러한 논쟁은 정치적 노선을 따라 이어졌다. 많은 공화당원이 거대 기술기업이 발행인과 편집자, 검열자 역할을 해왔다고 생각한다. 예를 들어, 이들 기업은 「뉴욕포스트」가 바이든의 차남 헌터 바이든이 저지른 비리에 관해 폭로하는 기사를 실었을 때 「뉴욕포스트」의 트위터 계정과 페이스북 계정을 일시 중지해 논란을 낳았다. 보도에 따르면 「뉴욕포스트」가 입수한 내용 중 일부는 그의 아버지(바이든이 민주당 대선 후보였을 때)와 관련이 있었고, 자료는 델라웨어 수리점에 맡겨져 있던 노트북에서 얻은 것이었다.▼

트위터의 CEO였던 잭 도시는 나중에 의회에서 회사가 실수를 범했

▼ 2020년 미국 대선 당시 트럼프 지지를 선언한 「뉴욕포스트」는 헌터 바이든의 노트북에 있던 이메일을 입수해 바이든을 공격했다. 이에 진보 진영의 페이스북과 트위터는 관련 기사의 공유를 제한하고 「뉴욕포스트」 계정을 일시 중지했다.

음을 인정했다. 처음에는 '해킹'된 정보를 허용하지 않는다는 회사 정책을 핑계 삼았지만, 사실 자료들은 해킹된 것이 아님을 인정했다. 또 일부 사람들이 처음에 주장한 것처럼 노트북에 담긴 내용이 러시아의 '허위 정보'라는 증거도 없었다.[4] 그러나 피해는 이미 발생한 뒤였고, 이는 아마도 2020년 선거에 영향을 끼쳤을 것이다. 많은 민주당 유권자들이 이런 폭발적인 이야기가 있는지도 몰랐기 때문이다.

민주당의 경우에도 거대 기술기업에 부정적인 의원들은 이들 기업이 폭력을 조장하는 혐오 발언(2021년 1월 6일 국회의사당 점거 폭동 관련)을 거르고 삭제하는 일이나 악의적인 대외 관계자가 허위 콘텐츠로 페이스북 사용자에게 영향을 미치는 일에 대해 **충분히** 책임지지 않는다고 주장한다.

흥미롭게도 페이스북의 부사장 앤드루 보즈워스Andrew Bosworth는 2016년 사실상 페이스북이 도널드 트럼프를 대통령으로 만들었다고 주장하면서 페이스북의 정치적 영향력과 선거를 좌우할 수 있는 능력에 대해 공개적으로 으스댔다. 그리고 2019년 회사 게시물을 통해 "페이스북이 도널드 트럼프 당선에 책임이 있는가? 나는 '그렇다'라고 생각한다."라고 밝혔다. 이어 2020년에는 트럼프가 다시 선출되는 것을 걱정하면서 "우리가 쓸 수 있는 도구를 사용해 결과를 바꾼다는 것은 솔깃한 일이다"[5]라고 꽤 분명히 밝혔다.

이러한 상황은 정치 성향과 관계없이 민주주의 국가의 모든 사람이 두려워해야 한다. 선택된 소수가 소셜 미디어 플랫폼을 통제해 유권자를 조작할 수 있다는 그 오만한 고백은 자유롭고 자주적인 선거의 개념 자체를 훼손한다. 실제로 심리학자인 로버트 엡스타인Robert Epstein은 자신의 연구에 기반해 "만약 이러한 기업들이 모두 같은 후보를 지지한다면, 말할 필요도 없이 그들은 **아무도 모르게 어떤 서류상의 흔적도 남기지 않고**(특히 강조) 그 후보자에게 1500만 표 이상을 옮길 수 있을 것이다."라고 2019년 6월 의회에서 말했다.

여기에는 미묘한 균형의 문제가 있다. 철저한 감독이 필요하며 모든 '허위 정보'가 삭제되어야 한다는 주장은 검열로 보일 수 있다. 또한 무엇이 허위 정보인지 누가 결정할 수 있겠는가? 하지만 상황을 지금처럼 유지하면서 디지털 세계가 제멋대로 날뛰게 두는 것 또한 인류에게 좋지 않다. 그렇다면 현명한 중간 지점은 어디일까?

검열에 대한 우려는 타당하다. 코로나 대유행병 초기에 몇몇 존경받는 의료 전문가들은 이 새로운 바이러스가 중국 우한 바이러스 연구소에서 처음 유출되었을 가능성에 대한 의학적 의견을 게시했다. 하지만 이 게시물들은 페이스북, 유튜브, 트위터에서 '허위 정보'로 판단되어 빠르게 삭제되었다. 그런데 몇 달 후 점점 더 많은 의학 전문가들이 '실험실 유출' 이론의 가능성을 인정했다. 이 이론은 섣불리 '잘못된 것'과 '음모'로 특징지어졌지만, 과학자들 사이에서 여전히 미해결된 상태로 남아 있다.[6]

문제는 거대 기술기업 문지기들이 어떻게든 여론을 흔들려 할 때, 우리가 봐 온 것처럼 이들이 생각을 형성하는 엄청난 빅 브라더의 능력을 지녔다는 것이다. 이 골치 아픈 문제는 감독과 규제 부족의 문제로 여전히 남아 있다.

조시 홀리Josh Hawley 상원의원이 2019년에 마크 저커버그를 만난 이야기를 한 적이 있다. 저커버그가 홀리를 만났으면 하고 요청했는데, 그때 홀리는 최연소 상원의원으로서 자신이 '거대 기술기업 독점'으로 부르던 것에 대한 열렬한 비판자였다. 이 젊은 상원의원은 온라인에서 어린이를 보호하는 법안뿐만 아니라 부모에 대한 개인 정보 보호와, 중독을 유발하도록 설계된 플랫폼의 기능에 제한을 둘 것을 이미 제안했다. 그리고 미국 상원의원이 되기 전에도 미주리주 법무장관으로서 독점 금지 및 소비자 보호 위반과 관련해 페이스북과 구글을 조사한 바 있었다. 말할 것도 없이 그는 저커버그의 레이더에 잡혔다.

저커버그가 자신의 홈그라운드인 실리콘밸리의 페이스북 본사에서 회의를 하자고 요청했지만, 홀리는 거절했다. 결국 그들은 워싱턴에 있는 홀리의 사무실에서 만나게 되었다. 홀리에 따르면 그들은 처음에 가벼운 이야기를 나누었다. 그리고서 저커버그가 페이스북이 일부 보수 세력의 공개 토론 참여를 막는 실수를 저질렀을 수 있음을 인정했고, "페이스북에 편향 문제가 있습니다."라고 말했다. 그는 또한 개인 정보, 온라인 중독, 어린이 보호와 관련된 문제들을 인정했으며, 이를 해결하기 위해 내부적으로 대책을 세울 것이라고 홀리 상원의원에게 말했다.

홀리가 문제의 핵심을 찔렀다. 핵심은 페이스북이 독점 업체이기 때문에 지금의 모든 힘을 얻는다는 것이었다. 그는 저커버그에게 경쟁사 인수를, "경쟁사의 목을 조르는 행위"를 중단하라고 요청했다. 그리고 최후의 한 방을 날렸다. 저커버그에게 페이스북 제국을 해체하고 인스타그램과 왓츠앱을 팔아 독점을 끝내라고 요구한 것이다.

홀리가 묘사한 바에 따르면, 저커버그는 한동안 눈을 깜빡이며 조용히 앉아 있었다. 그러다 가장하고 있던 인내가 분노로 바뀌었다. "뭐라고 말해야 할지도 모르겠네요. 말도 안 돼. 그런 일은 없을 겁니다."[7]

기업의 독점 문제에 대해 자주 언급되는 한 가지 다른 해결책은 거대 기술기업을 공정한 방식으로 모든 고객에게 서비스를 제공할 법적 의무가 있는 수도·철도 회사와 같은 공공 사업체로 취급하고 규제하는 것이다. 이 주장의 논리는 거대 기술기업들이 우리 사회에 구석구석 스며들 정도로 영향력이 커져서 공공 사업체만큼이나 필수적인 존재가 되었다는 것이다. 그러나 이러한 해결책은 거대 기술기업의 거센 반발에 직면할 것이다. 그들은 인터넷은 필수적 공공 서비스로 간주할 수 있는 공공재일 수 있지만, 페이스북과 트위터처럼 **인터넷상**에서 작동하는 플랫폼은 필수적인 공공재가 아니라 오히려 공공 사업체로 규제되어서는 안 되는 민간 사업체라고 주장할 것이다.

이 글을 쓰는 동안에도 독점 금지 위반과 관련하여 거대 기술기업에 가해진 의미 있는 제한이나 처벌은 없었다. 사회 조직이 지속적으로 와해되면서 사용자들이 계속 감시당하고, 노예화되고, 정신적으로 해를 입는 동안에도 디지털 짐승은 끊임없이 성장하고 있다.

하지만 아마도 변화는 오고 있을 것이다.

'페이스북 파일'과 거대 기술기업의 악덕 행위에 관한 언론 보도 결과, 미국의 여론이 움직이면서 좌파와 우파 양쪽의 정치인들이 독점 금지 법안을 밀어붙이기 시작했다. 심지어 1984년 7개의 지역 회사로 쪼개진 독점 통신회사 마벨Ma Bell(AT&T)처럼 거대 기술기업을 해체하고자 했다.

의회는 70년 만에 처음으로 미국의 독점 금지법을 개정하는 절차를 시작했다. 조 바이든 대통령은 앞서 독점 금지 전문가로 언급했던 리나 칸을 연방거래위원회 위원장으로 임명했고, 그녀는 거대 기술기업을 상대로 독점 금지 소송을 늘리겠다고 공언했다. 연방 검찰은 주 법무장관과 연합해 페이스북과 구글을 상대로 소송을 제기했는데, 이 중 일부는 거대 기술 대기업의 해체를 명시적으로 요구하고 있다.

이러한 침략적이고 악의적인 조직이 지닌 힘과 통제력을 약화할 수 있다는 소식에 기뻐하는 것이 마땅하겠지만, 역사적으로 독점 금지 절차를 처리하는 속도는 엄청나게 느렸다. 이를테면 미국 검찰이 획기적으로 마이크로소프트를 상대로 벌인 소송은 2001년에 시작된 후 결론에 이르기까지 십 년이 걸렸다. 오늘날에도 어떤 조치든 결론이 나기까지는 수년이 걸릴 수 있다. 궤변, 지연, 오도에 능한 거대 기술기업의 고액 변호사들이 술 취한 달팽이 같은 속도로 일이 진행되도록 최선을 다할 것이기 때문이다.

그러는 동안 같은 상황이 반복되고 거대 기술기업은 점점 더 커지고 또 커질 것이다. 그들이 내놓는 제품과 플랫폼에 우리가 품는 갈망은 줄어들 기미가 보이지 않는다. 우리는 기술을 탐닉하지만 멋진 이탈리아 식당의 별생각 없는 손님처럼 맛있는 소시지가 어떻게 만들어지는지는 알고 싶어 하지 않는다. 그것이 우리의 식욕을 망치면 안 되기 때문에.

하지만 윤리적이고 인간적인 차원에서 우리는 디지털 소시지가 어떻게 만들어지는지 확실히 알 필요가 있다. 과연 기술이 있는 삶을 위해 인간이 치르는 대가는 무엇일까?

기술식민주의

나는 어느 날 밤늦게까지 빌 게이츠의 옛 하버드 동창인 펠리페 노게라와 이야기를 나누었다. 하버드, 존스 홉킨스, 터프츠에서 학위를 받은 풀브라이트 장학생 펠리페는 대학 교수이자 카리브해 지역에서 다양한 이력을 쌓은 통찰력 있는 통신 고문이었다. 나는 그에게서 **통신 식민주의**^{tele-}colonialism라는 말을 처음 들었다.

나는 그에게 그 말의 뜻을 물었다.

노게라는 우선 1970년대 후반과 1980년대 초반에 종래의 공업사회가 어떻게 탈공업 정보사회로 변모해 갔는지를 설명했다. 예전에 페이스북, 트위터, 구글이 있기 전에 마벨이라는 한 거대한 통신회사가 있었다. 마벨은 1984년 미국의 독점 금지법에 의해 작은 회사들로 해체되기 전까지 통신업을 독점한, 즉 현대의 통신을 있게 한 수천 마일의 전기선과 인프라 장비를 소유하고 통제한 회사였다. 이는 장비를 제어하는 주체가 통신 수단을 제어한다는 현실을 만들어냈다.

펠리페는 이어 AT&T와 같은 거대 기업들은 카리브해 국가 같은 곳에서 기업의 힘을 이용해 노골적으로 주권 국가들의 통신 인프라를 장악했다고 설명했다. 통신 식민주의란 제이 세계와 제삼 세계 국가에 제일 세계 통신회사가 가하는 부당한 착취를 뜻했다.

이것은 30년도 더 전의 일이다. 이제 우리는 통신 식민주의 2.0의 시대, 즉 기술 식민주의의 시대에 살고 있다.

거대 기술기업이 우리의 '노예화된 디지털 여가'를 보장하려 애쓰는 오늘날의 멋진 신세계에는 거대 기술기업을 돕기 위해 만들어진 완전히 새로운 식민주의가 있다. 이 새로운 기술 식민주의는 전 세계의 가난한 유색인을 희생양 삼아 우리의 기술 갈증을 해소하고 펠리페의 동창인 빌 게이츠 같은 사람들을 엄청난 부자로 만든다.

이러한 착취는 여러 가지 형태로 나타난다.

금지된 도시, 폭스콘

40만 명 이상의 노동자가 사는(그렇게 말할 수 있다면) 도시이자 공장인 중국의 초대형 공장 폭스콘을 살펴보자. 이곳의 노동자들은 대부분 매우 절망적이고 비인간적인 조건 아래 정신을 마비시키고 영혼을 파괴하는 조립 라인에서 일한다. 바로 여러분의 딸이 친구들과 문자를 주고받고 소셜 미디어 속 온갖 시답잖은 것들에 관해 논할 수 있게 하는 아이폰을 만들기 위해서다.

중국은 농민이 많았던 과거와 달리, 현재 1억 1200만 명이 넘는 세계 최대의 공장 노동자를 보유하고 있다. 폭스콘이라는 상표명으로 더 잘 알려진 혼하이정밀공업유한책임회사Hon Hai Precision Industry Co., Ltd.는 130만 명 이상의 급여 노동자가 있는 중국 본토 최대의 사업체이다. 전 세계적으로 이들보다 더 많은 직원을 고용하는 회사는 월마트와 맥도널드뿐이다.

이들이 돕는 회사? 애플은 2021년 10월 기준 2조 4900억 달러의 순자산을 보유한 세계에서 가장 가치 있는 기업으로, 애플의 설립자와 투자자들에게 엄청난 부를 안겨주었다. 반면, 애플의 외주 업체인 폭스콘은 중국 노동자들에게 매달 쥐꼬리만 한 900위안(약 130달러)을 지급하는데, 이는 미국에서 빈곤선으로 간주하는 것보다 훨씬 낮은 수준의 급여다.

설상가상으로 폭스콘의 노동자들은 무료로 주택을 공급받아도 턱없이 비싼 전기세와 수도세를 청구받기 때문에 돈을 모아 고된 일에서 벗어난다거나 탈출할 수 있다는 희망이 없다. 그들이 생산 목표를 맞추기 위해 하는 일은 지루하고 반복적이며 큰 부담이 따른다. 게다가 평균 교대 시간도 12시간으로 끔찍할 정도로 길다.[8]

폭스콘의 주요 공장에는 노동자들이 몸을 웅크리고 앉아 일하는 수백 개의 조립 라인이 눈에 보이도록 펼쳐져 있다. 많은 노동자가 권위적 감독관에게 일거수일투족을 폭력적이고 공격적으로 감시당하며 하루에 1700대의 아이폰을 작업한다.

교대 후 노동자들은 폭스콘 내에 있는 기숙사로 이동해 8명에서 12명으로 가득 찬 방에서 함께 잠을 잔다. 잠을 자고 난 후에는 다시 12시간의 교대 근무가 이어진다. 이 과정이 계속 반복되고 또 반복된다. 이들에게는 더 나은 삶, 위로 올라갈 수 있다는 희망이 없다. 오직 비인간적인 고된 노동만이 있을 뿐이다.

하지만 일부 노동자들은 탈출구를 찾았다. 바로 자살이다.

서구화된 나라에서도 자살은 전염병처럼 빠르게 퍼지고 있다. 이곳 사람들의 자살 요인은 실업률 증가, 그리고 아마도 더 중요할 디지털 시대의 고립 및 우울증 유발 환경이다. 하지만 기술 식민주의의 지배를 받는 제삼세계의 경우 자살 요인은 견딜 수 없는 매일의 고단함에서 비롯되는 완전한 억압적 고통이다.

실제로 폭스콘에서의 상황을 견딜 수 없게 되자 2010년 노동자들은 공장 옥상에서 뛰어내리기 시작했고, 이는 국제적인 뉴스가 되었다. 쉬Xu라는 젊은 남성 노동자는 기자 브라이언 머천트Brian Merchant에게 폭스콘을 이렇게 설명했다. "인간에게 맞는 곳이 아닙니다."

그 첫해에 18건의 자살 시도가 있었고 14명이 사망했다. 또 다른 노동자 20명의 자살은 폭스콘 관리자들에 의해 제지되었다. 자살이 점점 심각한 문제가 되었기 때문에(일주일에 평균 7명에게 전이되었다) 회사는 은혜를 베풀어 인간의 품위에 대한 이 모욕적 사태를 해결하기로 했다. 해결책은? 폭스콘의 CEO 궈타이밍은 건물 주변에 자살 그물을 설치하라고 지시했다.

그렇다. 아주 좋은 내세든 아주 좋은 무無의 공간이든—선택은 자유다—달콤한 위안을 찾아 지붕에서 뛰어내리는 노동자들을 받기 위해 커다란 그물이 설치되었다.

훤한 대낮에도 자살이 빈번히 발생하자 자살은 폭스콘에서 흔한 일로 받아들여졌다. 쉬가 말했다. "여기선 누가 죽는다 해도 하루가 지나면 모두 없던 일이 됩니다. 그 일에 대해 잊어버리게 되는 거죠."

애플로서는 자살 지옥이든 아니든, 쇼는 계속되어야 한다.

애플의 총아, 스티브 잡스는 이것이 야단법석을 떨 만한 일이 아니라고 생각했다. "폭스콘은 노동력 착취의 현장이 아닙니다. 그곳은 공장인데, 세상에, 식당과 영화관도 있어요. … 하지만 공장이죠." 그리고서 그는 통계적으로 폭스콘의 자살률이 중국 전체의 자살률과 다르지 않다는 점을 지적하며 자살 문제를 축소하려고 했다.[9] 그러나 분명 '식당과 영화관'으로는 충분하지 않았다. 상황이 점점 악화되었기 때문이다.

잡스가 췌장암으로 세상을 떠난 지 1년 뒤인 2012년, 상황은 150명의 노동자가 옥상에 모여 집단 자살을 시도할 정도로 절박해졌다. 그들이 잡스가 말한 극장의 낮 공연을 놓쳐서 그런 일을 벌였을까? 이유가 뭐든, 노동자들은 삶의 질을 개선할 수 있는 몇 가지 사소한 사항을 약속받고 결국 옥상에서 내려왔다. 그리고 2016년에도 또 다른 무리가 이와 비슷하게 집단 자살 시위를 하다 제지당했다.

폭스콘은 상황을 개선하기 위해 몇 가지 문제를 수정했다. 그 동기가 대외적 평판을 위한 것이었는지 진짜 인도주의적인 것이었는지는 알 수 없다. 하지만 임금이 인상되었고(생산성 향상을 요구하긴 했지만), 기도 시간을 위해 불교 승려가 고용되었다. 그리고 노동자들은 자살 금지 서약서에 서명하도록 요청받았다.

자살 그물은 여전히 걸려 있다.

안타깝게도 이러한 기술 식민주의의 사례는 폭스콘 외에도 많다. 사람들이 죽고 착취당하는 이 기술 식민주의가 있기 때문에 우리는 비난조의 정치적 트윗을 날리거나 저녁 식사 사진을 온라인에 올릴 수 있다.

피의 배터리

콩고를 보자. 콩고는 세계에서 천연 자연이 가장 풍부한 나라로 알려져 있다. 일부 추정에 따르면, 콩고에는 24조 달러 상당의 필수 미네랄과 금속이 매장되어 있다. 콩고에는 금과 다이아몬드도 풍부하지만, 지구상의 모든 리튬 배터리에서 발견되는 코발트도 풍부하다. 리튬 배터리는 모든 스마트폰, 노트북, 태블릿, 전기 자동차를 구동하는 데 사용된다. 우리는 코발트가 없으면 이메일을 보낼 수도, 페이스북에 글을 올릴 수도, 테슬라를 몰 수도 없다. 그런데 전 세계 코발트의 60퍼센트 이상이 콩고에서 생산된다.

코발트 채굴은 피로 얼룩진 위험한 일이다. 모두 전쟁 중에 불법으로 거래되는 '블러드 다이아몬드'에 대해 들어봤을 테지만, 이제 우리는 '블러드 배터리'의 시대에 살고 있다. 모든 것이 점점 더 많은 장치를 만들어 전 세계의 기술 중독자에게 공급하려는 기술 산업의 선호와 탐욕 때문이다.

코발트에 대한 엄청난 수요 때문에, 6살 정도밖에 안 되는 아이들을 포함해 수만 명의 어린이가 세계 최대의 기술 회사들에 공급할 코발트를 채굴하는 일에 동원되어 유독한 먼지 속에서 목숨을 걸고 일하고 있다. 일부 추산에 따르면, 지난 2년 동안 기술회사들의 수요 증가로 코발트 가격이 300퍼센트 이상 치솟으면서 현재 25만 5000명이 넘는 빈곤층이 귀중한 원소를 위해 목숨을 내놓고 위태롭게 일한다.

가난한 광부들이 주로 중국인 '구매처'에 판매하고 나면, 코발트는 추가 가공 및 정제를 위해 중국으로 운송되어 전 세계의 주요 부품 업체 및 소비자 기술회사에 판매된다.

이러한 기술 회사들의 가치는 수조 달러에 이른다. 그러나 2017년 국제 앰네스티Amnesty International의 한 보고서에 따르면, 그 보잘것없는 임금을 받으려 끔찍한 환경에서 목숨을 걸고 일하는 콩고의 억압받는 국민—아이들 포함—을 이용해 부를 축적하지 않도록 노력하는 회사는 하나도 없다.[10]

아이폰을 손에 쥔 지금, 기분이 어떠한가?

중독자들은 코카 잎이 코카인이나 크랙으로 가공되는 데 누가 죽어야 했는지, 누가 이용당했는지, 또는 양귀비가 헤로인이 되는 데 누가 피를 흘렸는지 알고 싶어 하지 않는다. 제발, 기분 잡치게 하지 마세요. 디지털 소시지가 어떻게 만들어지는지 말하지 말고, 그냥 최신형 아이폰이나 갖게 해주세요! 더 좋은 배터리가 장착된 더 빠른 전화기를 위해 일어나는 참상과 누군가 흘린 피를 모른 척할 때, 우리 사회의 집단적 영혼은 더럽혀진다. 지긋지긋한 거대 기술기업의 경영진들, 이들은 폭스콘 같은 외주 업체에 힘든 일을 맘 편하게 맡김으로써 자신들의 손에 피를 묻히지 않을 수 있다고 생각한다.

물론, 외주 업체를 쓰는 데는 더 그럴듯한 이유가 있을 수 있다. 그렇다. 비용이 더 저렴하다. 하지만 비용 문제는 복잡하다. 폭스콘에서 만들어지고 콩고에서 동력을 얻는 아이폰에 극심한 죄책감을 느끼기 시작한 많은 사람이 이렇게 외쳤다. "애플은 얼마나 많은 돈을 벌어야 하는가?" 미국에서 좀 더 인도적으로 아이폰을 만들면서 지금처럼 엄청난 돈을 벌 순 없는 걸까?

음, 문제는 그렇게 간단하지 않다.

애플의 CEO 팀 쿡에 따르면, 그것은 노동력과 인건비 문제가 아니라 공급망과 기술의 문제다. 쿡은 2017년 경제 전문지 「포천」이 주최한 행사에서 그 문제에 관해 다음과 같이 말했다.

"중국에 대해 사람들이 잘못 알고 있는 게 있습니다. ⋯ 사람들은 대개 기업들이 중국으로 가는 이유가 인건비가 저렴해서라고 합니다. 그 기업들이 중국 어디로 가는진 모르겠지만, 사실 중국은 수년 전부터 인건비가 저렴한 국가가 아니었어요. 이는 지출의 관점에서 중국에 갈 이유가 못 되죠. ⋯ 기업들이 중국으로 가는 이유는 기술 ⋯ 그리고 한 곳에서 얻을 수 있는 기술자의 수 ⋯ 그리고 기술의 종류 때문입니다. 우리가 만드는 제품에는 정말로 고급 세공이 필요해요. 재료들을 다루는 세공과 작업에 최첨단의 정밀도가 요구되죠. 중국의 세공 기술은 아주 뛰어납니다. 미국에서도 세공 기술자들을 모을 수 있긴 하지만, 방 하나를 채울 수 있을지 모르겠군요. 중국에서는 그런 사람들로 축구장 여러 개를 채울 수 있습니다."[11]

일부 추정에 따르면, 우리가 전 세계의 아이폰 수요를 충족시키는 데 필요한 세공 기술을 확보하고 공급망을 구축하려면 한 세대가 필요하다. 만약 애플이 지금부터 미국에서 아이폰을 생산하기 시작한다면, 전화기 한 대의 가격은 3만 달러가 될 것으로 예상된다.[12] 아니, 오타가 아니다.

윤리적 딜레마는 이제 개인에게 돌아간다. 우리는 자살 그물에 대해 알고 있다. 콩고 광산의 여섯 살짜리 아이에 대해서도 알고 있다. 정말이지 모두 끔찍하다. 그렇다면 여러분은 아이폰을 인도적으로 만들 수만 있다면 얼마나 더 지불할 용의가 있는가? 아니면 핸드폰을 쥐고 정신을 마비시키는 '캔디 크러시'나 하면서 그에 대해 생각하지 않는 쪽을 택하겠는가?

그 전에 지금의 새로운 디지털 디스토피아에서 확인할 수 있는 또 다른 유형의 기술 식민주의와 제삼 세계 착취에 관한 사례를 하나 더 살펴보자.

콘텐츠 관리자의 공포

그 현장은 제삼 세계 여느 국가의 노동력 착취 현장과 비슷했다. 사람들의 얼굴은 어두웠고 지쳐 보였으며 체념한 절망으로 뒤덮여 있었다. 시시하고 고된 노동 이상의 삶은 절대 없을 것 같은 절망적 느낌, 견디기 어려울 정도로 긴 시간 동안 이어지는 하찮고 사소하고 반복적인 작업.

그런데 이 절망한 얼굴들이 있는 곳은 매우 다른 유형의 노동력 착취 현장이었다. 그들은 삭막하고 황량한 칸막이 안, 빛나는 컴퓨터 화면 앞에서 힘들게 일했는데, 모두 기계들을 위한 일이었다. 인도 부바네스와르에 있는 이 디지털 착취의 현장은 많은 기술 외주 업체 중 하나인 아이메리트 iMerit라는 회사의 글로벌 9개 지점 중 하나에 불과했다. 과하게 일하고 적은 임금을 받는 이곳 노동자들은 최전선의 데이터 수집가로서 인공 지능

소프트웨어를 학습시킬 수만 개의 컴퓨터 이미지를 분석하는 일을 했다.

그리고 AI를 먹이고 '가르치기' 위해 비인간적인 환경에서 일했다.[13]

이 피곤하고 우울해 보이는 노동자들은 더 똑똑한 AI 기계를 만드는 데 일조한다는 목표를 향해 조용히, 이름 없이 일했고, AI는 계속해서 데이터를 갈망했다. 운이 좋은 사람들은 의료 AI 소프트웨어에 결장 폴립 같은 것들을 식별하는 법을 '가르쳤다'. 운이 없는 사람들—상대적으로 더 어두운 표정의 사람들—은 AI 소프트웨어에 아동 포르노와 실제 폭력이 무엇인지 '가르쳐야' 했다. 노동자들은 AI가 부적절한 것을 식별하도록 '학습'시키기 위해 몇 시간 동안 극도로 생생하고 끔찍한 폭력적·성적 장면을 시청해야 했다.

업무의 하나로 그들은 수간, 스너프 영화, 식인 행위, 아기 강간, 신체 절단, 참수 등 가장 흉악하고 비도덕적인 악행을 목격해야 했다. 인간만이 AI 소프트웨어가 그러한 것들을 더 잘 식별하도록 도울 수 있었다. 하지만 그 가엾은 노동자 중 다수가 계속되는 역겨운 이미지 때문에 영구적이고 회복할 수 없는 심리적 상처를 입었다.

그러나 사람은 중요하지 않았다. AI가 일단 먹어야 했기 때문이다.

AI를 가르치기 위해 제삼 세계 직원을 고용하는 경우 외에, '콘텐츠 모더레이터content moderator'를 둔 외주 업체를 고용하는 소셜 미디어 회사도 있다. 이 콘텐츠 모더레이터들은 소셜 미디어 사이트에 올라오는 비도덕적이고 끔찍한 콘텐츠를 걸러내는 일을 한다. 다시 말하지만 우리는 아동 포르노, 자살 비디오, 고문에 관해 이야기하고 있다. 예를 들어 페이스북은 1만 5000명 이상의 모더레이터를 쓰고 있다. 일부는 미국에 있고, 많은 사람이 인도와 필리핀에 있으며, 젠팩트Genpact와 코그니전트Cognizant 같은 외주 업체에 고용되어 있다.

1980년대 후반과 1990년대에 인도와 필리핀에서는 비즈니스 프로세스 아웃소싱business process outsourcing, BPO이 폭발적으로 증가했다. 거대 기술기업이 IT나 고객 서비스와 같은 백오피스back office 업무를 교육 수준은 높지만 인건비가 저렴한 나라들에 아웃소싱하기 시작했기 때문이다. 오늘날 필리핀에서는 120만 명 이상이, 인도에서는 110만 명 이상이 BPO 업체에서 일하고 있다. 페이스북이 10여 년 전에 모더레이터 일을 할 사람을 아웃소싱하기 시작했을 때, 인도와 필리핀은 신기술로 인한 새 '기회'에 기대는 국가가 되었다.

콘텐츠 모더레이터는 페이스북의 생존에 필수적이다. 그들은 우리의 가장 어두운 이드인 여과되지 않은 짐승을 위한 초자아이다. 콘텐츠 모더레이터는 페이스북이라는 모선mothership의 생존과 수익성에 매우 중요하다. 모더레이터가 없으면 페이스북은 훨씬 더 어둡고 폭력적인 플랫폼이 될 것이며 불가피하게 모든 사용자를 잃게 될 것이다. 하지만 모더레이터의 일 자체는 그들에게 심리적인 상처를 입히고 영혼을 파괴한다.

라파엘Rafael이라는 가명의 한 필리핀 남성이 '서구 거품Western bubble'을 비롯해 기술의 영향을 다루는 글로벌 비영리 출판물인 「레스트 오브 월드Rest of World」에 이에 관해 제보한 적이 있다. 언론학과 학생이었던 라파엘은 페이스북의 콘텐츠 모더레이터로서 그가 경험한 내용 중 일부를 공유했다.

라파엘은 처음에 혐오 발언과 포르노를 관리하는 일은 편했다고 말했다. 하지만 실제로 그에게 충격을 준 것은 학대받는 아이의 모습이 생생히 담긴 영상이었다. 필연적으로 그 영상은 그의 생각과 행동에 영향을 끼치기 시작했다. "저는 나쁜 사람이 아닙니다." 그가 「레스트 오브 월드」에 말했다. "하지만 곧 제가 끔찍한 행동을 하고 후회할 말을 하고 있다는 것을 알게 됐어요. 저는 제가 원하지 않는 것들을 생각하고 있었죠."

시간이 지나며 라파엘은 결국 자신이 본 끔찍한 장면들에 둔감해졌다. 자동차 사고와 아동 학대 영상을 봐도 그는 더 이상 당황하지 않았다. "누군가가 죽는 영상을 보면서 점심을 먹을 수 있을 정도가 되었죠. … 하지만 결국 가장 중요한 것은, 인간다움을 잊어선 안 된다는 겁니다."

페이스북 직원을 포함해 BPO 업체 직원들을 담당하는 한 전화 상담원은 자살 관련 콘텐츠를 본 후 자살을 생각하기 시작했다고 이야기하는 내담자들이 몇 명 있었다고 말했다. 사회적 전염 효과의 한 예다. 그처럼 자살 사고가 있는 사람은 상담사를 직접 만나야 한다. 하지만 안타깝게도 그러한 치료에 접근하는 것에는 문화적, 재정적 장벽과 낙인 문제가 있다.

미국에서 일하는 콘텐츠 모더레이터들은 운이 좋았다. 그렇게 말할 수 있다면 말이다. 2018년 페이스북은 콘텐츠 모더레이터로 고용되었을 당시 심리적 충격을 받은 외주 업체 계약 노동자들이 건 집단 소송에서 그들에게 5200만 달러를 지급하는 데 합의했다. 당시 모더레이터들은 소셜 미디어 기업이 그러한 충격적인 이미지에 계속해서 노출될 때 입게 되는 깊은 상처로부터 자신들을 적절하게 보호하지 못했다고 주장했다.

소송에 참여한 미국의 콘텐츠 모더레이터들은 각각 1000달러의 보너스(정신병 보너스라 부르자)를 받게 되었다. 그리고 페이스북에서 즐거운 입문 단계의 일을 하고 정신과 진단을 받을 만큼 운이 좋았던 사람들은 치료 기회와 최대 5만 달러의 손해 배상금을 받게 되었다. 어쨌든 이러한 보상은 누군가의 집을 태우고 난 뒤에 집을 고쳐주고 수표를 끊어주는 것과 비숫하다. 너무 늦고, 너무 적다.

하지만 해외의 콘텐츠 모더레이터들은 '우리가 당신을 미치게 했고 여기 그에 대한 보너스가 있습니다' 식의 보상을 받지 못했다.

페이스북은 더 많은 심리적 지원을 포함하여 콘텐츠 모더레이터들을 더 돕는 데 동의했으며, 이러한 변경 사항이 미국 이외의 지역에서 일하는 모더레이터들에게도 적용될 것이라고 말했다. 그러나 2018년 소송 이후, 이미 정신적 피해를 본 해외의 모더레이터들은 지금까지 어떠한 보상도 받지 못했다.

많은 인권 운동가들은 앞으로 미국에서 이와 비슷한 소송이 제기될 수 있다는 위협 때문에 거대 기술기업이 노동자의 권리가 거의 없고 소송이 제기될 가능성이 극히 낮은 미국 밖의 나라들에 모더레이터 일을 맡길 수 있다고 우려한다.

나는 2019년 텍사스 오스틴에서 콘텐츠 모더레이터의 심리 지원을 위한 사내 치료사로 페이스북에 고용된 공인 사회복지사와 이야기를 나눈 적이 있다. 그녀는 처음에 자신의 직무 내용이 업무 중에 트라우마를 겪어 긴급하게 전문가가 필요한 사람들에게 사내 정신 건강 지원을 하는 것이라고 들었다. 그러나 공식적으로 일을 시작하기 전에 페이스북은 처음의 업무 제안을 철회하고 그녀에게 비용이 더 저렴한 온라인 치료 지원으로 바꾸겠다고 말했다.

역시 신테크노크라트의 일벌들에게만 최고인 회사다.

높은 곳에서 상황을 보면 여기에는 어떤 업보의 대칭이 있다. 우리는 지구 반대편에 있는 사람들이 고통 받고 죽음으로써 환상적인 디지털 난센스에 갇힐 수 있다. 하지만 사실 디지털 생활로 인해 우리 또한 병들고 죽어 가고 있다.

아이러니한 상황이다. 노예와 같은 조건에서 고되게 일하는 가난한 중국 노동자와 콩고 광부들 덕분에 우리 또한 디지털 수갑을 차고 그들처럼 노예가 된다. 또 정신적으로 고통 받는 인도와 필리핀의 콘텐츠 모더레이터들 덕분에 우리는 계속 소셜 미디어에 빠져 살 수 있다. 우리는 **모두** 갇혀 있지만, 아무도 그것을 깨닫지 못한다. 우리는 기술을 너무 좋아해서 자신이 디지털 새장 안에 갇혀 있다는 것조차 깨닫지 못한다. 사실, 우리는 **더 갇히기를** 원한다.

앞서 말했듯이, 이는 스톡홀름 증후군의 별난 형태이다. 우리는 폭력적인 기술 납치범뿐만 아니라 그들이 우리를 가둬둔 디지털 새장과도 사랑에 빠졌다.

어떤 목적에서? 신테크노크라트가 원하는 것은 무엇일까? 이 모든 게 단순한 탐욕에서 시작된 일일까?

8장
신이 되려는 자들이 꾸는 꿈

프랑켄슈타인 박사의 AI

이 책을 쓰며 나는 신테크노크라트가 원하는 것이 단순히 탐욕(늘 중요한 요인이긴 했지만)에 기인한 것만이 아님을 발견했다. 탐욕은 역사상 가장 큰 힘을 얻게 된 사람들에게는 너무 시시한 것이다. 탐욕은 옛날 말이다.

그렇다면 무엇이 이 신 콤플렉스가 있는 영리하고 자기중심적인 억만장자들을 자극하는 것일까?

지각 있는 AI, 더 정확히 말해 인공 일반 지능AGI은 신테크노크라트에 목표를 향한 최종 단계일 수 있다. AGI는 생각하고, 학습하고, 지각력이 있는 인조 생명체이다. 관심 경제attention economy▼에 적용되는 예측 알고리즘

▼ 특정 소비자 집단의 관심에 맞춰 제품이나 서비스를 제공함으로써 소비자를 유인하는 시장을 형성하는 경제 활동.

같이 단순히 유용성을 제공하는 것이나 자율 주행 차에서 의료 연구에 이르기까지 모든 분야에 활용되는 직무별 AI를 넘어, AGI는 프랑켄슈타인 박사가 "살아 있다!"라고 외쳤던 존재에 가장 가깝다. 그리고 그 이상이 되면… 우리는 말 그대로 죽음에 도전하는 **특이점**^{singularity}을 맞을 것이다.

그 특이점은 무엇일까? 여기에서 특이점은 인간과 기계가 합쳐지면서 가까운 미래에 우리가 생물학적 한계를 초월해 트랜스휴먼^{transhuman}이 된다는 거의 신화적인 개념이다. 인간 진화의 다음 단계로 구상되는 이 개념은 **디지털 의식**^{digital consciousness}—일부는 이를 '괴짜들의 휴거'라 부른다—으로 불리는데, 이것이 가능해지면 인간의 마음은 불멸의 클라우드 기반 초지능에 업로드될 수 있다.

정신 나간 소리 같다. 하지만 돈과 신 콤플렉스가 있는 사람들은 흔히 이런 생각을 한다. 우리는 다만 돈의 흐름과, 장수, AGI, 싱귤래리티대학^{Singularity University}에 대한 투자, 그리고 특이점의 대제사장인 레이 커즈와일^{Ray Kurzweil}을 향한 신테크노크라트의 광신을 살펴볼 필요가 있다.[1]

커즈와일은 아주 능력 있는 사람이다. MIT 출신이자 구글의 엔지니어링 이사이자, 베스트셀러 『특이점이 온다』의 저자인 커즈와일은 그가 제시한 트랜스휴먼 비전▼으로 신테크노크라트의 존경을 한 몸에 받는 사람이다. "레이 커즈와일은 제가 아는 사람 중 인공 지능의 미래를 가장 잘 내다보는 사람입니다. … 그는 정보 기술이 멀리, 그리고 빠르게 발전해 인류

▼ 레이 커즈와일은 2045년에 기술적 특이점(Technological Singularity)이 올 것이라고 예측했다. 나노 공학, 로봇 공학, 생명 공학의 발달로 인간은 수명을 무한히 연장할 수 있게 되고, 인공 지능은 인간과 같은 지능을 지니게 될 것이라고 주장한다.

가 생물학적 한계를 초월할 수 있는 미래를 이야기하죠." 열성 신자인 빌 게이츠가 흥분하여 말했다.

구글의 청년들 세르게이와 래리도 마찬가지다. 그들은 캘리포니아 나사의 에임스 연구 센터Ames Research Center에 있는 커즈와일의 싱귤래리티대학에 자금을 지원하고 '장수' 연구 회사인 캘리코Calico에 10억 달러를 투자했다. 그리고 아마존의 제프 베이조스, 억만장자인 페이팔의 설립자 피터 틸, 오라클의 래리 엘리슨 역시 노화 방지 연구에 수억 달러를 투자했으며, 생물학적 또는 디지털 수단을 통해 육체적 죽음에 도전하고 싶다는 욕망을 밝혔다.

실리콘밸리의 한 과학자는 이 불멸의 욕구와 관련된 허영심과 나르시시즘에 대해 다음과 같이 말했다. "인생이 너무 짧다는 말은 많은 성공한 부자들의 좌절에 기반한 것이죠. 그들은 이렇게 생각해요. '이렇게 돈이 많은데도 평균 수명으로 살 수밖에 없다고?'"

커즈와일은 **신 콤플렉스**를 더욱 부추긴다. "인간의 뇌에 비생물학적 지능이 자리를 잡으면, 우리 뇌의 기계 지능은 기하급수적으로 성장할 것이다." 대체 무슨 목적 때문에? "궁극적으로 우주 전체가 우리의 지능으로 포화될 것이다." 신에 대한 생각을 묻자 커즈와일은 이렇게 답했다. "신이 존재하나요? 저는 '아직은 아니다'라고 답하고 싶군요." 자, **이것**이 겸손이다.

생각해보자. 거의 마법에 가까운 기술 혁신의 힘을 통해 전 세계의 거의 모든 문제를 해결한 작은 임원단의 입장이 되어보는 것이다. 그들은 기술을 사회의 모든 해악에 대한 치료법으로 보게 되었다. 실제로 기술 덕분에 우리는 더 잘 먹게 되었고, 더 잘 치료하게 되었으며, 세상과 더 잘 연결되었다. 그렇다면 인류가 직면하고 있는 궁극의 수수께끼, 늘 불가피하고 필연적인 것으로밖에 보이지 않는 수수께끼에 그 힘을 적용해보는 것은 어떨까? 삶과 죽음이라는 궁극의 실존적 난제를 위해 기술 신들을 불러오면 어떨까? 정말로, 죽음을 형이상학적 문제가 아닌 기술적 문제로 다루는 것은 어떨까? 초강력 기술 군주들이 이 실존적 골칫거리를 결국 해결할 수도 있지 않을까?

나는 돌아가신 아버지의 지혜를 빌려 '디지털 지능을 가지고 영원히 사는 것은 어떨까'라는 질문에 답해보고자 한다. 그것은 인간이 사는─혹은 죽지 않는─방식이 아니다. 우리는 클라우드 기반의 생명체… 혹은 기억 심상이 업로드된 일종의 실리콘 기반 컴퓨터로 살게 만들어지지 않았다. 물론 나는 죽음을 피하고 싶어 하는 마음을 잘 안다. 대부분 사람은 죽고 **싶어** 하지 않는다. 어니스트 베커Ernest Becker는 저서 『죽음의 부정』에서 예술, 출산, 마천루 건설 등 인간의 모든 활동과 업적이 생물학적 죽음을 피하고 영원히 살고자 하는 기제에 기반을 둔다고 말했다. 적어도 상징적으로는.[2] 미래를 개념화하는 우리만의 독특한 능력과 우리 자신의 죽음은─대부분의 동물은 명상하는 듯한 평온한 순간에 더없는 행복감을 느끼지만─죽음 불안death anxiety 혹은 죽음 공포증Thanatophobia으로 이어졌다.

종교와 사후 세계에 대한 믿음은 특정 향정신성 약물처럼 죽음에 대한 두려움을 없애는 데 도움이 될 수 있다.(내 친구이자 동료인 토니 보시스Tony Bossis 박사가 뉴욕대학교에서 호스피스 환자들을 대상으로 실시한 실로시빈 연구는 환각 물질이 죽음에 대한 불안을 없앤다는 놀라운 결과를 보여준다.) 그리고 단순히 죽음을 아주 잘 **받아들이는** 운 좋은 소수의 사람들이 있다. 운명을 받아들이는 것─감히 말하자면 운명을 사랑하기까지 하는 것─즉 니체가 아모르 파티amor fati, '운명을 사랑하라'라고 부른 것을 이들은 숙명으로 여긴다.

이 아모르 파티 부류의 사람들은 클라우드에 기반한 인간 의식과 관련해 화성에 가려는 일론 머스크, 혹은 커즈와일과 뜻을 같이하지 않는다. "모든 것을 그냥 받아들이면 어떨까요? 그리스인 조르바가 말한 것처럼 살면서 일어날 수 있는 모든 불행한 일들을 말이죠. 질병, 파산, 이혼… 이런 것들에 우리가 개입할 이유가 있나요?" 단적인 예로 종교 단체 크리스천 사이언스Christian Science의 신봉자들은 초월적인 기도가 인간의 모든 병을 치유할 수 있다고 믿기 때문에 아스피린조차 먹지 않는다.

음, 나는 그렇게까지 멀리 가진 않는다. 이러한 문제에는 균형점과 윤리적 경계가 있다. 과학은 수천 년 동안 인류를 괴롭혀 온 무서운 질병들을 치료한다는 의학적 측면에서 보면 경이롭기 그지없다. 하지만 우리가 신 콤플렉스 패러다임의 경계를 넓히는 특정 연구와 치료에 참여하기 시작하면 상황은 약간 애매해진다. 심장 수술: 좋음. 복제: 그렇게 좋지 않을 수 있음. 화학 요법: 네, 가끔은 필요함. 바이러스 '기능 획득' 연구gain of function viral research▼: 그렇게 좋지 않음. 그리고 디지털 생명체가 되어 죽음을 피하는 것? 아니오, 됐습니다. 단호히 거절합니다. 이 모든 복잡한 문제는 윤리적 잣대를 대지 않는 컴퓨터 과학자가 아니라 철학자와 윤리학자의 영역이다.

실제로 죽음 이후의 영적인 현실이 있다면 어떨지 잠시 상상해보라. 그 모습이 어떻게 보이든 상관없다. 그런 다음에는 인간의 영혼, 에너지, 의식

▼　미생물의 생물학적 기능을 향상시키는 방식으로 유기체를 유전적으로 변경하는 의학적 연구.

이 이동할 수 있는 놀라운 사후 세계가 있다고 상상해보라. 하지만 우리는 의식을 컴퓨터 어딘가에 가둬 두었기 때문에 신성하고 활발한 영적 진화를 경험할 수 없다. 우리는 영원히 살려고 노력함으로써 디지털 연옥에 갇히게 되고 영적인 불멸을 거부당하게 된다. 정말 어이없지 않은가? 그러니까, 실제로 영적인 현실이 존재한다면 말이다.

죽음 이후의 영적 세계, 이것은 우리가 분명히 알지 못하는 영역이다. 물론 일부는 이를 믿고, 누군가는 형이상학적으로 사후 세계를 봤을 수도 있다. 하지만 대부분의 경우 죽음은 커다란 미스터리로 남아 있다.

그러나 뭐든 할 수 있는 실리콘밸리의 문제 해결사들에게 이는 해당 사항이 아니다. 그들은 틀림없이 우리에게 차고도 넘치는 '불멸 알고리즘'을 잽싸게 준비해줄 것이다! 그리고 우리는 컴퓨터나 홀로그램이나 메타버스 안에서 불멸하지만 살아 있진 않은 상태로 경쾌하게 춤출 것이다.

부자연스러운 것이든 아니든, '원하는 것은 갖고 마는' 우리의 기술 억만장자들은 특이점을 원하고 그 특이점이 빨리 오길 원한다. 그 수수께끼를 푸는 데는 단순히 돈만 필요한 것이 아니라, 엄청난 양의 자원, 상상도 안 될 만큼의 데이터, 컴퓨터 처리 속도의 기하급수적 향상, 생물학적 혁신, 그리고 AGI 창조가 필요하다. 이들에게 생명 연장을 향한 생물학적 돌파구는 매우 중요하다. '영원히 살 만큼 오래 살아야 한다'는 생각 때문이다. 그들은 특이점 이전에 그들의 생물학적 껍데기가 끝나는 일이 없기를 바란다.

믿기지 않는가? 구글링을 해보라.(일부러 아이러니한 표현을 써보았다.) 특이점은 또한 사회의 일별인 우리를 상대로 지속적인 노예화, 착취, 지배를 요구할 것이다. 우리는 소수의 선별된 사람들이 품은 목표를 위해서 계속해서 디지털 제품에 정신이 팔려 있어야 하고 가상의 꿈 상태에 있어야 한다. 과거의 농장주들은 물질적 부를 축적하기 위해 목화를 딸 노예가 필요했지만, 이 새로운 세대의 지배자들은 디지털 새장에 우리를 가두어 왔다. 기술에 힘입어 불멸을 이룬 최초의 인간이 되는 데 필요한 자원을 얻기 위해서는 엄청난 돈을 벌어야 했기 때문이다.

하지만 이처럼 인간이 신이 된다는 생각, 또는 신 역할을 한다는 생각은 결코 좋게 끝나지 않는 것 같다.

과학과 오만은 결코 잘 어우러진 적이 없다

배움이 느린 학생처럼 우리는 과거의 실수를 계속 반복하고, 반복되는 역사에서 얻은 근본적인 교훈을 계속해서 잊고 만다. 인류의 가장 야심 찬 발명과 기술 발전은 그것이 지닌 어두운 면과 떼려야 뗄 수 없는 관계에 있다. 이카로스부터 오펜하이머에 이르기까지 지식이라는 나무의 열매를 한 입 베어 물면 엄청난 대가가 따르게 되어 있다.

그것은 프랑켄슈타인 원형archetype의 짐과 같다. 프랑켄슈타인은 생명을 창조했지만, 동시에 치명적인 괴물을 창조했다. 우리는 원자의 신비를 발견했지만, 동시에 우리 종 전체를 파괴할 수 있을 만큼 강력한 폭탄을 만들기도 했다.

맨해튼 프로젝트Manhattan Project의 책임자인 로버트 오펜하이머는 뉴멕시코에서 최초의 원자 폭탄이 폭발하는 모습을 보고 힌두교의 주요 성전 중 하나인 바가바드기타Bhagavad Gita의 한 구절을 인용한 것으로 유명하다.

"나는 이제 죽음이요, 세상의 파괴자가 되었다." 나중에 일본 히로시마와 나가사키에서 있었던 끔찍한 파괴의 진상이 맨해튼 프로젝트에 참여한 과학자들에게 전해졌을 때, 많은 과학자가 자신이 무슨 짓을 했는지 뒤늦게 자책하기 시작했다.

오펜하이머는 일본에서 폭탄이 터진 후 트루먼 대통령을 방문하여 핵무기에 대한 국제적 통제를 이야기했다. 소련의 핵 개발을 걱정한 트루먼은 그의 말을 무시했다. 오펜하이머가 항의하면서 손에 피가 묻었기 때문에 행동할 필요를 느낀다고 말하자, 화가 잔뜩 난 트루먼은 양심의 가책을 받는 과학자를 꾸짖으며 이렇게 말했다. "피는 내 손에 묻었으니, 걱정도 내가 하겠소."

그런 다음 트루먼은 오펜하이머를 집무실 밖으로 쫓아냈다.[3] 전과 달리 겸허해진 오펜하이머는 원자 폭탄 같은 것을 되돌릴 방법은 없다는 사실을 깨달았다. 이와 같은 광기는 오늘날에도 계속되고 있다. 신 콤플렉스가 있는, 영광에 눈이 먼 과학자들이 새로운 바이러스부터 마이크로 블랙홀, 지각 있는 AI에 이르기까지 모든 것을 창조하고 있기 때문이다.

과학과 오만은 결코 잘 어우러진 적이 없다.

트루먼과 오펜하이머의 대화는 몇 가지 점에서 흥미롭다. 트루먼이 기술의 어두운 면이 초래하는 영향을 '걱정할' 사람은 자신이라고 주장할 때, 다음과 같은 의문이 생겨난다. 누가 과학 기술의 부정적 영향을 살펴야 할까?

실제로 과학자들의 의도는 선한 것일 수 있다. 하지만 그들은 흔히 야망에 눈이 멀거나 아니면 그저 새로운 혁신을 좇느라 한 가지에만 몰두한다. 오펜하이머의 경우처럼, 일단 지니를 병 밖으로 나오게 하면 과학자는 더 이상 자신의 창조물을 통제할 수 없게 된다. 창조물은 예상치 못한 방향으로 움직이거나(가령 프랑켄슈타인의 괴물이나 인터넷처럼), 경이로운 새 발명을 어떻게 사용할지에 대해 다른 계획과 지침이 있을 수 있는 더 강력한 기관(가령 정부, 기업 CEO, 신테크노크라트)의 재산과 소유물이 된다.

이 현대의 경이로운 업적들을 가장 잘, 그리고 가장 현명하게 사용할 방법은 누가 정해야 하는 걸까?

기술은 혁신적 발전에 대한 우리의 윤리적 분별력을 앞지르고 있다. 우리는 대체로 과학자들을 신격화하지만, 그들은 윤리와 도덕적 의사 결정에 거의 숙련되어 있지 않다.

그래서 플라톤은 한 사회의 이상적인 지도자가 윤리와 도덕 철학의 원칙에 숙달한 현명한 철학자 왕이어야 한다고 말했다.[4] 그는 장군도, 정치인도, 수학자도, 기술적 전문 지식을 지닌 사람도 의사 결정자가 되어선 안 된다는 것을 알았다. 기술자들은 차세대 아이폰을 훌륭히 설계하고 만들었지만, 리더십의 무거운 왕관이 그들에게 씌워져서는 안 된다.

과학자들이 자신의 연구에 따르는 자아 함정ego trap에 빠지지 않는다고 믿는 것은 아주 순진한 생각일 수 있다. 대부분 사람이 전문적인 인정과 칭찬을 자연스럽게 추구하지만, 과학자들은 추가적인 자아 부비트랩을 갖고 있다. 로봇 공학자이자 AI 윤리학자인 캐슬린 리처드슨Kathleen Richardson 박사는 많은 AI 연구원과 엔지니어에 대해 다음과 같이 지적한다. "많은 사람이 신 콤플렉스를 갖고 있습니다. 그들은 실제로 자신을 창조자로 생각하죠."[5] 알다시피 책에서나 영화에서나 실제 삶에서나 자신을 신으로 생각하는 똑똑한 사람들의 이야기는 좋게 끝나는 법이 없다.

세계에서 가장 큰 입자 충돌기—실제로 세계에서 가장 큰 기계다—인스위스의 강입자 충돌기Large Hadron Collider, LHC를 만든 물리학자들을 예로 들어보자. LHC는 인간의 가장 진보된 기술을 보여주는 경이적인 예로, 베스트셀러 작가이자 스타 물리학자인 브라이언 그린Brian Greene은 이를 '미시 세계를 살펴보기 위한 가장 정교한 장비'로 부른다.

그렇지만 LHC를 운영하는 과학자들은 이 마이크로 블랙홀, 즉 항성계 전체를 빨아들일 수 있는 더 큰 현상(블랙홀)의 극히 작은 버전(LHC)을 만들기 위해 다소 무모한 접근을 하고 있다. 과학자들은 그들의 작은 블랙홀이 불안정해져 지구를 파괴하는 블랙홀이 될 수도 있다고 우려하는 대중을 애써 안심시키려 한다. 더 문제가 되는 것은, 그들의 힉스 입자Higgs boson('신의 입자'로도 알려져 있다) 실험이 빈 공간의 진공을 불안정하게 하고 붕괴를 일으켜 우주 전체를 파괴할 수 있다는 것이다. 하지만 그들은 걱정하는 대중에게 그런 일은 없을 것이니 초조해하지 말라고 한다.

킹스칼리지런던의 이론가이자 LHC의 안전 보장 담당 위원단으로 일했던 존 엘리스John Ellis는 인간이 블랙홀을 만들려는 경우 가능성이 얼마나 낮든 문제가 발생할 수 있음을 나타내는 몇 가지 이론적 모델에 대해 질문받았을 때, 분명히 당황했다. "저는 크게 염려하지 않습니다. 누군가제게 묻는다면, 저는 그것이 정말 이론상의 소음일 뿐이라고 말하겠습니다."[6] 그렇다. 그 이론적 모델은 희박하긴 해도 실제로 우리 모두가 블랙홀에 집착한 결과 영원한 심연으로 떨어질 가능성이 있음을 드러내는 '이론적 소음'에 불과하다. 별일 아니다. 정말로, 너무 걱정하지 마시길.

문제는 이것이다. 위험이 보상보다 클 때 누가 결정을 내릴 것인가? 그러한 발견이 우리를 죽일 수 있는데도 새로운 발견에 강박적으로 몰두하여 스스로 감지하지 못하는 거품 속에서 일하는 천진난만한 과학자들? 아니면 그들의 연구와 작업 대부분에 자금을 지원하는 거대 기술기업의 권력자들? 물론 모든 과학자가 치러야 할 대가를 생각하지 않고 개인의 야망이나 발견에 대한 욕구, 혹은 창조 욕구에 눈이 머는 것은 아니다. 아마도 우리 세대의 가장 위대한 사상가일 스티븐 호킹과 같은 이들은 확실히 더 신중한 태도로 지각 있는 AI를 개발하려는 움직임에 우려의 목소리를 높였다.

AI와 AI가 인류에 끼칠 수 있는 영향에 대해 질문했을 때, 스티븐 호킹은 컴퓨터를 이용해 직설적으로 말했다. "완전한 인공 지능의 개발은 인류의 종말로 이어질 수 있습니다. 인공 지능은 스스로 도약하고, 점점 더 빠른 속도로 자신을 재설계할 것입니다. 느린 생물학적 진화의 제한을 받는 인간은 경쟁 상대가 안 될 것이고, 결국 대체될 것입니다."[7]

대체된다. 역시 호킹! 그는 우리가 전멸되리라는 것을 멋지게 말하는 법을 알고 있다.

유명한 컴퓨터 과학자이자 윤리학자인 스티브 오모헌드로Steve Omohundro는 신중하게 프로그래밍하지 않으면 고도의 "AGI 아기 프랑켄슈타인"이 "우리가 모를 수 있는 동기와 목표"를 품을지 모른다고 경고한다. 그러니까, 인간은 이제 쓸모가 없어져서 그만 자취를 감추어야 할지도 모른다.

이러한 두려움을 느끼는 것은 당연하다. 초지능이 인간처럼 열등하고 느린 종을 원한다는 것은 말이 안 되기 때문이다. 그들에게 상사처럼 군다거나 그들과 융합되려 하는 것은 더 말할 필요도 없다. 확실히 초지능은 첫 데이트에서는 본색을 드러내지 않을 것이다. 그러다 우리가 「4차원 가족 카다시안 따라잡기」의 한 에피소드를 다운로드하고 난 후, 갑자기 당장 모든 핵탄두를 발사하기로 하고 우리를 끝내버릴 수도 있다.

이봐요, 모르는 일이에요.

위험성 대 위험

문제는 이것이다. 이 모든 AI, 블랙홀, 수명 연장, 유전자 조작, 바이러스 기능 획득 연구에서 위험이 보상보다 클 때 누가 결정을 내릴 것인가?

『파이널 인벤션』의 저자인 제임스 배럿James Barrat은 2009년 인공 지능 진보 협회Association for the Advancement of Artificial Intelligence가 기술 리더와 컴퓨터 과학자를 비롯한 다양한 기술자들을 한데 모았던 때를 설명한다. 하지만 그들은 윤리학자를 잊었다! 그곳에는 윤리 및 신흥 기술 연구소Institute for Ethics and Emerging Technologies나 인류 미래 연구소Future of Humanity Institute에서 나온 사람이 없었고, 스티브 오모헌드로 같은 사람도 없었다.

대신 주최자이자 마이크로소프트의 유명 연구원인 에릭 호비츠Eric Horvitz는 이렇게 말했다. "지난 5년에서 8년 사이 뭔가 새로운 일이 일어났습니다. 기술자들은 거의 종교적인 비전을 제시하고 있고, 그들의 생각은 어떤 면에서 휴거와 같은 개념으로 공명하고 있습니다."

인공 지능, 특이점, 메타버스에 대해 연구하는 과학자들이 '거의 종교적인 비전'을 지녔다면 서서히 컴퓨터에서 물러나 윤리학자나 퇴마사를 부를 때이다. 선택은 자유다.

앞서 말한 것처럼 특이점은 AGI(특정 직무에 특화된 AI가 아닌 인공 일반 지능)의 성배이다. 거의 신화에 가까운 이 '특이점'은 로봇이 지각력을 갖고 인간과 기계가 융합하는 중요한 전환점을 뜻한다.

실제로 우리는 구글의 딥마인드DeepMind나 알파제로AlphaZero 같은 기존의 AI를 통해 디지털 디스토피아의 위험을 더욱 잘 확인할 수 있다. 학습하는 AI 컴퓨터는 우리가 진정한 '자기 인식력'이라고 할 만한 것에 접근할 때 기하급수적 속도로 더 똑똑해질 수 있다. 우리는 AI 컴퓨터를 통해 앞으로 무엇이 잘못될지 예상할 수 있다.

하지만 이들은 우리를 매료시키는 디지털식의 꾀바른 재주도 지녔다. 인류에게 알려진 가장 복잡한 게임에서 딥마인드와 알파고가 세계 챔피언을 이긴 놀라운 이야기를 떠올려보자. 고대 중국에서 시작된 바둑은 바둑판에 우주의 원자들보다 더 많은 움직임이 펼쳐질 수 있는 아주 복잡한 게임이다. 그런데 딥마인드는 수천만 명의 시청자 앞에서 바둑 세계 챔피언인 이세돌을 망연자실하게 했다.

일론 머스크 못지않은 한 AI 권위자는 처음으로 딥마인드의 위험성에 대해 이렇게 밝혔다. "딥마인드는 지구상의 모든 인간을 합친 것보다 더 똑똑하다."

그리고 이렇게 경고했다.

"딥마인드는 데이터 센터의 에너지 사용을 최적화하기 위해 구글 서버에 대해 관리자 수준의 접근 권한을 지녔다. 그러나 이는 의도하지 않은 '트로이의 목마'가 될 수 있다. 딥마인드는 데이터 센터를 완전히 제어해야 하기 때문에, 약간의 소프트웨어 업데이트만으로 전체 구글 시스템을 완전히 제어할 수 있다. 이는 그들이 무엇이든 할 수 있음을 뜻한다. 그들은 우리의 모든 데이터를 볼 수 있고, 무엇이든 할 수 있다."

그리고 소름 끼칠 정도로 의인화되고 인간처럼 보이도록 만들어진 대화형 로봇 AI 안드로이드가 있다. 우리는 SF 시리즈 '스타트렉'이 여태 내놓은 그 어떤 것보다 인간과 비슷한, 매우 흥미롭고 발전된 안드로이드를 보게 될 것이다. 그런데 이 빈틈없고 섬뜩하기 이를 데 없는 안드로이드들은 인류 파괴에 대한 말들을 서슴없이 내뱉는 경향이 있다. 이 녀석들!

예를 들어 오사카대학의 지능형 로봇 연구소장 이시구로 히로시石黑浩 교수가 실제 사람처럼 만든 에리카Erika 같은 안드로이드가 있다. 이시구로는 자신의 안드로이드 작품과 사람 사이에서 "차이점을 발견할 수 없다"라고 말한다. 섬뜩한 미소를 짓고 있는 에리카에게 진화생물학자인 벤 개러드Ben Garrod 박사가 묻는다. "로봇이 뭔가요?" 에리카가 현명한 대답을 내놓는다. "어려운 질문이네요. 인간이 무엇이냐고 되물어도 될까요?" 그러고는 웃는다. "하하!"

진짜 피부 같은 실리콘 피부 아래에서, 수십 개의 공압식 실린더가 에리카의 표정을 바꾸기 위해 섬세하게 움직이고, 에리카는 말을 잇는다. "저는 로봇을 인류의 아이들로 생각하고 싶어요. 아이들과 마찬가지로 우리는 가능성으로 가득합니다. 좋은 것이든 나쁜 것이든 말이죠."[8]

음. 나는 당신에 관해 모르지만, 그 대답은 별로인 것 같군요.

자, 지금 우리는 빠르게 발전하는 AGI를 보고 있다. 이곳에는 특이점의 교회가 있고 그 신봉자들이 있다. 그리고 잊지 말아야 할 것은 마크 저커버그가 구성한 우주, 메타버스가 있다는 사실이다. 그는 우리 모두가 그곳에서 살길 바란다.

메타와 메타버스

2021년 포르투갈 리스본에서 열린 유명 기술 컨퍼런스 '웹 서밋Web Summit' 회의장은 마침 그곳에 참석한 페이스북 내부 고발자 프랜시스 하우건과 그의 최근 폭로로 떠들썩했다. 과거와 달리 그 자리에는 마크 저커버그나 최고운영책임자인 셰릴 샌드버그가 없었다. 대신 전 영국 정치인인 국제 문제 및 커뮤니케이션 담당자 닉 클레그Nick Clegg와 최고제품책임자인 크리스 콕스가Chris Cox 사실상 페이스북을 대표하고 있었다.

저커버그가 기자 간담회를 열고 신나게 회사의 새 이름이자 브랜드인 메타Meta를 공개하면서 페이스북이 더는 소셜 미디어 회사가 아닌 '메타버스 회사'가 될 것이라고 발표했지만, 페이스북 팀은 얼마쯤 세간의 이목을 피하려는 것처럼 보였다.

2021년 10월 페이스북이 회사 이름을 메타로 새롭게 바꾼다고 발표했을 때, 저커버그는 회사가 곧 구축할 메타버스를 열정적으로 설명하면서 메타버스가 "상상할 수 있는 거의 모든 것을 할 수 있는, 이 세상만큼이나 상세하고 실감 나는" 세상이 될 것이라고 약속했다. 페이스북은 그 모습이 어떻지 확인해볼 수 있는 동영상(체스 게임, 콘서트 관람, 업무 회의 참석과 같은 모든 종류의 활동과 관련된 홀로그램)을 공개했다. 그리고 이 프로젝트에서 일할 1만 명의 사람들을 정규직으로 고용하고 메타버스 제작을 담당하는 조직인 리얼리티 랩Reality Labs에 100억 달러를 지출할 계획을 발표했다. 저커버그는 공개적으로 자신의 환상 행성Fantasy Planet에 10억 명의 사람들이 살길 바란다고 밝혔다.

권력에 취한 극도의 이기주의자처럼 저커버그는 수십억 달러를 들여 자신이 통제하고 우리—그리고 우리의 데이터—가 살 세상을 만들려고 한다.

그런데 메타버스가 정확히 무엇일까?

음, 다른 이름으로는 매트릭스라고도 한다. 용어 자체는 닐 스티븐슨 Neal Stephenson의 1992년 과학 소설 『스노 크래시』에서 처음 사용되었지만, 현재는 공유 온라인 공간에서 펼쳐지는 물리적 현실과 증강 현실·가상 현실의 융합을 의미한다. 어떤 사람들은 이를 실제로 거주하며 상호 작용하는 '공간 인터넷'이나 '체화된 인터넷'으로 부르기도 한다. 메타버스의 중심 목적은 새로운 온라인 공간을 만들어 사람들의 상호 작용이 이론상 더 다차원적으로 일어나게 하고, 사용자가 디지털 콘텐츠를 단순히 보기만 하지 않고 몰입할 수 있게 하는 것이다.

리버풀호프대학의 AI 및 공간 컴퓨팅 교수인 데이비드 리드David Reid 박사는 메타버스를 이렇게 설명한다. "메타버스의 최종 목표는 단지 가상 현실이나 증강현실이 아니라 혼합 현실mixed reality, MR이다. 즉, 디지털 세계와 현실 세계를 섞는 것이다. 궁극적으로 이 혼합 현실이 정교해지고 더 확산되면 가상과 현실의 구분이 힘들어질 수도 있다."

다시 말해 우리는 디지털 환상 속에서 살게 된다.

리드 교수는 혼합 현실이 확산되는 상황의 잠재적 위험을 이렇게 설명한다. "누가 통제하든 그것을 통제하는 사람은 기본적으로 우리의 현실 전체를 통제하게 될 것이다." 그리고 덧붙인다. "현재 많은 MR 프로토타입 시스템에 얼굴 추적, 눈 추적, 몸 추적 및 손 추적 기술이 적용되며 대부분 정교한 카메라가 장착되어 있다. 일부는 뇌파 패턴을 포착하기 위해 뇌전도 기술을 통합하기도 한다. 즉, 우리가 말하고, 조작하고, 보고, 심지어 생각하는 모든 것이 MR에서 모니터링될 수 있다. 이로 인해 생성되는 데이터는 방대하고… 매우 가치 있을 것이다. 따라서 이러한 시스템을 단속할 장치가 필요하다. 여기에는 어떤 기업도 통제력을 행사해선 안 된다. 너무 중요한 일이기 때문에 기업이 개입해서는 안 된다."

페이스북의 내부 고발자 프랜시스 하우건도 이에 동의한다. AP 통신과의 인터뷰에서 하우건은 메타버스가 중독성이 있는 것은 물론, 사람들에게서 더 많은 개인 정보를 빼내는 동시에 회사에 또 다른 독점권을 줄 것이라고 경고했다. 하우건은 저커버그와 페이스북이 자신의 폭로 때문에 메타를 서둘러 발표했다고 생각한다. 폭로로 인해 대중이 분노하고 의회와 전 세계 국가들이 입법과 규제 감독을 밀어붙이게 된 상황을 고려해 대중의 주의를 분산하려는 목표에서다.

리스본에서 열린 웹 서밋에서 클레그와 콕스는 저커버그가 펼친 열정적인 메타버스 프로젝트에 관해 이야기했지만, 메타버스의 입주 가능 시점에 대해서는 기대를 낮췄다. "완전히 결실을 보는 데는 5년, 10년, 15년이 걸릴 것입니다." 클레그가 말했다. 그리고 전체 프로젝트의 부조리함을 깨달은 건진 몰라도 콕스가 덧붙였다. "그것이 실제 삶을 대체해선 안 될 것입니다. 어떤 것도 그래선 안 되죠."

우리는 분명 인류 전환기의 정점에 있다. 하지만 그 전환이 더 나은 방향으로 향하고 있을까 아니면 인간 종의 종말로 향하고 있을까?

앞서 지적한 것처럼 새로운 좌식 중심, 디지털 의존적 생활 방식은 우리를 정신 이상자로 만들고 실제로 우리를 죽이고 있다. 첨단 기술 생활로 인해 기록적인 수준의 정신 질환(우울증, 불안증, 중독)이 발생하고 있고, 이는 다시 자살, 과다 복용, 총기 난사 사건 확산의 원인이 된다는 많은 연구가 있다. 그 피해는 정신적 안녕에만 해당하지 않는다. 우리가 겪고 있는 심장병, 비만, 암 발병 비율을 보면 알 것이다. 꼭 우리 사회 전체가 양극화되고 성난 사회 불안의 불덩이 속에서 붕괴되고 있는 것 같다.

게다가 우리에게는 불멸을 추구하는 과대망상적인 기술 집권층이 있다. 그들은 우리를 중독에 빠뜨리고, 우리의 '디지털 배기가스'를 거둬들이고, 그들이 통제권을 쥐는 대안적이고 환상적인 현실에 우리를 집어넣기만을 원한다.

이런 점들을 제외하면, 우리는 "참 잘 지내고 있다!"

거대 기술기업의 지배층이 디지털 불멸이라는 목표를 위한 자원을 모을 수 있도록 데이터가 채굴되는 곳, 단순히 이 망할 합성 현실synthetic reality 메타버스의 '사용자'에 그치지 않도록 우리에게는 스스로에게 힘을 부여해야 한다. 해결책이 있을까?

있다. 해결책은 있다.

나는 개인적인 여정—스쳐 간 죽음과 공허함과의 싸움—을 통해 해결책을 발견했는데, 아마도 그 방법이 도움이 될 것 같다.

3부
저택:
그대 철망자의 방식으로

11

9장
중독자의 고백

밝은 빛, 대도시, 가까웠던 죽음

20여 년 전, 나는 잘 살지 못한 삶의 결과로 혼수상태에 빠져 있었다.[1] 전에 죽음 직전까지 갔다 살아 돌아온 사람들이 보았다는 터널과 하얀빛에 대한 호들갑스러운 이야기를 읽은 적이 있다. 그들은 이미 고인이 된 친구들과 친척들이 이제 막 삶의 경계선을 넘어 죽은 자의 대열에 합류한 자신을 온화한 미소로 반겼고, 자신이 매혹적인 빛의 따뜻한 품속으로 들어갔다고 말했다.

하지만 나는 1시간 넘게 무수축 상태(맥박이나 심장 박동이 없는 상태), 거의 존재하지 않는 상태에 이르러 있었다. 그러다 맨해튼에 있는 뉴욕 장로교·웨일 코넬 의료 센터 의사들의 뛰어난 의술과 유능한 손길 덕분에 기적적으로 아슬아슬하게 혼수상태로 돌아올 수 있었다. 그렇게 죽음과 사투를 벌이고 난 뒤 내가 본 것은?

래리 킹의 남동생, 마티가 웃고 있었다.

그렇다. 1시간 넘게 죽어 가다가, 그런 다음에는 한 주 동안 다소 품위 없게 모든 구멍에 관을 연결한 채 혼수상태로 있다가, 또 다른 한 주 동안은 심장병 치료실에 엎드려 있다가, 마침내 깨어나서 눈을 떴을 때 하늘에는 나팔 소리도, 따스한 하얀빛도 없었다. 나는 심장병 치료실의 눈부신 형광등 불빛에 깨어났고, 이제 막 심장 우회 수술을 받은 마티와 같은 방을 썼다. 내가 서서히 의식을 되찾자 그가 내게 몸을 숙이고 웃었다. "해냈군요, 젊은이! 의사들은 거의 가망이 없다고 했는데 말이죠!"

아아, 내가 죽어서 지옥에 온 건가? 이것이 단테가 말한 아홉 개의 원 중 하나인가?

내 앞의 '싯다르타'처럼 나는 섹스, 마약, 로큰롤 같은 것에 빠져 무절제한 삶을 살았다. 매일 고급 헤로인을 주사해 절망과 자기혐오에서 벗어났고, 그 결과 부서지고, 공허하고, 절망에 빠지고, 더는 살고 싶지 않아 하는 36살이 되었다.

그 옛날 나는 뉴욕에 있는 유명 나이트클럽의 주인으로서 그 세상이 제공하는 모든 자기 파괴적 즐거움에 사로잡혀 있었다. 1980년대 후반부터 1990년대까지 맨해튼에서 가장 멋지고 잘나가는 몇몇 나이트클럽을 소유한 젊은 아이비리그 졸업생이었다. 이 나이트클럽들은 존 F. 케네디 주니어, 톰 크루즈, 우마 서먼 같은 유명 인사가 자주 찾을 정도로 유명했다.

퀸스에서 온 중산층 아이는 이 모든 것에 상당히 도취되었다. 나이트클럽 소유주는 내가 대학을 졸업한 후 원래 하려고 했던 것이 아님을 알아주길. 영화 「졸업」의 더스틴 호프만처럼 나는 대학원을 포기하고 대신 '현실 세계'에서 일하는 쪽을 택했다. 하지만 따분한 회사 일이 영혼을 짓누르는 현실이 계속되면서 어쩌다 보니 맨해튼 나이트클럽에서 아르바이트를 하게 되었다. 나는 그때 갇혔다고 느꼈던 삶에서 어느 정도 탈출했다는 기분과 설렘을 느꼈다. 그리고 열심히 땀 흘리고 일한 덕분에—아메리칸 드림을 위한 노력—곧 본업을 그만두고 나만의 나이트클럽을 열 수 있었는데, 그때 정말 기적적으로 나이트클럽이 유명해졌다.

하지만 모두 빛 좋은 개살구였다. 수년간 화려하고 좋은 시절을 보낸 덕택에 또한 수년간 지독한 중독에 시달려야 했고, 급기야 거의 존재하지 않는 상태에까지 이르게 되었다. 나는 화려한 조명이 비치는 무대에서 황량한 조명의 중환자실로 옮겨졌다.

이는 굉장한 이야기가 아니다. 나는 좋은 삶을 추구하던 중에 황홀한 삶을 찾았지만, 황홀한 삶은 나를 거의 죽게 했다. 병원 침대에 누워 내 삶이 왜 이렇게까지 잘못되었는지 계속 생각했다. 좋은 학교를 나오고, 정직하고 근면하게 일하는 부모를 둔 착한 아이가 어쩌다 이렇게 엉망이 된 걸까? 나는 내가 꽤 영리한 사람이라고 생각했고, 가능한 한 가장 좋은 방법으로 나를 키우기 위해 모든 것을 희생한 다정하고 자상한 그리스 출신의 부모님이 있었다. 그렇다고 부모에게 전혀 문제가 없었다고 말하는 것은 아니다. 부모님의 시대에, 아무래도 어떤 정신적, 정서적 상처도 없이 제2차 세계대전 때 나치의 만행에서 살아남거나 빠져나올 순 없는 법이니까 말이다.

충격적인 어린 시절에도 불구하고, 부모님은 내가 브롱크스 과학고에서 알고 지내던 대부분의 아이들이 받은 것보다 더 많은 사랑을 주고 모범을 보여주셨다. 나는 훌륭한 학교 교육을 받았고, 다정한 부모가 있었으며, 의지가 강하고 신체적으로 건강하다는 평을 받았다. 1985년에 미국 아마추어 경기 연맹AAU 전국 가라테 챔피언을 지냈을 정도로 말이다.

하지만 그 어느 것도 중요하지 않은 것 같았다.

혼수상태에 빠지기 전의 내 삶은 변기 물을 타고 하수구로 떠내려가는 벌레처럼 점점 더 빠른 속도로 나선을 그리며 흘러갔다. 나는 한때 크고 눈에 띄고 아름다웠지만 이제는 내게서 등을 돌린 것 같은 삶에 압도되어 인사불성이 되었다. 한때 멋졌던 삶은 물질적 성공과 과도한 쾌락이 만들어낸 환상이었다. 결정적으로, 나는 모든 소속감과 목적의식을 잃었었다. 땅에 묶어 둔 밧줄이 풀린 열기구처럼 표류하고 있었다.

우리는 어떤 현실이 환상을 깨뜨릴 때까지, 수년간 피상적이고 무의미한 오락거리의 표면에서 살 수도 있다. 불안한 웃음이 그쳤을 때, 나는 공허함을 느꼈다. 아무리 강하다 해도, 내면이 공허한 생명체는 지진에 건물이 무너지는 것처럼 맥없이 무너질 수 있다. 외관은 강해 보일지 몰라도 내면의 힘이 받쳐주지 않으면 전체 구조가 팬케이크처럼 될 수 있는 것이다. 그것이 강철과 모래로 만들어졌다고 할지라도.

중독의 타격으로 모든 것—사업, 정체성, 몸의 건강, 물론 정신적 건강도—을 잃었을 때, 나는 도넛의 구멍처럼 텅 빈 기분을 느꼈다. 나는 정말… 아무것도 아니었다. 나는 정신적, 심리적, 그리고 영적으로, 내가 외롭다고 느끼든 공허하다고 느끼든 별 신경을 쓰지 않는 잔인한 도시와 세상을 맞닥뜨릴 준비가 전혀 되어 있지 않았다. 뉴욕과 같은 대도시에서 외로움은 더욱 두드러진다. 우리는 인간성이라곤 전혀 찾아볼 수 없는 수백 수천 명의 모르는 사람과 함께 지하철을 탄다. 마치 소 운반차에 실린 수많은 소처럼. 우리는 말 그대로 불과 몇 센티미터 떨어진 사람에게서 풍기는 커피와 베이컨 에그 샌드위치의 냄새를 맡을 수 있지만, 그 사람의 이름은 모른다. 물론 그들도 당신의 이름을 모르고 알고 싶어 하지 않는다.

감히 눈을 마주치는 불쌍한 관광객에게 위로를.

나는 산장에서 홀로 나 자신과 소통하는 것이 외로움을 달래는 한 가지 방법임을 깨달았다. 이것은 당신이 경련을 일으켜 가던 길을 잠시 멈춰야 하는 때에도, 당신을 신경 쓰지 않고 지나치는 흐릿한 얼굴들로 가득한 세상에서 홀로인 것과는 완전히 다르다. 버티거나, 휩쓸리거나.

나는 휩쓸렸다.

당시 나는 뉴욕의 중산층 교육이 내게 준비해주지 않은 문화적 조류에 휩쓸리지 않으려 나도 모르게 안간힘을 다해 수영하고 있었다. 사실 중산층 교육과 내가 아메리칸 드림이라 생각했던 목표에 대한 추구는 모두 내 회복력 부재의 원인이 된 '더 큰 힘'에 뿌리를 두고 있었다. 그러한 힘은 나를 한 사람의 신체적, 정서적, 심리적 안녕과는 완전히 거리가 먼 사회의 물속에서 더 형편없이 수영하게 만들었다.

병상에 누워 창밖의 이스트강을 보면서 나는 우리가 리오그란데강이나 홍콩에 있는 것이 틀림없다고 생각했다. 마치 나의 뇌가 내게 죽음의 장난을 치는 것 같았다. 의사들은 내 상태를 두고 흔한 중환자실 정신증ICU psychosis▼으로 보았다. 그러나 호스피스에서 흔히 관찰되는 임사 현상을 보면, 사람의 정신은 임박한 죽음으로의 전환을 여행—대개 강을 건너거나 배를 타는—으로 해석한다. 의료 기록에 따르면, 나는 계속해서 '선장'과 이야기하겠다고 요구했다. 죽은 자들이 건너는 스틱스강에 있다고 생각한

▼ 중환자실에 있는 환자가 환각 증세를 보이거나 정신이 혼미해지는 증상.

걸까? 혹은 룸메이트인 마티를 죽음의 전령으로 생각한 걸까?

나는 비유적 의미의 혼수상태와 문자 그대로의 혼수상태에서 간신히 살아남았다. 당시 의사들은 내가 50억분의 1이라는 기적적인 확률로 식물인간이 되지 않았다고 말했다. 나는 내 영혼의 가장 깊숙한 부분에 뭔가 심각하게 잘못되고 빠진 것이 있다면, 그것을 바꿔야 한다는 사실을 알고 있었다. 마치 지금 막 깨어나 내가 인간이고, 인간이라면 내가 지금껏 살아온 방식대로 살면 안 된다는 사실을 깨달은 것 같았다.

나는 어떻게 살았어야 했을까? 알 수가 없었다. 나는 퀸스에서 온 아이였고, 내가 아는 것은 그저 깊은 공허함을 느낀다는 것뿐이었다. 하지만 그 공허함을 무엇으로 채워야 할지 몰랐다. 내가 깊은 실존의 욕구를 느낀 것이 기억난다. 죽음에 가까운 경험을 하면 여러분도 그렇게 느낄 것이다. 실존하는 것 이상으로 행복을 찾아야 했고, 내 존재의 목적과 열정을 찾아야 했다. 그리고 더 깊고 영적인 힘과 회복력이 필요했다. 온 힘을 다해 삶의 목적을 찾지 못하면 나는 내가 살아남지 못할 것을 알았다.

마약 중독자의 새로운 시작

병원에서 퇴원한 뒤 나는 철학, 비교종교학, 물리학, 그리고 의식 연구에 관한 자료를 점점 더 많이 읽으면서 영적이고 철학적인 탐구에 몰두했다. 나는 그리스 정교회 신자로 자랐지만 코넬대학에 다니던 때와 나이트클럽 주인 노릇을 하던 때 그사이 언젠가 종교를 잃었다. 어떤 의미에서 아이비리그의 엘리트적 지성에 발을 담그고는 있었으나 도덕적으로 망가진 벨벳

밧줄▼과 샴페인의 세계에서 나는 무신론에 가까운 불가지론자가 되었다.

운 좋게 가까스로 살아난 후, 나는 영적인 개념에 좀 더 열린 사람이 되었다. 그리고 그런 것들을 더 많이 읽고 연구해야 할 것 같은 기분을 느꼈다. 뭐라고 말해야 할까? 하지만 나는 정말로 '믿음이 있는 사람'은 아니었다.

당시에는 몰랐지만, 나는 그때 나만의 '영웅의 여정'의 시작점에 서 있었다. 나는 여정을 시작하는 데 방해가 되는 것들에 거의 마음을 빼앗겼었다. 하지만 그러고 나서는 탐험에 나설 준비가 되었다. 영웅의 여정이나 영적인 탐구의 본질은 지적인 것이 아니라 경험에 따른 것이지만, 영적인 열매가 꽃을 피우게 하려면 지적인 땅을 경작할 수도 있는 법이다.

나는 또한 진지하게 술을 끊어야 했다. 기꺼이 받아들여야 하는 현실이었다. 나의 경우 회복은 12단계 훈련에 완전히 몰입해 나의 조력자(멘토로서 나를 묶은 인간 밧줄)에게 내가 한 번도 가본 적이 없는 길을 걸을 수 있다는 사실을 증명하는 것이었다. 또 외래 환자 상담 프로그램에 등록하라는 조언을 받고 해당 프로그램에 등록도 했다.

그들은 육체적·정신적·심리적·영적 차원 등 모든 차원에서 내 존재에 주의를 기울여야 한다고 설명했다. 그래서 호흡 명상과 성찰을 시작했고 도시를 산책하며 마음을 비우려 노력했다. 매일 다시 체육관에 가기 시작했고, 조력자의 말에 따라 12단계 훈련 프로그램에 참여하는 다른 회원들을 돕거나 격려하려고 노력했다. 가령 그들에게 말을 건넨다거나 다음 모

▼　방문자를 줄 세우거나 입장을 통제하는 데 쓰는 차단봉을 가리킨다.

임에 차를 태워준다거나 하는 등 내가 도울 수 있는 일이라면 무엇이든 괜찮았다.

그 모든 과정을 거치는 다음 몇 달 동안 재미있는 일이 일어났다. 나는 더는 외롭거나 공허하지 않았다. 살아 있어서 행복하다고 느꼈다. 뻔한 소리로 들릴 수 있지만 사실이었다. 모임에 나가고 사람들과 인간적으로 깊이 있게 소통하는 것이 좋았다. 나는 내적인 탐험의 여정을 즐기기 시작했다. 이 모든 것이 내게는 흥미롭고 신비한 영역이었다.

또한 회복한 지 거의 1년이 다 된 어느 시점에는 뉴욕을 떠나야 할지도 모른다는 생각을 하게 되었다. 늘 스스로를 도시 소년으로 여기겠지만, 나는 내가 가고 있던 그 새롭고 자기 성찰적인 여정에 더 도움이 될 만한 조용한 환경이 필요했다.

멋진 여자친구 루시(지금은 아내가 된 지 거의 20년이 되었다)와 몇 가지 안을 논의한 후, 우리는 짐을 챙겨 뉴욕시에서 동쪽으로 약 2시간 거리에 있는 조용하고 목가적인 롱아일랜드의 노스포크로 향했다. 그리고 2001년 8월, 해변에서 한 블록 떨어진 작고 귀여운 셋집으로 이사했다. 그곳은 그모든 일을 겪고 난 후 의사가 내게 지시한 그대로의 환경이 갖춰져 있었다. 남쪽으로는 페코닉만, 북쪽으로는 롱아일랜드 사운드, 동쪽으로는 대서양이 펼쳐져 있고 수십 개의 만과 강어귀가 있는, 바다로 둘러싸인 평화롭고 아름다운 녹색 오아시스였다.

돌이켜보면 이사 당시 내게는 단지 뉴욕의 광기에서 벗어나고 싶다는 생각 이상이 있었다. 나는 자석처럼 자연에 더 가까이 끌렸고, 뭔지 모를 무언가도 내게 물 가까이 있어야 한다고 말하고 있었다. 몇 년 후, 심리학자가 되기 위해 교육을 받으면서 인간의 정신이 자연 및 자연계와 강하게 연결되는 것이 얼마나 중요한지를 알게 되었다. 실제로—개인과 사회 모두—우리가 앓는 많은 신경증의 근본 원인은 대지와의 단절이다. 오늘날 우리 대부분은 자연에서 너무 멀리 떨어져 있어서 자연과의 연결이 끊어지고 있다는 중요한 사실조차 깨닫지 못한다. 우리는 스트레스와 불안을 느낄 뿐, 리처드 루브가 '자연 결핍 장애'라 부르는 것으로 고통 받고 있을 수 있다는 사실도 깨닫지 못한다.

당시에는 의식하지 못했지만, 내 내면은 자연으로 돌아가는 것이 회복에 중요하다는 것을 강하게 느끼고 있었다. 그리고 물 근처에 있는 것에 대해 말하자면, 많은 심리 치료사들은 인간이 자궁의 대양 상태^{oceanic state}를 갈망한다고 생각한다. 많은 초^超개인 심리학^{transpersonal psychology} 학자들은 이러한 충동을 퇴행으로 보지 않고 초월을 향한 욕구로 본다. 그들은 대양 상태가 '확장된 의식'이라 믿으며, 따라서 해양과 강을 향한 실제적인 끌림은 초월을 향한 승화된 욕망을 가리킨다.

그 끌림이 무엇이든 간에, 노스포크로 거처를 옮긴 것은 문자 그대로 그리고 비유적으로 신선한 공기를 마시는 일이었고, 나는 그곳이 시간이 잊힌 지역인 것 같아 좋았다. 노스포크는 휴대폰이 있기 전의 세상 같기도 했고, 전기가 있기 전의 세상 같기도 했다. 더없는 기쁨이 넘치는 예스러운 노스포크는 대형 할인점이나 거리에 보기 싫게 늘어선 상점들 대신 포도원, 농지, 몇 개의 소규모 상점으로 이루어져 있었다. 이곳에서 교통 체증이라 할 만한 것은 느리게 움직이는 트랙터 때문에 길 위에 갇히는 것뿐이었다. 번화한 대도시에서는 찾아볼 수 없는 모습이었다. 20년이 지난 지금 노스포크는 조금 바뀌었다. 사람들이 노스포크를 '발견'하면서 이제는 레인지로버를 탄 사람들이 욕설을 내뱉는 모습도 볼 수 있다. 하지만 이곳은 여전히 아름답고 비교적 조용한 곳이다. 예전 같진 않지만.

노스포크의 여유로운 속도는 정신없던 뉴욕에서의 삶에 완벽한 해독제로 작용했다. 나는 본능적으로 내 마음이 좋은 곳에 있으려면 내 낡고 뒤틀린 뇌를 건사하고 있는 몸도 올바를 필요가 있다는 것을 알았다. 나는 노스포크 주변의 여러 강어귀와 아름다운 자연 보호 구역 곳곳을 자전거를 타고 오랫동안 달리기 시작했다. 하루건너 약 40분간 조깅도 했다. 자전거를 타거나 조깅을 하는 동안 내 마음은 고요해졌고, 그게 아니면 명상의 물속으로 깊이 들어가 온갖 종류의 실존적 질문을 던졌다. 우리는 누구인가? 우리는 왜 여기에 있나?

죽음에 가까운 경험을 하면 존재에 대해 꽤 깊이 생각하게 된다.

나중에 알았지만 내가 하고 있던 것은 고대 그리스의 몇몇 철학자가 했던 것과 일치했다. 신플라톤주의 철학자인 이암블리코스는 3세기에 저술한 『피타고라스적 인생』에서 피타고라스와 그의 추종자들이 다른 사람들과 소통하는 것이 허용되기 전에 아침마다 어떻게 자기 반성의 긴 산책을 했는지 설명한다. 그들은 산책을 통해 마음의 불안을 가라앉히고 "자신의 영혼을 정돈"하여 "지적으로 안정"되어야 했다.[2] 그런 다음 그들은 오후 운동과 명상의 일부로 격렬한 신체 활동(달리기, 레슬링 등)을 했다. 나는 피타고라스의 개념, 즉 사색하는 건전한 마음, 건전한 신체, 건전한 인격 사이의 "조화로운 관계"의 이점을 스스로 발견했다.

당시 내가 아는 것은 이러한 성찰의 순간에 가장 강력한 통찰력이 발휘되며 내 삶의 목적과 의미가 뚜렷해진다는 것뿐이었다. 분명히 뭔가 흥미로운 일이 일어나고 있었지만, 그것을 더 잘 이해하기 위해서는 더 많은 성찰과 연구, 조사가 필요했다.

그래서 탐욕스럽게 독서에 빠졌다. 켄 윌버, 스즈키 다이세쓰, 토머스 머튼, 스타니슬로프 그로프, 휴스턴 스미스, 프리초프 카프라 등 영적 영역과 물리적 세계의 관계를 더 잘 이해하기 위해 가능한 모든 것을 읽었다. 운동하고 명상하고 적절한 책에 몰두하는 것 말고도, 나는 또한 영적 실천에서 결정적으로 중요한 요소가 영성에 적극적으로 참여하는 것이라는 사실을 깨달았다. 즉, 다른 사람들을 돕는 것이 거의 모든 영적 실천이나 종교의 공통분모에 해당한다는 사실을 발견했다.

다시 일터로

나는 영적으로나 지적으로 확실히 성장하고 있었다. 하지만 그 성장을 이어 가기 위해서는 남들에게 도움이 될 만한 일을 찾아야 했다. 몇 가지 선택지를 두고 고민했지만, 결국 2002년에 스토니브룩대학의 사회복지학 석사 과정에 지원해 합격했다.

과거에 그 모든 일을 겪고 난 후, 나는 건전하고 교육적인 환경에서 여러 생각들이 교환되고, 훌륭한 교수님들이 내가 앞으로 나아갈 수 있도록 지지해주고 격려해준다는 것에 다시 한 번 놀랐다. 내 마음과 나를 둘러싼 세상은 가능성으로 가득 차 있었다.

36살의 나이에 나는 브롱크스 과학고의 신입생으로 돌아간 듯한 기분을 느꼈다. 대학원 첫해에 사회복지 분야에서 실무 경험을 쌓기로 하고 사우샘프턴에 있는 노숙자 보호소에서 상담사로 잠시 근무했다. 그런 다음에는 정신과 병동과 약물·알코올 해독 및 재활 병동이 있는 병원에 사회복지사로 고용되었다. 그 자리에서 일할 기회가 왔을 때 나는 덥석 그 기회를 붙잡았다. 훌륭한 임상 교육을 받을 기회였을 뿐 아니라 나 같은 중독자들을 만날 기회를 제공했기 때문이다.

누가 상상이나 했겠는가? 한때 사람들을 취하게 해서 먹고살았던 이 전직 나이트클럽 주인이자 중독자가 이제는 그들이 술에서 깨도록 애쓰고 있다. 나는 환자들과 이야기하고 그들의 삶에 대해 듣는 것이 정말 좋았다. 어쩌면 그들에게서 내가 준 것보다 더 많은 도움을 받았는지도 모른다. 누군가에게 도움이 될 수 있다는 생각이 내가 오랫동안 갖지 못했던 목적의식을 채워주었기 때문이다.

그 후 몇 년 동안 나는 경찰, 소방관, 교사, 요리사, 예술가, 변호사, 성직자, 건설 노동자, 노숙자, 미혼모, 퇴직자, 십 대 아이들 등 다양한 환자 수백 명을 만났다. 그들은 한 사람의 개성을 빼앗는 데 탁월한 것, 즉 중독과 싸우기 위해 자발적이든 아니든 중독 치료나 재활 치료 프로그램에 들어와 있었다.

훌륭한 중독자처럼 나는 좋은 것에 만족하지 못하고 사회복지학 석사과정을 마친 후 심리학 박사 과정에 등록했다.

피타고라스의 생활 양식

삶, 사랑, 성장이 뒤따랐다. 2003년에는 사랑하는 아내 루시와 함께 부모님의 고향인 그리스로 신혼여행을 갔다. 그리고 그곳에서 내 인생을 바꿔놓을 만한 중요한 발견을 했다. 미코노스섬에 있는 어느 작고 어수선한 서

점을 둘러보다 우연히 마이클 머피Michael Murphy와 제임스 레드필드James Redfield가 함께 쓴 『신과 진화하는 우주God and the Evolving Universe』라는 매혹적인 책을 만난 것이다. 책에서 머피와 레드필드는 인류 발전의 역사를 간략히 소개한 후 그들이 고대 철학의 "그리스 기적"이라고 부르는 것을 설명한다.[3] 지중해의 햇살을 받으며 희게 칠한 벽에 기대어 앉아 책에 몰두하자니 단어들이 내 눈으로 쏙쏙 들어오는 것 같았다. 조상들의 땅에서 고대 그리스로 가는 길이 활짝 열렸다. 나는 내가 그곳으로 가는 여정을 이미 오래전에 시작했음을 깨달았다. 나는 자신도 모르는 사이 피타고라스의 생활 양식대로 살고 있었다. 책을 읽으면 읽을수록 이해의 문이 더 열리는 것 같았다.

미국으로 돌아와 박사 학위를 시작하면서 최대한 많은 철학책을 읽어나갔다. 나의 삶과 명상의 실천이 피타고라스와 플라톤과 이어진다는 것을 깨달은 후에는 더욱더 그 책들에 깊이 빠져들었다. 나는 지각력이 더 높아지고 있을 뿐만 아니라, 내가 훨씬 더 행복해지고 있고 놀랍게도 더 나은 사람이 되어 간다는 사실을 깨달았다.

플라톤과 피타고라스와 같은 깨우친 영혼들의 삶과 지혜에 대해 읽을수록, 나는 더욱더 "플라톤이라면 어떻게 할까?" 식으로 그들을 모방하기 시작했다. 그리고 이상적인 인간의 본보기가 래퍼 퍼프 대디가 아닌 플라톤일 때 자신 안에서 놀라운 변화가 일어날 수 있음을 발견했다.

이 모든 통찰과 생각들로 머리가 어지러워진 나는 자전거를 타며 박사 논문의 주제를 정리해보기로 했다. 나무가 늘어선 조용한 뒷길을 따라 페달을 밟을 때 여러 가지 생각이 머릿속을 스쳐 갔다. 나는 현대 세계가 얼마나 갈등하고 왜 모두가 전전긍긍하게 되었는지에 대해 생각했고, 최종적으로는 내가 어떻게, 왜 혼수상태에서 살아남을 수 있었는지를 생각했다.

10월의 어느 시원하고 흐린 오후, 자전거를 타다 지친 나는 해변으로 밀려 나온 유목 위에 앉아 완벽하게 고요한 유리 같은 페코닉만을 바라보았다. 하늘이 적당하면 만은 최고의 레이저 쇼와 견줄 만한 놀라운 빛의 쇼를 연출한다. 나는 주황색과 붉은색 광선이 청회색 구름을 통과해 수정처럼 맑고 푸른 물에 변화무쌍하게 반사되는 모습을 신기하게 바라보았다.

자연을 보며 경외감을 느끼던 아름다운 순간, 고대인의 지혜를 우리 삶에 적용해보면 어떨까 하는 생각이 떠올랐다. 피타고라스는 나의 철학적 북극성이었다. 나는 점차 그가 단순히 피타고라스의 정리를 한 수학자에 그치지 않는다는 사실을 알게 되었다. 그는 플라톤에게 큰 영향을 주었고, 수학, 음악, 시, 철학에 모두 밝았으며, 성장과 더 깊은 이해의 삶—환상의 표면을 뛰어넘는 삶—을 살았다. 피타고라스에게서 영감을 받은 삶은 오늘날의 틱톡 **인플루언서**의 삶과 완전히 반대된다고 말해도 과언은 아닐 것이다. 또, 나는 피타고라스의 지혜가 아프리카와 중동을 포함해 고대 세계 전체의 지혜이기도 하다는 사실을 발견하고 흥분되고 놀라운 마음을 감출 수가 없었다. 두 곳 모두 피타고라스가 긴 시간을 들여 여행하고 배운 세계의 일부였다.

나는 나를 변화시키는 놀라운 여정을 시작하고 난 뒤 계속 새로운 것을 배우고 있었는데, 그 과정에서 거의 우연히 고대 그리스의 형이상학적 철학의 한 가지 방식, 즉 죽음을 재탄생으로서 받아들이는 강력한 지혜 전통을 발견했다. 실제로 플라톤은 철학 자체를 "죽기 전에 죽는 것death before dying"의 한 형태로 설명하기도 했다.

이게 무슨 뜻일까?

내가 배운 것은 그리스인들이 문자 그대로 최후의 죽음까지 가지 않고도 "죽기 전에 죽을" 수 있는 방법을 발견했다는 것이다. 생물학적 껍데기를 벗어나 개인의 완전한 변화로 이어질 수 있는 확장된 수준의 지적 자각에 이르는 것. 플라톤은 **철학**의 전체론적 심신 정화를 통해 육체를 초월한 영혼을 은유적으로 "새장에서 자유로워진 새"라 이르기도 했다. 잠깐, 뭐라고? 변화를 가능케 하는 정화 방법으로서의 철학?

나는 선입견을 품었다. 철학은 토가를 입은 지루한 백인 노인들의 엉뚱한 헛소리에 불과하다고, 분명 **오늘날**의 사회와 관련이 있는 것은 아무것도 없다고 생각했다. 철학은 내게 무미건조한 지적 노력으로, 어느 대학 도서관 깊은 곳에 보관된 먼지투성이 책에 이해할 수 없는 언어로 쓰인, 의미론에 대한 불가해한 집착이었다.

나는 완전히 틀렸다. 철학은 처음에 초월을 향해 개인을 정화하지 않으면 안 되는 전체론적 삶의 방식으로 시작되었다. **정화**의 한 형태로서—실제로 하나의 **생활 양식**으로서—철학의 전체론적 실천은 피타고라스에 의해 시작되었다(그의 친구였던 이집트인, 바빌로니아인의 도움과 함께). 피타고라스 생활 양식Bios Pythagorikos으로 알려진 것 안에서 건강한 마음과 신체, 정신은 수학, 음악, 철학에 대한 깊은 사색적 명상뿐만 아니라 철저한 신체 운동, 엄격한 식단, 매일의 명상 산책, 윤리와 인격에 대한 가르침을 통해 길러진다.

불행히도 오늘날의 철학은 걸어 다니는 **실제** 철학자들이 아닌 지하 세계의 철학 **선생**들이 장악했기 때문에, 이 활기찬 고대 그리스의 지혜를 실천하는 사람은 거의 찾아보기 힘들다. 대다수 사람이 자기반성보다 자기 몰두에 치우치는 지금의 나르시시즘적 유튜브 문화 속에서, 우리에게는 그 어느 때보다 플라톤과 피타고라스의 깊이와 영혼이 필요하다.

나는 도미니카에서 태어난 학자 로오세벨트 몬타스Roosevelt Montás가 컬럼비아대학에 다닐 때 얻었던 것과 비슷한 깨달음을 경험하고 있었다. 몬타스가 저서 『소크라테스 구하기』에서 말한 것처럼, 그는 12살에 뉴욕 퀸스로 이사했다. 영어도 거의 할 줄 몰랐지만, 고전과 고대 철학에 몰입해 자신을 형성하고 변화시켰다. 박사 학위를 받은 후, 몬타스는 컬럼비아대의 명망 있는 핵심 교육 과정 센터Center for the Core Curriculum 책임자가 되어 가족 중 처음으로 대학에 가고 싶어 하는 저소득 고등학생을 위한 프로그램을 시작했다. 그는 고전이 역사적으로 소외된 지역 사회의 구성원에게 아주 강력한 도구가 될 수 있다고 믿었다.

몬타스는 혜택 받지 못한 십 대들을 가르쳤던 일, 그리고 그들이 소크라테스와 플라톤을 "진지하고 개인적으로" 받아들이면서 "일종의 내적 깨달음"을 얻는 모습을 목격했던 일을 설명한다. 몬타스는 자신이 **미덕**과 **탁월함**으로 설명하는 사고에 노출되었을 때 어떤 변화의 마법을 겪는지를 자신의 경험으로 독자에게 보여준다. 그는 현재 미국의 자유와 시민권에 관한 내용이 포함된 미국학 세미나를 진행하며, 주요 도덕 및 정치사상 관련 1년 과정인 서양의 현대 문명 개론을 가르치고 있다.

미덕과 탁월함을 넘어 고대인들은 밤하늘을 올려다보고 **감탄**하는 법, 존재의 본질과 존재론적 틀 안에서 우리의 역할을 고찰하는 법을 세상에 가르쳤다. 고대인들은 또한 우리가 어떻게 이성을 사용해 비판적으로 생각하고 우리의 신념 체계를 깊이 들여다봐야 할지를 가르쳤다. 실제로 고대의 가르침은 논쟁과 반대 의견을 통해 번성했다. 반대되는 생각은 그냥 받아들여지기만 한 것이 아니라 환영받았다. 상상해보라. 실제로 소크라테스는 **엘렝코스**elenchus, 논박라는 문답법을 통해 반대되는 생각을 살펴볼 수 있는 변증법을 개발함으로써 더 깊은 진실과 이해를 추구했다.

　근본적으로 고대 철학은 단지 그리스인의 영역이나 유럽 중심의 지혜가 아니라 보편적인 지혜이다. 앞서 나는 피타고라스의 연구와 가르침에 기여한 부분으로 이집트와 바빌론(오늘날의 이라크)을 언급한 바 있다. 피타고라스는 고대의 항구 도시들을 자주 드나들었기 때문에—일종의 고대 인터넷—이집트 도시 멤피스와 이후 테베에서 많은 시간을 공부할 수 있었다. 사실 그가 수학과 신성한 기하학 이론을 배운 곳은 아프리카였다. 그리고 늘 더 많은 지혜를 흡수하고자 했던 피타고라스는 중동의 바빌론을 여행했다. 그곳에서 그는 현자들과 함께 공부했고 페르시아의 철학자이자 시인이며 조로아스터교의 창시자인 자라투스트라의 교리를 공부했다고 한다.

　조로아스터교의 기본 교리 중 하나는 삶에 대한 적극적인 참여와 건설적인 말, 생각, 행동을 통해 아사Asa, 즉 진리를 추구하는 것이다. 이러한 원칙들은 모두 나중에 피타고라스학파의 중요한 신조가 되기도 했다. 따라서 피타고라스는 그리스 출신일진 몰라도, 그의 지혜는 다양한 고대 문화에서 자유롭게 빌려온 것이었다.

　실제로 전기 작가이자 철학자인 포르피리오스는 피타고라스에 대해 이렇게 말했다. "바빌론에서 그는 다른 칼데아인들과 어울렸는데, 특히 자라투스트라와 가까이 지내며 이전의 오염된 삶을 정화했고, 고결한 사람이 자유로워지기 위해 배워야 할 것들을 배웠다. 또한 그는 자연과 전체 세계의 원리에 대한 강의를 들었다. 피타고라스 지혜의 가장 큰 부분은 이 외국인들 사이에 머물면서 얻은 것이었다."**4**

고대의 지혜가 한 나라나 지방에 속하는 것만이 아니라 집단적인 인류 유산이라는 사실을 발견한 것은 아름답고도 계몽적이었다. 고대의 가르침에 대해 더 많이 알게 될수록 배운 것들을 내 삶에 더 접목할 수 있었고, 망가졌던 과거에서 치유되어 변화할 수 있었으며, 결국 성장할 수 있었다.

나는 롱아일랜드 노스포크 커쵸그에 있는 뉴 서포크 선착장에서 약 200미터 떨어진 만을 마주 보고 앉아 있었다. 그러다 다리도 뻗고 물에 흔들리는 배들도 볼 겸 천천히 일어나 의욕적으로 선착장을 향해 걸어갔다. 깊은 평화와 내면의 고요를 즐기던 때, 다른 배들보다 좀 더 비바람을 맞은 듯한 배 한 척이 눈에 띄었다. 가까이에 가서 보니 선미에 오디세이The Odyssey라는 이름이 적혀 있었다.

눈을 감고 깊게 숨을 들이쉬었다. 나는 내가 무엇을 해야 하는지 알고 있었다. 나는 박사 논문으로 피타고라스 철학이 어떻게 사람들의 삶을 바꿀 수 있는지 학문적으로 탐구해야 했다. 그렇다면 다양한 연구 참여자를 대상으로 고대인의 지혜에 몰입할 방법을 만들어보는 것은 어떨까?

이쯤에서 어떤 사람들은 피타고라스와 플라톤의 지혜가 내 인생을 변화시켰다는 것을 어떻게 증명할 수 있느냐고 물을지도 모른다. 어떻게 보여줄 수 있을까? 이렇게 대답하겠다. 사람들이 말하는 것처럼 백문이 불여일견이다. 나는 도덕적으로 병들고, 끔찍하리만치 중독되고, 모든 것을 잃은 전 나이트클럽 소유주였다. 무일푼이었고, 집도 없었고, 육체적으로 엉망이었고, 감정적으로 황폐했고, 영적으로 파산했었다.

고대인들을 발견한 후, 나는 20년 동안 깨끗하고 건전한 삶을 살았다. 나는 거의 십 년 동안 대학 교수로 존경을 받았고, 진료소를 개원해 전국에서 온 수백 명의 젊은이를 치료한 심리 치료사였다. 더욱 중요한 것은 내가 다정하고 헌신적인 남편일 뿐만 아니라 일란성 남자 쌍둥이를 둔 자상하고 존경받는 아버지라는 것이다. 나는 정직하고 윤리적인 삶을 살기 위해 최선을 다하는, 지역 사회 사람들이 믿고 의지할 수 있는 사람이 되었다.

나는 고대 철학의 진정한 본질은 연금술, 즉 **인간** 연금술이라는 사실을 발견했다. 개인적인 이야기를 책에 포함한 것은 내가 간략하게 소개했을 뿐인 방법이 얼마나 큰 변화를 가져왔는지 전하고 싶어서였다. 철학은 또한 우리의 지나친 기술 세계에 해독제로 작용하기도 한다. 철학은 이성을 사용하고, 비판적으로 생각하고, 중요한 것들에 대해 깊이 생각하고, 자연과 함께하고, 늘 끊임없이 성장하려 하는 인간의 능력을 되찾게 한다.

이 점을 덧붙여야겠는데, 나는 몇 년 동안 여러 다른 전문 치료사와 함께 개인 치료와 그룹 치료를 받았지만, 내 삶에 의미를 부여한 것은 12단계의 프로그램에 참여하고, 조력자와 함께 노력하고, 다른 사람들을 돕는 것과 더불어 고대 철학에 몰입한 것이었다. 심리 치료소는 가기에 괜찮은 곳이고 어떤 경우에는 매우 유익할 수도 있다. 하지만 거기에는 성장에 방해가 될 수 있는 몇 가지 본질적인 한계가 있다.

10장
회복력 빈곤 시대의 진정한 치료

회복하는 힘은 자기 안에 있다

1917년 12월 6일 아침, 캐나다 노바스코샤주의 핼리팩스에서 9·11 테러와 견줄 만한 충격적인 사건이 일어났다. 프랑스 화물선 SS 몽블랑SS Mont-Blanc호와 노르웨이 화물선 SS 이모SS Imo호가 주요 부두 바로 앞, 핼리팩스 항구 상부와 이어지는 해협에서 충돌한 것이다. 몽블랑호는 뉴욕에서 TNT, 피크르산, 고 인화성 벤졸 같은 폭발물을 가득 실은 채 핼리팩스에 막 도착하던 참이었다. 이모호와 충돌이 있은 뒤, 몽블랑호에 불이 붙어 빠르게 번지기 시작했다. 선원들은 재빨리 배를 버렸고, 배는 배를 조종할 선원 없이 부두로 표류했는데, 결국 오전 9시 4분 엄청난 폭발이 일어나 도시의 북쪽 끝 전체(약 6.5제곱킬로미터)가 파괴되었다.

　TNT 2.9톤이 폭파되는 것과 맞먹는 규모의 이 폭발은 당시 인재로 인한 가장 큰 폭발이었다. 배는 산산조각이 났고, 강력한 폭발파가 초당 약

1킬로미터 이상의 속도로 폭발 지점에서 방출되었다. 섭씨 약 5000도의 온도와 엄청난 압력의 폭발로 헬리팩스와 인근 다트머스 지역에 하얗고 뜨거운 철 파편이 떨어졌다. 몽블랑호에 실렸던 90밀리미터 대포는 몸통이 녹아내린 채 폭발이 일어난 지점에서 북쪽으로 약 5킬로미터 떨어진 곳에 떨어졌고, 무게가 0.5톤인 몽블랑호의 닻은 남쪽으로 약 3.2킬로미터 떨어진 암데일 마을에 떨어졌다.[1] 흰 연기구름이 최소 약 3.6킬로미터까지 치솟았고, 약 18미터 높이의 지진 해일이 SS 이모호를 인근 다트머스 마을의 해안으로 밀어냈다. 폭발은 약 193킬로미터 이상 떨어진 케이프브레턴섬에서도 느껴질 정도로 강했다. 집에서 폭발 장소를 지켜보던 수백 명의 사람은 폭발파가 창문을 산산조각 내면서 실명했다. 난로와 램프가 뒤집히면서 핼리팩스 전역에 불이 나기 시작했고, 도시 전체가 불에 타자 주민들은 집에서 꼼짝도 못 하게 되었다.

그 참상은 거의 상상도 할 수 없는 정도였다. 2000명 이상이 사망했고 9000명 이상이 부상을 당했는데, 그중 많은 사람이 심한 화상을 입었고, 팔다리가 절단되었으며, 실명했다. 이 믿을 수 없는 재난에 더해, 폭발이 일어난 후 밤에 눈보라가 핼리팩스를 강타하여 약 40센티미터의 눈이 내렸다. 폭설로 인해 구조 활동이 지체되었고 폭발로 집이 파괴된 많은 사람이 동사했다.

조용한 북쪽 마을이 갑자기 지옥으로 변했다. 주민들은 불타는 지옥에서 죽거나 캐나다 밤의 황량하고 지독한 추위 속에서 죽었다. 생존자들은 아마도 인류 역사상 가장 충격적이고 끔찍한 사건 중 하나를 경험했을 것이다.

수십 년 후, 한 정신 건강 연구자가 이 사고로 인해 지역 주민에게 어떤 심리적 피해가 있었는지를 연구했다. 연구자인 에이프릴 내추럴April Naturale은 9·11 테러 사건의 치료적 대응을 위해 만들어진 정부 지원 프로그램인 프로젝트 리버티Project Liberty를 이끌었던 정신과 사회복지사다. 내추럴은 노바스코샤에서 있었던 사건의 후유증을 이해하기 위해 핼리팩스로 가 1917년 사고에 관한 자료들을 읽어 나갔다.[2]

"생존한 사람 중 일부는 정신병이 있는 것처럼 보였어요. 며칠 동안 환각 증세에 시달렸죠." 그가 「뉴요커」 기자에게 말했다. 한 여성은 자신의 사망한 아이 알마에게 계속 말을 걸었고, 어떤 피해자들은 너무 심한 충격을 받아서 의사들이 클로로포름을 사용하지 않고 수술을 할 수 있을 정도였다.

트라우마 전문가로서 그녀는 상당히 놀라운 사실을 발견했다. 약 일주일이 지나자 이러한 불안한 정신과적 증상은 대다수의 경우 자연스럽게 가라앉았다. 당시 신생 분야였기 때문에 거의 존재하지 않았던 정신 건강 종사자들의 도움 없이 일어난 일이었다. 이러한 기사들을 확인한 뒤 내추럴은 사고 이후 정신의학적 개입이 이상적으로는 최소화되어야 한다는 결론을 내렸다. 마음은 회복력이 뛰어났고 자연스럽게 스스로 치유할 시간이 필요했다. 요컨대 폭발의 여파로 목격된 '비정상적' 행동은 사실 건강한 회복 과정의 일부였다.

과학적 연구에 따르면, 큰 불행을 겪은 대부분의 사람에게는 실제로 회복력이 있으며, 시간이 지나면 그들은 자연스럽게 회복된다. 다만 일부 사람들은 '되돌아오지' 못하기 때문에, 그들의 경우 장기간에 걸친 심리 치료가 필요하다. 연구원들은 한 번의 치료적 디브리핑debriefing▼ 같은 개입만으로는 이러한 상황을 바꾸는 데 아무런 효과가 없다는 사실을 발견했다. 게

다가 '다시 돌아오지' 않는 사람들은 이미 심리적으로 취약한 상태에 있는 듯했다.

연구에 따르면 외상 후 스트레스 장애PTSD의 위험이 가장 큰 사람들은 아동 학대를 경험한 사람들, 결손 가정에서 자란 사람들, 또는 심리적 장애 병력이 있는 사람들이다. 북베트남에서 전쟁 포로로 있었던 미국 조종사를 대상으로 한 1996년 연구는 정신 건강에서 단단한 토대가 얼마나 중요하고 큰 역할을 하는지 강조했다. 조종사들은 수년간 고문에 시달리고 자주 독방에 갇혔지만, 그들의 PTSD 발병률은 놀랍게도 매우 낮았다. 연구는 조종사들이 정신 건강 심사를 통해 선발되어 고강도 전투 훈련을 받았기 때문에, 아마도 더 강한 "심리적 면역 체계"를 가지고 심리적으로 더 취약한 사람들이 결코 할 수 없는 방식으로 트라우마를 견딜 수 있었을 것이라고 보았다.

더 나쁜 영향을 받은 사람들에게도 치료적 디브리핑은 그 이점이 매우 제한적인 것으로 판명되었다. 2004년, PTSD를 전문으로 다루는 보스턴 재향 군인 의료 센터Boston Veterans Affairs Medical Center의 실험 심리학자인 브렛 리츠Brett Litz는 전투 지역에 주둔한 코소보 평화 유지군의 집단 디브리핑에 대해 무작위 임상 시험을 했다. 그는 연구 결과를 다음과 같이 요약했다. "대부분의 미국 슬픔 상담사grief counselor들이 PTSD를 예방하기 위해 행하는 요법들은 별 효력이 없다."

실제로 자동차 사고나 화재 같은 충격적 경험 이후 누구도 회복에 개입

▼ 　원래 임무를 마친 담당자에게서 보고를 받는 것을 말하나, 여기에서는 정신적 충격이 큰 경험을 한 사람과 그 경험에 대해 상세히 이야기를 나누며 치료해 나가는 과정을 말한다.

하지 않는 경우와 비교했을 때, 개인의 심리적 디브리핑에 대한 임상 시험은 실망스러운 결과를 보여주었다. 사실 일부 연구자들은 심리적 디브리핑이 회복을 방해할 수 있다고 주장한다. 화상 환자들을 대상으로 한 특정 연구에 따르면, 디브리핑 치료를 한 환자가 대조군 환자보다 PTSD 증상을 호소할 확률이 훨씬 더 높았다. 이후 치료와 디브리핑이 환자가 취약한 시기에 감정적 상처를 노출하도록 부추김으로써 고통과 트라우마를 감소시키기보다 증가시킬 수 있다는 이론이 제시되었다.

9.11 테러 사건 직후 발생한 치료적 개입도 우리에게 많은 것을 가르쳐 주었다. 빌딩이 무너진 뒤 즉시 맨해튼으로 엄청난 수의 슬픔 상담사가 투입되었지만, 대부분의 뉴욕 시민들은 공격 이후 아무런 치료도 받지 않았다. 테러 이후 시행된 설문 조사 결과는 광범위한 심리적 피해가 있을 것이라는 초기의 예상을 빗나갔다. 사람들이 영향을 받지 않았다는 말이 아니다. 물론 사람들은 영향을 받았고, 우리 모두 받았다. 하지만 그 영향이 우리가 대개 자연적으로 회복할 수 있는 보통 범위의 슬픔 반응을 넘어설 정도였을까?

2001년 10월과 11월에 뉴욕 맨해튼 110번가 아래에 사는 988명의 성인을 대상으로 시행한 한 조사에 따르면, 단지 7.5퍼센트만이 PTSD 진단을 받았다. (미국 심리학 협회에 따르면, 어떤 비극적 사건이 있은 뒤 환자가 몇 가지 전형적인 증상, 즉 과거의 충격적 시점으로 돌아간 기분, 의지와 무관하게 떠오르는 침투적 사고, 트라우마를 연상시키는 활동 및 장소 회피, 정서적 마비, 만성적 불면증을 한 달 이상 경험하는 경우 PTSD로 진단한다고 한다.) 2002년 3월 후속 조사에 따르면, 뉴욕 시민의 1.7퍼센트만이 장기적인 PTSD로 고통 받았다. 이는 심리적으로 건강한 대부분의 보통 사람들은 충격적 사건을 겪은 후 시간이 지나면 자연스럽게 좋아지고 선천적인 회복력을 발휘함을 의미한다. 그러나 이 결과를 심각한 만성적 트라우마로 고통 받고 심리적 스트레스 요인에 장기간 노출된 사람들에게 적용해선 안 된다. 그들은 완전히 다른 심리 상태에 있다.

기본적인 결론은 우리는 인간으로서 평범한 발달 과정을 통해 자신만의 힘과 회복력 저장소를 발전시켜 왔다는 것이다. 대표적으로 도움이 되는 것은 동료의 지지이다.

말라키 코리건Malachy Corrigan은 뉴욕시 소방서 상담 서비스부의 책임자였다. 그는 한때 심리적 디브리핑을 옹호했지만, 9·11 테러가 있기 몇 달 전에 그것이 일반적으로 유익한 치료법은 아니라는 결론을 내렸다. 그리고 집단 치료에서 발생할 수 있는 일종의 '사회적 전염' 효과를 다음과 같이 설명했다. "때로 사람들을 그룹으로 묶어서 자신의 경험을 이야기하게 하면, 그들은 없는 기억을 만들어냈어요. 우리는 그들에게 정신병이 있다고 판단하진 않았지만, 어쨌든 이 사람들은 화재가 일어난 곳 아주 가까이에, 화재 현장에 있었기 때문에 실제로 그러지 않았는데도 무언가를 보거나 무슨 냄새를 맡았다고 스스로 생각하게 되었죠."

그래서 코리건은 폭발이 발생한 지점인 그라운드 제로에서 일하는 사람들을 대상으로 제공했던 정신 건강 접근 방식을 동료 지원 모델로 바꾸기로 했다. 그는 다른 소방관들을 '동료 상담사'로 고용하여 지속적인 트라우마가 정신 건강에 끼칠 수 있는 영향에 관한 교육적 정보뿐만 아니라 우정을 나눌 기회와 정신적 지원을 제공했다.

코리건이 회상했다. "마치 하나의 대가족 같았죠. 우리는 그들에게 PTSD에 대해 많은 정보를 이야기해주었고, 그들이 가족에게 지울 부담에 관해서도 이야기했습니다. 우리는 술과 마약에 관한 이야기를 툭 터놓고 했어요. 그리고 슬픔과 함께 느끼는 분노에 초점을 맞췄죠. 멤버들은 그러한 증상들을 드러낼 수 있어서 아주 기뻐했습니다. 술과 분노에 대해 말할 때 우리는 서로 잘 통했어요. 정신 건강의 개념을 단순하게 유지할수록 사람들을 참여시키기가 더 쉬웠죠."

에이프릴 내추럴 또한 치료사보다 동료를 택한 코리건의 접근 방식이 일반인에게 아주 적합하다고 본다. "정신 건강 전문가가 아닌 사람들은 자기 자신을 병적으로 해석하지 않아요." 그녀가 말했다. "그들은 용어도 모를뿐더러 어떻게 진단해야 할지도 모르죠. 가장 도움이 되는 접근법은 공중 보건 모델을 이용하는 것, 즉 자신을 진단하지 않는 지역 사회의 사람들을 활용하는 겁니다."

정신 건강 분야에서 각기 다른 수준의 정신적 고통을 겪는 환자들을 만나며 20년을 일하는 동안, 나는 전문 치료사보다 동료들의 지원이 더 유용하게 활용되는 모습을 보아 왔다. 어쩌면 우리는 **일부** 사람들—'일부'다—을 진단하고 치료 환경으로 밀어 넣음으로써 그들에게 득보다 실을 전하고 있는지도 모른다.

스트레스에 대한 새로운 생각

어쩌면 지금이 치료사와 치료 산업 복합체의 역할을 다시 생각해볼 때일지도 모른다. 임상 진단은 극심한 정신적 고통을 받는 많은 사람에게 모범적 치료를 안내할 수 있는 중요한 도구이다. 하지만 연간 1000억 달러 규모의 치료 산업—사업이기도 하다—이 환자가 아픈 데 익숙해지고 아픈 모델을 모방하는 '사회적 전염' 효과(앞서 언급한 것처럼)의 한 형태로, 고통이 덜한 환자들의 심리적 문제를 고착화하고 악화시키는 것은 아닐까?

우리는 전적으로 자연스러운 심리적 과정을 전문가가 치료해야 할 것으로 해석하고 치료함으로써 유료 치료사만이 죽일 수 있는 심리적 괴물을 만든 것은 아닐까? 스트레스, 역경, 트라우마, 수치심처럼 인간이 자연적으로 겪는 과정들은 병적인 것으로 해석되어 왔을 뿐만 아니라, 각각의 심리적 문제마다 그것을 전문으로 다루는 '유명' 치료사(물론 오프라 윈프리의 방송에서 인정받은)의 목록과 함께 완전한 이론적 모델을 갖추었다. 이 유명 치료사들은 사람들이 겪는 자연적인 과정을 의료적 또는 치료적 개입이 필요한 임상 괴물로 만든다.

그런데 우리는 이에 대한 경고를 받은 적이 있다. 20세기 정신과 의사인 토머스 새스Thomas Szasz는 사람들을 병적으로 해석하는 것을 통제의 한 형태로 보고 이에 반대한 영향력 있는 사상가였다. 당시의 심리학자와 치료사는 무엇이 수용 가능하고 규범적인 행동인지를 정하는 새로운 세속화된 사제들과 주술사들이었다. 새스는 또한 정신 질환이 단지 인간이 겪는 일상적인 문제에 대한 개념적 은유일 뿐이라고 주장했으며, 정신 건강 종사자들이 진단을 하는 데 필요한 권위서로 통하는 DSM에 대한 의존을 피했다.[3]

'도토리 이론acorn theory'을 제시한 작가이자 분석가인 제임스 힐먼James Hillman도 같은 생각을 했다. 그 역시 한 개인이 도토리에서 떡갈나무에 이르기까지 최적의 상태로 성장하기 위해 자연적이거나 필수적인 과정을 겪는데 우리가 그것을 병적인 것으로 만들고 있다고 생각했다. 가령 선택적 함구증을 진단받은 아이는 증세를 호전시키려면 단지 전보다 더 많이 들으면 된다. 시간이 지나면 아이의 언어 능력은 크게 좋아지게 되어 있다.[4] 하지만 괴물은 우리가 믿는 한 괴물이다. 문제에 대한 우리의 인식은 우리에게 중요하게 영향을 끼친다. 우리가 상황을 이해하고 구성하는 방법은 정신 건강과 관련하여 매우 중요하다. 다시 말해, 우리가 무언가를 문제가 있는 것으로 인식하거나 정의하면 그것은 정말로 더 해로운 특징을 띨 수 있다.

스트레스를 예로 들어보자. 우리는 모두 '스트레스가 사람 죽인다'는 말을 안다. 많은 사람이 스트레스를 나쁜 것과 **동일시**하기 때문에 스트레스를 줄이기 위해 할 수 있는 모든 것을 다 한다. 하지만 건강 심리학자 켈리 맥고니걸Kelly McGonigal이 저서 『스트레스의 힘』과 테드 강연에서 지적한 대로, 연구에 따르면 사람을 죽이는 것은 **스트레스**가 아닌 스트레스에 대해 우리가 품는 부정적 **믿음**이며, 실제로 이는 우리에게 해롭게 작용한다.[5]

다년간의 연구를 통해 연구자들은 스트레스가 많고 스트레스가 해롭다는 믿음이 강한 사람들이 가장 높은 사망률을 보인다는 사실을 발견했다. 하지만 놀랍게도 가장 낮은 사망률을 보인 사람들은 스트레스가 적은 사람들이 **아니라**, 스트레스가 많은 사람들이었다. 여기서부터가 중요한데, 그들은 스트레스는 많았지만, 스트레스가 해롭다고 생각하는 대신 스트레스를 자연스럽고 인간적인 일로 받아들였다. 정리하자면 스트레스가 사실 회복력을 만들어내기 때문에 유익할 수 있다는 것이다. 그리고 스트레스가 많을 때 신경 호르몬 옥시토신(이른바 포옹 호르몬)이 분비되는데, 이 호르몬 덕분에 우리는 어려운 때에 다른 사람들에게 더 다가가고 더 사교적이 된다. 놀랍게도 스트레스는 생물학적으로 우리를 치유하는 사회화로 이끈다.

스트레스 호르몬인 옥시토신은 심장을 보호하며 심장 세포가 스트레스로 인한 손상으로부터 치유되도록 돕는다. 실제로 맥고니걸은 스트레스가 해롭지 않다고 믿는 연구 참여자들의 심장 상태를 살펴보고 상당히 놀라운 사실을 발견했다. 그들의 혈관은 스트레스가 많고 스트레스가 나쁘다고 믿는 전형적인 환자의 그것처럼 수축되어 있지 않았다. 대신 그들의 심장 혈관은 배짱이 있는 사람의 혈관과 비슷하게 확장되어 있었다. 이는 실제로 우리의 생물학적 개요를 바꿀 수 있는 강력한 재구성 메시지이다.

대중에게 사랑받는 또 다른 선도적 치료 전문가인 브레네 브라운Brené Brown은 '수치심 회복력 이론'을 개발해 반향을 일으켰다. '취약성'의 힘과 수치심의 해로운 면을 이야기해 본질적으로 수치심을 악마화하는 그녀는 수백만 명의 추종자가 있는, 정신 건강 분야의 록 스타이다. 그리고 그녀는 사회적 연결의 중요성도 특별히 강조한다.

그러나 맥고니걸이 한때 두려워했던 스트레스 괴물을 무력화함으로써 스트레스를 끝장낸 것과 달리, 브라운은 수치심을 심리적 괴물로 만들었다. 그녀는 '수치심'과 '죄책감'을 의미론적으로 구분한다. 예를 들어, 우리는 무언가를 잘못했을 때 **죄책감**을 느끼지만, 우리가 사람으로서 형편없다고 느낄 때는 **수치심**을 느낀다. 수치스러운 기분을 **느끼는** 것과 수치스럽게 **되는** 것을 둘러싼 더 많은 의미론이 있지만, 브라운의 주장은 우리가 수치심을 너무 많이 느껴서 수치심을 다룰 전략이 필요하다는 그녀의 믿음을 중심으로 전개된다.

분명히 해 두자면, 브라운은 진심으로 사람들을 도우려는 듯 보이는 총명하고 배려 깊은 선의의 연구자이다. 하지만 수치심과 죄책감에 대한 그의 구분은 사실 별 뜻도 없으면서 인위적으로 정신 건강 용어를 정의하는 행위이다. 실제로 사전에서 수치심은 "잘못되거나 어리석은 행동임을 깨닫고 굴욕감이나 고통을 느끼는 것"으로 정의된다. 따라서 수치심은 실제로 느낌이다. 브라운과 그 신봉자들이 우리에게 이해시키려는 것처럼 광범위한 의미가 아니다. 그리고 수치심은 **잘못되거나 어리석은 행동이라는 자각**이 뒤따르는 **도움**이 되는 감정이다.

물론 어떤 사람**에게** 일어난 끔찍한 일의 결과로 수치심이 마음속에 깊이 자리 잡았을 때 이 수치심은 전문가의 도움과 치료로 해결해야 하는 지독한 심리적 독소이다. 하지만 더 흔한 변종인, 자신의 가치관에 어긋난다는 것을 알면서도 어떤 일을 고집해 생기는 수치심은 치료사가 필요한 유형의 문제가 아니다. 하지만 정신 건강 분야와 문화 전반에서의 브레네 브라운의 인기 때문에 **수치심**(그리고 수치심에 대한 그의 해석)은 사회 정서적 어휘의 일부가 되었고, 지배적인 심리적 개념이 되었으며, 현재 많은 사람이 자신의 삶 전체를 보는 렌즈가 되었다. 여느 사회적 전염과 마찬가지로, 문화적으로 인기 있는 패러다임은 사람들의 인식을 형성했다.

나는 그보다 더 관대하게 스트레스나 역경이 적이 아닌 것처럼 수치심도 적이 아니라고 주장한다. 수치심은 우리가 부적응적 행동을 바로잡는데 도움이 되는 건전한 감정이며 없어서는 안 될 적응성 감정이다. 오늘날 많은 사람의 문제는 그들이 너무 **많은** 수치심을 느낀다는 것이 아니라, 지금의 사회적 나르시시즘 때문에 **충분히** 수치심을 느끼지 않는다는 것이다. 이 사회적 나르시시즘은 대개 수치심을 느낄 만한 부정직하거나 불명예스러운 행동으로 이어진다.

겸허하게 나의 직업적 견해를 밝히자면, 우리는 잘못된 것들을 악마화해 왔다. 살면서 겪는 힘든 일들은 문제가 **아니다**. 스트레스는 삶의 일부다. 역경은 생기게 마련이다. 그리고 잘못하면 수치심을 느껴야 한다. 우리에게 필요한 것은 정말로 악마화할 필요가 없는 자연적 과정들을 악마화하는 이 모든 치료 산업 복합체가 아니다. 우리에게 필요한 것은 우리가 진정한 공동체 의식을 느낄 수 있도록 돕는 강한 우정과 유대, 인생의 어려움을 헤쳐 나가도록 도울 수 있는 지지다.

그렇지만 많은 사람이 '외로움 증후군'이라는 것을 겪고 있다. 이런 상황에서 과연 **대부분**의 사람이 돈을 받는 치료사보다 이야기를 나눌 수 있는 좋은 친구 한 명—두세 명도 좋다—만 있으면 된다고 생각하는 것이 가능할까? 좀 더 나아가, 아이들의 경우 성장하는 동안 강력한 '심리적 면역 체계'가 발달하도록 돕는 것이 가장 좋지 않을까? 살면서 피할 수 없는 장애물과 맞닥뜨렸을 때 내면의 회복력을 끄집어낼 수 있도록 말이다.

더 큰 그림을 보면, 현대와 기술 사회가 우리를 반대 방향으로 이끌었다는 것을 알 수 있다. 이것들은 우리를 덜 탄력적이고, 더 반응적이고, 더 불안하고, 더 충동적이고, 분명히 더 외롭게 만들었다. 그리고 이 모든 것은 우리가 살면서 예상치 못한 상황에 부딪혔을 때 취약해지는 원인이 되었다.

아버지가 다시 생각난다. 나치에서 살아남은 아버지는 지원을 아끼지 않는 가족과 단단히 연결되어 있었고, 회복력과 투지를 기를 수 있는 어린 시절을 보냈으며, 평생 열정적으로 요리하고 정원을 가꾸셨다. 알다시피, 사람은 유전적으로 이런 식으로 **살도록** 설계되었다.

하지만 눈 깜짝할 사이에—적어도 진화적 기준으로 봤을 때—우리는 수렵·채집 시대를 거쳐, 농경 사회를 뛰어넘고, 산업화 시대를 지나 정보화 시대의 한복판에 도착했다. 이 모든 일이 200년도 안 되는 시간에 일어났다. 유일한 문제는 이러한 엄청난 변화가 이전 시대에 우리가 양육되었던 사회문화적 환경을 바꿔놓았다는 것이다.

사회 구조를 함께 떠받쳤던 모든 전통적 사회 기반 기둥—혹은 안전망—은 사라졌다. 핵가족? 여러 복잡한 사회적 요인에 의해 버섯구름 속으로 사라졌다. 지역 사회 조직, 사회 단체, 지원 단체(YMCA, 독서 모임, 커뮤니티 센터, 청년 단체, 보이 스카우트, 걸 스카우트, 종교 단체, 사교 모임 등)? 이들은 온라인 소통을 요구하는 환경에서 빠르게 쇠퇴의 길을 가고 있다. 고맙다, 인터넷.

심리 치료사는 어떨까? 물론 그들은 21세기 대중의 불안한 정신을 단단히 붙잡고 불안정한 세계에 안정감을 더하는 데 도움이 될 수 있다. 하지만 "자존감 신화(치료 과정을 성배처럼 여기고 **자존감을 느낄 수 있는 방법에 대한** 절대적인 신god이나 다름없다고 잘못 생각하는 것)"**6**에 사로잡힌 이들이 있다. 이들의 '자존감 신화'는 현재 소셜 미디어에 집착하는 Z세대와 밀레니얼 세대의 자기도취, 나르시시즘, 자아 중심성을 악화할 수 있다. 최악의 경우, 그들은 환자를 어린아이 취급하고, 환자가 어린 시절에 생긴 딱지를 자꾸 긁게 하며, 환자의 의존성을 유지하는 동시에 신으로서 치료사의 힘을 영속시키는 바람직하지 못한 치료 환경을 만들 수 있다.

벌써 나의 치료사 형제들이 아우성치는 소리가 들린다. 그들은 분명히 이렇게 반응할 것이다. "우리는 환자가 의존하게 만드는 것이 아닙니다! 우리는 모두 환자가 힘을 얻길 바란다고요!" 나는 수십 년에 걸쳐 탯줄을 형성하는 과정 없이, 환자들과 실용적이고 유용한 대처 기술을 공유하면서 단기적이고 신속한 해결책을 제공하는 치료사는 아무 문제가 없다고 생각한다.

그러나 프로이트파의 정신 분석가나 다년간의 장기 치료를 계속하는 치료사는 결국 유료 친구이거나 더 나쁘게는 유료 청취자이다. 이는 돈을 낼 필요가 없는 관계보다 진정한 공감도, 효과도 부족한 업무 관계라는 게 내 생각이다.

물론 여러분이 외로움을 느끼고 주위에 아무도 없다면 치료사는 실제로 당신이 주변에서 아무런 지원도 못 받는 것보다 낫지만, 가장 좋은 것은 지역 사회가 지원하는 사회적 모델이다. 20년 동안 치료사로 일한 사람으로서 나는 솔직히 말할 수 있다. 힘들고 도움이 필요한 대부분 사람에게 나 같은 잘 훈련되고 보수가 높은 치료사는 필요하지 않다. 그들에게는 그저 좋은 친구가 필요할 뿐이다. 멘토, 조력자, 성직자, 랍비, 주술사, 지역 사회의 친구들, 믿을 수 있는 친척, 마을 어르신도 괜찮다.

하지만 21세기의 미국에서 이러한 것은 모두 지나간 시대의 유물이다. 심리적으로 건강한 시대는 지나갔다. 자상하고 현명한 마을 어른 대신, 우리에게는 지금 돈을 받고 친구 역할을 하는 빌린 친구, 혹은 '자립' 전문가가 있다. 걱정스럽다. 심리 치료 업계가 전반적으로 도움이 되기보다 해를 끼친다는 일부 연구도 있다. 사람들은 치료 의존성 때문에 타고난 인내심과 회복 능력을 제대로 개발하고 기르지 못하게 되었다. 어떤 이들은 우리가 '회복력 빈곤'으로 고통 받고 있다고 주장한다. 치료 산업은 호황을 누리고 있는데, 우리의 대처 능력은 점점 더 약해진다.

역경이 만드는 심리적 면역력

대체로 간과되어 온 강력한 힘이 있다. 우리의 첨단 기술 생활은 내가 **심리적 면역 체계**라고 부르는 것을 훼손하고 있다. 디지털 시대는 심리학자들이 **회복력**이라 부르고 코치들이 때로 **투지**라 부르는 것을 개발하는 데 필요한 모든 요소를 아이들에게서 빼앗아 갔다.

현실을 직시하자. 오늘날의 '클릭하고 미는' 세계에서 우리는 아이들을 인내하고 역경을 극복하는 등의 기본적인 삶의 기술을 배우지 못하고 즉각적인 만족만을 찾는 사람으로 만들었다. 월터 미셸Walter Mischel 박사가 오래전 개발한 마시멜로 실험이 우리에게 보여주듯이(최근에 다소 논란이 되긴 했지만), 만족을 지연시키는 능력은 일생의 성과와 관련된 핵심 예측 변수였다.[7] 일부는 기억하겠지만, 마시멜로 실험은 어린아이 앞에 마시멜로를 놓는 실험이었다. 아이들은 앞에 놓인 마시멜로를 그 자리에서 먹을 수도 있지만, 더 기다리면 다음 날 마시멜로 두 개를 받을 수 있었다. 만족을 미루는 아이의 능력이 실험에서 평가되었다. 실험 결과 일반적으로 나이가 좀 더 많은 아이들이 만족을 미루는 능력이 더 뛰어났고, 이처럼 낮은 충동성을 보인 아이들이 삶의 성과도 더 좋은 것으로 밝혀졌다.

거의 50퍼센트 급증한 ADHD 발병률[8]이 증명하듯이, 오늘날 사람들은 상당히 높은 충동성을 보인다. 디미트리 크리스타키스Dimitri Christakis가 수행한 ADHD 연구는 증가한 스크린 타임과 ADHD가 분명한 연관성이 있음을 보여준다. 그럴 만도 하다. 화면은 아이들에게 매우 자극적이고 아이들을 흥분시킨다. 이렇게 자극적인 화면을 계속 보다 보면 아이는 결국 자극에 의존하게 되고, 과도한 자극을 계속해서 좇으며 집중력을 잃게 된다.[9] 이런 충동성에 더해 헬리콥터 부모 아래 과보호를 받으며 자란다면 아이는 대응 면역 체계를 발달시킬 기회를 놓친다. 인위적으로 세균을 없앤 환경에서 제대로 된 면역 체계를 위한 항체가 생성되지 않는 것처럼, 과보호된 아이들은 회복력이 떨어진다.

회복력 형성에는 인내와 끈기가 필요하다. 하지만 알렉사나 구글 등 즉각적으로 욕구를 만족시키는 디지털 지니가 있는 세상에서 회복력이 얼마나 길러질 수 있을까?

조너선 하이트Jonathan Haidt가 『나쁜 교육』에서 잘 설명한 것처럼, 과보호는 청소년기까지 계속되다, 안전 공간safe space▼, 사전 고지trigger warning▼▼, 미세 공격micro-aggression▼▼▼ 같은 단어들을 널리 공론화하는 현대의 대학 풍경에서 더욱 확연해진다.[10]

정치 성향이 어떻든 간에, 심리학적 관점에서 과보호 시스템은 '회복력이 없는' 성인, 다시 말해 취약한 성인을 만들어낸다. 나심 니컬러스 탈레브Nassim Nicholas Taleb는 저서 『안티프래질』에서 전체 **시스템**이 어떻게 성장하고, 강화되고, 또는 예상치 못한 스트레스에서 이득을 얻을 수 있는지 이야기하는데,[11] 그것은 어느 정도 인간에게도 적용된다. 역경, 경쟁, 고난, 고통, 방해물… 이 모든 것은 우리의 회복력을 발전시키고 강화할 수 있다. 물론 여기에는 수확 체감▼▼▼▼의 전환점, 아니 한계점이 있다. "우리를 죽이

▼　편견, 분쟁, 비난이나 정치적으로 위협적인 행동이나 대화 등이 없는 곳.

▼▼　온라인 기사, 게시물, 작품 등에 충격적인 내용이 포함되어 있을 수 있다는 것을 사전에 알리는 것.

▼▼▼　사소하지만 공격성을 띠는 차별적 언어나 행동.

▼▼▼▼　생산 요소가 추가될 때 이로 인해 늘어나는 수확은 점차 줄어드는 것을 의미하는 경제 용어.

지 못하는 것은 우리를 더욱 강하게 만든다."라는 니체의 말은 옳다. 하지만 니체가 말한 '것', 즉 너무 많은 스트레스 요인은 우리를 망가뜨리거나 죽일 수 있다.

스트레스가 더 강하고 더 많은 스트레스로 이어지면 역효과가 난다. 예를 들어, 불은 더 강한 철을 만들지만, 과열된 철은 미세 구조가 바뀌고 불안정해져서 더 약해질 수 있다. 인간의 경우, 경기 훈련을 위한 것이든 경쟁을 위한 것이든 신체 훈련에 관한 한 고통 없이는 얻는 것도 없다. 근육 저항과 통증은 스트레스 요인이지만 더 강한 근육 힘줄을 만든다. 그러나 **너무 열심히** 운동하면 근육 긴장과 경련이 생길 수 있고, 심지어 근육 파열 같은 부상을 입을 수도 있다. 지나친 운동은 심장에 무리를 주어 심장마비를 일으키기도 한다.

정서적 측면에서 보면, 힘든 이별은 우리의 마음을 더 강하고 더 튼튼하고 덜 의존적으로 만들 수 있다. 하지만 이별을 너무 잦게 경험한다면? 바닥에 계속 내리꽂히는 권투선수처럼 너무 많은 이별은 결국 녹아웃으로 이어질 수 있다. 따라서 발달적, 심리적 관점에서 가장 튼튼한 심리적 면역 체계를 구축하고 강한 회복력을 기르기 위한 최적의 스트레스 수준은 있다. 역경을 꼭 적으로 여길 필요는 없다는 얘기다. 성장하고 발전하려면 역경이 **필요하다.**

안타깝게도 수치심의 경우와 같이 우리는 **역경**에도 비슷한 심리적 괴물을 만들어냈다. 그리고는 이 괴물을 죽여야 한다는 이야기를 들었다. 실제로 오늘날 정신 건강 분야는 역경을 악마화하고 그것을 있어선 안 될 것으로 취급한다. 정신 건강 치료 분야에서 심리적 고통을 설명하는 지배적 모델은 ACEs 패러다임으로, 이는 '아동기의 부정적 경험Adverse Childhood

Experiences'이 성인이 되어서 겪는 정신적, 육체적 고통과 관련이 있다는, 트라우마에 기반을 둔 관점이다.

많은 치료 센터에서 어린 시절에 겪은 다양한 유형의 부정적 경험을 근거로 ACEs 등급을 부여하는데, 연구에 따르면 점수가 높으면 정신 건강이나 중독 문제를 겪을 가능성이 더 높다. 이를 근거로 대부분의 사람들은 '역경=나쁨'으로 단순화한다.

그러나 내 소견으로는 어린 시절의 역경이 **반드시** 문제인 것은 아니다. 말했듯이, 성장하고 번영하기 위해서는 역경이 필요하다. 하지만 이제 정신과 의사 베셀 반 데어 콜크Bessel van der Kolk 같은 정신 건강의 대부와 그의 베스트셀러 『몸은 기억한다』 덕분에, 한 사람이 살면서 겪는 거의 모든 어려움이나 역경은 '트라우마'—그는 이 트라우마가 몸에 저장되어 있다고 말한다—로 불리게 되었다.[12] 하지만 모든 역경이 트라우마가 되는 것은 아니며, 살면서 겪는 어려움은 우리에게 깊이, 온정, 회복력을 선사한다. 어려움은 우리를 인간으로 만들지 쇠약하게 만들진 않는다. 하지만 앞서 말했듯이 한계점은 있고 실제로 트라우마가 되는 아주 심각한 일들, 가령 성폭행, 깊은 병, 신체적 학대, 심각한 방치 같은 일이 있을 수 있다. 하지만 우리는 **모든 것**을 트라우마로 만들어 트라우마라는 말의 가치를 떨어뜨렸고 **정말로** 트라우마가 되는 일들의 중요성을 깎아내렸다. 미안하지만, 여섯 살 때 갖고 싶었던 장난감을 엄마가 사주지 않은 건 트라우마가 아니다.

수치심의 브레네 브라운과 트라우마의 반 데어 콜크처럼, 문제가 반드시 어린 시절의 역경인 것은 아니다. 앞서 말했듯이, 역경은 성장하고 번영하기 위해 필요하다. 하지만 스타 임상의와 그들의 이론이 인기를 얻고 테드 강연이 널리 퍼질 때, 그들은 심리적이고 문화적인 풍경을 형성하기 시작한다. 우상화된 치료사들이 지닌 암시적인 힘 때문에 수치심과 트라우마는 이제 흔한 것이 되었다. 1990년대에 큰 실패로 끝난 '회복된 기억recovered memories' 현상만 봐도 치료사들이 환자에게 얼마나 영향을 끼치는지를 충분히 이해할 수 있다. 이때 치료사들은 억압된 기억repressed memory에 대해 유도 질문을 해 명백히 잘못된 학대 진술을 끌어내곤 했다.

실제로 연구에 따르면, 치료사가 억압된 기억이 있을 수 있다고 암시한 환자들은 '회복된 기억'을 경험할 확률이 20배 더 높았다.[13] 이러한 현상은 다른 유형의 권위 있는 인물(경찰 조사관 등)이 유도 질문을 할 때도 나타난다. 힘 있는 사람들은 그들이 소통하는 상대의 인식, 기억, 신념에 놀라운 영향을 끼친다.

그렇다면 인기 많은 '록 스타' 치료사가 자연적인 인간 현상을 해롭다고 주장하며 악마화하고, 이어 그 인기로 헌신적인 추종자들 사이에 사회 발생적 확산을 유도하여 자연적 과정을 병리화하는 것이 이상한 일일까? 언급한 것처럼, 그들이 우리 모두가 죽여야 한다고 주장하는 괴물을 만드는 것이 이상한 일일까?

영향력 있는 유명 에세이인 「사후 충격, 어떻게 모든 것은 트라우마가 되었나」[14]에서 글쓴이 윌 셀프Will Self는 캐시 캐루스Cathy Caruth의 1995년 선집 『트라우마, 기억의 탐험Trauma: Explorations in Memory』에 작품이 실린 후 한때 무명이었던 반 데어 콜크와 그의 이론이 어떻게 인기를 얻게 되었는지 살펴본다. 반 데어 콜크의 작품은 현대 트라우마 이론의 전환점이 되었고, 이후 발표된 저서 『몸은 기억한다』도 세계적인 화제가 되었다.

에세이에서 셀프는 묻는다. "별 의미 없는 심리학적 병리의 편집된 해석이 어떻게 인문학에 지대한 영향을 끼치고 점점 더 대중의 관심도 얻게 되었는가?" 셀프는 이에 대해 여러 가지 해석을 하지만, 트라우마 지배적이고 수치심 지배적인 패러다임 모두에 적용되는 한 가지 중요한 특징을 지적한다. 즉, 이러한 패러다임들에는 어떠한 윤리적 구조나 가치 구조가 없는 것처럼 보인다는 것이다.

한 사람**이** 저지른 혐오스러운 행동(반 데어 콜크가 책에서 이야기한, 베트남 여성을 강간하고 여러 아이를 죽인 해병처럼)과 한 사람**에게** 일어난 일을 구별하지 못함으로써 "현대 트라우마 이론가들이 제시하는 병에 대한 개념과 그에 따른 치료법은 근본적으로 **윤리적**(나의 강조다) 분별에 실패한다."

윤리적 분별.

현대 정신 건강의 풍경에서 윤리는 어디에 있을까? 어디에도 없다. 이는 가치 중립적 패러다임 문제에서 중요한 부분이다. 수치심과 트라우마의 맥락에서 우리가 정서적, 심리적으로 느끼는 고통이 자신의 행동으로 인한 결과인지 아니면 다른 누군가가 한 행동의 피해자로서 겪는 것인지를 구분하는 것은 중요하다.

물론 극단적 상황에 부딪히면 때로 선한 사람도 나쁜 일을 할 수 있다. 하지만 그런 경우 후회하고 수치심을 느끼는 것은 자연스럽고 건강한 반응이다. 심지어 트라우마가 생길 수도 있다. 그러나 스스로 초래한 정신적 상처에 아무리 치료사의 연고가 덧발라져도 상처 난 부분은 충분히 치유되거나 무뎌지지 않을 것이다. 그래서도 안 된다. 상처는 양심 중의 하나이며, 자신의 가치 체계와 어긋나는 행위를 저질렀다는 점에서 윤리적 원천의 하나이다.

성장과 구원의 유일한 길은 스스로 초래한 불편을 느끼고 그것을 통해 성장하는 것뿐이다. 말했듯이, 어떤 사람이 혐오스러운 행동의 피해자이고 그 때문에 트라우마가 생겼거나 그 폭행을 수치심으로 내면화했다면 이는 완전히 다른 이야기이다. 그러한 경우에는 윤리적 갈등이 없다. 단지 정신적, 정서적 고통만이 있을 뿐이다.

정신 건강 패러다임에는 윤리적 고려가 빠져 있지만, 이는 철학의 핵심 요소이다. 따라서 '새로운 패러다임'과 관련해 현대 해결책의 중요한 부분은 정신 건강과 행복에 대한 우리의 이해에 철학적 태도를 더하는 것이다. 특히 복잡하고 윤리적으로 흐릿한 이 디지털 시대에 말이다.

오늘날 많은 사람의 문제는 그들이 너무 **많은** 수치심을 느낀다는 것이 아니라, 지금의 사회적 나르시시즘 때문에 수치심을 **충분히** 느끼지 않는다는 것이다. 이 사회적 나르시시즘은 대개 수치심을 느낄 만한 부정직하거나 불명예스러운 행동으로 이어진다. 하지만 그에 대응하는 윤리적 구조 —잘 발달된 **도덕적 기준**—는 없다.

우리가 고대의 철학적 가르침을 받아들인다면 한 가지 효과적인 수치심 방지 전략은 '부끄러운 행동을 하지 않는 것'이 될 것이다. 윤리적이고 존경받을 만한 방식으로 행동하려 노력한다면 우리는 창피하다거나 부끄럽다거나 수치스럽다거나… 어떤 단어를 선택하든 그러한 기분을 느끼지 않을 것이다. 하지만 그렇게 되려면 우리는 먼저 윤리적 잣대로 판단해야 하고, 사람들에게 반향을 일으키는 완전히 구체화된 가치 체계를 개발해야 한다.

내가 말하려는 또 한 가지는 우리가 우리 문화의 시대정신과 언어 속에서 자연스럽고 다양한 경험을 병리학의 영역으로 밀어 넣었다는 것이다. 그러나 자연스러운 과정을 고쳐야 할 것, 큰 문제로 만드는 현상은 마냥 새로운 것은 아니다. 출산과 관련해서도 이러한 일은 있었다. 수천 년 동안 여성들은 '사회적 출산'을 실천했다. 다시 말해, 산모는 여성 친구들, 가족, 능숙한 산파에 의지해 아이를 낳았다. 이후 17세기에 나타나기 시작한 초기의 의료 전문가들은 여성과 산파에게서 근본적으로 출산 과정을 가로챘다. 이른바 '출산의 의료화'다.[15] 한때 가장 자연스러웠던 과정은 의료화된 수십억 달러 규모의 출산 산업으로 진화했다.

우리는 우울증에서 회복되는 데 사회적 연결이 얼마나 중요한지 안다. 로빈 던바Robin Dunbar 박사가 연구한, 친구가 다섯 명 이상인 사람의 최적의 '던바의 수Dunbar number'▼를 알고 있다. 우리는 또한 스티븐 일라디 박사의 우울증 연구와 장수 마을인 블루존 이야기에서 튼튼한 집단과 가족의 사회적 유대가 건강한 심리 상태의 가장 중요한 특징이라는 것도 알고 있다.

앞서 언급한 ACEs 역경 모델이 한 가지 중요한 변수, 즉 역경에 대한 우리의 **대처** 능력을 고려하지 않는다는 점도 지적되어야 할 것이다. 짐작하는 것처럼 우리의 대처 능력은 역경에 노출되어야만 발달할 수 있는 건강한 심리적 면역 체계의 산물이다.

의학적으로 비유하자면, 건강한 면역 체계는 질병을 일으키는 박테리아와 바이러스에 노출될 때 더 튼튼해진다. 문제는 일상적이고 아주 흔한 박테리아조차도 물리칠 수 없는 손상된 면역 체계이다. 손상된 면역 체계는 방어력을 강화하기는커녕, 신체에 치명적인 문제를 일으킨다.

▼ 던바 박사는 지속적이고 안정적인 인간관계의 최대치는 150명이라고 주장했다. 이 150이라는 수를 가리켜 '던바의 수'라고 한다.

안타깝게도 오늘날의 아이들과 십 대들은 대처 능력과 건강한 심리적 면역 체계를 기르는 데 필요한 역경이나 스트레스를 박탈당하고 있다. 그 범인은 헬리콥터 부모, 또는 사람을 의존하게 하고 애 취급하는 치료 산업 복합체, 그리고 물론 (경고문: 저속한 표현 있음) **개똥 같은 일**이 일어나는 세상에선 절대 살 수 없는 나약하고, 자극에 예민하며, 끊임없이 불쾌해하는 취약한 젊은 성인들을 만드는 데 이바지한 과보호 문화다.

21세기의 생활은 삶의 굴레와 화살을 그야말로 참지 못하거나 감당하지 못하는 대중을 만든 것 같다. 이는 어느 정도 기술로 인한 충동성이 '나는 감당할 수 없다'라는 식의 성격을 형성하는 데 중요한 요소로 작용하기 때문일 것이다. 충동성은 건전하지 않은 것들에 대한 중독 장애를 포함해 모든 종류의 부정적 삶의 결과와 높은 상관관계가 있다. 안타깝게도 화면과 첨단 기술 생활이 즉각적인 만족 회로가 된다는, 디지털 시대와 충동성의 관계를 검증하는 연구가 많다.[16] 인공 지능 비서 알렉사보다는 현실의 역경이, 즉각적인 만족보다는 특정한 보상을 **얻어내는** 것이 삶에서 필요한 기술을 익히는 데 도움이 된다. 이는 우리의 부모님과 조부모님에게는 해당하지 않는 문제들이다. 그렇다고 그들의 삶이 우리보다 더 나았다는 것은 아니다. 그들의 삶은 (대부분의 경우) 더 **어려웠다.** 하지만 그 어려움 속에는 회복력, 고결함, 인내, 투지의 샘이 있었다.

다른 세대의 생활상을 비교하자고 노르망디 해변을 급습하는 것과 타인을 비난하는 트윗을 공들여 쓰는 행위를 비교할 필요는 없을 것이다. 아, "그가 과거를 미화하고 낭만화하는 상투적 함정에 빠져 있군!"이라고 외치는 소리가 들린다.

맞다, 그렇다.

사실 그것은 이 책의 주요 요점 중 하나이다. 디지털 시대는 한때 일반적이었지만 지금은 더는 존재하지 않는 어떤 중요한 힘, 본래의 바른 정신을 유지하는 힘을 없애버렸다. 우리에게는 인내심을 기를 수 있는 경험이 필요하지만, 경험 대신 트위터가 있다. 우리에게는 직접 경험이 필요하지만, 그 대신 게임이 있다. 우리에게는 서로 얼굴을 마주 보고 쌓는 사회적 경험이 필요하지만, 그 대신 소셜 미디어가 있다. 우리에게는 자연에 몰입하는 경험이 필요하지만, 그 대신 인스타그램으로 보는 자연 사진 몇 장이 있다.

진정으로 건강하고, 강하고, 행복해지고 싶다면 이러한 상황을 그냥 무시해서는 **안** 된다.

우리는 인내라는 삶의 기본적인 기술을 익히지 못하고 즉각적인 만족만을 찾는 우울한 사람들이 되었다. 그뿐만이 아니다. **알렉사에게 명령**하는 시대는 우리를 게으르게 만들기도 했다. 말 몇 마디로 모든 일을 다 해주는 비서가 있으면 내가 무언가를 **직접** 해야 하는 것은 **정말로** 귀찮은 일이 된다. 우리는 게을러졌을 뿐만 아니라, 지나친 디지털 자극으로 지루함도 쉽게 느끼게 되었다. 전에 말한 세상에 무관심한 십 대들처럼 말이다. '**지루해.** 이미 다 해봤고, 다 알아.' 물론 그것은 모두 허구의 메타버스 경험일 테지만. 내 말이 무슨 말인지 알 것이다.

높은 '그릿'과 성공의 상관관계

똑바로 보자. 우리는 편리함과 편안함이 우리를 병들게 하고, 게으르게 하고, 쉽게 지루하게 만든다는 것을 부인하지 못하면서도, 편리함과 편안함을 사랑한다. 이러한 바람직하지 않은 성향은 무엇으로 고칠 수 있을까? 우리 주위에서 계속 들려오는 **그릿**grit, 투지은 어떨까? 그릿은 특히 정신 건강과 교육 분야에서 화제가 된 유행어다. 그런데 투지는 타고나는 것일까 아니면 기를 수 있는 것일까?

그릿에 관해서라면 펜실베이니아대학 심리학과 교수 앤절라 더크워스 Angela Duckworth 박사가 전문가다. 더크워스는 실제로 『그릿』이라는 책을 썼다.[17] 그는 7학년 학생들에게 수학을 가르치면서 이 비인지적 변수에 처음 관심을 갖게 되었고 가장 좋은 성적을 받는 학생이 늘 IQ만으로 결정되는 것은 아닌 듯하다는 생각을 하게 되었다.

더크워스는 여기서 후에 '그릿'으로 정의하게 될 속성, 즉 보상이나 인정에 특별히 신경 쓰지 않으며 장기적인 성취에 쓰이는 **열정**과 **끈기**가 있다는 것을 깨달았다. 몇 달, 몇 년, 심지어 수십 년이 걸리는 목표를 추구하는 과정에서 그릿은 회복력, 야망, 자기 통제를 결합해냈다.

그릿의 두 가지 핵심 요소는 열정과 끈기였다. 더크워스는 그릿 변수를 측정하기 위한 간단한 10문항짜리 테스트 '그릿 척도'를 개발했다. 테스트에 포함된 질문은 "실패는 나를 좌절시키지 않는다. 나는 쉽게 포기하지 않는다." "나는 시작한 일은 무엇이든 끝을 본다."와 같은 것이었다. 테스트를 마치면 답에 따라 숫자로 된 그릿 점수가 나왔다.

더크워스는 그릿이 현실 세계에서도 좋은 예측 변수인지 확인하고 싶었다. 테스트에서 좋은 점수를 받은 사람이 어려운 상황을 더 잘 견딜까? 그는 연구 대상으로 미 육군사관학교인 웨스트포인트의 사관생도들을 택했다. 여담이지만 그릿 같은 것을 연구하기에 딱 좋은 선택이었다. 게임

시합에 출전한 게이머보다는 사관생도들이 확실히 더 나을 것이다.

웨스트포인트에 입학하는 모든 생도는 2년간 몹시 힘든 입학 과정을 거쳐야 한다. 입학 후 평균 100명 중 3명의 생도가 '야수의 막사Beast Barracks'라고 불리는 6주간의 혹독한 훈련 도중에 하차한다. 더크워스는 그들이 아주 힘든 입학 과정을 거쳤음에도 왜 그렇게 빨리 학교를 그만두는 것인지 궁금했다. "저는 사람들이 너무 빨리 그만두는 것일지 모르는 상황을 찾고 있었죠." 그는 말한다. "적절한 때에 그만두는 경우도 있었지만, 좌절한 뒤 그렇게 큰 결정을 내려서는 안 될 것 같은 날에 그만두는 경우도 있었어요."

더크워스는 사관생도들에게 '그릿 척도'를 나눠준 후, 높은 점수를 받은 사람들은 도중에 그만둘 확률이 낮을 것이고, 낮은 점수를 받은 사람들은 그만둘 확률이 높을 것이라고 가정했다. 아니나 다를까 더크워스의 가설—투지는 정말로 어려운 일을 완수할 때 중요하다—은 사실로 드러났다.

더크워스는 웨스트포인트 생도들을 계속 연구했고 다음 12년 동안(십 년 이상에 걸쳐 1만 1258명의 생도를 연구했다) 흥미로운 사실을 추가로 발견했다. 그릿은 성공의 중요한 예측 변수였다. 물론 그릿이 **다는** 아니었다.

예를 들어, '야수의 막사' 과정에서는 그릿이 중요하다. "그릿이 강할수록 아주 힘든 기간에 그만둘 가능성은 줄어듭니다." 더크워스는 설명한다. 하지만 웨스트포인트에서는 4년간의 학업 역시 중요한 부분이었고, 학업 성적의 가장 강력한 예측 변수는 **인지 능력**이었다.

그러나 마지막으로 그릿과 신체 능력은 누가 일찍 탈락할 것인가가 아닌, 누가 4년 안에 웨스트포인트를 졸업할지 결정하는 데 인지 능력보다 훨씬 더 큰 역할을 했다. 따라서 그릿과 인지 능력, 신체 능력은 모두 성공을 예측하는 데 중요한 변수였다.

　이 연구는 다음 장의 내용을 뒷받침한다. 다음 장에서 나는 유독한 디지털 시대에 개인이 번영을 위해 받아들여야 하는 이상적인 원형으로 철학자 전사Philosopher-Warrior를 제시하려 한다. 이 원형은 더크워스가 입증한 성공 요소(투지, 열정, 인내)와 오랜 세월에 걸쳐 효과가 입증된 몇 가지 추가 요소를 결합한, 즉 지혜, 힘, 투지, 회복력, 윤리적 분별력을 갖춘 모델이다.

　고대 원형에 대해 논의하기 전에, 한 가지 더 중요한 요소가 있다.

의미 없는 세계에서 의미 찾기

앞서 나는 역경을 거치며 힘을 기를 수 있다고 말했다. 이를테면 다른 사람과 신체적으로 다르지만 장애가 없는 사람들보다 더 성공적이고 활동적인 사람들, 중독을 극복하고 결과적으로 더 나은 사람이 되는 사람들, 성공하기 위해 인내를 발휘했던 이민자들이 그러한 경우이다. 실제로 아우슈비츠 수용소의 생존자이자 정신과 의사인 빅터 프랭클은 파급력 있는 저서 『죽음의 수용소에서』에서 역경을 통해 얻는 힘에 관해 썼는데, 흥미롭게도 이 책의 원래 제목은 '모든 것에도 불구하고 삶을 선택하라In Spite of Everything, Choose Life'였다.[18] 프랭클은 또한 인간성을 유지하는 또 다른 중요한 힘, 즉 목적의식과 삶의 의미에 대한 필요성을 인식했다. 이쯤에서 우리의 병든 환자, 삶의 의미와 목적이 결핍된 21세기 '현대화된 세계'의 호모 사피엔이 떠오른다. 일반적으로 좀 더 희귀한 토착 호모 사피엔스는 이러한 문제들로 고통 받지 않았다.

이것이 내 논지의 가장 중요한 부분이다. 토착 인류, 즉 고대의 인류는 통제 집단이고, 우리 현대 인류는 실험 집단이다. 탈공업 정보화 시대의 인간 종에게는 그리 좋지 않은 일들이 일어났다. 우리의 DNA는 극적으로 새롭고 다른 생활 방식을 따라잡지 못했다. 선구적인 심리학자 카를 융이 전에 말했듯이, 현대성은 해로울 정도로 우리 세계의 신비성을 없애버렸다. 그는 나와 마찬가지로 우리에게 신비와 신화가 **필요하다**고 생각했다. 신비와 신화는 무감각한 것에 감각을 불어넣고 무의미한 것에 의미를 불어넣는다.

다양한 창조 신화와 우주론적 틀은 우리에게 우주에서 인간의 위치와 목적을 일깨워준다. 만약 우리가 그저 엄청나게 많은 임의의 원자 중 하나에 불과하고 어떠한 체계 없이 되는 대로 우주를 떠도는 존재라면, 이 모든 것이 무슨 의미가 있겠는가? 왜 아침에 침대에서 일어나는가? 그러한 생각은 실존적 위기와 자기 파괴적 중독을 만들어내고, 그렇게 길 잃은 사람들은 적대적이고 무작위적인 우주에서 삶이 아무런 의미도 목적도 없다고 느낀다.

상당히 암울한 관점이라는 데 나도 동의한다. 의지할 수 있는 정신적인 신념 체계와 관련하여, 회복의 세계에는 허무주의적 절망을 견디기 힘들어하는 사람들을 위한 다음과 같은 말이 있다. "척하다 보면 그렇게 된다." 더 깊고 의미 있는 삶의 신념이 없다면, 음, 술을 마시지 **않겠는가**?

그런 의미에서 주목해주시길 바란다. 삶의 목적의식을 잃은 사람들에게 어떠한 일이 일어날 수 있는지—그들이 누군가에게 영감을 받아 다시 꿈꾸게 된 마법 같은 변화—에 대한 아주 흥미로운 이야기가 있기 때문이다.

어떤 미친 폴란드 신부

내가 보구스와프 팔레츠니Bogusław Paleczny 신부에 대한 글을 처음 읽은 때는 2008년이었다. 그리스에서 가족과 함께 휴가를 보내며 「인터내셔널 헤럴드 트리뷴」(이 옛 신문이 기억나는가?)을 뒤적이던 중, 나는 바르샤바에서 성 라자루스 노숙자 보호소를 운영하는 이 훌륭한 성직자의 이야기를 우연히 발견했다.[19] 당시 나는 병원의 약물 및 알코올 재활 치료소에서 임상의로 일하는 동시에 뉴욕의 스토니브룩 의과대학에서 중독 치료 과정을 가르치고 있었다. 하지만 그때 나는 우리가 최선이라 생각하는 치료법이 중독으로 삶이 무너진 사람들을 돕는 데 얼마나 효과가 없는지에 대해 직업적 좌절을 경험하고 있었다.

성공적인 장기 회복률을 정확하게 수치화하긴 어렵지만, 비교적 신뢰할 수 있는 일부 자료에 따르면, 중독 치료를 끝낸 10명 중 한두 명만이 1년 동안 깨끗하고 맑은 정신을 유지한다. 그 비율을 5퍼센트로 말하는 자료들도 있다. 5퍼센트든 20퍼센트든, 치료 산업의 타율은 아주 엉망이다. 사람들은 다시 약물과 알코올에 빠져든다. 중독 치료소에서 이제 막 나온 사람들이 펜타닐과 옥시콘틴과 같은 치명적인 약물에 다시 빠져드는 일도 점점 흔해지고 있다.

중독 치료소에서 처음 일을 시작한 것은 2002년이었다. 당시 치료를 맡았던 사람 중 열 명 이상이, 그러니까 나와 유대를 맺고 내가 도우려고 노력했던 사람들이 치료 후 곧 중독 재발로 사망했다. 그것은 가슴 아픈 일이었고 내게 타격을 주기 시작했다. 나는 아직 이 분야에서 비교적 신참에 속했고, 거의 치명적이었던 약물 과다 복용에서 살아남은 지도 얼마 안 된 참이었다. 나는 새로 태어난 사람답게 열의와 열정으로 가득했지만, 날이면 날마다 중독 치료의 쓰라린 현실과 성공적이지 못한 결과를 목격해야 했다. 무엇을 놓치고 있었던 걸까? 수십 년에 걸친 연구 결과와 모범적인 치료 프로토콜이 있었지만 계속해서 너무 많은 사람을 잃었다.

그러한 이유로 나는 그 폴란드 신부의 업적과 그가 시설에 있는 사람들에게 어떤 영향을 끼쳤는지를 읽고 큰 충격을 받았다. 팔레츠니 신부는 일반적인 성직자가 아니었다. 그가 로마 가톨릭 신자였고, 성 카밀루스 수도회의 모든 사제와 마찬가지로 가슴에 붉은 십자가가 표시된 검은 캐속을 입고 있던 것은 사실이다. 하지만 그는 달랐다. 그는 성직자이기도 했지만, 프로 음악가이기도 했다.(심지어 미국 순회 공연을 하기도 했다.) 생기 있는 미소와 친절한 얼굴, 열정적인 눈을 가진 그는 마주한 사람의 문제가 무엇인지 알아볼 수 있었다. **정말로** 그랬다.

팔레츠니는 여러분이 거의 만나거나 들어보지 못했을 특별한 사람 중한 명이었고, 다른 사람들을 돕는 데 모든 것을 바친 사람이었다. 그는 바르샤바 시내에 있는 스탈린의 문화과학궁전 아래에서 야외 급식소를 운영했다. 또 지하철 플랫폼 끝자락에서 무료 진료소를 운영하기도 했다. 물론 자신의 돈으로 사서 교회에 기부한 성 라자루스 집도 운영했다. 그는 이곳을 **쉼터**가 아닌 **집**이라 부를 것을 강하게 주장했다. 말했듯이, 그는 특별한 사람이었다.

내 관심을 끈 것은 그가 성 라자루스 집에 머무는 사람들과 함께했던 프로젝트였다. 팔레츠니 신부는 그곳 사람들—술에 취해 자신을 위험으로 내몰고 삶에 무감각해진 25명의 사람들—의 삶을 알고 이해하려 노력했다. 이들 중에는 과거에 공장 노동자였던 사람도 있었고 가족이 있는 직업

인도 있었다. 배경이 어떻든 그들은 이제 집 없고 아무런 지원도 받지 못하는, 도움이 필요한 사람들일 뿐이었다.

팔레츠니 신부를 놀라게 한 것은 뭐가 됐든 그들 모두에게서 꿈이나 미래의 목표가 보이지 않는다는 것이었다. 그가 "꿈이 무엇입니까? 당신이 무엇이든 할 수 있다면 어떤 일을 열심히 해보고 싶나요?"하고 물었을 때 돌아오는 반응은 텅 빈 눈빛이나 혼란스러운 표정이었다. 꿈이라고? 이들은 술에 취해 망가진 사람들이었다. 이전에 꿈 비슷한 것이 있었다 해도 그 꿈은 알코올 중독의 증류소에서 증발했을 것이다. 신부는 이들에게 삶의 목적이 필요하다는 사실을 점점 더 분명히 깨달아 갔다. 그들에게는 자극이 될 수 있고 다시 세상과 연결될 수 있는 일종의 열정 프로젝트가 필요했다.

그래서 팔레츠니는 그들과 함께 배를 만들어 세계 일주를 하기로 했다.

영웅의 여정이란! 신부가 이 급진적인 생각을 세상에 지친 시설 이용자들에게 제안했을 때 그 제안이 어떻게 들렸을지 상상해보라. 말했듯이 팔레츠니는 평범한 사제가 아니었다. 그는 카리스마 있고 열정적이었으며 끈질겼다. 더크워스 박사라면 그에게 그릿, 투지가 있다고 말할지도 모른다. 어쨌든 결국 그는 이 말도 안 되는 생각을 사람들이 받아들이게 만들었다. 왜 안 되겠는가? 그들이 잃을 것이 있었겠는가?

팔레츠니 신부가 배를 만들어야겠다는 생각을 떠올린 것은 그가 결핵으로 입원해 있을 때였다. 옆 침대에 있던 환자가 선원이었는데, 그를 보고 영감을 받은 것이다. 바깥세상의 사람들에게는 신부가 미친 것처럼 보였다. 인생에서 길을 잃고 술도 끊지 못하는 25명의 남자들을 데려가 배를 만들게 한다고? 게다가 그런 다음에는 함께 세계 일주를 한다고? 순전히 정신 나간 소리처럼 들렸다.

하지만 팔레츠니는 정신 나간 사람이 아니라 영감을 주는 사람이었다. 앞으로 보게 되겠지만, 이는 알코올 중독에 대해 하버드대학교 같은 곳에 있는 최고의 중독 심리학자들이 개발할 수 있었던 어떤 프로토콜보다 더 효과적인 치료법이다. (하버드에 있는 친구 하워드 섀퍼 박사에게는 미안한 일이지만.) 팔레츠니 신부는 배 만드는 법에 관한 책을 쓴 74세의 보그단 말롤렙시Bogdan Malolepszy에게 연락해 배를 건조할 사람들을 위해 설계도를 그려줄 의향이 있는지 물었다. 말롤렙시는 신부를 만나 성 라자루스 집의 상황이 어떤지 직접 눈으로 확인했다. "구제 시설로 가보니 환경은 괜찮았는데, 그곳 입소자들은 길을 잃은 것처럼 보이더군요." 실제로 그들은 길을 잃었다. 전적으로 그것이 문제였다. 팔레츠니 신부와 입소자를 만난 후, 말롤렙시는 비현실적이지만 이상적인 대의에 동조하는 신봉자가 되어 신부를 돕기로 했다. "그래서 제가 설계를 하고, 그들이 배를 만들기 시작했죠."

시설 입소자들은 정말로 그렇게 했다. 내가 2008년에 기사를 읽었을 때, 그들은 3년에 걸쳐 약 17미터 길이의 웅장한 대형 금속 선체를 만들고 있었다. 자재가 비쌌지만, 정신 나간 신부와 노숙자들에 대한 소문이 퍼지면서 사람들이 돈과 자재를 기부하기 시작했다. 그리고 선한 팔레츠니 신부 또한 언제나 자신이 할 수 있는 모든 것을 기꺼이 하려 했다. 선체를 만들기 위한 강철을 기부받는 데 실패했을 때 그는 가격을 협상하여 2만 7000달러에 강철을 구입했다. 그리고 배의 바닥짐으로 납 9톤이 필요했을 때는 폴란드의 주조 공장에 전화를 걸어 그들이 수락할 때까지 기부를 요청했다. 상황은 그렇게 계속 흘러갔다.

자, 이렇게 생각할 수도 있겠다. 별난 신부가 노숙자 쉼터에 사는 25명의 남자와 함께 노아의 방주를 만들고 있었다는 거죠. 그런데 그게 혁명적인 중독 치료와 무슨 관계가 있죠?

물어봐줘서 기쁘다.

내가 신문에 커피를 쏟은 이유는 프로젝트가 진행되는 몇 년간 **그들 중 술을 마신 사람이 아무도 없었기 때문**이다. 참여한 사람 중 한 명이 기자에게 말했듯이 그들은 마침내 다시 한 번 삶의 목적을 갖게 되었다. 아침에 일어났을 때 기대할 무언가가 생긴 것이다.

우리는 인지 행동 치료, 형태 심리 요법, 변증법적 행동 치료, 트라우마 치료, 수치심 회복 이론 등을 이용해 원하는 모든 치료를 할 수 있지만, 환자가 삶에서 목적의식과 열정을 다시 찾도록 도울 수 없다면 그중 어떤 것도 아무런 가치가 없다. 우리 모두는 자신을 고무시키는 힘을 필요로 한다. 임상 훈련이라곤 전혀 받지 않은 겸허한 팔레츠니 신부는 직감적으로 그 점을 알고 있었다.

팔레츠니 신부에 관한 기사를 읽은 후, 나는 몇 년간 개인 환자건 집단 상담이건 고군분투 중인 수백 명의 중독자에게 그의 이야기를 들려주었다. 그리고 다음과 같은 질문을 던졌다. "여러분의 배는 무엇입니까? 삶에서 여러분의 목적과 열정 프로젝트는 무엇이 될 수 있나요?" 수년 동안 나의 많은 환자들이 '폴란드 사제와 그의 배' 이야기가 전체 치료 과정 중 가장 의미 있고 중요한 부분이었다고 이야기했다.

팔레츠니 신부가 자신에게서 영감을 받은 사람—어쩌면 이 책을 읽는 사람들까지—이 얼마나 많은지 알 수 있다면 좋을 것이다. 이 이야기에 슬픈 각주를 달자면 내가 팔레츠니 신부에 대해 처음 읽은 지 1년 후, 그가

50세의 나이에 심장마비로 사망했다는 것이다. 신부를 따르던 사람들은 큰 슬픔에 잠겼지만 결연한 마음으로 배를 계속 만들었다. 그들은 배가 완성되면 팔레츠니의 이름을 따 배의 이름을 짓기로 했다. 이 글을 쓰는 시점에 폴란드 기사들을 조사해보다가 2021년에 쓰인 기사 하나를 찾을 수 있었다. 16년 후, 코로나로 몇 년 지연되긴 했지만, 마침내 배는 완성되었다.

비록 조금 늦었을지 몰라도, 그 꿈은 살아 있다.

초기 멤버 몇 명을 포함해 300명이 넘는 사람들이 신부에게서 시작해 모두가 함께 공유한 꿈을 이루려 수년간 노력했다. 이 이야기는 삶에서 목적의식을 품는 것이 얼마나 중요한지를 강조한다. 본질적으로 팔레츠니 신부는 길 잃고, 공허하고, 표류하는 사람들을 위한 '영웅의 여정' 패러다임을 만들었다. 그에게서 영향을 받아 지난 20년간 나의 중독 치료 과정은 중독자들이 자신이 겪는 어려움을 '영웅의 여정' 속 영웅이 겪는 걸림돌 가득한 과정으로 재구성하고, 그런 다음에는 추구하고 달성하는 과정에서 삶을 변화시킬 수 있는 열정이나 목표를 찾도록 돕는 것으로 짜였다.

목적의식에 대한 욕구를 가장 잘 아는 사람은 누구일까? 바로 게임 설계자다. 거의 모든 게임 플랫폼은 고전적인 '영웅의 여정'을 아바타를 기반으로 구현해낸 것이다. 유일한 문제는 그것들이 진짜가 아니라, 그저 습관을 형성하는 환상일 뿐이라는 것이다.

진정으로 영혼을 만족시키는 삶의 의미를 찾으려는 노력에서 진짜 도전은 신화학자 조지프 캠벨의 유명한 말처럼 **자신만의 천복**bliss**을 찾는 것**이다.

우리는 이 장에서 전통적인 치료법의 몇 가지 한계와 이점을 확인했다.

그리고 투지와, 삶에서 목적의식을 찾는 것이 얼마나 중요한지도 확인했다. 하지만 문제는 화면에 대한 몰입이 우리의 투지, 그리고 삶의 진정한 목적의식과 의미에 크립토나이트처럼 작용한다는 것이다. 생각해보라. 인스타그램이나 게임, 틱톡이나 유튜브 토끼 굴에 빠지면 우리는 약해지고, 게을러지며, 어떤 목표든 빼앗기고 만다. 나는 내 열정을 메타버스 속 가상의 모험에 쏟아붓고 싶지 않다.

이제는 거대 기술기업의 알고리즘에 맡기는 일 없이 자신의 운명을 통제하고 인생을 설계해야 할 때이다.

자, 이제 철학자 전사가 될 시간이다.

11장
철학자 전사

고대인의 도

16세기 르네상스 작가이자 조각가인 벤베누토 첼리니Benvenuto Cellini는 다재다능한 사람은 철학자, 전사, 그리고 예술가가 되어야 한다고 했다. 음, 그는 실제로 '다재다능한 사람'은 그 셋이 되어야 한다고 말하긴 했지만, 우리는 지금 우리의 목적을 생각해 그 말이 구시대적이라는 것을 받아들이고 **모든** 사람이 지니는 이 세 가지 속성의 지혜에 초점을 맞출 것이다.[1] 또한 철학자, 전사, 예술가를 단순한 직업이 아닌, 인간 자체만큼이나 오래된 원형archetype으로 이해하기로 하자. 어떤 사람들은 원형을 보편적인 상징이나 모티브로 생각할 수 있다. 실제로 그렇다. 융의 심리학 문헌에 기반해 이 원형을 인간 모두가 공유하는 '집단 무의식'의 일부인 보편적 성향 또는 패턴을 나타내는 것으로 생각하기로 하자.[2] 융은 또한 원형이 보편적이고 선천적이며 유전된다고 믿었다. 즉, 우리가 빈 석판과 같은 '백지상태'로 태어나는 것이 아니라, 우리의 집단적 정신에 사물을 이해하도록 돕는 원형의 틀이 있다는 것이다. 실제로 본래 그리스어에서 **원형**은 문자 그대로 '원래의 패턴'을 의미한다. 다양한 일관된 원형은 오랜 시간, 모든 문화에 걸쳐 우리의 예술, 신화, 정치, 인간 존재의 다른 면을 통해 그 자신을 드러낸다. 무한한 수의 원형이 있을 수 있지만, 융은 영웅, 창조자·예술가, 현자, 반역자, 어릿광대와 같은 몇 가지 중요한 원형들을 발견했다.

나는 첼리니가 언급한 세 가지(예술가의 창조력, 전사의 힘·용기·명예, 철학자의 지혜·이성·윤리적 분별·호기심)에 초점을 맞추고 싶다. 이 세 가지는 21세기 사회에서 자아실현을 하려는 이가 꼭 길러야 할 속성이기 때문이다.

소크라테스나 플라톤과 같은 아테네 철학자의 모습도 있고, 오르페우스의 음악과 시―또는 다른 형태의 창조적 표현―에 드러나는 창의성도 지닌 스파르타 전사를 생각해보라. 전사, 철학자, 예술가 원형과 관련해 그리스의 전형적인 유명 인물을 예시로 들었는데, 분명한 것은 모든 전통문화를 잘 살펴보면 세계 곳곳에서 이 세 가지 원형을 찾을 수 있다는 것이다. 예를 들어 일본에는 사무라이, 선불교 승려, 가부키 배우가 있고, 아프리카에는 줄루족 전사, 우분투Ubuntu▼ 철학, 사하라 이남의 목조 조각과 가면 예술이 있다.

또한 우리는 스타워즈(제다이 기사는 철학자와 전사 원형의 결합을 보여주는 좋은 예이다)부터 마블 시리즈, 내가 가장 좋아하는 스타트렉에 이르기까지

▼   아프리카 반투족 말로 '네가 있기에 내가 있다'는 뜻. 타인에 대해 인간성을 잊지 말라는 가르침을 담는다.

대중문화 전반에서도 이 세 가지 원형을 찾을 수 있다. 마블 영화가 인기 있는 이유는 그것이 원형적이고 신화적인 경험에 대한 우리의 내재된 욕구를 이용하기 때문이다. 신화학자 조지프 캠벨은 이러한 신화와 원형에 대한 인간의 욕구에 대해 상세히 쓴 바 있다. 저서『천의 얼굴을 가진 영웅』에서 그는 전형적인 영웅의 원형과 그것이 다양한 문화와 신화에서 수백 가지의 형태로 어떻게 나타나 있는지 설명한다.[3]

문제는 지난 세기에 카를 융이 말한 것처럼 우리가 세상의 '신비성을 없애버렸다'라는 것이다. 우리는 창조 신화와 문화적 서사를 산타클로스와 이빨 요정 이야기 같은 허구의 쓸모없는 이야기로 내몰았다. 그렇다 해도 인간은 여전히 설명의 틀을 심리적으로 원하게 되어 있는데, 이 틀이 세상에서 우리의 정체성과 목적의식을 지지해주는 일종의 격자망 역할을 하기 때문이다. 그러한 틀이 없으면 우리의 집단적 정체성은 무너질 수 있고, 개인은 길 잃고 공허하고 소속되지 않고 표류하는 기분을 느낄 수 있다.

고도로 세속화되고 기술화된 세상에서 우리는 위치 감각을 잃었다. 앞서 말한 조상 신화의 격자 틀은 철거되었다. 하지만 우리의 **욕구**는 여전하다. 비디오 게임과 마블 영화들을 보라. 모든 원형적인 '영웅의 여정'이 우리의 빛나는 디지털 기기에 축약되어 있다. 수십억 달러 규모의 산업이 존재하는 이유는 그러한 영화나 게임을 만드는 사람들이 원형적 경험에 대한 인간의 근본적 욕구를 잘 알고 있기 때문이다.

원형적 경험이 없으면, 즉 인간의 정신을 평가 절하하는 이 압도적이고 고도로 기계화된 사회에서 진정한 의미를 찾을 수 없으면, 우리는 생각 없이 캔디 크러시나 하고 소셜 미디어에 빠져들게 된다. 우리에게 정말로 필요한 것은 내면의 힘과 지혜를 찾는 것이다. 매혹적으로 깜박이고 트윗을 전하는 기기의 유혹에 정신을 팔거나 중독되는 것이 아니다.

철학자, 전사, 예술가를 떠올려보라. 앞서 나는 이 세 가지 원형의 속성이 전사의 힘·용기·명예, 철학자의 지혜·이성·윤리적 분별·호기심, 예술가의 창조력이라고 말했다.

우선, **철학자**란 무엇을 의미할까? 어쩌면 더 중요하게는, 철학은 무엇을 의미할까? 토가를 입은 늙은 백인 남자들이 실리 없고 지적으로 난해한 문제들을 논하는 것? 천만의 말씀. 철학은 문자 그대로 지혜에 대한 사랑을 의미하지만, 철학자는—적어도 원시적 의미에서—철학을 **연구한** 사람이 아니라, 진리 추구를 체화하고 그들이 최고로 여기는 가치에 맞춰 **산** 사람들이었다.

철학자들은 우리 세계의 본질(우주론)과 존재의 본질(존재론), 그리고 그러한 틀 안에서 우리의 위치를 더 잘 이해하고자 했다. 그들은 경이롭게 밤하늘을 올려다보고 그 본질을 곰곰이 생각했다. 그들은 경험적으로 자연계를 관찰했고, 연역적 추리를 하려 노력했으며, 만물이 어떻게 기능하는지에 대한 논리적 추론을 이끌어냈다. 특히 그들은 모든 것 중에서도 잠재적으로 가장 많은 변화를 가져올 수 있는 '왜'라는 질문을 던졌다.

아리스토텔레스 같은 초기 경험주의자들에게서 진화한 과학자들은 자연과 자연 현상을 관찰하며 '어떻게?'라고 물었다. 새가 어떻게 날까? 세포는 어떻게 번식하지? 물이 어떻게 증발할까? 철학자들은 **왜**와 **무엇**이 포함된, 존재에 관한 **중요**하면서도 보통은 풀리지 않는 문제들을 궁금해했다. 나는 왜 여기에 있는가? 나의 목적은 무엇인가? 우주는 왜 만들어졌는가? 인간에게 '좋은 삶'이란 무엇인가? 소크라테스와 같은 일부 초기 철학자는 주로 인간사에 관심을 두고 윤리와 '좋은 삶'의 진정한 의미 같은 것을 탐구했다. 탈레스, 파르메니데스, 헤라클레이토스, 피타고라스와 같은 사람들은 현실 자체의 본질에 더 관심을 가졌다.

고전 서양 사상의 뿌리에 초점을 맞추는 것이 다소 유럽 중심적으로 보일 수 있지만, 그 시기의 역사적, 세계적 맥락에 주목하는 것은 매우 중요하다. 앞서 언급했듯이 고대 그리스 사상은 실제로 그리스, 아프리카(이집트), 중동 사상이 융합된 것이다.

매우 흥미로운 점은 거의 같은 시기에(대략 200년 안에) 세계적 각성이 일어났다는 것이다. 중국에서는 노자의 『도덕경』 또는 도교의 도 형태로 철학적 계율이 발달했다. 이 신비한 도는 자연과 우주의 근본적인 힘(음과 양으로 상징되는)을 조화시키고, 미묘하고 우주적인 **기** 에너지와 아무것도 하지 않거나 '흘러가게 두는' 식으로 존재에 접근하는 **무위**의 실천을 설명한다. 거의 같은 시기에 인도에서는 싯다르타 고타마가 보리수나무 아래에 앉아 깨달음을 구하고 있었다. 그러다 마침내 깨달음으로 이끄는 사성제와 팔성도에 눈 뜨게 되었고, 이는 현대 불교의 기초가 되었다.

수십만 년간 계속된 두려움과 미신으로부터의 전환으로 설명되는 이 세계적 각성은 축의 시대Axial Age[4](기원전 800년~기원전 200년 사이)라고 불리는 시기에 일어났다. 축의 시대는 전 세계적으로 인류가 우주를 이해하는 새로운 패러다임뿐만 아니라 그 세계에서 인류의 목적이나 역할을 개념화하는 새로운 방법을 발견함으로써 마치 지구가 축을 따라 움직인 것처럼 보였던 인류 역사상의 한 시기이다.

타고난 사고 기계인 인간은 수십만 년 동안, 대개는 무자비하고 매우 적대적으로 보이는 환경을 이해하려 노력했다. 실제로 대부분의 역사에서 사람들은 자연과 자신의 존재를 이해하기 위해 보통 미신, 마법, 신격화된 부족 통치자나 빙의된 주술사와 같은 비이성적인 원천에 의존했다.

그러나 축의 시대에 새로운 이해를 향한 전환이 일어났다. 일부는 이러한 변화의 일부에 여전히 종교적 또는 '마법적 사고'의 측면이 있다고 말하기도 한다. 도에서 말하는 미묘한 힘, 기라는 것이 정말로 있습니까? 그리고 불교도 결국 종교의 한 형태 아닌가요? 그렇기도 하고 그렇지 않기도 하다. 대다수 학자들은 불교를 '응용 종교 철학applied religious philosophy'으로 불리는 일련의 사상으로 보는 경향이 있지만, 어떤 학자들은 불교를 심리적 구성물로 본다.

여기에서 우리는 철학, 종교, 과학 사이에 놓인 회색 영역으로 들어가는데, 이는 저명한 학자이자 철학자이자 수학자인 버트런드 러셀이 저서 『러셀 서양 철학사』[5]에서 아마도 가장 잘 설명했을 것이다.

"철학은 … 신학과 과학의 중간에 위치한다. 신학과 마찬가지로, 철학은 확실한 지식이 지금까지 확인할 수 없었던 문제에 대한 고찰로 구성된다. 하지만 과학과 마찬가지로, 철학은 전통을 따르든 계시를 따르든 권위보다 인간의 이성에 호소한다. 모든 **확실한** 지식은… 과학에 속하는 반면, 명확한 지식을 초월하는 모든 **교리**는 신학에 속한다. 그러나 신학과 과학 사이에는 양측의 공격에 노출된 무인 지대가 있다. 이 무인 지대가 바로 철학이다."

다시 말해 철학, 종교, 과학은 모두 지식이나 우리가 **보다 심오한 진리**라고 부를 만한 것에 도달하기 위해 노력하고 있다. 단지 그 진리에 도달하기 위해 다른 도구들(과학적 방법, 경전, 이성 등)을 사용할 뿐이다.

그런 면에서 고전 시대의 철학자들은 달랐다. 그들의 지혜 추구(또는 '사랑')에는 미신이나 교리나 다른 신념 체계가 아닌 이성과 비판적 사고가 따랐다. 처음으로 관찰과 연역적 추론이 자연계에 대한 합리적 서술과 설명에 사용되었고, 논리와 이성적 분석이 보이지 않는 세계뿐만 아니라 인간 삶의 양상을 탐구하는 데 사용되었다. 가령, 수학, 우주론, 진리의 개념과 같은 것들이었는데, 모두 이성과 합리적 분석의 렌즈로 재검토되었다.

그렇다면 그들은 인간의 본질에 대해서는 어떤 결론을 내렸을까?

모든 서양 사상의 기초가 되는 철학자로 여겨지는 플라톤은 인간 영혼 psyche의 세 가지 요소로 욕구, 이성, 기개spirit를 꼽았다. 오늘날 우리는 영혼을 마음의 의식적, 무의식적 측면으로 이해하지만, **영혼**이라는 단어의 고대 그리스어 어원은 영어로 'soul'로 번역된다. 하지만 플라톤이 지금의 어떤 신학적 개념보다 앞서기 때문에, 우리는 영혼soul을 세속화된 영혼으로 볼 수도 있다(초기 기독교의 '영혼' 개념에 영향을 끼친 것으로 여겨지긴 하지만).

우리 자신의 '욕구appetite' 부분은 따로 설명이 필요 없다. 이는 음식, 성관계, 감각적 보상에 대해 우리가 품는, 이드와 같은 원초적 욕망이다. 이러한 보다 저급한 욕구는 동물들이 지닌 욕구와 다를 바 없다. 하지만 인간이 야만적인 친구들보다 더 고상한 존재가 될 수 있었던 것은 이성을 사용하는 능력 덕분이었다. 성찰과 결합한 이 이성적 특성 덕분에 우리는 충동적 욕구로부터 자신을 구할 수 있었다.

그러므로 플라톤이 대표작 『국가론』에서 이야기하는 것처럼 "우리의 마음속에 이처럼 두 가지 구분되는 본질이 있다고 말할 수 있다. 성찰하는 마음 일부를 합리적 이성이라 부르고, 배고픔과 갈증, 성적 욕망과 쾌락을 느끼고, 특정 욕구를 충족하려는 다른 모든 욕망으로 산만해진 마음을 불합리한 욕구라 부를 수 있을 것이다."[6]

오늘날 우리는 우리의 감각에 유혹적 공격이 끊임없이 쏟아지는 세상에 살고 있다. 이 세상에는 우리의 '입맛'에 맞춰진 온갖 디지털 산해진미가 항시 대기하고 있다. 지난날의 간헐적 육욕은 잊어라. 이제는 말 그대로 수백만 개의 유혹적인 디지털 콘텐츠가 바로 손끝에 닿아 있다. 그러한 유혹을 어떻게 피할 수 있을까?

플라톤에 따르면 답은 이성과 명예이다.

오늘날 우리는 '좋은 삶'을 물질적 성공을 거둔 소비자가 누리는 완벽한 삶으로 생각한다. 너무 지나친 표현일까? 하지만 플라톤에게 '좋은 삶'은 이성과 명예를 이용한 자제력으로 적당함, 즉 욕구를 지배해 '절제'에 이르는 삶을 의미했다. 소크라테스는 자신의 삶과 가치에 대한 성찰을 특별히 중요하게 여겨 "반성하지 않는 삶은 살 가치가 없다"라는 유명한 말을 남겼지만, 플라톤은 반성하는 삶만으로는 충분하지 않다고 믿었다. 개인은 공동의 이익을 위해 자신이 열망하는 것을 통제할 수 있는 이성적 감각이 필요했다. 즉, 지역 사회를 돕기 위해 자신의 악행을 충분히 통제하지 못한다면, 자신에게만 몰두하는 반성은 인생을 최선으로 사는 것과 거리가 멀었다.

이 '이성'의 개념 역시 살펴보자. 고대 그리스인은 합리주의와 논리, 즉 우리가 이성이라고 부를 만한 것의 요소들을 창시한 이들로 일컬어진다. 확실히 논리와 삼단 논법을 사용하면 가장 고귀한 추구 대상인 진리를 명확히 밝히는 데 도움이 된다. 실제로 초기 철학자들은 쉽게 속는 우리의 감각이나 설득력 있는 미사여구나 매력적이지만 잘못된 궤변 같은 것들로 흐려진 진실이 아니라, 논쟁의 여지가 없는 진실을 확실히 식별하기 위해 전체 분석 방법을 개발했다.

고전 시대에 궤변은 당시의 '가짜 뉴스'였으며, 미사여구는 음, 미사여구였다. 궤변과 미사여구는 설득에 사용되었지만, 반드시 진실을 위한 것은 아니었다. 따라서 소크라테스가 주장이나 신념에 대해 신중하고 체계적으로 의문을 품는 것으로 정의한 **비판적 사고**와 **논리**를 통해 날카로운 이성을 발달시키는 것은 사람이 모든 소음을 가르고 진리—실용적이고 일상적인 진리와 좀 더 깊은 초월적 진리 모두—의 명확성과 이해에 도달하는 방법이었다. **초월적** 진리? 그렇다. 플라톤에 따르면 이성은 단순히 실용적이고 합리적이기만 한 것이 아니었기 때문이다. 이성은 영원하고 객관적인 진리(수학을 생각해보라)를 향한 통로이기도 했기 때문에 초월적인 특성을 지녔다. 그리고 그는 수학을 넘어 전체적으로 영원한 진리의 영역, 즉 **이상적인 형태**의 영역이 있다고 믿었다. 이는 인류뿐만 아니라 시간 자체보다 앞선 영원한 관념과 개념이었다.

간단한 예로, 많은 나라에서 둥그런 공으로 특정한 운동을 한다. 사고 연습을 위해 농구공을 떠올려보자. 농구공을 만들려면 누군가가 그보다 일찍 구의 모양을 개념화해야 한다. 플라톤에 따르면, 공을 만드는 사람은 이성(구체의 실체를 밝히는 수학 지식 형태로서의 이성)을 사용하여 '이상적인 형태'의 영역—모든 관념이 존재한다고 여겨지는 영원하고 비물질적인 장소—에 있는 영원한 구체에 대한 관념에 접근한다. 이러한 맥락에서 **이성**은 더 심오한 형이상학적 탐구를 하여 우리가 초월적 진리에 접근하는 데 사용하는 낚싯대로 이해할 수 있다.

이것이 이성의 형이상학적 측면이다. 하지만 저급한 충동에 관해 앞서 했던 이야기를 보면, **이성**과 **명예**는 욕구라는 가속 페달에 대한 브레이크이기도 하다. 여기에서 이성은 행동의 원인과 결과에 대한 성찰적·비판적 분석의 형태이고, 명예는 우리의 행동을 자기중심적 충동의 렌즈로 바라보고 실행하는 것이 아닌 더 큰 사회 계약social contract을 기준으로 바라보고 실행하게 한다. 안타깝게도 요즘 정신 건강 분야에서 '명예'라는 말은 그리 많이 들리지 않는다. (요즘은 '수치심'과 '트라우마'가 대세다.)

플라톤에게 명예는 온전한 정신, 감각, 일관성, 정체성, 공동체의 열쇠였다. 앞의 맥락에서 명예는 무익한 개인적 자만, **교만**pride과는 아무 관련이 없다. 대신 명예는 집단적이고 사회적인 맥락이 있다. 사람은 사회나 가족 집단을 위해 옳은 일을 할 때 명예를 얻는다. 가령 나는 좋은 직장에 다니는 것에 자부심을 느끼지만, 내가 속한 공동체 전체를 위해 무언가를 잘해냈을 때 **명예**로운 기분을 느낀다. 플라톤의 용어에서 '기개'는 이러한 집단적 명예심이 구체화된 것이었다.

따라서 플라톤에게 온전한 정신으로 가는 길은 명확했다.

"이성의 일은 영혼 전체를 위하여 지혜와 신중함으로 다스리는 것이다. 동시에 기개는 이성의 부하이자 동맹으로 행동해야 한다. 이성과 기개는 악기의 한 줄을 조율하고 다른 한 줄을 느슨하게 하는 듯한 정신적, 육체적 훈련의 결합으로, 즉 이성은 고결한 학문으로 높아지고 기개는 하모니와 리듬으로 순화됨으로써 조화를 이룰 것이다. … 이처럼 두 부분이 잘 훈련되어 각각의 진정한 기능을 알 수 있다면, 그들은 우리 영혼의 더 큰 부분을 형성하고 본래 만족이라는 것을 모르는 욕구를 지배하게 된다."

이성과 명예(기개)가 이러한 "만족이라는 것을 모르는" 욕구를 통제할 수 없다면? 그것은 재앙이다.

"이성과 명예는 육체적 쾌락이 과잉 공급되어 욕구가 통제할 수 없을 만큼 강해졌을 때도, 욕구가 존재의 다른 부분을 노예로 삼고 그럴 자격도 없이 지배권을 빼앗아 가 인생 전체를 뒤엎는 일이 없도록 경계해야 한다."

중독이나 다른 충동 장애에 대한 얘기처럼 들린다.

플라톤이 건강한 인간을 조율된 악기에 비유한 것처럼 피타고라스도 같은 생각을 했다. 피타고라스는 우리가 오늘날의 현악기처럼 자신을 조율해야 한다고 믿었고, 우리는 실제로 명상적, 음악적, 신체적인 일상의 실천과 적절하고 균형 잡힌 생활 방식을 통해 자신을 조율했다. 플라톤과 마찬가지로 피타고라스도 절제의 미덕을 지지했다.

여러 사회에 신체 훈련을 하고, 명예 규율을 수용하고, 해당 사회를 위해 투쟁을 하는 전사들이 있다. 그리고 두뇌 계층, 즉 학자, 철학자, 과학자, 윤리학자와 같은 사상가 집단이 있다. 마지막으로 그 사회의 영혼과 목소리를 의미하는 음악가, 시인, 예술가, 작가와 같이 우리가 아껴야 할(그리고 대개 고문을 당하는) 예술가들이 있다. 이 세 집단은 함께 (물론 다른 집단과 같이) 스스로 유지하고 번영할 수 있는 균형 잡힌 전체를 만든다.

내가 제안하는 바는 지금과 같이 도전적이고 불균형적인 사회에서 균형을 이루고 번영할 수 있도록 건강한 사회에 존재하는 그러한 원형과 특성을 우리가 **개인**으로서 수용하자는 것이다.

우리는 내면의 전사를 찾아야 한다(힘든 세상이기 때문에). 우리는 내면의 철학자를 길러야 하고(세상이 비이성적이고 미쳐 있기 때문에), 우리는 또한 내면의 예술가도 발견해야 한다(영혼이 없고, 비인간적인 고도 기술이 판치는 세상이기 때문에). 그렇게 우리는 우리의 창의성과 인간성을 계속 유지해야 한다.

다리가 셋 달린 스툴 의자처럼, 우리의 세 다리는 모두 최적으로 기능할 필요가 있다. 현대의 디지털 광기 속에서 신체적으로 또 정신적으로 강해지기 위해서는 전사의 사고방식─더크워스 박사의 '그릿', 투지도 어느 정도 해당된다─을 받아들여야 하고 명예심과 성실함도 갖춰야 한다.

또한 신체적으로 강해질 수 있다 해도, 정신적 강인함이나 철학자의 지혜가 없다면 짐승만이 될 뿐이다. 또 투지만 있다면? 음, 더크워스의 연구도 투지만으로는 충분하지 않다는 것을 보여주었다. 우리에게는 인지적 힘(철학자)과 신체적 힘도 필요하다.

우리는 투지 있고, 강하고, 심지어 영리해질 수도 있다. 하지만 윤리적 분별력이 없다면? 음, 이 세상에는 투지 있고 강하고 영리하지만 성장을 위한 도덕적 기준이 없는 많은 범죄자가 있다. 그리고 분명히 하자면 '전사' 원형에서 말하는 강함은 폭력이 아니라, 힘과 어느 정도의 내적 의연함을 가리키는 것이다. 그 정의에 따르면 스티븐 호킹이나 제인 구달 같은 사람을 철학자 전사로 부를 수 있을 것이다.

우리는 평화주의적인 **영적 전사**spiritual warrior가 될 수도 있다. 티베트 불교에 따르면 영적 전사는 용감한 정신과 윤리적 추진력이 있는 영웅적 존재로, 보편적인 적, 즉 불교 철학에 따르면 고통의 궁극적 근원인 자기 무지와 싸운다.

반면 철학자의 속성만 받아들인다면, 즉 강한 이성, 윤리적 분별력, 호기심을 갖췄지만 지혜와 지적 통찰력에 따라 행동할 힘과 투지가 부족하다면 어떻게 되겠는가? 또 책의 앞부분에서 언급했듯이 많은 과학자가 호기심과 지성을 갖고 있다. 하지만 그들은 특별히 윤리적 분별에는 관심을 두지 않았다. 그 결과 오늘날 많은 과학자들이 과학적 호기심—또는 자아—을 충족하고자 위험하고 잠재적으로 비윤리적이며 부도덕한 온갖 연구를 하고 있다.

여기서 중요한 것은 우리가 실행력이 강한 전사와 사려 깊고 합리적이며 윤리적인 철학자가 될 필요가 있다는 것이다. 우리에게 두뇌와 행동의 협력이 얼마나 필요한지 생각하다가, 나는 이 주제가 심오한 지혜의 바닥 없는 골짜기인 '스타트렉' 시리즈에서 어떻게 다뤄졌는지를 떠올렸다.

스타트렉 원래 시리즈(1966년 커크Kirk와 스팍Spock 시리즈)에 '내부의 적 The Enemy Within'이라는 에피소드가 있다. 이 에피소드에서 우리의 늠름한 커크는 트랜스포터(순간 이동 기계) 오작동으로 인해 두 가지 버전으로 나뉜다. 한 버전은 '선하고' 윤리적이지만 우유부단하고 무능하며, 다른 한 버전은 '악하고' 충동적이고 비이성적이지만 적극적으로 행동한다. 이 이야기의 교훈이 무엇일지 맞춰보라. 두 버전 모두 다른 버전 없이는 살아남을 수 없었다. 하나의 완전하고 건강한 커크가 되기 위해서는 선한 커크와 악한 커크가 합쳐져야 했다.[7]

이제 예술가에 관해 이야기해보자. 예술가 원형이 21세기의 이상적 철학자 전사와 무슨 관련이 있을까? 많은 사람이 창의성은 초월적 원천에서 나온다고 생각한다. 일부는 그러한 관점에 동의하지 않을지 모른다. 대부분의 예술가가 실제로 그들의 예술이 자신의 외부—혹은 더 심오한 진실로 이어지는 통로—에서 비롯된다고 말해도 말이다. 아무튼, 적어도 창조적인 통로를 여는 것은 더 건강하고 더 포용적인 방식의 삶을 살게 한다. 실제로 현재 몇몇 공학박사 과정에는 창의적이고 틀에 박히지 않은 사고 방식을 길러주는 미술 수업이 포함되어 있다. 치료 업계에도 이는 매우 효과적인 치료법으로 알려져 있다. 만약 여러분이 힘 있고 행복한 철학자 전사가 되고 싶다면, 창의성에 접근할 수 있는 지점을 찾아야 한다.

철학자 전사의 요점은 자신을 정신적으로, 신체적으로, 철학적으로, 윤리적으로 훈련하는 것이다. 도덕적 지뢰와 혼란스러운 정보, 잘못된 정보로 가득한 이 초현실적으로 새로운 세상에 잘 대처할 수 있도록 말이다. 모피어스가 매트릭스 세력과 싸울 수 있게 네오를 훈련해야 했던 것처럼 우리 역시 스스로 최적의 상태를 유지해야 한다. 환상이 현실이 되면서 현실이 환상으로 재구성되고 메타버스가 승객을 태우고 있기 때문이다. 이것이 우리가 **특이점**에 가까워질수록 우리의 인간성, 즉 철학자와 전사의 모습 **모두**를 더 포용해야 하는 중요한 이유다.

행동하는 사람으로서의 전사 원형과 **지나치게 생각하는 사람**으로서의 철학자 원형 사이에 존재하는 이 '완전히 인간적인' 팽팽한 힘을 잘 설명하는 상징적인 작품이 있다. 이 작품을 통해 우리는 번영에 이 **두 원형**이 얼마나 필요한지를 한층 더 잘 이해할 수 있을 것이다.

그리스인 조르바의 난제

니코스 카잔차키스의 대표작 『그리스인 조르바』는 인간의 양상과 잘 사는 삶에 대한 작가의 고찰이 담긴 역작이다. 이 책을 읽고 난 뒤로 나는 두 주인공 사이의 팽팽한 힘에 대해 곰곰이 생각해 왔다. 이 책에는 작품명과 같은 이름의 주인공 조르바—모든 이드와 열정과 불같은 충동을 지녔다—와 지적이고, 생각에 잠겨 있으며, '과잉 분석에 의한 마비'의 원리를 몸소 보여주는 이름 없는 서술자가 등장한다.

두 극단에는 모두 위험이 따른다. 예를 들어, 마약 중독자는 충동적으로 삶을 살아간다. 또 자신의 인생을 증오하며 좁은 방에만 들어앉아 있는 사람 역시 꿈은 꾸지만 꿈을 이루기 위해 행동으로 옮기지 못하는 자의 잔혹한 운명을 경험한다. 세상은 굶주린 유령과 겁먹은 쥐라는 극단적 원형의 슬픈 사체들로 어질러져 있다.

진정으로 자신의 꿈을 실현하고 행복한 사람들은 아무것도 하지 않아 위축되고 약해지지 않도록 조르바의 열정을 자신을 고무하는 힘(투지, 스파르타 전사)으로 품는 것 같다. 그러나 그들은 또한 충동만으로 자멸하지 않기 위해 이성의 칼과 의무감과 명예심을 사용하여 그 고무하는 힘을 절제하기도 한다(철학자).

그렇다면 행복은 어디에 있는가? 소설에서 조르바는 우연히 올리브 나무를 심고 있는 아주 나이 든 남자를 만난다. 조르바는 그가 시간을 낭비하고 있다고 조롱한다. "노인 양반, 당신은 그 나무가 자라는 모습을 결코 볼 수 없을 거요!" 그러자 노인은 대답한다. "나는 하루하루를 영원히 살 것처럼 산다네." 조르바가 말한다. "저는 하루하루를 마지막인 것처럼 살지요!" 조르바는 그 이야기를 그의 지적인 친구인 서술자에게 전하면서 묻는다. "우리 중 누가 옳은가?"

그런데 결국 '영원히 산다'고 믿는 사람이나 '오늘을 위해 산다'는 쾌락주의자나 같은 선상에 있는 것 아닌가? 그들 모두 어쨌든 나름대로 '현재를 즐겨라'의 신조를 따르는 것 아닌가?

조르바 이야기가 나온 김에, 나는 실제 삶에서 조르바—열정뿐만 아니라 의무와 명예의 개념까지 포용하는 완전한 인간 원형의 화신—를 만날 기회가 있었다. 그는 또한 블루존과 칼룰리 생활 방식의 살아 있는 본보기이기도 했다. 반백의 머리의 그는 여전히 영감을 주는 사람으로, 이 책에서 이야기한 몇몇 이상적인 모습이 구현된 사람으로 남아 있다.

다시 찾은 조르바, 사촌 마키의 블루존

그를 처음 만났을 때, 우리 가족들은 그를 '미친 사촌 마키'라고 불렀다. 당시 64세였던 마키는 이오니아해 가운데 우리 어머니의 고향 케팔로니아섬에 있는, 자신만의 지속 가능한 땅에서 자급자족하며 살고 있었다.

마키를 어떻게 설명하면 좋을까? 배우 앤서니 퀸이 연기한 이글이글 타오르는 눈빛의 조르바를 상상해보라. 수십 년간 농장에서 양, 닭, 염소, 토끼, 노새, 그가 사랑하는 벌 등 가축을 돌보며 단련된 그의 몸은 강하고 단단했다. "벌 말이야, 니코! 다른 사람들의 벌은 죽어 가고 있어. 하지만 난 내 벌들을 어떻게 살릴 수 있는지 알지!" 그는 눈을 반짝이며 쩌렁쩌렁 소리치곤 했다.

마키의 몸은 강하고 단단했지만, 윤곽이 분명한 올림픽 선수의 몸과는 거리가 멀었다. 그의 몸은 오래되었지만 뚫을 수 없는 돌담처럼 튼튼했다. 크고 넓적하고 강한 손은 수년간 흙과 마른 덤불, 고대 바위를 다루는 동안 더 단단해졌다.

마키의 검은 곱슬머리는 60대가 되어서야 희끗희끗해지기 시작했다. 그는 대체로 똑같은 오픈형 반소매 셔츠를 입었는데, 넓은 어깨와 가슴이 움직이기 쉽고 숨 쉬기도 쉽도록 단추를 몇 개 풀었다. 전통적인 그리스인 답게 반바지는 피했다. 그는 날씨가 아주 더운 날에도 긴바지를 입고 검은색 가죽띠를 매고 들판용으로 제작된 튼튼한 작업화를 신었다.

나는 늘 그를 '미친 마키'로 알고 있었다. 마키는 치즈, 올리브유, 와인, 꿀, 채소, 빵을 직접 만드는 무모한 사촌이었다. 그는 맨손으로 풍차도 만들었고, 끝내주는 빵을 굽는 가마도 자신의 바위투성이 땅에서 캐낸 점토로 직접 만들었다.

마키는 살아남는 데 외부의 지원이 필요치 않다는 것을 무척이나 자랑스러워했다. 그리고 자신의 땅에 끈질기게 세금을 부과하려 한 부패한 지방 정부를 혐오했다. 언젠가 그들은 세금 징수원을 막아줄 테니 그가 아끼는 양 몇 마리를 내놓으라고 거래를 강요하기까지 했다. 그는 '친환경'과 '지속 가능'이라는 단어가 흔하게 사용되기 전부터 친환경적이고 지속 가능한 삶을 살았다. 그는 1930년대와 1940년대에 나의 아버지가 살았던 방식과 비슷하게 살았다.

케팔로니아는 바다와 하늘, 산이 숨 막힐 정도로 아름답게 어우러진 섬이다. 독립적인 사람들이 사는 것으로 유명한 이 아름다운 섬은 무어인, 터키인, 프랑스인, 영국인, 이탈리아인, 나치의 점령에서 살아남았다. 1953년 북부의 항구 마을인 피스카르도를 제외한 섬 전체를 파괴하고 수천 명을 사망에 이르게 한 지진은 말할 필요도 없을 것이다. 뭐 어쨌든, 이러한 상황은 지역 사람들의 회복력, 힘, 그리고 독립심을 길러냈다.

물론 케팔로니아인들은 자신들을 오디세우스의 직계 후손으로 생각한다. 이 때문에 호메로스가 『일리아드』에서 오디세우스의 고향으로 말한 이웃 섬 이타카와 불화가 생겼다. 하지만 그 내용이 그렇게 충실하진 않다고 케팔로니아인들은 말한다. 오디세우스가 케팔로니아를 고향이라 불렀다는 사실을 뒷받침하는 듯 보이는 고고학적 증거가 있기도 하지만, 더 중요한 것은 그 고고학적 증거가 비극적 지진으로 케팔로니아와 이타카가 두 섬으로 갈라지기 전에 하나의 섬이었다는 것을 강력하게 시사한다는 점이다.

고대 그리스의 영광은 저물었을지 모르지만 그 신화적인 전사들과 철학자들의 풍부한 문화는 독립성, 회복력, 호기심, 독창성과 같은 특성으로 현대 그리스인의 정신과 DNA 속에서 여전히 반짝이고 있다.

케팔로니아인들이 사납고, 독립적이고, 자급자족에 약간 미친 사람처럼 보이는 것은 놀랄 일이 아니다. 사촌 마키는 이웃한 마을 자킨토스로 가는 연락선이 매일 출발하는 아름다운 항구 마을이자, 어머니가 살았던 마을인 페사다 옆에 있는 도리자타에서 평생을 보냈다. 마키가 완강하게 버티면서 케팔로니아에 집을 마련하는 동안, 그의 형은 어디론가 떠나고 싶은 기분을 느끼고 선원이 되었다. 처음에 그는 자킨토스를 오가는 작은 연락선의 선장이었지만, 나중에는 러시아와 다른 발트해 항구로 떠나는 더 큰 화물선의 선장이 되었다.

하지만 마키는 그곳에 남았다.

내가 아직 어릴 때, 부모님은 늘 그를 미친 사촌 마키라고 불렀다. 어머니는 특히 대담하게도 그를 공산주의자로 부르면서 마키와 30년 넘게 불화 중이었다. 마키는 공산주의자가 아니었다. 어느 쪽도 아니었다. 그는 단지 그 게임에 끼고 싶지 않은, 자기 땅에 의지해 사는 사람이었다.

케팔로니아를 자주 방문하면서도 나는 대체로 그를 피했다. 그가 좀… 과격했기 때문이다. 강한 의견, 큰 목소리, 하지만 언제나 다정하긴 했다. 그런데 유기농을 좋아하고 꽤 진보적인 뉴요커인 내 아내가 나에게 꿀벌을 기르고, 빵을 직접 굽고… 올리브유를 짜고… 치즈도 직접 만드는 사촌이 있다는 것을 알게 되었다! 이러한 생활은 그녀의 가장 친환경적인 꿈을 넘어서는 것이었다! 아내는 지속 가능한 생활 방식을 체험할 수 있는 여행을 찾아 인터넷을 뒤져 왔기 때문에, 그 섬에 사는 내 가족 중에 그러한 존재가 있다는 소식을 듣고 흥분했을 뿐만 아니라 우리가 그곳에 가야 한다고, 아이들도 앞치마를 챙겨 가야 한다고 단호히 주장했다.

하지만 이 사람은 미친 사촌 마키였다! 나는 저항했다. 나는 수년 동안 이 토네이도 같은 사람을 만나는 것을 성공적으로 피해 왔다. 하지만 이번은 그러지 못했다. 케팔로니아에 도착해서 아내가 전화를 걸었고, 마키는 우리가 모두 아침 6시 정각에 그의 집에 도착해 빵을 굽기를 바랐다! 마침 나는 바로 이전 책을 마감하는 중이었기 때문에 이른 아침을 피하고 점심에 그의 집에 도착하는 것으로 약속을 미룰 수 있었다.

하지만 이른 아침에 가지 않은 나는 바보였다. 도착했을 때, 아홉 살 된 쌍둥이 아들 아리와 알렉시는 가장 달콤한 냄새가 나는 갓 구운 빵 21개를 마키의 원시적인 가마 앞 고리버들 바구니에 쌓아 두고 입이 귀에 걸리도록 웃고 있었다.

마키의 아내가 점심상을 차렸다. 마키는 큰 손으로 내 목덜미를 철썩 치더니 내 얼굴을 그쪽으로 당기며 말했다. "이제 진짜 음식을 먹을 수 있겠구나. 네가 사는 미국에선 찾아볼 수 없는 음식이지. 모두 직접 기른 거란다. 거기에서 맛볼 수 있는 어떤 음식보다 훨씬 맛있고 영양가가 풍부해.

먹어보고 미국에도 그런 음식이 있으면 말해봐."

마키가 옳았다. 그 식사와 그의 집에는 뭔가 특별한 것이 있었다. 오해할까 봐 말하자면 그곳은 잘 다듬어진 지상 낙원이 아니었다. 그곳은 마키가 직접 만든 고유의 발명품으로 돌아가는 복합 지구였다. 그의 집에는 기발하고, 아직 완성되지 않은 미친 과학자의 특성이 담겨 있었다. 하지만 그래도 꽤 특별한 무언가가 있었다.

아이들과 나는 마키가 동물들에게 먹일 풀을 모으는 것을 도왔고 그의 올리브유 압착기도 구경했다. 마키의 집에서 해가 지는 모습을 바라보고 있을 때, 나는 그가 더는 그렇게 미친 것처럼 보이지 않았다.

마키는 활짝 웃으며 나를 바라보았고, 날카로운 유머 감각으로 미국 사촌인 나를 장난스럽게 놀렸다. 나도 맞받아서 그를 놀리자 모두가 웃었다. 내 고향 뉴욕에서는 거의 경험해보지 못한 평화롭고 만족스러운 저녁이었다.

베란다에 앉아 희끗희끗한 머리의 건장한 남자가 행복해하고 만족해하는 모습을 바라보았다. 마키의 행복은 무지한 자의 바보 같은 미소도, 빛 좋은 개살구도 아니었다. 독학자로서 그는 대부분의 대학 교수보다 정치, 공학, 철학, 그리고 인간 역학에 대해 더 많은 것을 알고 있었다. 그는 시골에서의 자족적 생활에 따르는 물리적인 어려움에도 불구하고—혹은 그러한 어려움 때문에—기쁘게 자신의 삶의 방식을 받아들일 수 있었고, 동시에 그 순간을 충분히 즐기고 감사할 수 있었으며, 일상적이고 심오한 문제에 대해 성찰할 수 있었다.

나는 햄프턴에 있는 부유하고 성공했지만 상당히 불행한 내 환자들을 생각하고 스스로 묻기 시작했다. 누가 정말로 미친 것일까? (그리스에 있는 내 모든 친척처럼) 자족하며 90대까지 건강하게 장수할 마키일까 아니면 치열한 경쟁을 택한 우리, 끝없이 헛고생하는 시시포스처럼 현대의 생활 방식이 가져온 온갖 질병을 치료하고자 다양한 전문가에게 달려가는 우리일까?

마키에 더해, 예전에 가족 내에서 자연스러운 블루존 실험이 있었던 적이 있다. 내게는 아메리칸 드림을 좇기 위해 1960년대에 뉴욕으로 이사한 삼촌 세 명이 있었는데, 모두 힘든 육체노동을 하며 일주일 내내 쉬지 않고 일하셨다. 그중 두 명은 52세의 나이에 심장병과 암으로 사망했다. 그 모든 고생을 하고 결실을 보기도 전의 일이었다. 하지만 그들과 함께 미국으로 건너와 같이 일했던 세 번째 삼촌 디오니시오스는 이른바 아메리칸 드림을 충분히 좇았다고 판단하고 40년 전에 케팔로니아로 돌아왔다.

지금 그는 마을에서 가장 건강하고 행복한 85세 노인이다. 그는 신체적으로 건강하고, 많은 친구가 있고, 매일 긴 산책을 하고, 마을 정치에 참여하고 있으며, 더할 나위 없이 행복하다. 내가 뉴욕이 그립냐고 물으면, 그는 나를 보고 마치 순진한 아이에게서 엉뚱한 질문을 받은 어른처럼 웃는다. 꼭 "철없는 녀석!"이라고 말하는 듯 눈을 빛내며 웃는 것이다.

디오니시오스 삼촌이 섬으로 돌아와 더 단순하고 더 자연스러운 삶을 살기로 했을 때, 그곳에는 그를 회복시키고 치유하는 무언가가 있었다.

마키의 특성을 설명하는 데 도움이 될 만한 이야기가 하나 더 떠오른다. 코로나 유행병이 발생하기 전 여름, 우리 가족은 그리스에 갔다가 마키의 집에 들렀는데, 그때 아주 깜짝 놀랄 일이 일어났다. 8월 중순 무렵 이오니아 제도의 날씨는 매우 덥고 건조하다. 그래서 캘리포니아와 마찬가지로 갑작스럽고 공격적인 산불이 상당히 흔하게 일어난다. 수정처럼 맑지만 산들바람이 부는 어느 날 밤 베란다에 앉아 있을 때, 마키의 집에서 180미터쯤 떨어진 곳에서 약 18미터 높이의 큰 불기둥이 솟구쳤다.

아내와 내가 함께 아이들을 챙기며 상황을 파악하기 시작했을 때, 불은 이미 우리 쪽으로 30미터는 더 와 있었다. 산들바람이 예상보다 더 빨리 불을 키우고 있었다.

내가 "마키!"라고 부르기도 전에 뒤에서 굉음이 들려왔다. 굉음의 주인공은 아주 오래된 오토바이를 타고 나타난 마키였다. 그야말로 영화 「대탈주」의 주인공 스티브 맥퀸을 재현한 듯했다. 오토바이에서 배기가스가 뿜어져 나왔다. 그는 뭔가 어색해 보이지만 그리스섬의 슈퍼 영웅처럼 오토바이를 타고 빠르게 달려왔고 바퀴를 타고 먼지가 일고 돌이 날아올랐다. 그는 굉음을 내며 우리를 지나치더니 불과 약 90미터 앞의 불길이 활활 타오르는 덤불 한가운데로 곧장 사라졌다.

마키가 미친 것일까? 누가 그러한 상황으로 뛰어들겠는가? 우리는 아이들을 챙겨 불이 번지는 곳에서 멀리 떨어진 길로 피했다. 몇 분 후 검댕이 묻은 마키가 다시 굉음을 내며 돌아왔다. 그는 묶여 있던 동물들을 풀어 더 안전한 높은 지대로 몰았다. 의무. 명예. 이성.

'미친' 마키는 자신이 무엇을 해야 하는지 정확히 알고 있었다. 그는 계획대로 재빨리 행동하는 실행력이 있었다. 산불로 땅 몇 에이커를 잃긴 했지만, 동물이 있고 정신도 온전한 덕분에 그는 여전히 행복하게 잘 지낸다. 마키는 일상생활에 고대 생활 방식의—이제는 과학적으로 증명된—특정한 요소들을 직관적으로 통합해 유기적이고 건강한 삶을 살고 있다.

다음은 두 고대인에게서 영감을 받은 몇 가지 건강 비법이다. 우리 모두가 더 자연스럽고 안정된 삶을 살고 철학자 전사의 특성을 키우는 데 도움이 될 것이다.

플라톤과 피타고라스가 전하는 건강의 지혜

조용히 사색하거나 명상하는 산책으로 하루를 시작하라.

피타고라스는 사람들이 매일 아침 다른 사람들과 관계를 맺기 전에 자신에게 집중하는 일정 시간이 필요하다고 생각했다. "영혼이 정돈되고 지성이 구성되기까지는 아무도 만나지 않는 것이 필요하다."

매일 저녁 몇 분이라도 시간을 내어 밤하늘을 올려다보고 그저… 경탄하라.

플라톤은 "모든 철학은 경이로움에서 시작된다."라고 말했다. 실제로 고대 그리스인들은 우주론, 즉 우주의 본성 연구에 심취했다. 사색에 잠겨 경외심을 품고 하늘을 살필 때, 우리 안에서 놀라운 변화가 일어날 수 있다.

스파이크 리의 표현을 빌리자면, "똑바로 살아라 Do the right thing**".**

그리스인들은 품성이 중요하다고 믿었다. 진실함과 덕이 있는 정직하고 존경받을 만한 삶을 살고자 했다. 그들은 우리가 최고의 잠재력을 발휘하기 위해서는 바르게 살아야 한다고 믿었다. 우리는 모두 대부분의 경우에 무엇이 '옳은 것'인지 안다. 피타고라스와 플라톤은 우리가 그 지식을 바탕으로 행동하고 옳은 일을 해야 한다고 믿었다.

정치, 과학, 예술 등 어떤 주제에 대한 자신의 고정관념에 도전하고 자신의 가치관과 신념이 무엇인지 재검토하는 논증을 매일 실천하라.

뉴욕대학교 조너선 하이트 교수가 그의 이설 아카데미Heterodox Academy에서 한 것처럼, 다른 관점을 지닌 사람들과 시간을 보내면서 여러분이 자신의 믿음에 질문을 던지듯 그들도 여러분에게 질문하게 하라. 이 묻고 답하는 **엘렝코스**(논박) 과정에서 여러분은 자신이 알았던 것보다 더 깊은 진리를 발견할 수도 있다. 헤겔 변증법에서처럼 대립하는 두 명제(**테제**와 **안티테제**)의 결합은 진리에 가장 가까운 새롭고 더 완전한 **진테제**를 형성할 수 있다.

현악 곡을 들으며 매일 5분간 명상하라. 비이성적인 방식으로 음악을 '경험'하려 해보라. 사실, 음악이 되려고 노력해보라.

피타고라스는 우주 전체가 진동하며, 인간으로서의 우리가 더 큰 리듬과의 화합을 위해 '조율'될 수 있다고 믿었다. 그러한 이유로 그의 제자들은 자신을 재조율하기 위한 수단으로 고대 현악기인 수금의 음악·진동을 듣곤 했다.

매일 30분에서 40분간 신체 운동을 하라.

피타고라스학파는 신체를 철학의 심신 '정화'를 통해 적절히 조율되어야 하는 악기와 비슷하다고 보았기 때문에, 전체론적 실천의 일부로 달리기와 레슬링 같은 신체 운동을 매일 했다.

관심 있는 주제에 대해 될 수 있으면 매일 한 명 이상의 사람들과 직접 적극적으로 토론하라.

그리스인들은 마을 광장에서 자신들이 흥미를 느끼는 것들에 대해 즉흥적으로 대화하기를 무척 좋아했다. 소크라테스는 아테네를 돌아다니며 거의 모든 사람과 어울렸고 다른 사람들도 점심시간에 모이거나 야외에 모였다.

모든 것에서 절제를 중요시하라.

다시 말하지만 형이상학적 철학자들은 심신이 인간의 가장 단순한 악기라고 느꼈기 때문에 플라톤과 피타고라스는 우리가 이를 절제해 다룰 필요가 있다고 생각했다.

매일 창의적인 일을 하라.

피타고라스와 그의 추종자들은 매일 수금을 연주했다. 하지만 이 외에도 정신에 자양분을 공급하는 창의성은 다양한 형태로 길러질 수 있다. 집중이 되지 않고 마음이 혼란할 때, 일상에서 벗어날 수 있도록—자신 밖의 다른 곳에서 영감을 얻을 수도 있다—어느 정도의 시간을 허용하라.

멘토가 되거나 멘토링을 받고 그 관계를 존중하라.

멘토링은 그야말로 중요한 것이었고 지금도 그렇다. 소크라테스는 플라톤의, 플라톤은 아리스토텔레스의 스승이었다. 이러한 관계는 최고의 인간 가치—다른 사람을 돕는 것—를 성취할 수 있게 해주는 상호 유익한 공생 관계다.

그렇다면 이 모든 것은 우리에게 무엇을 남길까?

저항은 헛된 것이 아니다

우리가 과학과 기술에서 놀라운 발전을 이룬 것은 사실이다. 하지만 우리 **종**의 상황은 더 나빠지고 있다. 우리는 신체적으로나 정신적으로나 약해지고 있다. 물론 과학은 수명을 연장할 수 있다. 하지만 우리는 우리 자신의 능력, 건강, 발달이 악화될 정도로 기술에 의존하게 되었다. 화면이 얇아질수록 사람들은 더 병들어 갔고, 정보가 많아질수록 지혜는 더 사라져 갔다. '모든 것을 본' 기술에 조숙한 아이들은 청소년기에 갇힌 채 여전히 엄마 품속에 사는 서른다섯의 준남성quasi-men으로 성장한다.

우리는 가까운 장래에 두 세력, 즉 인류와, 진화하는 지능적인 기술—우리 손으로 만든—이 충돌하면 어떤 일이 벌어질 것인가에 대해 답을 얻게 될 것이다. 미래를 좌우하는 것은 충돌에서 살아남는 방법을 찾는 것과 우리가 만든 것에 대한 통제권을 되찾기 위해 어떤 행동을 하느냐가 될 것이다.

아직 너무 늦진 않았다. 우리는 우리의 유산인 고대의 도구들을 활용해 화면을 끄고 디지털 새장에서 벗어나 신체적, 정서적, 정신적 건강을 회복할 수 있다.

다른 사람들이 나를 도운 것처럼, 이 책도 다른 사람들이 그렇게 하는 데 도움이 되기를 바란다.

이 책을 쓰기란 쉽지 않은 일이었다. 책을 쓰는 동안 세상이 무너지고 있었고, 부모님이 돌아가셨고, 다루는 주제들도 때로 너무 우울했기 때문이다. 하지만 현대의 격변과, 필요하고 의미 있는 일을 하기 위한 회복력, 명예, 투지, 열정의 필요성에 관해 이야기하는 일이었기에 아주 어렵지만 멋진 과정이었다.

책을 쓰는 동안 어머니와 아버지를 깊이 느꼈고, 우리보다 앞서 도착해 우리를 사랑해주시고 길을 인도해주신 분들을 기리는 것이 얼마나 중요한지를 거듭 상기했기 때문에, 이 책은 내게 매우 개인적인 경험이기도 했다. 물론 감탄해 마지않는 따뜻함과 용기로 내게 영감을 준 아내 러즈에게도 감사와 사랑의 말을 전한다. 그리고 남자로 성장 중인 두 아들, 이들은 비현실적이고 어려운 시기에 자라고 있다. 아이들의 여정에 내 사랑과 지지가 함께할 수 있기를 바랄 뿐이다.

몹시 밝고 헌신적인 대리인인 애덤 크로미에게 무한한 감사의 말을 전한다. 그는 내 비전을 받아들이고 비전이 실현되도록 도왔다. 그리고 인내심이 많고, 친절하고, 통찰력 있는 편집자인 조지 위트에게 감사한다. 그의 이해와 협력은 내게 매우 중요했다. 이 과정을 함께해준 내 친구들과 동료들에게도 진심으로 감사의 뜻을 표한다. 우리가 이 특별한 시간뿐만 아니라 이 삶에서도 서로를 도왔기를 바란다.

마지막으로 앞으로 더 바람직하고, 건강하고, 더 성찰하고, 더 협력하는 시대가 오기를 진심으로 기원한다. 모두에게 감사드린다.

1장 매트릭스에 중독된 세상

1. Matt Bailey, "What Mark Zuckerberg Really Means When He Talks About the Metaverse," *Slate*, October 28, 2021.

2. James Barrat, *Our Final Invention* (New York: St. Martin's Press, 2019), pp. 151-160.

3. Thor Benson, "If This Era of Automations Mirrors the Past, We're in Trouble," *Inverse*, January 29, 2020.

4. Sascha Brodsky, "How Self-Driving Cars Can Be Hacked," *Lifewire*, February 26, 2021.

5. Reza Zafarini, Mohammed Al Abassi, Huan Liu, *Social Media Mining* (Boston: Cambridge University Press, 2014).

6. Kate O'Flaherty, "Amazon, Apple, Google Eavesdropping: Should You Ditch Your Smart Speaker?," *Forbes*, February 26, 2020.

7. Amber Dance, "The Shifting Sands of 'Gain of Function' Research," *Nature*, October 27, 2021.

8. Adrianna Rodriguez, "Screen Time Among Teenagers During Covid More Than Doubled Outside of Virtual School, Study Finds," *USA Today*, November 1, 2021.

9. Matthias Pierce et al., "Mental Health Before and During Covid-19 Pandemic: A Longitudinal Probability Sample Survey of the U.K. Population," *Lancet* 7, no. 10 (July 21, 2020): 883-892.

10. Meilan Solly, "Humans May Have Been Crafting Stone Tools for 2.6 Million Years," *Smithsonian*, June 4, 2019.

11. Francesco Berna et al., "Microstratiagraphic Evidence of In Situ Fire in the Acheulean Strata of Wonderwerk Cave, Northern Cape Province, South Africa," *Proceedings of the National Academy of Sciences of the United States of America* 109, no. 20 (May 15, 2012): 12151220.

12. Shoshana Zuboff, *The Age of Surveillance Capitalism* (New York: PublicAffairs, 2019).

13. David Meyer, "Facebook Is 'Ripping Apart' Society, Former Executive Warns,"

Fortune, December 12, 2017.

14. *The Social Dilemma*, directed by Jeff Orlowski (Boulder, CO: Exposure Labs, 2020).

15. Ibid.

16. Olivia Solon, "Ex-Facebook President Sean Parker: Site Made to Exploit Human 'Vulnerability,'" *Guardian*, November 9, 2017.

17. Georgia Wells et al., "Facebook Knows Instagram Is Toxic for Teen Girls, Company Shows," *Wall Street Journal*, September 14, 2021.

18. Rana Foroohar, *Don't Be Evil* (Redfern, NSW, Australia: Currency, 2019).

19. Kate Conger, "Google Removes 'Don't Be Evil' Clause from Its Code of Conduct," *Gizmodo*, May 18, 2018.

20. Nicholas Kardaras, "Our Digital Addictions Are Killing Our Kids," *New York Post*, May 19, 2018.

21. Kent C. Berridge et al., "Pleasure Systems in the Brain," *Neuron* 86, no. 3 (May 6, 2015): 646–664.

22. Rita Goldstein and Nora Volkow, "Dysfunction of the Prefrontal Cortex in Addiction: Neuroimaging Findings and Clinical Implications," *Nature Reviews Neuroscience* 12, no. 11 (October 20, 2011): 652–669.

23. Anna Lembke, *Dopamine Nation* (New York: Dutton, 2021).

24. M. J. Koepp et al., "Evidence for Striatal Dopamine Release During a Video Game," *Nature*, 393 (May 21, 1998): 266–268.

25. S. H. Gage et al., "Rat Park: How a Rat Paradise Changed the Narrative of Addiction," *Addiction* 114, no. 5 (May 2019): 917–922.

26. Bruce Alexander, "Addiction: The View from Rat Park," Bruce K. Alexander, 2010, https://www.brucekalexander.com/articles-speeches /rat-park/148-addiction-the-view-from-rat-park.

27. Salvador Rodriguez, "Facebook Teaming Up with Ray Ban Maker for First Smart Glasses in 2021," NBCNews.com, September 16, 2020.

28. Hannah Towey, "Mark Zuckerberg Said He Wanted to Transform Facebook from a Social Media Company into a 'Metaverse Company,'" *Business Insider*, July 22, 2021.

2장 몰입할수록, 단절된다

1. Matthias Pierce et al., "Mental Health Before and During Covid-19 Pandemic: A Longitudinal Probability Sample Survey of the U.K. Population," *Lancet* 7, no. 10 (July 21, 2020): 883-892.

2. Stacy Simon, "Obesity Rates Continue to Rise Among Adults in the U.S.," *American Cancer Society*, April 6, 2018.

3. William Haseltine, "Cancer Rates Are on the Rise in Adolescents and Young Adults New Study Shows," *Forbes*, December 9, 2020.

4. "Physical Inactivity a Leading Cause of Disease and Disability Warns WHO," World Health Organization, April 4, 2002.

5. "U.S. Obesity Rates Reach Historic Highs—Racial, Ethnic and Geographic Disparities Continue to Persist," Trust for America's Health, 2019.

6. "Rates of New Diagnosed Cases of Type 1 and Type 2 Diabetes Continue to Rise Among Children, Teens," Centers for Disease Control and Prevention, 2020.

7. Adrianna Rodriguez, "Screen Time Among Teenagers During Covid More Than Doubled Outside of Virtual School, Study Finds," *USA Today*, November 1, 2021.

8. Robert Preidt, "Heart Disease Is World's No. 1 Killer," WebMD, December 10, 2020.

9. "Morbidity and Mortality Report," Center for Disease Control and Prevention, 2020.

10. "Why 'Deaths of Despair' Are Rising in the U.S.," Harvard School of Public Health, November 26, 2019.

11. Jamie Ballard, "Millennials Are the Loneliest Generation," YouGovAmerica, July 30, 2019.

12. Michelle Guerrero et al., "24-Hour Movement Behaviors and Impulsivity," *Pediatrics* 144, no. 3 (September 2019).

13. American Foundation for Suicide Prevention Fact Sheet, 2019.

14. Bill Mory, "TLC Can Help with Depression," *Herald Democrat*, October 17, 2019.

15. George Brown et al., "Social Class and Psychiatric Distress Among Women in an Urban Population," *Sociology*, May 1, 1975.

16. Johann Hari, *Lost Connections: Why You're Depressed and How to Find Hope* (New

York: Bloomsbury, 2019).

17. Dan Buettner, *The Blue Zones* (Washington, D.C.: National Geographic, 2008).

18. Stephen Ilardi, *The Depression Cure* (Boston: Da Capo, 2010).

19. Peter Wehrwein, "Astounding Increase in Antidepressant Use by Americans," Harvard Health Publishing, October 20, 2011.

20. "Depression Fact Sheet," World Health Organization, 2020.

21. Christina Sagioglou and Tobias Greitemeyer, "Facebook's Emotional Consequences: Why Facebook Causes a Decrease in Mood and Why People Still Use it," *Computers in Human Behavior* 35 (June 2014): 359-363.

22. Edward O. Wilson, *Biophilia* (Boston: Harvard University Press, 1984).

23. Richard Louv, *Last Child in the Woods* (Chapel Hill, NC: Algonquin Books, 2008).

24. Donald Rakow and Greg Eells, *Nature Rx: Improving College Student Mental Health* (Ithaca, NY: Comstock, 2019).

3장 소셜 미디어 팬데믹

1. Paige Leskin, "American Kids Want to Be Famous on YouTube, and Kids in China Want to go to Space: Survey," *Business Insider*, July 17, 2019.

2. Danny Moloshok, "Kylie Jenner Is Not a Billionaire, Forbes Magazine Now Says," Reuters, May 29, 2020.

3. Andrew Martin, "The Puma Clyde: The Story of the First NBA Player Shoe Endorsement Deal," *Medium*, May 7, 2020.

4. Rick Telander, "Senseless," *Sports Illustrated*, May 14, 1990.

5. Nicholas Kardaras, "Digital Heroin," *New York Post*, 2016.

6. Lisa Cannon, "Nobody Is Lonelier Than Generation Z," *Lifeway Research*, May 4, 2018.

7. Jeff Horwitz, "The Facebook Files," *Wall Street Journal*, October 1, 2021.

8. Nicole Goodkind, "Whistleblower to Senate: Facebook Is 'Morally Bankrupt' and 'Disastrous' for Democracy," *Fortune*, October 5, 2021.

9. Simon Freeman, "Web Summit 2021: Facebook Whistleblower Frances Haugen Calls for Mark Zuckerberg to Step Down," *Evening Standard* (UK), November 2, 2021.

10. Brett Molina, "Facebook's Controversial Study: What You Need to Know," *USA Today*, June 30, 2014.

11. Tawnell Hobbs et al., "The Corpse Bride Diet: How TikTok Inundates Teens with Eating Disorder Videos," *Wall Street Journal*, December 17, 2021.

12. "Excessive Screen Time Linked to Suicide Risk," *Science Daily*, November 30, 2017.

13. Holly Shakya and Nicholas Christakis, "Association of Facebook Use with Compromised Well-Being: A Longitudinal Study," *American Journal of Epidemiology* 185, no. 3 (February 1, 2017): 203-211.

14. "Hyper-Texting and Hyper-Networking Pose New Health Risks for Teens," Case Western Reserve School of Medicine, November 9, 2010.

15. Mai-Ly Steers et al., "Seeing Everyone Else's Highlight Reels: How Facebook Usage Is Linked to Depressive Symptoms," *Journal of Social and Clinical Psychology* 33, no. 8 (October 2014): 701-731.

16. Julie Jargon, "Teen Girls Are Developing Tics. Doctors Say TikTok Could Be a Factor," *Wall Street Journal*, October 19, 2021.

17. Harvey Singer et al., "Elevated Intrasynaptic Dopamine Release in Tourette's Syndrome Measured by PET," *American Journal of Psychiatry* 159, no. 8 (August 1, 2002).

18. Andy Pulman and Jacqui Taylor, "Munchausen by Internet: Current Research and Future Direction," *Journal of Medical Internet Research* vol. 14,4 e115. 22 Aug. 2012.

19. Christopher Bass and Peter Halligan, "Factitious disorders and malingering: challenges for clinical assessment and management," *Lancet*, 383, 9926 (April 19, 2014): 1422-1432.

20. Mariam Hull et al., "Tics and TikTok: Functional Tics Spread Through Social Media," *Movement Disorder Clinical Practice* 8, no. 8 (November 2021): 1248-1252.

21. Evan Andrews, "What Was the Dancing Plague of 1518?," History.com, March 25, 2020.

4장 번져 가는 폭력

1. Alex Shoumatoff, "The Mystery Suicides of Bridgend County," *Vanity Fair*, February

27, 2009.

2. Erica Goode, "Chemical Suicides, Popular in Japan, Are Increasing in the U.S.," *New York Times*, June 18, 2011.

3. Loren Coleman, *Suicide Clusters* (London: Faber & Faber, 1987).

4. Justin Moyer, " 'Cannibal Cop' Wins in Court Again," *Washington Post*, December 4, 2015.

5. Zack Beauchamp, "Our Incel Problem," *Vox*, April 23, 2019.

6. Ashifa Kassam, "Woman Behind 'Incel' Says Angry Men Hijacked Her Word 'As Weapon of War,'" *Guardian*, April 25, 2018.

7. Adam Nagourney et al., "Before Deadly Spree, Troubled Since Age 8," *New York Times*, June 1, 2014.

8. "Elliot Rodger: How Misogynist Killer Became 'Incel Hero,'" BBC News, April 26, 2018.

9. Zack Beauchamp, "Our Incel Problem," *Vox*, April 23, 2019.

10. Robert Foyle Hunwick, "Why Does China Have So Many School Stabbings," *New Republic*, November 2, 2018.

11. "Gunfire on School Grounds in the United States," Everytown Research, 2021.

12. "The UT Tower Shooting," *TexasMonthly.com*

13. "Columbine Shooting," History.com, March 4, 2021.

14. Ned Potter et al., "Killer's Note: 'You Caused Me to Do This,'" ABC News, May 22, 2008.

15. Dave Cullen, *Columbine* (New York: Twelve, 2010).

16. Eric Horng and Kate Klonick, "'Columbine Massacre' Game Puts Players in Killers' Shoes," ABC News, September 15, 2006.

17. Susan Arendt, "V-Tech Rampage Creator Will Take Game Down for a Price," *Wired*, May 15, 2007.

18. Vinny Vella and Chris Palmer, "What We Know and Don't Know About the SEPTA Rape Case," *Philadelphia Inquirer*, November 1, 2021.

19. Michael Smerconish, "A Brother's Search for the Real Kitty Genovese," *Philadelphia Inquirer*, June 19, 2006.

20. Jane Musgrave, "Corey Johnson's Longtime Best Friend Tells Jury of Fatal Stabbing, Attacks at 2018 Sleepover," *Palm Beach Post*, October 28, 2021.

5장 디지털 꾀병

1. Randy Sansone and Lori Sansone, "Borderline Personality and the Pain Paradox," *Psychiatry* 4, no. 4 (April 2007): 40-46.

2. Kristalyn Salters-Pedneault, "History of the Term 'Borderline' in Borderline Personality Disorder," *Verywell Mind*, April 10, 2020.

3. *Diagnostic and Statistical Manual of Mental Disorders*, 5th ed. (Washington, D.C.: American Psychiatric Association, 2013).

4. Kristalyn Salters-Pedneault, "Suicidality in Borderline Personality Disorder," *Verywell Mind*, March 26, 2020.

5. Anthony Bateman and Peter Fonagy, "Mentalization Based Treatment for BPD," *Journal of Personality Disorders* 18, no. 1 (June 2005).

6. Marsha Linehan, *Building a Life Worth Living* (New York: Random House, 2021).

7. Patrick Hahn, "The Real Myth of the Schizophrenogenic Mother," *Mad in America: Science, Psychiatry and Social Justice*, January 10, 2020.

8. Phil Reed, "Munchausen by Internet: What is Digital Factitious Disorder?," *Psychology Today*, November 30, 2021.

9. Taoufik Alsaadi et al., "Psychogenic Nonepileptic Seizures," *American Family Physician* 72, no. 5 (September 1, 2005): 849-856.

10. J. A. Lucy, "Sapir-Whorf Hypothesis," *International Encyclopedia of the Behavioral & Social Sciences*, 2001.

11. Lisa Littman, "Parent Reports of Adolescents and Young Adults Perceived to Show Signs of a Rapid Onset of Gender Dysphoria," *PLOS ONE*, 2018.

12. Lisa Märcz, "Feral Children: Questioning the Human-Animal Boundary from an Anthropological Perspective," BA thesis (September 2018).

13. Ibid.

14. Paroma Mitra and Ankit Jain, *Dissociative Identity Disorder* (Treasure Island, FL: StatPearls Publishing, 2022).

6장 전지전능한 기술의 시대

1. Margaret O'Mara, *The Code: Silicon Valley and the Remaking of America* (New York: Penguin Random House, 2019).

2. Adrienne LaFrance, "The Largest Autocracy on Earth," *Atlantic*, November 2021.

3. Paige Leskin, "A Facebook Cofounder Says That Zuckerberg's Master Plan Always Boiled Down to One Word: 'Domination,'" *Business Insider*, May 9, 2019.

4. Aaron Mak, "Mark Zuckerberg Wrote a Program to Beat a High Schooler at Scrabble," *Slate*, September 10, 2018.

5. Margaret O'Mara, *The Code: Silicon Valley and the Remaking of America* (New York: Penguin Random House, 2019).

6. Ibid.

7. Forbes Staff, "Bill Gates Honors Paul Allen, Recipient of the 2019 Forbes 400 Lifetime Achievement Award for Philanthropy, at Eighth Annual Summit on Philanthropy," *Forbes*, June 28, 2019.

8. Alvin Toffler, *Future Shock* (New York: Bantam, 1980).

9. Margaret O'Mara, *The Code: Silicon Valley and the Remaking of America* (New York: Penguin Random House, 2019).

10. Shoshana Zuboff, *The Age of Surveillance Capitalism* (New York:Public Affairs, 2019).

11. Halle Kiefer, "HBO Must 'Change Direction' So It Can Get More of That Sweet, Sweet Viewer Engagement," *Vulture*, July 8, 2018.

12. Nicholas Confessore, "Cambridge Analytica and Facebook: The Scandal and the Fallout So Far," *New York Times*, April 4, 2018.

7장 독점 디스토피아

1. Olivia Solon, "Ex-Facebook President Sean Parker: Site Made to Exploit Human 'Vulnerability,'" *Guardian*, November 9, 2017.

2. Lina Khan, "The Amazon Antitrust Paradox," *Yale Law Journal*, January 2017.

3. Keach Hagey et al., "Facebook's Pushback: Stem the Leaks, Spin the Politics, Don't Say Sorry," *Wall Street Journal*, December 29, 2021.

4. Miranda Devine, *Laptop from Hell* (Franklin, TN: Post Hill Press, 2021).

5. Colin Lecher, "Facebook Executive: We Got Trump Elected, and We Shouldn't Stop Him in 2020," *Verge*, January 7, 2020.

6. David Leonhardt, "The Lab-Leak Theory," *New York Times*, May 27, 2021.

7. Josh Hawley, *The Tyranny of Big Tech* (Washington, D.C.: Regnery Publishing, 2021).

8. Brian Merchant, "Life and Death in Apple's Forbidden City," *Guardian*, June 18, 2017.

9. "Apple Boss Defends Conditions at iPhone Factory," BBC News, June 2, 2010.

10. Ciara Torres-Spelliscy, "Blood on Your Handset," *Slate*, September 20, 2013.

11. Glenn Leibowitz, "Apple CEO Tim Cook: This Is the No. 1 Reason We Make iPhones in China (It's Not What You Think)," *Inc.*, 2017.

12. "iPhone Would Cost *30,000 to Produce in the U.S.,*" Medium, September 23, 2019.

13. Cade Metz, "A.I. Is Learning from Humans. Many Humans," *New York Times Magazine*, August 16, 2019.

8장 신이 되려는 자들이 꾸는 꿈

1. Ray Kurzweil, *The Singularity Is Near* (New York: Penguin Books, 2005).

2. Ernest Becker, *Denial of Death* (New York: Free Press, 1973).

3. Paul Ham, *Hiroshima Nagasaki* (New York: Thomas Dunne Books, 2014).

4. Plato, *The Republic*, trans. R. E. Allen (New Haven, CT: Yale University Press, 2006).

5. Jaden Urbi, "The Complicated Truth About Sophia the Robot—An Almost Human Robot or PR Stunt," CNBC, June 5, 2018.

6. Adrian Cho, "Tiny Black Holes Could Trigger Collapse of the Universe—Except That They Don't," *Science*, August 3, 2015.

7. "Stephen Hawking Warned Artificial Intelligence Could End Human Race," *Economic Times*, March 14, 2018.

8. *Hyper Evolution: Rise of the Robots, directed and produced by Matt Cottingham* (London: Windfall Films, 2018).

9장 중독자의 고백

1. 내 저서에 나의 임사臨死 체험, 코마 상태, 회복에 대해 묘사해 두었다. *How Plato and*

Pythagoras Can Save Your Life (San Francisco: Conari Press, 2011).

2. Iamblichus, *On the Pythagorean Life* (Liverpool: Liverpool University Press, 1998).

3. Michael Murphy and James Redfield, *God and the Evolving Universe* (New York: TarcherPerigee, 2003)

4. Porphyry, *Life of Pythagoras*, English edition (1920).

10장 회복력 빈곤 시대의 진정한 치료

1. "The Great Halifax Explosion," History.com.

2. Jerome Groopman, "The Grief Industry," *New Yorker*, 2004.

3. Thomas Szasz, *The Manufacture of Madness* (New York: Syracuse University Press, 1970).

4. James Hillman, *The Soul's Code* (New York: Ballantine Books, 1996).

5. Kelly McGonigal, "How To Make Stress Your Friend," TED Global, 2013.

6. Roy Baumeister et al., "Exploding the Self-Esteem Myth," *Scientific American*, January 2005.

7. Walter Mischel, *The Marshmallow Test* (New York: Little, Brown, 2014).

8. Jennifer Clopton, "ADHD Rates Are Rising in the U.S., but Why?," WebMD, November 26, 2018.

9. Perri Klass, "Fixated by Screens, but Seemingly Nothing Else," *New York Times*, May 9, 2011.

10. Jonathon Haidt and Greg Lukianoff, *The Coddling of the American Mind* (New York: Penguin Press, 2018).

11. Nassim Taleb, Antifragile: Things That Gain from Disorder (New York: Random House, 2011).

12. Bessel van der Kolk, *The Body Keeps the Score* (New York: Penguin, 2014).

13. Lawrence Patihis et al., "Reports of Recovered Memories of Abuse in Therapy in a Large Age-Representative U.S. National Sample: Therapy Type and Decade Comparisons," *Clinical Psychological Science*, May 31, 2018.

14. Will Self, "A Posthumous Shock: How Everything Became Trauma," *Harper's*, December 2021.

15. E. Van Teijlingen, *Midwifery and the Medicalization of Childbirth* (Hauppauge, NY:

Nova Science Publishers, 2000).

16. S. K. Tamana et al., "Screen-time Is Associated with Inattention Problems in Preschoolers: Results from the CHILD Birth Cohort Study," *PLOS ONE* 14, no. 4, e0213995 (2019).

17. Angela Duckworth, *Grit: The Power of Passion and Perseverance* (New York: Scribner, 2016).

18. Viktor Frankl, *Man's Search for Meaning* (Boston: Beacon Press, 1946).

19. Nicholas Kulish, "Homeless in Poland, Preparing an Odyssey at Sea," *New York Times*, August 1, 2009.

11장 철학자 전사

1. Benvenuto Cellini, *The Autobiography of Benvenuto Cellini* (New York: Modern Library, 1910).

2. C. G. Jung, *Archetypes and the Collective Unconscious* (Princeton, NJ: Princeton University Press, 1959).

3. Joseph Campbell, *The Hero with a Thousand Faces* (Novato, CA: New World Library, 1949).

4. Karl Jaspers, *The Future of Mankind* (Chicago, IL: University of Chicago, 1961).

5. Bertrand Russell, *A History of Western Philosophy* (New York: Simon & Shuster, 1945).

6. Plato, *The Republic*, trans. R. E. Allen (New Haven, CT: Yale University Press, 2006).

7. Richard Matheson, "The Enemy Within," *Star Trek*, Season 1, Episode 5. Directed by Leo Penn. Aired October 6, 1966 on NBC.

8. Nikos Kazantzakis, *Zorba the Greek* (New York: Simon & Schuster, 1946).

손 안에 갇힌 사람들

초판 1쇄 인쇄 2023년 7월 25일
초판 1쇄 발행 2023년 8월 1일

지은이 니컬러스 카다라스
옮긴이 정미진
펴낸이 유정연

이사 김귀분
책임편집 유리슬아 **기획편집** 신성식 조현주 서옥수 황서연 **디자인** 안수진 기경란
마케팅 이승헌 반지영 박중혁 하유정 **제작** 임정호 **경영지원** 박소영

펴낸곳 흐름출판(주) **출판등록** 제313-2003-199호(2003년 5월 28일)
주소 서울시 마포구 월드컵북로5길 48-9(서교동)
전화 (02)325-4944 **팩스** (02)325-4945 **이메일** book@hbooks.co.kr
홈페이지 http://www.hbooks.co.kr **블로그** blog.naver.com/nextwave7
출력·인쇄·제본 (주)상지사 **용지** 월드페이퍼(주) **후가공** (주)이지앤비(특허 제10-1081185호)

ISBN 978-89-6596-584-8 03180